김대균은 안다
토익
답이 되는
단어들

토익 답이 되는 단어들

지은이 김대균
초판 1쇄 인쇄 2025년 1월 2일
초판 1쇄 발행 2025년 1월 13일

발행인 박효상   **편집장** 김현   **기획·편집** 장경희, 이한경   **디자인** 임정현
마케팅 이태호, 이전희   **관리** 김태옥

기획·편집 진행 김현   **본문·표지 디자인** 신세진   **조판** 조영라
교정·교열 전명희   **음원 검청** 최주연

종이 월드페이퍼   **인쇄·제본** 예림인쇄·바인딩

출판등록 제10-1835호   **발행처** 사람in
주소 04034 서울시 마포구 양화로 11길 14-10 (서교동) 3F
전화 02) 338-3555(代)   **팩스** 02) 338-3545   **E-mail** saramin@netsgo.com
Website www.saramin.com

책값은 뒤표지에 있습니다.
파본은 바꾸어 드립니다.

ⓒ 김대균 2025

ISBN
979-11-7101-131-5 14740
979-11-7101-130-8 (세트)

우아한 지적만보, 기민한 실사구시 사람in

김대균은 안다

토익
답이 되는
단어들

김대균 지음

사람in
saram
in.com

〈토익 답이 되는 단어들〉을
자신 있게 세상에 내놓는다.

나를 정의한다면 세상에서 토익 시험을 제일 많이 보고 있는(500회) 토익 만점 강사이다. 또 다수의 토익 교재를 집필한 저자이자, 방송 20년차이고, Soop 방송 10년차로 꾸준한 내공과 현장 감각을 계속 발전시켜 왔다.

본서를 만드는 과정은 쉽지 않았다. 더 나은 내용을 위해 한국의 최신 토익은 물론이고, 일본 토익 기출까지 모두 분석하느라 토익 단어책을 만드는 데 적지 않은 기간이 소요됐다. 내 이름을 건 김대균어학원에서 토익만점과외를 진행하면서 900점 이상의 고득점자가 만점을 받기 위해 필요한 단어들을 수강생들에게 부탁하여 모았고, 일본에서 토익을 보는 한국 교포와 토익 강사들의 도움도 받았다. 토익 시험 한 회에 새로운 단어가 5개에서 10개 정도 나오는데 그것을 하나하나 추가하는 데 시간이 많이 걸렸다. 단어를 하나하나 모으는 데 걸리는 시간과 집필은 고통스러웠지만 그 열매는 달 것이라고 생각한다. 그 현장감을 토익을 보는 독자들은 알아주리라 믿는다.

본서는 출간 직전까지 필자가 치른 토익의 최신 단어를 반영하여 현재 기준으로 가장 정확한 최신 단어책이라고 자부한다. 토익 시험을 최근에 본 독자들은 바로 인정할 것이다. 이제는 독자분들이 읽어 보고 평가하여 널리 입소문을 내주실 차례이다.

이 책을 보는 독자들에게 처음에는 표제 단어들을 하루에 훑어 보고, 다음에 기본적인 의미와 함께 예문도 보면서 잘 때는 mp3를 틀어 놓기를 권한다. 나도 토익 시험 전날 mp3를 들으면서 잠이 든다. 그래서 만점이 나오는 것이다. 세상에 공짜는 없다. 하루 한 세트씩 문제를 푸는 스파르타 훈련으로 만점이 나오는 경우가 많다. 하지만 조금 공부하고 좋은 결과를 얻으려면 우선 이 교재부터 섭렵하라! 힘든 여정에 좋은 친구가 될 것이다.

본서는 [LC 파트별 기출 단어/비법 정리 + PART 5·6·7 출제 빈도별 단어] 구성으로 되어 있다. 토익을 잘 모르는 분부터 토익 고득점자이지만 토익 최신 단어를 잘 모르는 분에 이르기까지 별 다섯 개부터 별 한 개까지 출제 빈도를 표시한 PART 5·6·7

어휘 리스트 부분과 정답 빈도 percent를 표시한 PART 1·2를 통해 우선 필요한 부분만 집중해서 읽어도 좋다. 개인적으로 중요하고 급하다고 여기는 부분을 보고 결국에는 반복하여 다 보기를 권한다.

본서가 나오는 데 도움을 주신 분들이 너무나 많다. 본서 출간을 흔쾌히 허락해 주신 박효상 대표님과 조판 마지막까지 단어를 추가해 넣고 정리하느라 고생하신 김현 편집장님께 감사드린다. 수험생 입장에서 단어를 정리하는 데 도움을 준 김대균 토익만점과외 수강생들인 김지연, 김자헌, 김수헌, 김의선, 장인서, 김민아, 김웅환, 김장원, 김진효, 김해나, 손유빈, 최예린, 최성진, 채준형, 하어영, 송주원, 김효정, 국민희, 김태곤, 조윤정, 김건태 님께 감사드린다. 이분들과의 1:1 과외와 단어 정리가 본서의 기본이 되었다. 멀리 일본에서 토익 시험을 보고 그 트렌드를 알려 주신 도쿄대 Jax 님에게도 감사의 말씀을 드린다.

본서 영국 영어 버전 녹음 작업에 참여해 준, 하루 한 권 책을 읽는 영국인 Paul Matthews의 최종 교정에도 감사드린다. 늘 공부하고 감각을 유지하는 원어민으로, 필자가 문의하는 토익 질문에 원어민적인 감각과 엄청난 독서량에서 나오는 내공을 보여주었다.

늘 토익 시험 신청을 담당해 주는 동생 김도균과 응원의 기도를 해 주는 여동생 김정연, 김신형에게 감사한다. 이제는 하늘에 계신 어머니 박정자, 아버지 김기문 님에게 이 책을 바친다. 하나님과 독자들에게 감사드린다.

김대균

그림 이욱연

이 책의 특징

1 빈도수 높은 단어부터 공부가 가능하다

본서의 가장 중요한 부분은 PART 5·6·7로, 출제 빈도수에 따라 단어를 분류했다. 모든 토익 단어가 다 중요하지만, 마음은 급하고 시간은 부족한 응시자들에게 가장 먼저 공부해야 할 단어, 고득점을 노릴 때 공부해야 할 단어를 아는 것은 중요하다. 출제 빈도수에 따라 별 숫자로 표시해서 자신에게 필요한 단어부터 학습이 가능하다.

2 토익 만점 강사가 공개하는 정답 (예상) 단어를 표시했다.

토익에서 정답으로 나왔거나 앞으로 출제가 예상되는 단어를 표시했다. 모르는 문제에서 답을 골라야 할 때 이런 단어들이 중요한 건 토익의 특성상 계속 반복되어 나올 수 있기 때문이다. 토익 전날 마무리 학습에 유용하다.

3 최신 기출 단어를 최다 수록했다

저자는 토익 응시 횟수 500가 넘는 최다 응시자이다. 한국은 물론 일본에서 토익 시험을 볼 정도로 토익을 향한 열정에서 그를 따라올 사람이 없다. 매 토익 시험당 5~10개 정도 새로운 단어가 출제되는데, 책의 녹음 마감 때까지 응시했던 토익에 나온 최신 기출 단어들을 빠짐없이 수록했다. 정확한 최신 기출 단어 수록으로 현재의 토익 경향이 어떤지 파악할 수 있다.

4 1점이라도 더 맞을 수 있는 토익 풀기 비법을 공개했다

'김대균=토익 비법'이다. 대한민국 토익 공부의 패러다임을 완전히 뒤바꾼 저자는, 토익은 출제 패턴을 알면 점수를 올릴 수 있다고 한다. 이 패턴에는 심리적 요인 등 여러 가지가 포함되는데, 다년간의 토익 응시로 토익 출제의 경향을 완전히 파악한 저자는 토익의 베이스를 다지는 공부에 더해 추가 점수로 이어지는 토익 풀기 비법을 완전히 공개했다. 놀랍게도 토익의 답이 보이는 비법을 공개한 이후로도 토익 출제의 큰 틀은 바뀌지 않았고, 여전히 그가 말하는 비법은 통하고 있다. 이 책에서도 저자는 자신이 알고 있는 비법을 남김없이 공개했다. 특히 해당 단어에서 최신 토익 경향과 관련된 이야기를 상세히 전달해 학습자 및 응시자들에게 도움이 된다.

⑤ 다양한 버전의 음원 파일 제공한다

본서의 전 파트를 '미국-영국 영어 교차 버전', '미국 영어 버전', '영국 영어 버전'으로 녹음하여 세 가지 파일을 제공한다. 각자의 공부 방식에 따라 선택하여 들을 수 있다.

⑥ 토익 단어장의 콘셉트에 충실하다

'토익 단어장은 표제어와 정확한 표제어의 뜻, 예문이면 충분하다'는 저자의 주장을 확실히 담았다. 토익과 당장 연결되지 않으면서 학습자들에게 부담을 주는 설명과 어휘는 최대한 제외하고 학습자와 응시자들에게 토익에 필요한 단어와 표현들을 최대한 많이 전해 주는 게 중요하다는 신념에 충실했다.

본서는 PART 1, 2, 3, 4별 기출 단어와 PART 5·6·7 통합 빈도별 기출 단어, PART 6 문맥부사와 PART 7 유의어(synonym) 리스트로 구성되어 있다. 그중 가장 핵심은 PART 5·6·7 통합 출제 빈도별 단어로, 그 구성은 다음과 같다.

출제 빈도수별로 뽑은 단어들을 알파벳 순서로 정리했다. 단어 옆에는 미국식 발음기호를 두어 일일이 QR코드를 찍지 않더라도 발음을 짐작할 수 있다. 필요할 경우, 유의어 의미를 두어 단어의 폭을 확장시킨다. 단어의 개별 뜻도 중요하지만 단어가 들어 있는 표현을 공부하는 것이 더 중요하다. 시간이 없어 문장까지 공부하기 힘들다면 반드시 단어와 표현이라도 해야 한다.

TOEIC

PART
5/6/7

New Updated List
★★★★★
5회 이상 출제된 단어 리스트
별 5개는 가장 비중이 높고 무조건 암기해야 할 최우선 단어들이다.

공통	별 다섯 개부터 별 한 개까지 출제 빈도를 표시한 PART 5·6·7 어휘 리스트 부분과 정답 빈도 percent를 표시한 PART 1, 2를 통해 우선 필요한 부분만 집중해서 읽는다.
초보자	각 단어와 그 뒤에 나오는 짧은 phrase, 그 아래 설명만 공부한다.
중고급자	각 단어와 그 뒤에 나오는 짧은 phrase, 그리고 그 아래 설명은 물론 예문까지 다 보는 걸 권한다.

QR 코드를 찍으면 미국-영어 혼합 버전, 미국 영어 버전, 영국 영어 버전의 세 파일이 나온다. 혼합 버전은 '단어-표현-예문'을 미국 영어로 읽고 바로 같은 내용을 영국 영어로 읽은 것이다. 다양한 영어가 나오는 토익 시험이므로 혼합 버전을 듣는 것을 추천한다.

---

a few [fjuː] – a few visuals (a.) 몇몇 시각 자료

● a few/few 뒤에는 복수 명사가 온다. 기본적인 내용임에도 수험자들이 많이 틀린다.

A few visuals will help to illustrate the concept more clearly.
몇몇 시각 자료는 그 개념을 더 명확하게 설명하는 데 도움이 될 것이다.

009

abruptly [əbrˈʌptli] (= suddenly; in a quick and unexpected manner) –
abruptly change direction 갑작스럽게/불시에 방향을 바꾸다

● 예상하지 못한 변화나 상황을 설명할 때 쓰이며, 최신 토익 독해 문제에서도 문맥에서 갑작스러운 변화를 묘사할 때 자주 등장하는 단어이다.

The CEO abruptly changed direction last week, surprising the entire team.
최고경영자는 지난주에 갑자기 방향을 바꿔서 전체 팀을 놀라게 했다.

● abruptly와 함께 쓰이는 어구는 다음과 같다.
abruptly end 갑자기 끝나다
abruptly leave 갑자기 떠나다
abruptly stop 갑자기 멈추다
abruptly cancel 갑자기 취소하다

adversely [ædvˈɜːrsli] – adversely affect (adv.) 불리하게 영향을 주다

The new law may adversely affect small businesses.
그 새로운 법은 소규모 사업장에 불리하게 영향을 미칠 수도 있다.

● 부사 선택 정답 기출 단어이다.

aim [eɪm] – aim to improve the service (v.) 서비스 개선을 목표로 하다

● aim to + 동사원형의 형태로 자주 쓰인다.

She aims to become a successful entrepreneur.
그녀는 성공한 기업가가 되는 것을 목표로 하고 있다.

● aim은 동사·명사 동형이며, 「The aim/purpose/goal/objective is to V」 구문을 기억하자! '목적'의 뜻을 지닌 명사는 부정사의 명사적 용법과 잘 어울린다.

Our aim is to provide the best customer service.
우리의 목표는 최고의 고객 서비스를 제공하는 것이다.

alleviate [əlˈiːvieɪt] – alleviate pain (v.) 통증을 완화하다

● 이 단어에 있는 lev는 '가벼운(light)'의 뜻이 있는데, 그래서 물건을 가볍게 들어주는 '지렛대'가 lever이다.

The medication helped alleviate her symptoms.
그 약물은 그녀의 증상을 완화하는 데 도움이 되었다.

타동사의 경우, '~을/를' 조사까지 함께 별색 표시해서 전치사를 함부로 쓰는 일이 없게 했다. 반대로 자동사의 경우 전치사와 함께 쓰이면 우리말의 조사까지, 그렇지 않으면 동사만 별색 표시를 해서 자동사/타동사의 개념이 분명히 잡히게 했다.

별 개수가 많을수록 출제 빈도 횟수가 많은 단어이며, 따라서 그 어느 것보다 먼저 공부해야 하는 단어이다.

해딩 단어의 현재 토익에서의 경향, 주의해야 할 점 등을 상세히 설명했다.

정답으로 나왔거나 나올 것으로 저자가 예상하는 단어는 하이라이트로 표시했다.

목차

머리말

이 책의 특징

이 책의 구성

PART 1 비법과 함께 공부하는 파트 1 단어 정리

PART 2 비법과 함께 공부하는 파트 2 표현 정리

PART 3/4 기출 표현 및 중요 표현 정리

PART 5/6/7 기출 단어 총정리 파트

: 웹사이트에서 음원 다운로드 받기 :

사람in 웹사이트 주소(www.saramin.com) 입력→검색창에 '토익 답이 되는 단어들' 입력→표지 클릭→MP3 탭 클릭→파일 다운로드

PART

1

비법과 함께 공부하는
파트 1 단어 정리

급한 불부터 끄자!
중요한 것부터 하자!

TOEIC

PART 1

사진 묘사 정답으로
잘 나오는 단어들

001 사람들이 모여 있으면 gather(모이다)가 들어간 문장이 정답이
잘 된다. (60%)

Some people are **gathered** beneath the tent. 몇몇 사람들이 천막 아래에 **모여** 있다.
Some people are **gathered** at a table for a meal.
몇몇 사람들이 식사를 하기 위해 테이블에 **모여** 있다.
Colleagues have **gathered** in a room. 동료들이 방에 **모였다.**

002 wearing(입고 있는, 메고 있는, 착용하고 있는)이 들리면 정답률이 80%이다.

She is **wearing** gloves. 그녀는 장갑을 **끼고** 있다.
ⓒⓕ putting on은 동작 묘사로 오답으로 잘 나오는 반면, wearing은 상태 동사로 정답으로 잘 나온다.
She's **wearing** a backpack. 그녀는 배낭을 **메고** 있다.

003 holding(들고 있는), grasping(잡고 있는), grabbing(움켜쥐고 있는)이
들리면 정답률 80%이다.

Some people are **holding** a tray of food. 몇몇 사람들이 음식 쟁반을 **들고** 있다.
The woman is **holding** a hammer. 그 여자는 망치를 **들고** 있다.
A vase is **holding** some flowers. 꽃병에 꽃이 **꽂혀** 있다.
The men are **holding** a container. 남자들이 용기를 **들고** 있다.
She's **grasping** a rod. 그녀는 막대를 꽉 **잡고** 있다.
A man is **grabbing** a cup of coffee. 남자가 커피 잔을 **잡고** 있다.

004 무엇을 관찰하는 사진에서 examining(관찰하는), looking into(안을 들여다보
는), glancing at(흘끗 보는)은 70% 정답이 된다.

Hc's **examining** some plants. 그는 식물들을 **관찰하고** 있다.
One of the men is **examining** a document. 남자들 중 한 명이 문서를 **살펴보고** 있다.
They are **examining** some merchandise. 그들은 상품을 **살펴보고** 있다.
A tire is being **examined**. 타이어가 **검사되고** 있다.
A woman is **looking at** a document. 여자가 문서를 **보고** 있다.
A woman is **looking into** a car hood. 여자가 자동차 보닛을 **들여다보고** 있다.
A woman is **glancing at** her watch. 여자가 자기 시계를 흘끗 보고 있다.
They're **glancing** out the window **at** a statue. 그들은 창밖의 동상을 **힐끗** 보고 있다.
They're **gazing at** a large painting. 그들은 큰 그림을 **응시하고** 있다.
　• gaze at ~을 응시하다

005 '서다', '보다', '앉다'가 함께 들릴 경우, '앉다(seated, sitting)'가 60% 정답이
된다. seated > sitting > standing의 순서로 답이 잘 된다.

People are **seated** in individual cubicles. 사람들이 각각의 칸막이 자리 안에 **앉아** 있다.

사진 묘사 정답으로 잘 나오는 단어들　**15**

There are some windows by a **seating** area. **좌석** 구역 옆에 몇 개의 창문이 있다.

A **seating** area is unoccupied. **좌석** 구역이 비어 있다.

Some people are **seated** on their motorcycles. 몇몇 사람들이 오토바이에 **앉아** 있다.

A woman is **standing** beside the trash bin. 여자가 쓰레기통 옆에 **서** 있다.

006 display(전시; 전시하다), on display(전시 중인), are displayed(전시돼 있다)**가 들리면 90% 정답이다.**

Merchandise **is displayed** in wooden boxes. 상품이 나무 상자에 **전시되어** 있다.

Some flowers are **being displayed** as a centerpiece.
꽃 몇 송이가 중앙 장식으로 **전시되어** 있다.

Some merchandise is **being displayed** for sale. 몇몇 상품이 판매를 위해 **전시되어** 있다.

A selection of food items is **on display**. 여러 가지 음식이 **전시되어** 있다.

Some musical instruments have **been displayed**. 몇몇 악기가 **전시되어** 있다.

007 resting(놓고 있는), relaxing(휴식을 취하고 있는)**이 들리면 70% 정답이다.**

The man is **resting** his arm on a counter. 남자가 카운터에 팔을 **얹고** 있다.

A woman is **relaxing** by the beach. 여성이 해변에서 **휴식을 취하고** 있다.

A group of friends is **relaxing** by the pool. 친구들이 수영장 옆에서 **휴식을 취하고** 있다.

008 extend(펼쳐져 있다)**가 들리면 60% 정답이다.**

A path **extends** along the water. 길이 물을 따라 **펼쳐져 있다.**

A structure **extends** over railroad tracks. 구조물이 철로 위로 **펼쳐져 있다.**

009 alone(홀로)**이 들리면 90% 이상 정답이다.**

A woman is **alone** in the dining area. 한 여자가 식사 구역에 **홀로** 있다.

010 mount(고정시키다, 탑재하다)**가 들리면 70% 정답이다.**

A telephone has been **mounted** on a countertop. 전화기가 조리대 위에 **고정되어** 있다.

011 shadow(그림자; 그림자를 드리우다)**가 들리면 75% 정답이다.**

Shadows are being cast on a walkway. **그림자**가 보도에 드리워져 있다.

Trees are casting **shadows** over a lawn. 나무들이 잔디밭에 **그림자**를 드리우고 있다.

Some rocks are casting **shadows** on the beach. 바위들이 해변에 **그림자**를 드리우고 있다.

012 using(사용하고 있는)**이 들리면 70% 정답이다.**

Some people are **using** a ramp to disembark from a boat.
몇몇 사람들이 보트에서 내리기 위해 경사로를 **이용하고** 있다.

A man is **using** a vacuum to clean out the car.
한 남자가 진공청소기를 **사용해** 차를 청소하고 있다.

She's **using** walking sticks. 그녀는 지팡이를 **사용하고** 있다.

He's **using** a knife to open a package. 그는 칼을 **사용해** 소포를 열고 있다.

013 occupied(자리를 차지하고 있는), unoccupied(자리가 비어 있는)가 들리면 80% 정답이다.

The conference room is **occupied**. 회의실이 **사용 중**이다.
Some seats are **unoccupied**. 몇몇 좌석이 **비어** 있다.
A seating area is **unoccupied**. 좌석 구역이 **비어** 있다.

014 상위 개념 단어들이 들리면 80% 정답이다.

chair, table, stool(등받이 없는 의자) 등은 한 단어로 표현하면 furniture이다. 이렇게 구체적인 몇 단어들을 한 단어로 표현할 수 있는 종합적인 단어를 상위 개념 단어들이라고 한다. TOEIC에 자주 나오는 상위 개념 단어들로는 equipment(장비), furniture(가구), luggage(수하물, 짐), merchandise(상품, 물품), vehicle(차량, 탈것) 등이 있다.

Some **luggage** is being unloaded from a car. 몇몇 **짐들이** 차에서 내려지고 있다.
A woman is paying for some **merchandise**. 여자가 **상품** 값을 지불하고 있다.
cf merchandise 상품 (불가산명사)

He's driving a farm **vehicle**. 그는 농장용 차량을 운전하고 있다.
cf vehicle은 상위 개념 1등 단어라고 할 수 있다.

015 line(줄 지어 늘어서다)이 특히 동사로 들리는 문장은 80% 정답이 된다.

People are **lining** up to buy snacks. 사람들이 간식을 사기 위해 **줄을 서고** 있다.
Some benches **line** an outdoor walkway. 몇몇 벤치가 야외 보도를 따라 **늘어서** 있다.
Some bottles are **lined** up on a wire shelf. 몇몇 병들이 철제 선반에 **줄지어 놓여** 있다.
Trees **line** a walkway for pedestrians. 나무들이 보행자용 보도를 따라 **늘어서** 있다.

016 전치사 in front of(~ 앞에)가 들리면 80% 정답이다. (최근에 많이 출제되고 있다.)

Some signs have been posted **in front of** a building. 몇몇 표지판이 건물 **앞에** 게시되어 있다.
A box of tissues is **in front of** a window. 갑 휴지가 창문 **앞에** 있다.
A presenter is standing **in front of** the group. 발표자가 그룹 **앞에** 서 있다.
Drawers have been positioned **in front of** the window. 서랍들이 창문 **앞에** 배치되어 있다.
She's seated **in front of** the piano. 그녀는 피아노 **앞에** 앉아 있다.
People are standing **in front of** an entrance. 사람들이 입구 **앞에** 서 있다.

017   overlook(건물 등을 내려다보다)**이 들리면 70% 정답이다.**

overlook은 '묵인하다'의 의미도 있지만, <파트 1>에서는 '내려다보다'의 의미로 출제된다.
A pedestrian bridge **overlooks** the water. 보행자용 다리가 물을 **내려다보고** 있다.

018   lead to(이끌다, ~로 이어지다)**가 들리면 70% 정답이다.**

Steps **lead** down **to** the ocean. 계단이 바다**로 이어진다**.

019   strolling(산책하는)**이 들리면 60% 정답이다.**

Some people are **strolling** in a park. 몇몇 사람들이 공원에서 **산책하고** 있다.
The men are **strolling** past the bench. 남자들이 벤치를 지나 **산책하고** 있다.
One of the women is **walking** on a paved road. 여자 중 한 명이 포장된 길을 **걷고** 있다.
  🅖 비슷한 단어인 walking 역시 정답으로 잘 나온다.

020   piled(쌓인)**가 들리면 정답이 잘 된다.**

Some sacks have been **piled** in a wheelbarrow. 몇몇 자루가 손수레에 **쌓여** 있다.
Books have been **piled** up by a glass door. 책들이 유리문 옆에 **쌓여** 있다.

021   **문장에 어려운 단어들이 들리면 70% 정답이다.**

square [skwɛr] 정사각형의
The table has a **square** base. 테이블 아래에 **네모난** 받침이 있다.

litter [lítər] 어지럽히다; 쓰레기
Broken pots have **littered** the factory floor. 깨진 솥들이 공장 바닥을 **어지럽혔다**.
  🅖 명사, 동사 동형이다.

disembark [disimbáːrk] 내리다
Passengers are **disembarking** from a boat. 승객들이 배에서 **내리고** 있다.

windowsill [wíndou sil] 창턱
A plant has been placed on a **window sill**. 식물이 **창턱에** 놓여 있다.

crouch down [kráutʃ daun] 쪼그리고 앉다
The man is **crouching down** by some plants. 남자가 몇몇 식물 옆에 **쪼그리고 앉아** 있다.

border [bɔ́ːrdər] 경계를 이루다
The river **borders** the town on the east side. 그 강은 동쪽에서 마을과 **경계를 이룬다**.

022 curb / curve 등의 유사 발음과 동일 발음에 주의하자.

working: [wə́ːrkiŋ] 작동하는, 일하는 / **walking:** [wə́ːkiŋ] 걷는

coffee: [kɔ́ːfi] 커피 / **copy:** [kɑ́pi] 복사, 복사하다

pass: [pæs] 지나치다 / **path:** [pɑːθ] 길

lid: [lid] 뚜껑 / **lead:** [liːd] 안내하다, 연결하다

curb: [kɜːrb] 도로 경계석 / **curve:** [kɜːrv] 곡선, 곡선으로 나아가다

globe: [gloub] 세계, 지구본 / **glove:** [glʌv] 장갑

drawer: [drɔːr] 서랍 / **door:** [dɔːr] 문

meet: [miːt] 만나다 / **meat:** [miːt] 육류

예를 들어 테이블 위에 두 개의 **지구본**이 놓여 있는 사진이 있다면

정답 The **globes** are different sizes. 지구본들이 크기가 다르다.

오답 The **gloves** are on the desk. 장갑들이 책상 위에 있다.

023 **서로 혼동하기 쉬운 단어들**

escalator: [éskəlèitər] 에스컬레이터 / **elevator:** [éləvèitər] 엘리베이터

microscope: [máikrəskòup] 현미경 / **telescope:** [téləskòup] 망원경 /

microphone: [máikrəfòun] 마이크

024 **토익 <파트 1>에서 발음에 주의해야 할 단어들**

aisle: [ail] 통로

bow: [bau] 인사하다 *cf* bow [bou] 활

choir: [kwaiər] 합창단

climb: [klaim] 오르다

cupboard: [kʌ́bərd] 찬장

debris: [dəbriː] 파편, 산해

fasten: [fǽsn] 매다

kneel: [niːl] 무릎 꿇다

He's **kneeling** down on a tile floor. 그는 타일 바닥에 **무릎을 꿇고** 있다.

route: [ruːt] 길

sew: [sou] 바느질하나

The woman is **sewing** a dress. 여자가 드레스를 **바느질하고** 있다.

sow: [sou] (씨를) 뿌리다

The farmer is **sowing** seeds in the field. 농부가 밭에 씨를 **뿌리고** 있다.

saw: [sɔː] 톱질하다

The carpenter is using a **saw** to make a table. 목수가 **톱**을 사용해 테이블을 만들고 있다.

vase: [vɑːz](미국 발음) [veis](영국 발음), 꽃병

cf 토익에서 영국 발음으로 자주 들리는 단어이다.

비슷하지만 다른 단어들

crate [kreit] 나무 상자, 플라스틱 상자 / **carton** [kάːrtn] 종이 상자

She is using a **crate** to carry the fruits. 그녀는 **나무 상자**를 사용해 과일을 나르고 있다.

He is carrying a **carton** of eggs to the refrigerator.
그는 **종이로 된** 계란 **박스**를 냉장고로 나르고 있다.

canopy [kǽnəpi] (야외용) 차양, 천막 / **awning** [ɔ́ːniŋ] (건물에 붙어 있는) 가리개

They are installing a **canopy** over the outdoor seating area.
그들이 야외 좌석 위에 **차양**을 설치하고 있다.

The workers are attaching an **awning** to the front of the building.
노동자들이 건물 앞에 **가리개**를 붙이고 있다.

is being은 사람의 동작이 나와야 정답이 된다. 그러나 display는 진행형이어도 상태 묘사를 한다.

Some luggage **is being pulled** across a plaza. 짐이 광장을 가로질러 **날라지고 있다**.
Hats **are being displayed**. 모자들이 **전시 중이다**.

정답이 되게 하는 단어나 표현이 들어간 문장들

beverage: 음료
She ordered a **beverage** with her meal. 그녀는 식사와 함께 **음료**를 주문했다.

wearing: 입고 있는
The children **wearing** uniforms are playing. 교복을 **입은** 아이들이 놀고 있다.

holding: 들고 있는
She is **holding** a bouquet at the station. 그녀는 역에서 꽃다발을 **들고** 있다.

be about to water: 막 물을 주려고 하다
The gardener **is about to water** the plants. 정원사가 식물에게 막 **물을 주려는** 참이다.

in front of: ~ 앞에
He has parked his bike **in front of** the store. 그는 가게 **앞에** 자전거를 세웠다.

line: 줄
A **line** is forming outside the cafe. 카페 밖에 **줄**이 생기고 있다.

refrigerator: 냉장고
The milk is in the **refrigerator**. 우유가 **냉장고** 안에 있다.

vehicle: 차량

The **vehicle** is parked outside the house. **차량**이 집 바깥에 주차되어 있다.

dining: 식사 중인

A couple is **dining** by the window. 한 커플이 창가에서 **식사 중**이다.

looking at: 보고 있는

He is **looking at** a map on the wall. 그는 벽에 걸린 지도를 **보고** 있다.

working on: 작업 중인

The engineer is **working on** a blueprint. 엔지니어가 도면을 **작업 중**이다.

gathered/gathering: 모여 있는/모이고 있는

People are **gathering** in the square. 사람들이 광장에 **모이고** 있다.

on display: 전시 중인

A new exhibit is **on display** at the museum. 박물관에서 새 전시물이 **전시 중**이다.

browsing: 둘러보는 중인

She is **browsing** through books in the library. 그녀는 도서관에서 책을 **둘러보고** 있다.

removing: 벗고 있는('제거하다'가 1차적인 의미)

He is **removing** his shoes at the door. 그는 문 앞에서 신발을 **벗고** 있다.

container: 컨테이너

The **container** is filled with water. 그 **용기**는 물로 가득 차 있다.

light fixtures: 조명 장치

The **light fixtures** in the hall are modern. 홀의 **조명 장치**가 현대적이다.

occupied: 사용 중인

The restroom is currently **occupied**. 화장실이 현재 **사용 중**이다.

envelope: 봉투

He placed the letter in an **envelope**. 그는 편지를 **봉투**에 넣었다.

be arranged: 정렬되어 있다

The books have **been arranged** alphabetically. 책들이 알파벳 순으로 **정렬되어 있다**.

grasping: 움켜쥐고 있는

The toddler is grasping his mother's hand. 유아가 엄마의 손을 **움켜쥐고** 있다.

potted plant: 화분

A potted plant sits on the ledge. 창가에 **화분**이 하나 놓여 있다.

be seated: 앉다

The audience will soon be seated. 관객들이 곧 **앉을** 것이다.

reaching for: 손을 뻗는 중인

She is reaching for a high book. 그녀가 높이 있는 책을 향해 **손을 뻗고** 있다.

extend: 확장되다

The picnic area can extend to the field. 소풍 구역이 들판까지 **확장될** 수 있다.

casting a shadow: 그림자를 드리우는 중인

The building is casting a shadow. 건물이 **그림자를 드리우고** 있다.

be decorated with: ~로 장식되다

The hall will be decorated with flowers. 홀은 꽃으로 **장식될** 것이다.

vent: 환기구

The kitchen vent is above the stove. 주방의 **환기구**가 가스레인지 위에 있다.
G4 ventilation은 '환기'

stool: 등받이 없는 의자

He is sitting on a stool at the bar. 그는 술집에서 **등받이 없는 의자**에 앉아 있다.

be propped against: ~에 기대어 있다

The ladder is propped against the wall. 사다리가 벽에 **기대어 있다**.

be mounted: 설치되다, 탑재되다, 부착되다

A sculpture will be mounted in the park. 공원에 조각상이 **설치될** 것이다.
A clock is mounted on the wall. 시계가 벽에 **탑재되어 있다**.
The TV is mounted on the wall. TV가 벽에 **부착되어 있다**.

a bale of hay: 건초 한 다발

There is a bale of hay in the barn. 헛간에 **건초 한 다발**이 있다.

TOEIC

PART 1

기본 핵심 기출 단어 총정리

토익 파트 1 기출 동사(verbs)

002

☐ **accept** 받아들이다, 수락하다	☐ **compose** 작곡하다, 구성하다
☐ **add** 더하다, 추가하다	☐ **cross** 건너다, 교차하다
☐ **address** 연설하다, (문제 등을) 다루다	☐ **crouch** 웅크리다, 쭈그리다
☐ **adjust** 조절하다, 맞추다	☐ **cut** 자르다, 베다
☐ **adorn** 장식하다	☐ **demolish** 파괴하다, 철거하다
☐ **alternate** 교대하다, 번갈아 하다	☐ **detour** 우회하다
☐ **approach** 접근하다, 다가가다	☐ **direct** 지시하다, 안내하다
☐ **arrange** 정리하다, 배열하다	☐ **disembark** 하선하다, 내리다
☐ **ascend** 오르다, 상승하다	☐ **dismantle** 해체하다, 분해하다
☐ **assemble** 조립하다, 모이다	☐ **distribute** 분배하다, 배포하다
☐ **attach** 붙이다, 첨부하다	☐ **dive** 다이빙하다, 잠수하다
☐ **bake** (빵 등을) 굽다	☐ **do** 하다, 수행하다
☐ **be** 이다, 있다	☐ **dry** 말리다, 건조시키다
☐ **bend** 굽히다, 구부리다	☐ **empty** 비우다, 텅 비게 하다
☐ **block** 막다, 차단하다	☐ **enter** 들어가다, 입력하다
☐ **board** 탑승하다, 승선하다	☐ **erect** 세우다, 직립하다
☐ **browse** 둘러보다, 검색하다	☐ **examine** 검사하다, 조사하다
☐ **bundle** 묶다, 다발로 만들다	☐ **exhibit** 전시하다, 보여 주다
☐ **button up** 단추를 잠그다	☐ **extend** 확장하다, 연장하다
☐ **carry** 운반하다, 나르다	☐ **face** 직면하다, 마주하다
☐ **cast** 던지다, (빛 등을) 비추다	☐ **fall** 떨어지다, 넘어지다
☐ **chat** 잡담하다, 이야기하다	☐ **fasten** 고정하다, 묶다
☐ **check** 확인하다, 점검하다	☐ **feed** 먹이다, 공급하다
☐ **chop** 썰다, 자르다	☐ **fill** 채우다, 메우다
☐ **climb** 오르다, 등반하다	☐ **film** 촬영하다, 영화화하다
☐ **clip** 잘라 내다, 깎다	☐ **fish** 낚시하다, 고기를 잡다
☐ **clean** 청소하다, 깨끗이 하다	☐ **fix** 고치다, 수리하다
☐ **close** 닫다, (눈을) 감다	☐ **fold** 접다, 접히다

- **gather** 모으다, 수집하다
- **glance** 흘끗 보다, 잠깐 보다
- **grasp** 잡다, 이해하다
- **greet** 인사하다, 맞이하다
- **hang** 매달리다, 걸다
- **have** 가지다, 소유하다
- **hold** 잡다, 유지하다
- **illuminate** 밝게 하다, 조명을 설치하다
- **inflate** 부풀리다, 팽창시키다
- **install** 설치하다, 장착하다
- **iron** 다리다, 다림질하다
- **jot down** 급히 메모하다
- **kneel** 무릎을 꿇다
- **know** 알다, 이해하다
- **leaf through** 페이지를 넘기다, 대충 훑어보다
- **lean** 기울이다, 기대다
- **lean against** ~에 대고 기대다
- **lift** 들어올리다, 높이다
- **line** 줄을 세우다, 정렬시키다
- **look** 보다, 바라보다
- **lounge** 느긋하게 앉아 있다
- **make** 만들다, 제조하다
- **measure** 측정하다, 재다
- **mend** 수선하다, 고치다
- **mop** 대걸레질하다
- **move** 이동하다, 움직이다
- **mow** 베다, 깎다
- **notice** 알아차리다, 주목하다
- **open** 열다, 개방하다
- **operate** 작동하다, 운영하다
- **overlook** 내려다보다, 간과하다
- **pack** 짐을 싸다, (물건을 어디에 넣어) 포장하다

- **paddle** 노를 젓다
- **partition** 칸막이로 나누다, 분할하다
- **pass** 전달하다, 통과하다
- **pay** 지불하다, 대가를 치르다
- **pick** 따다, 고르다
- **plug** 플러그를 꽂다, (마개로 구멍을) 막다
- **point** 가리키다, 지적하다
- **polish** 닦다, 윤을 내다
- **pour** 붓다, 따르다
- **print** 인쇄하다, 출력하다
- **prop** 지지하다, 받치다
- **prune** 가지 치다, 잘라 내다
- **pull** 당기다, 끌다
- **push** 밀다, 누르다
- **reach** 도달하다, 닿다
- **rearrange** 다시 배열하다, 재정리하다
- **reflect** 반영하다, 반사하다
- **remove** 제거하다, 없애다
- **repair** 수리하다, 고치다
- **replace** 대체하다, 교체하다
- **rest** 쉬다, 휴식하다
- **restock** 재입고하다, 다시 채우다
- **resurface** 표면을 다시 포장하다, (도로 등을) 재포장하다
- **rinse** 헹구다, 씻다
- **roll up** 말다, 둘둘 감다
- **row** 노를 젓다
- **run** 달리다, 운영하다
- **sail** 항해하다, 출항하다
- **scrape** 긁다, 긁어내다
- **scrub** 박박 문지르다, 문질러 닦다
- **seat** 앉다, 앉히다
- **see** 보다, 알다

- [ ] **separate** 분리하다, 나누다
- [ ] **set** 설정하다, 놓다
- [ ] **sew** 바느질하다, 꿰매다
- [ ] **shed** 떨어뜨리다, 흘리다
- [ ] **shovel** 삽질하다, 파다
- [ ] **shake** 흔들다, 흔들리다
- [ ] **shelve** 선반에 놓다, 보류하다
- [ ] **sip** 한 모금 마시다
- [ ] **sit** 앉다, 앉아 있다
- [ ] **slide** 미끄러지다, 미끄러뜨리다
- [ ] **sort** 분류하다, 정리하다
- [ ] **stack** 쌓다, 쌓이다
- [ ] **stand** 서다, 일어서다
- [ ] **start** 시작하다, 출발하다
- [ ] **step** 걷다, 발걸음을 내딛다
- [ ] **step over** 넘어서다
- [ ] **stir** 섞다, 휘젓다
- [ ] **stow** (짐 등을) 넣다, 보관하다
- [ ] **string** 실에 꿰다, 묶다
- [ ] **stroll** 산책하다, 거닐다
- [ ] **suspend** 중단하다, 매달다
- [ ] **sweep** 쓸다, 청소하다
- [ ] **swim** 수영하다
- [ ] **tack** 압정으로 고정하다
- [ ] **take** 가지다, 취하다
- [ ] **tear** [tɛər] 찢다
- [ ] **tear** [tiər] 눈물을 흘리다
  (주로 tear up의 형태로 쓰임)
- [ ] **test** 테스트하다, 시험하다
- [ ] **tie** 묶다, 매다
- [ ] **tighten** 조이다, 단단히 하다
- [ ] **tow** 끌다, 견인하다
- [ ] **trim** 깎다, 다듬다

- [ ] **unload** 짐을 내리다
- [ ] **use** 사용하다, 이용하다
- [ ] **vacuum** 진공청소기를 돌리다
- [ ] **visit** 방문하다, 찾아가다
- [ ] **walk** 걷다, 산책하다
- [ ] **wash** 세탁하다, 씻다
- [ ] **water** 물을 주다, 물을 뿌리다
- [ ] **wear** 입다, 착용하다
- [ ] **weave** 짜다, 엮다
- [ ] **weld** 용접하다
- [ ] **wheel** (바퀴 달린 것을) 밀다
- [ ] **wind** 감다, 돌리다
- [ ] **wipe** 닦다, (걸레 등을 이용해) 훔치다
- [ ] **wrap** 싸다, 포장하다
- [ ] **xerox** 복사하다
- [ ] **yawn** 하품하다
- [ ] **zip** 지퍼를 닫다, 지퍼로 잠그다
- [ ] **zoom** 급등하다, (차 등이) 쌩 하고 가다

- abundance 풍부함, 다량
- activity 활동, 움직임
- address 주소, 연설
- adventure 모험, 모험심
- advertisement 광고
- airplane, aircraft 항공기, 비행기
- alarm 경보, 알람
- album 앨범, 사진첩
- anchor 닻, 고정 장치
- animal 동물
- antenna 안테나, 더듬이
- apartment 아파트
- apple 사과
- apron 앞치마
- area 지역, 분야
- art museum 미술관
- ash 재, 잿더미
- astronomy 천문학
- athlete 운동선수
- attachment 첨부, 부착물
- attic 다락방
- awning (건물 외벽에 닿는) 덮개
- backpack 배낭
- balloon 풍선
- beach 해변, 바닷가
- bed 침대
- beverage 음료
- bicycle 자전거

- bike 자전거, 오토바이
- bin 휴지통, (저장용) 통
- bird 새
- blanket 담요
- board 판자, 이사회
- boat 배, 보트
- book 책
- bookcase 책장
- booklet 소책자
- boot 부츠, 장화
- box 상자
- brick 벽돌
- brick building 벽돌 건물
- bridge 다리, 교량
- briefcase 서류 가방
- broom 빗자루
- brush 브러시, 솔
- bucket 양동이
- building 건물
- bulb 전구, 구근
- cabinet 캐비닛, 내각
- cable 케이블
- cafeteria 구내식당
- cake 케이크
- calculator 계산기
- calendar 달력
- camera 카메라
- canopy 차양, 덮개

- [ ] **car** 자동차
- [ ] **car window** 차창
- [ ] **card** 카드
- [ ] **cargo** 화물
- [ ] **carpentry tool** 목공 도구
- [ ] **carpet** 카펫, 양탄자
- [ ] **cart** 카트, 손수레
- [ ] **carton** 종이 상자
- [ ] **cash register** 금전 등록기
- [ ] **cat** 고양이
- [ ] **chair** 의자, 의장
- [ ] **chalkboard** 칠판
- [ ] **chandelier** 샹들리에
- [ ] **checkout line** 계산대 줄
- [ ] **chef** 셰프, 주방장
- [ ] **child** 아이, 어린이
- [ ] **chimney** 굴뚝
- [ ] **circuit** 회로, 순환
- [ ] **city** 도시
- [ ] **cleaner** 청소기, 청소부
- [ ] **cleaning** 청소
- [ ] **clock** 시계
- [ ] **closet** 옷장
- [ ] **cloth** 천, 직물
- [ ] **clothing** 의류
- [ ] **coast** 해안, 연안
- [ ] **coffee** 커피
- [ ] **coffee pot** 커피 포트
- [ ] **coin** 동전
- [ ] **computer** 컴퓨터
- [ ] **concrete** 콘크리트 (adj.) 구체적인
- [ ] **construction** 건설, 건축
- [ ] **container** 컨테이너, 담는 통

- [ ] **cooking** 요리
- [ ] **corner** 모퉁이, 구석
- [ ] **counter** 계산대 (v.) 반박하다
- [ ] **crate** 나무 상자
- [ ] **cupboard** 찬장
- [ ] **cutlery** (나이프·포크·숟가락 등) 식탁용 날붙이 식기
- [ ] **cutting board** 도마
- [ ] **cyclist** 자전거 타는 사람
- [ ] **dam** 댐
- [ ] **desk** 책상
- [ ] **diner** 식당, 식사하는 사람
- [ ] **dining** 식사
- [ ] **dinner plate** 정찬용 접시
- [ ] **dirt** 흙, 먼지
- [ ] **dish** 접시, 요리
- [ ] **dishes** 식기류, 요리
- [ ] **dishwasher** 식기세척기
- [ ] **display** 전시, 진열
- [ ] **display case** 진열장
- [ ] **document** 서류, 문서
- [ ] **dog** 개
- [ ] **door** 문
- [ ] **doorknob** 문손잡이
- [ ] **drawer** 서랍
- [ ] **drawings** 그림
- [ ] **dress** 드레스, 옷
- [ ] **driver** 운전자, 드라이버
- [ ] **driveway** 차도, 진입로
- [ ] **duct** (배)관, 도관
- [ ] **dustpan** 쓰레받기
- [ ] **earrings** 귀걸이
- [ ] **electronics** 전자제품, 전자기기

- [ ] **elevator** 엘리베이터
- [ ] **embroidery** 자수
- [ ] **employee** 직원, 고용인
- [ ] **end table**
  (소파·의자 곁에 놓는) 작은 테이블
- [ ] **entrance** 입구, 출입구
- [ ] **envelope** 봉투
- [ ] **escalator** 에스컬레이터
- [ ] **eyeglasses** 안경
- [ ] **fabric** 천, 직물
- [ ] **factory floor** 공장 바닥
- [ ] **fan** 선풍기, 팬
- [ ] **farm** 농장
- [ ] **faucet** 수도꼭지
- [ ] **fence** 울타리
- [ ] **field** 들, 분야
- [ ] **file** 파일
- [ ] **file drawer** 파일 서랍
- [ ] **film** 필름, 영화
- [ ] **fish** 물고기, (v.) 낚시하다
- [ ] **flag** 기, 깃발
- [ ] **floor** 바닥, 층
- [ ] **flower** 꽃
- [ ] **fluorescent light** 형광등
- [ ] **food** 음식
- [ ] **football** 축구
- [ ] **forest** 숲, 삼림
- [ ] **fountain** 분수
- [ ] **frame** 틀, 액자 (v.) 액자에 넣다
- [ ] **fridge** 냉장고
- [ ] **fruit** 과일
- [ ] **furniture** 가구
- [ ] **gardener** 원예사(chair, table 대신 정답)

- [ ] **garbage** 쓰레기
- [ ] **gate** 문, 출입구
- [ ] **glass** 유리
- [ ] **glass partition** 유리 칸막이
- [ ] **glasses** 안경
- [ ] **gloves** 장갑
- [ ] **grass** 잔디
- [ ] **gravel** 자갈
- [ ] **grill** 그릴, 석쇠
- [ ] **ground** 땅, 지면
- [ ] **group** 그룹 (v.) 모이다
- [ ] **guitar** 기타
- [ ] **hair** 머리카락, 털
- [ ] **hallway door** 복도 문
- [ ] **hammer** 망치 (v.) 망치질하다
- [ ] **handbag** 핸드백
- [ ] **hat** 모자
- [ ] **helmet** 헬멧
- [ ] **hill** 언덕, 고개
- [ ] **hole** 구멍, 틈
- [ ] **hook** 후크, 걸이
- [ ] **house** 집, 주택
- [ ] **identification** 신원 확인, 식별, 신분증
- [ ] **instrument** 악기, 도구
- [ ] **intersection** 교차로, 교차점
- [ ] **iron** 철, 다리미
- [ ] **items** 물건, 항목
- [ ] **jacket** 재킷
- [ ] **jar** 항아리, 병
- [ ] **jewelry** 보석류
- [ ] **key** 열쇠 (adj.) 중요한
- [ ] **keyboard** 키보드
- [ ] **key ring** 열쇠고리

- kitchen 부엌
- kitchen drawer 부엌 서랍
- kite 연
- ladder 사다리
- ladies 여성들
- lagoon 라군, 석호
- laminate 라미네이트
- lamp 램프
- lamppost 가로등 기둥
- lampshade 전등갓
- landscape maintenance
  조경 유지 보수
- laptop 노트북
- lawn 잔디밭
- leaf 잎
- leaves 잎사귀 (leaf의 복수형)
- length 길이
- letter 편지, 글자
- letterbox 우편함
- lid 뚜껑
- lighthouse 등대
- line 선 (v.) 줄을 서다
- litter 쓰레기
- locker 사물함
- log 통나무, 일지
- luggage 짐, 가방
- lumber 목재
- machine 기계
- magazine 잡지, (연발총의) 탄창
- magnet 자석
- map 지도
- marketplace 시장, (옥외) 장터
- material 재료, 물질

- matting 매트 재료, 매트 처리
- measurement 측정, 치수
- mechanic 정비사
- medical equipment 의료 장비
- menu 메뉴
- merchandise 상품, 물품
- microwave 전자레인지
- mirror 거울
- monitor 모니터 (v.) 감시하다
- motorcycle 오토바이
- mountain 산
- mountain road 산길, 산간도로
- mug 머그컵
- musician 음악가
- nail 못, 손톱 (v.) 못을 박다
- necklace 목걸이
- necktie 넥타이
- newspaper 신문
- notebook 공책
- opening 개구부, 개장
- ornament 장식
- outdoor area 야외 지역
- outdoor dining area 야외 식사 공간
- outlet 콘센트, 아울렛
- overhead bin (버스나 비행기의 머리 위) 짐칸
  (= overhead compartment)
- page 페이지 (v.) 페이지를 넘기다,
  (사람을 찾거나 말을 전하는) 안내 방송을 하다
- paint can 페인트 통
- painting 그림, 회화
- pamphlet 팸플릿
- pants 바지
- paper 종이

- photograph 사진
- pottery 도자기, 도기류
- rack 선반, 걸이, 거치대
- receipt 영수증
- refrigerator 냉장고
- river 강
- road 도로
- rock 바위, 암석
- roof 지붕
- rope 로프, 밧줄
- rug 러그, 깔개
- runway 활주로
- rush 몰려듦 (v.) 돌진하다
- sail 돛 (v.) 항해하다
- saw 톱
- sawdust 톱밥
- scaffolding (건축 공사장의) 비계
- scarf 스카프
- screen 화면, 스크린
- screwdriver 나사돌리개, 드라이버
- sea 바다
- sealant 밀봉제
- seat 좌석
- shelf 선반
- shelves 선반들 (shelf의 복수형)
- shelving unit 선반 유닛
- shoelace 신발끈
- shoes 신발
- shoreline 물가, 해안선
- shovel 삽
- sidewalk 인도
- sign 표지, 신호
- sink 싱크대 (v.) 가라앉다

- sky 하늘
- slacks 슬랙스, 바지
- sleeve 소매
- slippers 슬리퍼
- smokestack (배·공장 등의) 굴뚝
- snack 간식
- sofa 소파
- soil 토양, 흙
- statue 조각상, 동상
- step 계단, 단계
- stick 막대기 (v.) 붙이다
- stone 돌, 석재
- stool (등받이와 팔걸이가 없는) 의자, 스툴
- store 상점 (v.) 저장하다
- store window (가게의) 진열장 유리, 상품 진열장
- suitcase 여행 가방
- supply 공급 (v.) 제공하다
- table 테이블, 표
- teacup 찻잔
- tent 텐트
- tie 넥타이 (v.) 묶다
- tissue 티슈, 화장지
- toilet 화장실, 변기
- tool 연장, 도구
- top 상단, 꼭대기 (v.) 최고가 되다, 초과하다
- towel 타월, 수건
- tower 탑, 타워
- toy 장난감
- trail 트레일, 오솔길
- train 기차 (v.) 훈련하다
- tray 쟁반, (납작한 플라스틱) 상자
- tree 나무

- [ ] **trench** 참호, 도랑
- [ ] **umbrella** 우산, 파라솔
- [ ] **uniform** 유니폼, 제복
- [ ] **utensil** 도구, 기구
- [ ] **van** 승합차
- [ ] **vase** 꽃병
- [ ] **vegetable** 채소
- [ ] **vehicle** 차량, 탈것
- [ ] **vending machine** 자판기
- [ ] **vent** 환기구 (v.) 발산하다
- [ ] **ventilation** 환기
- [ ] **violin** 바이올린
- [ ] **wall** 벽
- [ ] **wallet** 지갑
- [ ] **water** 물
- [ ] **water bottle** 물병
- [ ] **water tower** 수조, 급수탑
- [ ] **waterfall** 폭포
- [ ] **wheel** 바퀴, (v.) (바퀴 달린 것을) 밀다
- [ ] **window** 창문
- [ ] **windowpane** 창유리
- [ ] **wood** 나무, 목재
- [ ] **wooden crate** 나무 상자
- [ ] **wooden planter box** 나무 화분 상자
- [ ] **work** 일, 작업
- [ ] **worker** 근로자, 노동자
- [ ] **workshop** 작업장, 워크숍
- [ ] **wrench** 렌치, 스패너 (v.) 비틀다
- [ ] **zipper** 지퍼

004

- ☐ **abandoned** 버려진
- ☐ **abashed** 당황한, 부끄러운
- ☐ **aberrant** 정상에서 벗어난, 일탈적인
- ☐ **abiding** 지속적인, 변치 않는
- ☐ **able** 능력 있는, 할 수 있는
- ☐ **abnormal** 비정상적인
- ☐ **absent** 결석한, 부재의
- ☐ **absorbing** 흥미로운, 몰입하게 만드는
- ☐ **abstract** 추상적인, 이론적인
- ☐ **absurd** 어리석은, 터무니없는
- ☐ **abundant** 풍부한, 많은
- ☐ **accurate** 정확한, 정밀한
- ☐ **aching** 아픈, 쑤시는
- ☐ **acidic** 산성의, 신맛의
- ☐ **acoustic** 음향의, 청각의
- ☐ **acrid** 쓴, 매캐한
- ☐ **active** 활동적인, 활발한
- ☐ **adjusting** 조정 중인, 적응 중인
- ☐ **anchored** 닻을 내린, 고정된
- ☐ **arched** 아치형의, 아치가 있는
- ☐ **attached** 붙어 있는, 첨부된
- ☐ **available** 이용[입수]할 수 있는, 유효한
- ☐ **back** 뒤쪽의, 후방의
- ☐ **backed up** 차가 정체한, 지지 받은
- ☐ **bare** 표면이 아무것도 안 덮인, 텅 빈, 벌거벗은
- ☐ **blue** 파란, 우울한
- ☐ **brick** 벽돌의, 벽돌로 지은
- ☐ **broken** 부서진, 고장 난

- ☐ **brown** 갈색의
- ☐ **cardboard** 판지의
- ☐ **climbing** 오르는, 등산하는
- ☐ **closed** 닫힌, 폐쇄된
- ☐ **cold** 차가운, 추운
- ☐ **colorful** 색깔이 많은, 다채로운
- ☐ **comfortable** 편안한, 안락한
- ☐ **crooked** 비뚤어진, 구부러진
- ☐ **crowded** 붐비는, 혼잡한
- ☐ **curved** 곡선의, 굽은
- ☐ **dark** 어두운, 짙은
- ☐ **dense** 빽빽한, 밀집한
- ☐ **deserted** 사람이 없는, 버려진
- ☐ **dining** 식사하는, 식사용의
- ☐ **dirty** 더러운, 불결한
- ☐ **drinking** 음주의
- ☐ **dry** 건조한, 마른
- ☐ **dusty** 먼지가 많은, 먼지투성이의
- ☐ **empty** 비어 있는, 공허한
- ☐ **fallen** 떨어진, 쓰러진
- ☐ **fastening** 고정시키는, 묶는
- ☐ **fluorescent** 형광의, 빛나는
- ☐ **front** 앞쪽의, 전면의
- ☐ **full** 가득 찬, 완전한
- ☐ **grassy** 풀로 덮인, 풀밭의
- ☐ **green** 녹색의, 친환경적인
- ☐ **greeting** 인사하는, 환영의
- ☐ **heavy** 무거운, 대량의

- [ ] **high** 높은, 높은 곳에 있는
- [ ] **hot** 뜨거운, 더운
- [ ] **identical** 동일한, 똑같은
- [ ] **large** 큰, 대형의
- [ ] **leaving** 떠나는, 출발하는
- [ ] **light** 가벼운, 밝은
- [ ] **lined** 선이 있는, 줄지어 선
- [ ] **lit** 불이 켜진, 조명이 있는
- [ ] **located** ~에 위치한, 자리 잡은
- [ ] **long** 긴, 오래된
- [ ] **lower** 하단의, 더 낮은
- [ ] **metal** 금속의
- [ ] **narrow** 좁은, 한정된
- [ ] **new** 새로운, 신형의
- [ ] **occupied** 사용 중인, 점령된
- [ ] **old** 오래된, 나이 든
- [ ] **open** 열린, 공개된
- [ ] **opposite** 맞은편의, 반대의
- [ ] **orange** 주황색의
- [ ] **outdoor** 야외의, 실외의
- [ ] **packed** 꽉 찬, (용기 안에) 포장된
- [ ] **picking** 고르는, 채집하는
- [ ] **piled** 쌓인, 겹친
- [ ] **pointed** 끝이 뾰족한, 날카로운
- [ ] **posted** 게시된, 배치된
- [ ] **potted** 화분에 심은, 화분의
- [ ] **protective** 보호하는, 보호용의
- [ ] **rear** 뒤쪽의, 후방의
- [ ] **recreational** 오락의, 레크리에이션의
- [ ] **rectangular-shaped** 직사각형의
- [ ] **red** 빨간, 붉은
- [ ] **resting** 휴식 중인, 쉬고 있는
- [ ] **revolving** 회전하는, 회전식의

- [ ] **rocky** 바위가 많은, 험난한
- [ ] **round-shaped** 둥근 모양의
- [ ] **ruined** 폐허가 된, 망가진
- [ ] **scientific** 과학의, 과학적인
- [ ] **shaded** 그늘진, 음영이 있는
- [ ] **shielded** 차폐된, 보호된
- [ ] **shut** 닫힌, 잠긴
- [ ] **similar** 비슷한, 유사한
- [ ] **situated** 위치해 있는, 자리 잡은
- [ ] **stair-shaped** 계단 형태의
- [ ] **steep** 가파른, 급격한
- [ ] **striped** 줄무늬가 있는, 줄이 있는
- [ ] **unoccupied** 비어 있는, 점유되지 않은
- [ ] **various** 다양한, 여러 가지의
- [ ] **visible** 보이는, 명백한
- [ ] **wet** 젖은, 축축한
- [ ] **white** 하얀, 백색의
- [ ] **wooden** 나무로 된, 목재의
- [ ] **yellow** 노란, 황색의

토익 파트 1 전치사(prepositions), 부사(adverbs)

005

부사로 쓰이는 경우의 뜻까지 함께 정리한다.

- **about** ~에 대하여, 주변에 (adv.) 약, 거의
- **above** ~보다 위에 (adv.) 위에
- **across** ~ 맞은 편에 (adv.) 건너서 가로질러
- **along** ~을 따라서 (adv.) 함께
- **alongside** ~ 옆에 나란히 (adv.) 나란히
- **around** ~ 주위에 (adv.) 약, 이리저리
- **aside** (adv.) 비켜서, 따로
- **at** ~에, ~에서
- **away** (adv.) 멀리, 떨어져
- **back** (adv.) 뒤로, 되돌아
- **between** ~ 사이에, ~ 중간에
- **by** ~ 근처(앞, 뒤 옆 모두)
- **down** ~ 아래로 (adv.) 아래로, 내리막길에
- **for** ~ 동안, ~을 위해
- **forward** (adv.) 앞으로
- **from** ~에서, ~로부터
- **in** ~ 안에, ~에서
- **in front of** ~ 앞에, ~ 앞쪽에
- **indoors** (adv.) 실내에서
- **inside** ~ 안으로 (adv.) 내부에
- **into** ~ 안으로, ~로 변하여
- **near** ~ 기까이에 (adv.) 근처에, 가까이에
- **next** (adv.) 그 다음에
- **off** ~에서 벗어나서
- **on** ~ 위에, ~에
- **out** ~에서 멀리 (adv.) 밖으로
- **outdoors** (adv.) 야외에서, 밖에서
- **outside** ~ 밖으로 (adv.) 밖에(서)

- **over** ~ 위에, ~을 넘어서
- **overhead** (adv.) 머리 위로, 위쪽에
- **past** ~ 지나서 (adv.) 시간이 흘러
- **through** ~을 통과해서, ~을 통해
- **to** ~에, ~로
- **toward** ~을 향해서, ~ 쪽으로
- **under** ~ 밑에 (adv.) 아래에
- **up** ~ 위로 (adv.) 위쪽으로
- **with** ~와 함께

PART

2

비법과 함께 공부하는
파트 2 표현 정리

TOEIC

PART 2

비법 정리 + 표현 정리

006

001 질문의 단어가 반복되거나 유사 발음 표현이 들리는 선택지는
정답이 아니다. (90%)

Q: Why did Alex cancel the meeting? 왜 Alex가 회의를 취소했나요?

A: We can't sell the item. 우리는 그 물건을 팔 수 없어요. (×)

> **Note** cancel과 can't sell은 유사 발음이다. 이런 유사 발음 표현이 오답 선택지로 자주 출제된다!

A: There was a scheduling conflict. 일정이 겹쳤어요. (○)

**그러나 or 또는 which가 들리는 선택 의문문은 질문의 단어와
정답의 단어가 중복되기도 한다.**

Q: Do they want to use air or ground shipping?
   그들은 항공 우편을 이용하기를 원하나요, 육상 우편을 이용하기를 원하나요?

A: Express air, please. 빠른 항공 우편이요.

> **Note** or나 which가 들리는 선택 의문문은 질문의 단어가 그대로 정답에 나오기도 한다.

002 문장 중간에 나오는 의문사를 잘 듣는다.

Q: Do you know where Sue's office is? Sue의 사무실이 어디인지 아세요?

A: It's on the third floor. 3층에 있어요.

> **Reason** 의문사 where를 포함한 간접 의문문이므로 장소로 답변했다.

> **Note** Can you tell me where ~?나 Do you know what ~? 등도 출제 빈도수가 높으니 주의하자.

003 추가 정보나 추측을 제시하는 응답은 정답이다. (90%)

Q: How do I contact Joan? Joan과 어떻게 연락하죠?

A: She left her business card. 그녀가 명함을 남겼어요.

> **Note** '명함을 남겼다'는 추가 정보를 주어 그것을 보고 연락할 수 있음을 뜻한다. (명함 = 추가 정보)

Q: Did you enjoy the management workshop last week?
   지난주 경영자 워크숍은 좋았어요?

A: Absolutely, it was very informative. 그럼요! 아주 유용했어요.

> **Note** informative하다는 추가 정보를 준다.

Q: Could you give me a lift to the ceremony? 그 행사에 가는데 저 좀 태워 주실래요?

A: Of course, I'm leaving in 15 minutes. 그러죠. 저는 15분 후에 출발합니다.

> **Note** '15분 후에 출발한다'는 추가 정보를 준다.

Q: I don't see a manual anywhere. 설명서가 어디에도 안 보이네요.

A: Maybe the store forgot to include it. 아마 가게에서 그것을 넣어 주는 것을 잊었나 봐요.

> **Note** 요즘에는 추측을 제시하는 문장도 정답으로 자주 출제되고 있다.

Q: Hasn't the weekly meeting been postponed? 주간 회의가 연기되지 않았나요?

A: Yes, it will now be on Friday. 네, 이제 금요일에 합니다.

> **Note** <파트 2>에서는 추가 정보를 주는 선택지가 정답인 경우가 많은데, 이 문제에서의 추가 정보는 '주간 회의가 연기가 되었고, 이제는 금요일에 한다'이다.

004 but(그렇지만), instead(대신에), though(그래도, 그렇지만)가 들리면 대부분 정답이다. (90%)

Q: Isn't the weather wonderful today? 오늘 날씨, 정말 좋지 않아요?

A: But it's probably going to rain tonight. 하지만 아마 오늘 밤에 비가 올 거예요.

> **Note** but이 들리면 대부분 정답이다.

Q: Can I make an announcement before the meeting starts?
회의 시작 전에 제가 발표를 해도 될까요?

A: Yes, but keep it short. 예, 그렇지만 짧게 하세요.

> **Note** 역시 but이 들리면 대부분 정답이다.

Q: Let's discuss the new project this afternoon.
오늘 오후에 새 프로젝트에 대해 논의해 봅시다.

A: We can do it tomorrow morning instead. 대신 내일 아침에 할 수 있어요.

> **Note** instead(대신에)가 들리면 대부분 정답이다.

Q: We need to schedule a team meeting to discuss the sales results.
판매 결과를 논의하기 위해 팀 회의 일정을 잡아야 해요.

A: Jessica's still on vacation, though. 그런데 Jessica가 아직도 휴가 중입니다.

> **Note** '그러나'라는 의미의 though가 들려도 정답일 확률이 높다.

005 책임 전가성 대답이 정답으로 자주 출제된다. (80%)

Q: Where's the copier? 복사기는 어디에 있나요?

A: Our copy machine is broken. 저희 복사기가 고장이 났어요.

> **Note** 복사기가 고장 났으니 어쩔 수 없다는 책임 전가성 대답이 정답인 경우다. 이처럼 우회적인 답변이 정답인 경우가 많으니 융통성 있게 풀어야 한다.

Q: When will the play end? 연극이 언제 끝나죠?

A: Sorry, I don't work here. 죄송해요. 저는 여기서 일하는 사람이 아니에요.

> **Note** '나는 잘 모른다' 류의 책임 전가성 대답이 정답으로 자주 출제된다. sorry가 들려도 정답이 잘 된다.

Q: What did you tell the customers about the shipping delay?
배송 지연에 대해 고객들에게 뭐라고 이야기했나요?

A: Weren't you going to phone them? 당신이 고객들에게 전화하려던 것 아니었나요?

> **Note** 역시 책임 전가성 답변으로, "그건 네 일 아니었어?"라고 반문하고 있다. 의문문은 정답이 잘 된다!

006 '잘 모른다(I'm not sure.)', '아직 결정이 안 났다(That hasn't been decided yet.)' 대답은 정답이 잘 된다. (90%)

Q: Who's the marketing manager? 마케팅 매니저가 누구죠?

A: I'm not sure. 잘 모르겠어요.

> **Note** '잘 모르겠다' 류의 대답이 정답인 경우가 많다. sure가 들리면 대부분 정답이다.

Q: Where will the retreat be next month? 다음 달 단합 대회는 어디서 하죠?

A: That hasn't been decided yet. 그것은 아직 결정되지 않았어요.

> **Note** 'That hasn't been decided yet.'이 들리면 대부분 정답이다.

Q: Can you check the packing machine today? 오늘 포장 기계 확인할 수 있나요?

A: Sure, I'll put it on my list. 물론이죠. 오늘 할 일 목록에 추가해 놓겠습니다.

> **Note** 아직 하지는 않았지만 곧 할 거라는 뜻으로 미래 시제를 쓴 것이 정답일 확률이 높다.

007 Let me check it for you.(제가 확인해 볼게요.)처럼 알아보겠다는 대답은 정답이 잘 된다. 특히 check가 들리면 정답인 경우가 많다. (90%)

Q: Where did Charles leave the memo? Charles가 메모를 어디에 뒀나요?

A: Check Darren's desk. Darren의 책상을 확인해 보세요.

> **Note** '확인하다'를 뜻하는 check가 들리면 정답 가능성이 높다.

Q: I'd like to discuss the marketing plans sometime next week.
다음 주 중에 마케팅 계획안에 대해 논의하고 싶습니다.

A: Let me check my schedule. 제 일정 좀 확인해 볼게요.

> **Note** check가 들리면 정답일 가능성이 높다.

Q: Why isn't John's presentation finished yet? 왜 John의 발표가 아직 끝나지 않았죠?

A: He sent us a draft to check. 그가 우리에게 확인해 볼 초안을 보내왔어요.

> **Note** 초안을 보냈고, 그것에 대한 피드백을 기다리고 있어서 발표가 끝나지 않았다는 의미를 내포한다.

Q: Who is going to give a speech at the ceremony? 그 기념식에서 누가 연설을 하나요?

A: I'll look at the agenda. 제가 의제를 볼게요.

> **Note** '알아볼게' 류의 대답이 정답으로 자주 출제된다.
>
> I'll look at the agenda. = Let me check it for you.(제가 확인해 볼게요.)도 같은 맥락이다.

Q: Who's going to the CEO's talk tonight? 오늘 밤에 누가 최고경영자 연설에 갑니까?

A: I'll have to look at my schedule. 저는 일정을 확인해 봐야 할 것 같습니다.

> **Note** I'll have to look at my schedule. = Let me check it. '내 일정을 확인해 보겠다'는 대답이다.

008 That's a good/great idea.(좋은 생각이에요.)가 들리면 정답이 잘 된다! good/great가 들리면 대부분 정답이다. (80%)

Q: What if we moved these books to make more space?
더 많은 공간을 만들게 우리가 이 책들을 옮기면 어떨까요?

A: That's a great idea. 좋은 생각이에요.

> **Note** That's a great idea.는 자주 출제되는 정답 표현이다.

Q: Shouldn't we request approval from the director?
이사님의 승인을 요청해야 하지 않나요?

A: That's a good idea. 좋은 생각이에요.

> **Note** That's a good idea.는 정답인 경우가 많다.

009 Why로 묻는 질문에는 Because로 시작하는 답변이 대부분 정답이다. 한두 문제는 꼭 출제된다! (90%)

Q: Why is the restaurant closed early today? 왜 오늘 그 식당이 일찍 문을 닫나요?

A: Because it is reserved for a birthday party tonight.
오늘 밤에 생일 파티가 예약되어 있기 때문이에요.

> **Note** Why 의문문에 Because로 시작하는 답변은 단골 정답 표현이다.

Q: Why was the party canceled? 왜 그 파티가 취소되었나요?

A: Because few people wanted to attend. 참석하고 싶어 하는 사람들이 거의 없어서요.

> **Note** Why로 묻는 질문에는 Because로 시작하는 답변이 대부분 정답이다.

010 **'능청 떠는' 대답과 '아니'라는 부정적인 대답은 정답 가능성이 높다. (80%)**

Q: Have you gone to the seminar yet? 그 세미나에 갔나요?
A: Oh, I didn't know it was required. 아, 저는 가야 하는지 몰랐어요.

> **Note** Oh가 들리거나, 몰랐다며 능청 떠는 대답은 정답 가능성이 높다.

Q: Didn't David buy a new car? David가 새 차를 사지 않았나요?
A: No, not that I know of. 아니오, 제가 알기로는 아니에요.

Q: Your tablet needs fixing, right? 태블릿 PC 고쳐야 하죠?
A: No, it's working perfectly. 아니요, 작동 잘 됩니다.

> **Note** 부정의 답변은 늘 정답 가능성이 높다.

011 **one이 들리면 정답 가능성이 높다. (85%)**

Q: What kind of bicycle do you have? 어떤 자전거를 가지고 있나요?
A: Are you thinking of buying one? 하나 사시게요?

> **Note** 이런 유형의 답변이 정답인 경우가 많다. one이 들리면 정답 가능성이 높은데, 거기다 의문문 형태라면 정답일 확률이 더 높아진다!

Q: Who made a checklist for the business travel? 누가 출장 체크 목록을 만들었나요?
A: One of the managers. 매니저 중 한 사람이요.

> **Note** one이 들리면 정답 가능성이 높다.

Q: Which copier do you use? 어떤 복사기를 사용하죠?
A: The one near Ms. Lee's desk. Lee 씨의 책상 근처에 있는 거요.

> **Note** Which 의문문 또는 or가 포함된 선택 의문문은 The one ~ 식의 답변이 정답일 가능성이 높다.

012 **의문문은 정답일 가능성이 높다. (75%)**

Q: Did you give the client the bill? 그 고객에게 계산서를 드렸나요?
A: Hasn't the payment arrived yet? 아직 수납이 되지 않았나요?

> **Note** 계산서 제공 여부를 확인하는 이유는 대금 결제가 이루어지지 않아서일 가능성이 높다. 이런 상황을 이해해야 정답을 찾을 수 있는데, 여기서처럼 의문문 형태의 답변은 정답일 가능성이 높다.

Q: The report deadline is on Wednesday. 그 보고서는 기한이 수요일이에요.
A: Where did you hear that? 어디서 그 말을 들으셨어요?

Q: All the tickets for the concert are gone. 콘서트 표가 모두 매진됐어요.

A: Did you try online? 온라인을 확인해 봤나요?

> **Note** 이 문제처럼 의문문이 아닌 평서문에 대해서 의문문 형태의 답변이 정답인 경우가 더욱 더 많다.

Q: Wasn't Mr. Kim nominated for an award this year?
Kim 씨가 올해 수상 후보로 지명되지 않았나요?

A: Are you thinking of a business partner? 함께 동업할 마음이 있으세요?

> **Note** 어려운 문제이다. 누가 상을 받았는지 묻는 질문에 그 사람과 함께 사업할 마음이 있느냐는 대답이 정답이 된 경우이다. 다른 예로 "그 새 차 얼마니?"라고 질문했을 때 "왜, 하나 사게?(Are you thinking of buying one?)"가 정답이 된다. 이런 문제는 20~31번 사이에 자주 출제된다.

013 '구두쇠' 답변은 정답일 가능성이 높다. (80%)

Q: Wouldn't you rather travel somewhere during this weekend?
이번 주말에 어디 여행 가고 싶지 않나요?

A: I'm planning to mow the lawn at my house. 저는 집에서 잔디를 깎을 계획이에요.

> **Note** 어디를 가거나 무엇을 사 먹자는 제안에 돈을 안 쓰는 내용의 답으로 거절하는 이른바 '구두쇠' 답변은 정답일 확률이 높다.

Q: Would you recommend a good place for dinner? 저녁 먹기 좋은 식당 추천해 줄래요?

A: I always bring food from home. 저는 항상 도시락을 싸 와서요 (몰라요).

> **Note** 토익은 도시락을 좋아한다! "외식하자."는 말에 도시락을 싸 왔다거나, 늘 도시락을 싸 와서 모른다고 응답하는 '도시락(bring lunch)' 답변이 정답이 되는 경우가 많다.

Q: Should we order lunch from the Korean restaurant?
우리 한식당에서 점심을 주문해야 할까요?

A: I brought something from home today. 저는 오늘 집에서 뭘 좀 가져왔어요.

> **Note** 전형적인 '구두쇠' 대답으로 정답일 확률이 높다.

014 거절하는 대답, 퉁명스러운 대답, 자기만 생각하는 문장은 정답인 경우가 많다. (85%)

Q: Whose turn is it to wash the dishes? 누가 설거지를 할 차례죠?

A: I already washed them yesterday. 저는 어제 이미 설거지를 했어요

> **Note** 나는 어제 설거지를 했으므로 내 차례가 아니라는 개인주의적인 답변이다. 이 같은 개인주의적인 답변, 거절의 답변, 다소 무성의하게 느껴지는 답변은 정답인 경우가 많다.

Q: How often will I need to renew my driver's license?
얼마나 자주 운전 면허증을 갱신해야 하나요?

A: It's probably in this handbook. 이 안내서에 나올 거예요.

> **Note** 바로 답하지 않고 "다른 데 가서 알아봐.", "이메일 확인해 봐.", "이 책에 나와." 같은 불친절한 대답은 정답일 확률이 높다.

015 ## 한 번 더 생각하자. 잘 생각해야 정답이 보이는 문제가 출제된다.

Q: Here are 10 copies of the sales report. 여기 영업 보고서 10부가 있습니다.

A: Mary's joining us too. Mary도 올 거예요.

> **Note** 'Mary도 오니 한 부 더 준비하라.'는 의미의 정답이다. 한 번 더 생각해야 풀 수 있는 문제다.

Q: Should I print copies of the report or e-mail them to all of the managers?
보고서를 출력해야 하나요, 아니면 모든 매니저들에게 이메일로 보내야 할까요?

A: Every one of them will have a laptop. 모두 노트북 컴퓨터가 있을 거예요.

> **Note** '그들 모두에게 컴퓨터가 있으니 이메일로 보내라.'는 의미의 정답이다. 역시 한 번 더 생각해야 한다.

Q: What's the price of this book? 이 책의 가격이 어떻게 되나요?

A: There may be a discount. 할인을 해 줄지도 몰라요.

> **Note** 할인을 해 줄지 모르니 기다리라는 답변이다. 이렇게 한 번 더 생각해야 풀 수 있는 문제가 출제된다.

Q: Do you think we should change office suppliers?
사무용품 공급업체를 바꿔야 한다고 생각하세요?

A: I haven't heard any complaints. 저는 아무 불만도 듣지를 못했어요.

> **Note** '별 불만이 없는 것 같으니 계속 거래하던 업체를 쓰자.'는 의미의 정답이다.

Q: I think we should walk to the airport. 우리 공항까지 걸어가야 할 것 같아요.

A: It is pretty far away. 너무 먼데요.

> **Note** '걸어가기에는 너무 멀다.'는 불만을 표현한 정답이다. 또 거절의 답이기도 하데, 불만이나 거절을 표현하는 문장은 정답이 잘 된다!

Q: Is this the only one of our designs that got approved?
이게 우리 디자인들 중에서 유일하게 승인을 받은 디자인인가요?

A: This client can be really demanding. 고객이 정말 까다로워요.

> **Note** 까다로워서 한 개밖에 승인해 주지 않았다는 대답이다.

016 budget(예산)이 들리면 정답이다. 실제 시험에 출제되어 감사하다고 인사를 많이 받은 비법이다. (90%)

Q: Who's going with you to the seminar? 당신과 함께 누가 그 세미나에 가나요?

A: We send only one person because of the budget cut.
우리는 예산 삭감 때문에 한 사람만 보내요.

> **Note** budget이 들리면 대부분 정답이다. 이것이 토익의 최신 경향이다.

Q: How many new employees will we hire next month?
다음 달에 우리가 신입 직원들을 몇 명이나 고용할 건가요?

A: The accounting manager has to finish the budget first.
경리부장이 우선 예산을 마무리해야 해요.

> **Note** 예산이 나와야 몇 명을 뽑을 수 있는지 알 수 있다는 답변으로 정답이다.

Q: Do you want to hire 5 or 10 more employees next quarter?
다음 분기에 5명을 더 고용하길 원하요, 10명을 고용하길 원하요?

A: The budget is quite small now. 지금 예산이 얼마 없어요.

> **Note** 예산이 얼마 없어서 사람을 적게 고용할 것이라는 의미의 정답이다.

017 허무감을 느끼게 하는 대답은 정답이다. (90%)

Q: Mr. Lee applied for the open sales position, didn't he?
Lee 씨가 공석인 영업직에 지원하지 않았나요?

A: No, it was already filled. 아니요, 그 자리는 이미 충원되었어요.

> **Note** 이미 자리가 차서 지원 자체를 할 수 없었다는 내용의 정답이다. 이렇게 허무감을 느끼게 하는 대답은 정답일 확률이 높다.

Q: I'd like to see Ms. Park. 저는 Park 씨를 만나고 싶어요.

A: She no longer works here. 그분은 더 이상 여기서 일하지 않아요.

> **Note** Park 씨가 여기서 일하지 않아 만날 수 없다는 내용의 허무감을 주는 대답으로 정답이다.

Q: We're still selling parasols, aren't we? 우리가 여전히 파라솔을 판매하죠?

A: Our supplier went out of business. 우리 파라솔 공급업체가 망했어요.

> **Note** 공급업체가 망했다는 대답이 허무감을 주지만, 정답이다.

Q: I don't know how to operate this forklift. 저는 이 지게차 작동법을 몰라요.

A: I've never used it. 저는 그것을 사용해 본 적이 없어요.

> **Note** 실제로 이렇게 퉁명스럽고 무뚝뚝한 답변이 정답으로 출제되고 있다. 상대방이 당연히 작동법을 가르쳐 줄 줄 알고 말했는데 자기도 모른다는 다소 의외의 대답이 나온 상황이다.

제3의 답변 또는 해결책을 제시하는 답변은 정답이다. (90%)

Q: Do you take coffee or tea? 커피나 차 드시겠어요?

A: Isn't there any juice? 주스는 없나요?

> **Note** 선택지 A, B 중에서 고르지 않고, 다른 것을 찾는 제3의 요구를 하는 답변이 정답으로 자주 출제된다.

Q: Who can I speak to about writing a weekly sales report?
주간 영업 보고서 작성에 대해 누구와 얘기하면 되죠?

A: Danaka will send you some guidelines. 다나카가 당신에게 안내 지침을 보내 줄 거예요.

> **Note** 해결책을 제시하는 문장은 정답이다. 또 사람 이름(Danaka)이 들리는 문장 역시 정답이 잘된다.

Q: How can I get some more paper clips? 종이 클립을 어떻게 하면 더 받을 수 있죠?

A: Tina takes care of that. 그건 Tina가 처리합니다.

> **Note** 사람 이름(Tina)과 함께 이 문장에서처럼 해결책을 제시하는 대답이 정답이다.

생략형 대답은, 특히 to부정사의 to로 끝나는 문장은 대부분 정답이다. (85%)

Q: Can you please fix my photocopier? 제 복사기 좀 고쳐 주실래요?

A: I'd be happy to. 기꺼이 그렇게 하죠.

> **Note** to부정사의 to로 끝나는 문장은 대부분 정답이다.

Q: Did you review all the customer complaints? 고객 불만 사항을 모두 다 검토해 봤나요?

A: No, there are several more left. 아니요, 아직 몇 개 더 남아 있어요.

> **Note** 생략형 대답은 정답 가능성이 높다. No, there are several more (complaints) left.에서 complaints가 생략되었다.

Q: Would you like to take a tour of my language institute? 제 어학원 둘러 보실래요?

A: Of course, I'd like to. 물론이죠, 그러고 싶어요.

> **Note** 생략형 대답은 대부분 정답이다. 생략된 부분을 복원하면 Of course, I'd like to take a tour of your language institute.이다.

Q: Can you look at my presentation slides today? 오늘 제 발표용 슬라이드 보실 수 있나요?

A: Sure, I'd be glad to. 그럼요, 봐 드릴게요.

> **Note** Sure도 들리고 생략형 문장도 나오니 이 문장이 정답일 확률은 90%이다.

020 **When으로 묻는 질문에는 Not until(~나 되어서야)로 시작하는 답변이 정답일 확률이 높다. (80%)**

Q: When can you finish the project report? 언제 프로젝트 보고서를 마칠 수 있나요?
A: Not until tomorrow at 5:00 p.m. 내일 오후 5시나 되어야 합니다.

> **Note** When 의문문에는 Not until로 시작하는 답변이 정답으로 잘 출제된다.

Q: Where will the vice president be staying? 부회장님은 어디에 머무실 건가요?
A: We won't know until April. 4월이나 되어야 알 수 있어요.

> **Note** 부회장이 어디에 머무를지 묻는 질문에 4월이 되어야 알 수 있어서 지금은 모른다는 답변이 정답이다. 이처럼 When 의문문이 아니어도 until이 들리면 정답인 경우가 많다. 최근 출제된 유형이다.

Q: Could we have a meeting today? 우리 오늘 회의할 수 있나요?
A: I'll be here until 6 o'clock. 전 6시까지 여기 있을 거예요.

> **Note** 6시까지 있을 것이니 그때까지 오라는 의미의 대답이다. When으로 묻는 질문이 아니어도 until이 들리면 정답인 경우가 많다.

021 **only(겨우, ~만), just(이제 막, 단지)가 들리면 정답일 확률이 높다. (80%)**

Q: Isn't John the most experienced engineer? John이 가장 경험 많은 기술자 아닌가요?
A: No, he just graduated from high school. 아니요, 그는 이제 막 고등학교를 졸업했어요.

> **Note** only나 just가 들리는 선택지는 정답일 가능성이 높다.

Q: Is the room big enough for the conference? 그 방이 회의하기에 충분히 큰가요?
A: Only seven women have enrolled. 여성 분 일곱 명만 등록했어요.

> **Note** 선택지에 only 또는 just가 들리면 정답인 경우가 많다. 회의하기에 충분히 큰 방인지 묻는 질문에 일곱 명밖에 등록하지 않아 충분하다는 의미의 대답이다.

Q: Don't you have a seminar tomorrow? 내일 세미나 있지 않아요?
A: That's just for the Human Resources Department. 그건 인사부만 하는 거예요.

> **Note** just가 들리면 정답일 확률이 높다.

022 **기본적인 어휘력과 표현력을 키워야 풀 수 있는 문제가 나온다.**

Q: Who's cleaning this room? 누가 이 방을 청소하나요?
A: It's Tina's turn. Tina 차례예요.

> **Note** turn은 '차례'라는 의미다. turn이 명사로 쓰일 때의 이 의미를 알아야 문제를 풀 수 있다.
> It is your turn to deal the cards. 네가 카드를 돌릴 차례다.

sure(그럼요, 그래요)가 들리면 정답 가능성이 높다. (85%)

Q: Should we ask the waitress to bring us some wine?
종업원에게 와인 좀 가져다 달라고 할까요?

A: Sure, when she comes back. 그래요, 그녀가 다시 오면요.

> **Note** sure가 들리면 정답인 경우가 많다.

Q: Do you mind filling out the registration form? 등록 양식을 작성해 주시겠어요?

A: Sure. I can do that. 물론이죠. 그렇게 할 수 있어요.

> **Note** mind는 '꺼리다'라는 의미로, 꺼리는지 물었는데 yes라고 하면 '응, 꺼려'라는 의미가 된다. 그런데 sure가 yes의 동의어이긴 하지만, mind에 대한 응답일 경우 '꺼리지 않는다'는 의미로 쓰인다는 것을 기억하자! 또 토익에서는 mind에 yes로 답하지 않고, sure나 okay로 답한다.

Q: Would you mind cleaning this room? 이 방 청소 좀 해 주실래요?

A: OK. I'll take care of that. 그래요. 제가 처리할게요.

> **Note** Would you mind ~?는 '~을 꺼리시나요?'라는 의미이다. 이 경우 '꺼리지 않는다'는 의미로 상대의 요청을 수락할 때는 OK. 혹은 Of course not.으로 답한다.

sorry(미안해요)가 들리면 정답 가능성이 높다. (85%)

Q: Robin, Jane and I are going out for dinner after we finish this report.
Robin, Jane과 나는 이 보고서를 끝낸 후에 저녁을 먹으러 나갈 거예요.

A: Sorry, I have some other work to do. 미안해요. 저는 다른 할 일이 있어요.

> **Note** 거절의 답변은 정답인 경우가 많다. 그리고 sorry가 들리면 대부분 정답이다.

Q: Do you want to look at the new delivery area? 새 배송 지역을 보고 싶으세요?

A: Sorry, I'm very busy. 미안합니다. 제가 많이 바빠서요.

> **Note** sorry, busy가 들리면 정답인 경우가 많다.

problem(문제), **cancelled**(취소된)가 들리면 정답 가능성이 높다. (90%)

Q: Why weren't the files uploaded to kinglish.com?
왜 파일이 kinglish.com에 업로드가 되지 않았죠?

A: We had technical problems. 기술적인 문제가 있었어요.

> **Note** problem이 들리면 대부분 정답이다.

Q: When does the company dinner start? 회식이 언제 시작되죠?

A: It was cancelled. 취소되었습니다.

> **Note** problem뿐만 아니라 postponed(연기된), cancelled(취소된)가 들리는 문장은 정답일 확률이 높다.

026 감탄사 Oh, Well, Hmm, Okay, Wow 등이 들리면 정답인 경우가 많다. (85%)

Q: Where can I get lunch near this office? 이 사무실 근처 어디에서 점심을 먹을 수 있나요?
A: Well, you have several options. 음, 몇 가지 선택지가 있어요.

> **Note** well, oh, hmm 등의 감탄사로 시작하면 대부분 정답이다.

Q: Wasn't this report due yesterday? 그 보고서, 어제가 제출 기한 아니었나요?
A: Oh, it's taking longer than we thought. 아, 생각한 것보다 오래 걸리네요.

> **Note** oh가 들리면 대부분 정답이다.

Q: Sorry for interrupting, but I've reserved this room for a 3 o'clock appointment.
방해해서 죄송한데요, 제가 3시 약속을 위해 이 방을 예약해 두었습니다.
A: Okay, we'll be leaving shortly. 네, 저희 곧 나갈게요.

> **Note** okay가 들리면 대부분 정답이다.

Q: Here's the estimated bill for fixing your car. 고객님 차 수리 예상 견적이 여기 있습니다.
A: Wow, that's really expensive. 와, 너무 비싼데요.

027 actually(실은), delay(지연시키다), still(여전히, 아직도)이 들리면 대부분 정답이다.
(80%)

Q: When will the lecture begin? 강의가 언제 시작될까요?
A: Actually, I'm not giving a lecture today. 실은, 제가 오늘 강의를 안 해요.

> **Note** actually가 들리면 대부분 정답이다. 확인을 요하는 질문에 답할 때, actually로 시작해 중요한
> 정보를 제시하는 경우가 많다.

Q: Shouldn't you have left for your business trip?
당신, 출장을 떠났어야 하지 않나요?
A: The train was delayed. 열차가 지연되었어요.

> **Note** 열차가 지연되었다(was delayed)며 출발하지 않은 이유를 제시한 답변이 정답이다.

Q: Has the warranty expired for your car? 고객님의 차 보증 기간이 만료되었어요?
A: No, I still have one more year. 아니요, 아직 1년 더 남아 있어요.

> **Note** still이 들리면 대부분 정답이다. 또한 one이 들려도 정답일 확률이 높다.

Q: Where can I get this year's budget report?
올해 예산 보고서는 어디서 찾을 수 있죠?
A: It's still being worked on. 아직도 작업 중입니다.

028 질문에 나온 표현의 반의어가 들리는 선택지는 오답이다. (90%)

Q: I'll send the application form right away. 제가 즉시 신청 양식을 보내 드릴게요.

A: Actually, I left my bicycle out in the rain. 사실 제가 비 오는데 자전거를 밖에 두었어요. (×)

A: Thanks. That'd be great. 고마워요. 그래 주면 좋죠. (○)

> **Note** 첫 문장의 경우 질문에 나온 right의 반의어처럼 들리는 left를 함정으로 이용했다. 초보자가 이런 문제를 자주 틀린다.

029 선택 의문문에는 비교급뿐 아니라 최상급으로 대답해도 정답이 된다. (80%)

Q: Should I buy my train ticket now or wait until tomorrow?
기차표를 지금 사야 하나요, 아니면 내일까지 기다려야 하나요?

A: Tomorrow would be best. 내일이 제일 좋겠어요.

> **Note** which 또는 or가 들어간 선택 의문문일 경우에는 최상급 표현도 정답일 가능성이 높다.
> 기본적으로 or나 which가 들리는 선택 의문문의 모범 답안들은 비교급, 최상급 외에 다음과 같은 단어나 표현이 들리면 정답이 된다.
> neither(둘 중 어느 것도 아닌), either(둘 중 아무거나), whichever(둘 중 어느 것이든), both(둘 다), the one(그것), It doesn't matter.(그건 중요하지 않아요.), I have no preference.(특별히 좋아하는 것이 없어요.)

030 ask(묻다, 부탁하다)가 들리면 대부분 정답이다. (85%)

Q: This steamed rice isn't as hot as I'd like. 이 밥이 내가 원하는 만큼 뜨겁지가 않아요.

A: Ask the waitress to heat it up. 종업원에게 데워 달라고 하세요.

> **Note** ask가 들리면 대부분 정답이다.

Q: When will the price of these sweaters be discounted? 이 스웨터는 언제 할인이 되나요?

A: Let me ask my manager. 매니저에게 물어보겠습니다.

031 yet(아직)이 들리면 정답 가능성이 높다. (80%)

Q: Is the new issue of *TOEIC King* available yet? <TOEIC KING> 신간은 구입 가능한가요?

A: No, it's not out yet. 아니요, 아직 출간되지 않았어요.

> **Note** yet이 들리면 정답인 경우가 많다.

Q: Why is the store so crowded? 상점이 왜 이렇게 붐비죠?

A: You haven't seen today's event schedule, yet. 오늘 행사 일정표를 아직 안 보셨군요.

> **Note** yet이 들리면 정답일 가능성이 높다. 이 문제의 경우에는 '일정표를 아직 안 봐서 모르지 일정을 보면 바쁜 것을 알 수 있다.'는 의미로 정답이다.

032 **Let's(~합시다), Let(~을 허용하다)가 들려도 정답이 잘 된다. (75%)**

Q: Can I start the meeting now? 지금 회의를 시작할 수 있나요?

A: No, let's wait until David comes. 아니요, David가 올 때까지 기다리지요.

> **Note** let 또는 let's 가 들려도 정답인 경우가 많다.

Q: We need to hire another doctor for our clinic. 병원에 의사를 한 명 더 고용해야겠어요.

A: Let's start looking soon. 조만간 찾아보기로 하죠.

> **Note** 역시 let's로 시작하는 문장이 정답일 가능성이 높다.

033 **고유 명사가 들리는 선택지는 정답일 가능성이 높다. (80%)**

Q: Who was working at the loading dock this morning?
오늘 아침에 하역장에서 누가 일하고 있었죠?

A: Jay and Sue. Jay와 Sue요.

> **Note** 사람 이름을 포함한 고유 명사가 들리는 문장은 정답일 가능성이 높다.

Q: Do you have the itinerary for our business trip? 우리 출장 일정표를 가지고 있어요?

A: Nomo is arranging our travel. Nomo가 우리 출장을 준비해요.

> **Note** 고유 명사가 들리는 문장은 정답일 가능성이 높다.

Q: Who's responsible for reimbursing us for the dinner expenses?
우리 저녁 식사 비용 환급은 누가 담당하나요?

A: That's Darren's job. 그건 Darren이 하는 일이에요.

> **Note** 고유 명사가 들리는 문장은 정답일 가능성이 높다.

034 **<파트 2> 만점을 원한다면 의외의 답변에도 열린 마음을 갖자!**

Q: Where can I get my security badge? 보안 배지를 어디서 받을 수 있나요?

A: The manager has them. 매니저가 가지고 있어요.

> **Note** 질문(security badge-단수)과 답변(them-복수)의 수가 일치하지 않지만, 위의 답변이 정답인 경우다. 한 사람당 배지는 한 개를 가져야 하지만, 매니저는 여러 명에게 줄 배지들을 가지고 있기 때문이다. 이 문제처럼 수 일치가 안 되어도 정답으로 가능하다는 사실을 기억하자! 이와 비슷한 문제가 출제된 바 있다.

Q: Have you read the reviews for the movie *King Kong*?
영화 <KiNG KONG>의 평을 읽어 봤나요?

A: OK, we can go see something else. 그래요, 그럼 다른 것 보러 가요.

Note 비평을 읽어 보고 나서 '왜 이런 영화를 보냐'는 뉘앙스로 퉁명스럽게 말하자, 그럼 다른 것을 보자고 답하는 말이 정답이 된다. 실제 시험에 출제된 문제로, 요즈음에는 이렇게 실생활과 밀착된 구어체 억양이 활용된다. 실제 토익에서 앞의 질문과 비슷한 문장을 매우 불친절한 어조로 들려 준 기억이 있다.

Q: Where should we take the guests for dinner tomorrow?
   내일 저녁 식사 때 손님들을 어디로 모실까요?

A: It will be a huge group. 큰 그룹이 되겠군요.

Note 최근 출제된 <파트 2> 문제 중에 제일 어려웠던 문제다. '사람들을 어디로 안내하지?'라는 질문에 대한 정답이 '와! 엄청 많은 인원을 데리고 가겠군.'이었다.

Q: Which software should I use to create a new spreadsheet?
   새 스프레드시트를 만들려면 어떤 소프트웨어를 사용해야 하죠?

A: You're the computer expert. 당신이 컴퓨터 전문가잖아요.

Note 질문한 사람에게 '당신이 전문가인데 누구에게 묻냐'라는 뉘앙스로 대답한 내용이 정답이 된 문제로, 역시 최근에 출제되었다. 질문에서 요구한 정보를 직접적으로 제시한 답변이 아니므로 다소 당황스러울 수 있다.

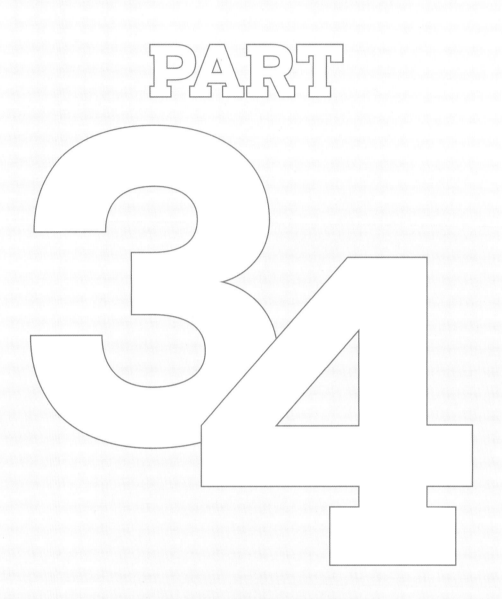

PART

34

기출 표현 및
중요 표현 정리

<파트 3, 4>는 한 개의 대화나 **talk**에 대해 3문제씩 출제된다.

PART 3, 4에서 다음 단어들이 들리면
그 뒤에 정답의 단서가 나올 확률(95%)

a. 역접 관계: but(그러나), however(그러나), unfortunately(안타깝게도),
   actually(실은, 사실은), though(문장 끝에서 '그러나'의 의미일 때)

b. 추가: also(또한), in addition(덧붙여), besides(게다가)

c. 순접 관계: so(그래서), therefore(그러므로), then(그러더니), and(그리고)

d. '기억하라'는 의미의 단어: remember(기억하다),
   don't forget(잊지 말아라), please note ~(~을 유념해 주세요),
   I wanted to remind you(일깨워 드리고 싶었어요)

e. '특별한'이라는 의미의 단어: specifically(특별히, 구체적으로),
   specially(특별히)
   장소를 묻는 문제에 대한 신호어: here(여기에), our(우리의), my(나의),
   this(이곳, 여기)

f. 감탄사: oh(오), well(이런, 자), hmm(음), okay(좋아), yeah(그래)

g. 시간/순서의 부사들: now(지금), today(오늘), tonight(오늘 밤에),
   tomorrow(내일), first(먼저), first of all(무엇보다도),
   secondly(두 번째로), finally(마지막에)

h. 기타: I wonder ~(~인지 궁금해요), I am wondering(~인지 궁금해요),
   I am calling to ~(~하려고 전화했어요), just(막, 딱, 방금), only(오로지),
   sorry(미안한, 유감인), except for(~을 제외하고), instead(대신에),
   in the meantime(그동안에)

PART 3/4

기출 paraphrasing 표현들

<파트 3, 4>의 대화와 talk 중에 나오는 내용이 질문이나 보기에 paraphrasing되어 정답이 된다. paraphrasing은 <파트 2, 3, 4, 7>의 공통 사항으로, 다음 내용에 적응하면서 단어 표현들을 익히자! 어휘력을 키우는 기본이 된다.

007

- [ ] **come by** 잠깐 들르다, **drop by** 잠깐 들르다, **stop by** 가는 길에 들르다 ⋯ **visit** 방문하다
- [ ] **12 months** 열두 달 ⋯ **one year** 1년
- [ ] **quarterly** 분기별로 ⋯ **every three months** 3개월마다, **four times a year** 1년에 네 번
- [ ] **sold out** 다 팔린 ⋯ **out of stock** 재고가 없는, 매진된
- [ ] **sign up** ⋯ **register** 등록하다
- [ ] **buy**, **get** ⋯ **purchase** 사다
- [ ] **show** ⋯ **present** 보여 주다
- [ ] **drop off** 내려 주다, 떨어뜨려 놓다 ⋯ **deliver** 배송하다
- [ ] **put in** 들여놓다, **set up** 세우다 ⋯ **install** 설치하다
- [ ] **cut cost** 비용을 절감하다 ⋯ **reduce spending** 비용을 줄이다
- [ ] **lose** 잃어버리다, **can't find** 찾을 수 없다 ⋯ **misplace** 물건을 어디 잘못 두다
- [ ] **say I'm sorry** 미안하다고 말하다 ⋯ **offer an apology** 사과하다
- [ ] **reschedule** 일정을 변경하다 ⋯ **change plans** 계획을 바꾸다
- [ ] **call back** (전화 왔던 사람에게) 다시 전화하다 ⋯ **get back** 응답 전화를 하다
- [ ] **heavy snowfall** 폭설, **strong wind** 강풍, **heavy rain** 폭우 ⋯
      poor weather conditions 나쁜 기상 조건, **inclement weather** 나쁜 날씨
- [ ] **sales representative** 판매 대리인 ⋯ **salesperson** 영업사원
- [ ] **delayed** 연기된, 늦춰진 ⋯ **late** 늦은
- [ ] **offer** ⋯ **provide** 제공하다
- [ ] **be canceled** 취소되다 ⋯ **will not be held** 열리지 않을 것이다
- [ ] **free** 돈을 안 내는 ⋯ **complimentary**, **at no cost** 무료의
- [ ] **join + person** ~와 함께하다 ⋯ **meet + person** 만나다
- [ ] **bread maker** 제빵기, **microwave** 전자레인지, **refrigerator** 냉장고, **toaster** 토스터기 ⋯
      kitchen appliance 주방용품
- [ ] **switch** 전환하다 ⋯ **change** 바꾸다, **replace** 교체하다
- [ ] **pictures** ⋯ **photographs** 사진
- [ ] **give someone a list of workers** 직원들 명단을 주다 ⋯
      provide names of workers 직원들의 이름을 주다
- [ ] **I've got a bad cold.** 감기에 심하게 걸렸다. ⋯ **I'm not feeling well.** 몸이 좋지 않다.

- **I've already set up an appointment with him.** 그와 이미 약속을 잡았다. ⋯
  I have arranged a meeting. 회의를 잡아 놓았다.
- **work extra hours** 초과 근무를 하다 ⋯ **work overtime** 야근을 하다
- **between the hours of 7 a.m. and 3 p.m.** 오전 7시에서 오후 3시 사이에 ⋯
  during a specific time 특정 시간 동안에
- **a broken water pipe** 망가진 수도관 ⋯ **A pipe is damaged.** 파이프가 손상되다.
- **The bid was well below our asking price.** 입찰가가 우리가 부른 가격보다 훨씬 아래였다. ⋯
  The bid was too low. 입찰가가 너무 낮았다.
- **Our sales are not as high as we'd hoped.** 매출이 우리 기대만큼 높지가 않다. ⋯
  Sales targets were not met. 매출 목표를 이루지 못했다.
- **Those cameras are no longer manufactured.** 그 카메라는 더 이상 생산이 안 된다. ⋯
  The product is not available. 그 제품을 구입할 수가 없다.
- **We won't be able to finish the project by May 1st.** 5월 1일까지 프로젝트를 끝내지 못할 것 같다. ⋯ **The deadline cannot be met.** 마감 기한을 맞출 수 없다.
- **We are presently renovating our office.** 현재 사무실 리노베이션 중이다. ⋯
  The renovation is not finished yet. 리노베이션이 아직도 않았다.
- **Kinglish Textile factory** 킹글리시 편물 공장 ⋯ **a manufacturing plant** 제조 공장
- **Sony Gym** 소니 짐 ⋯ **a fitness center** 헬스클럽
- **Japan Airlines flight 300** 재팬 항공 300편 ⋯ **an airplane** 비행기
- **Health Talk on Kinglish radio** 킹글리시 라디오 건강 좌담 ⋯ **a radio station** 라디오 방송국
- **Takeshiyama Supermarket** 타케시야마 슈퍼마켓 ⋯ **a grocery store** 식료품점

TOEIC

PART 3/4

중요 표현

<파트 3, 4>의 대화와 talk 중에 자주 나오는 표현들을 정리했다. 아는 단어는 체크해 가면서
예문을 확실하게 자기 것으로 만들고 넘어가자.

008

001 ☐ **head**: 가다, ~를 향하다

Actually, I'm **heading** there myself. 실은 저도 그쪽으로 가고 있어요.

002 ☐ **write down**: 적다

All you'll have to do is **write down** your name. 이름만 적으시면 됩니다.

003 ☐ **shift**: 교대 근무

Andy will cover my **shift** in the kitchen. Andy가 주방에서 제 교대 근무를 대신할 거예요.

004 ☐ **medication**: 약

Are you here to pick up your **medication**? 약을 찾으러 오셨나요?

005 ☐ **job openings**: 구인 일자리, 채용 공고

Are you interested in one of our **job openings**? 저희 구인 일자리에 관심이 있으신가요?

006 ☐ **demonstration**: 시연

Can you give me a **demonstration** of your products?
귀사 제품 시연을 보여 주시겠어요?

007 ☐ **moving costs**: 이사 비용

Will I be compensated for all my **moving costs**?
제 이사 비용을 전부 보상받을 수 있나요?

008 ☐ **promotion**: 승진

Congratulations on your **promotion**, Alex! Alex, 승진 축하해요!

009 ☐ **digits**: 자리 수

Could you give me the last four **digits** of the credit card number?
신용카드 마지막 네 자리를 알려 주시겠어요?

010 ☐ **cover**: 다루다

Did I **cover** everything you needed? 귀하께 필요한 모든 사항을 제가 설명했나요?

011 ☐ **interest**: ~의 관심을 끌다

Why don't you tell us what **interests** you the most about our position?
저희 직책 중 가장 흥미로운 점이 무엇인지 말씀해 주시겠어요?

012 ☐ **fluent**: 유창한

Do you know anyone **fluent** in Mandarin? 북경어 유창한 사람 아세요?

013 ☐ **customer reviews**: 고객 평가

We rely on **customer reviews** to help spread the word.
우리는 고객 평가를 통해 널리 알리는 데 도움을 받고 있습니다.

014 ☐ **work from home**: 재택근무를 하다

Do you mind if I **work from home**? 재택근무를 해도 될까요?

015 ☐ **vending machine**: 자판기

Excuse me, I think the **vending machine** is broken.
저기요, 자판기가 고장 난 것 같아요.

016 ☐ **get a hold of**: ~와 연락이 닿다

Great news! I finally **got a hold of** Mr. Thomas.
좋은 소식이 있어요! 드디어 Thomas 씨와 연락됐어요.

017 ☐ **come back**: 돌아오다

I guess I will have to **come back** another time. 다음에 다시 와야겠어요.

018 ☐ **team**: 팀

He'll be a great addition to our **team**. 그는 우리 팀에 큰 도움이 될 거예요.

019 ☐ **selection**: 선택, 선택 가능한 것들

We have quite a wide **selection**. 선택의 폭이 넓어요.

020 ☐ **tomorrow**: 내일

How does **tomorrow** sound? (가능한 날짜를 제안하면서) 내일은 어때요?

021 ☐ **owe**: 빚지다

How much do I **owe** you? 제가 얼마를 드려야 하나요?

022 ☐ **promotion**: 판촉 행사[활동]

We have a **promotion** going on right now. 지금 판촉 행사 중입니다.

023 ☐ **quote**: 견적

I'd be happy to provide you with a **quote**. 견적을 제공해 드리겠습니다.

024 ☐ **book**: 예약하다

I'd like to **book** a direct flight to Tokyo for April 5th, please.
4월 5일 도쿄 직항편을 예약하고 싶어요.

025 ☐ **wait**: 기다리다

We don't want to keep our clients **waiting**.
저희는 고객을 기다리게 하고 싶지 않습니다.

026 ☐ **flattered**: 과찬을 받은, (어깨가) 으쓱해지는

I'm **flattered**. 과찬이십니다.

027 ☐ **help**: 도움

We could use his **help**. 우리는 그의 도움이 필요해요.

028 ☐ **errand**: 심부름

I'm just going to run a few **errands**. 몇 가지 심부름만 할 거예요.

029 ☐ **missing**: 없어진, 사라진

I'm looking for the **missing** film footage of the local rivers.
지역 강을 찍은 영상 자료가 없어져서 찾고 있어요.

030 ☐ **stay**: 머물다

I'm **staying** here at the hotel on business. 업무 차 이 호텔에 머물고 있어요.

031 ☐ **fall behind**: 뒤처지다, (일정보다) 늦어지다

We can't let ourselves **fall behind** schedule. 일정이 늦어지면 안 됩니다.

032 ☐ **locate**: 찾다

I'm trying to **locate** an article. 기사를 하나 찾고 있어요.

033 ☐ **appreciate**: 감사하다

I **appreciate** you meeting with me today. 오늘 만나 주셔서 감사합니다.

034 ☐ **collect**: 모으다

How much money have we **collected** in fines for overdue books?
도서 연체료로 얼마나 모았나요?

035 ☐ **recommend**: 추천하다

I'd **recommend** consulting with our web designer.
저희 웹 디자이너와의 상담을 추천합니다.

036 ☐ **approve**: 승인하다

I'll have to get the cost **approved** first. 먼저 비용 승인을 받아야 합니다.

037 ☐ **trouble**: 어려움

I'm having **trouble** getting hold of last month's sales figures for our new line
of menswear. 지난달 남성복 신제품 라인 매출 자료를 구하는 데 어려움을 겪고 있습니다.
have trouble -ing: ~하는 데 어려움을 겪다

038 ☐ **authorize**: 권한을 부여하다, 재가하다

I'm not **authorized** to give refunds. 저는 환불해 드릴 권한이 없습니다.

039 ☐ **check**: 확인하다

I guess I'll **check** the theater's website to see if the show is still on.
극장 웹사이트에서 그 공연을 계속하고 있는지 알아봐야겠어요.

040 ☐ **return**: 반환하다

I think I'd rather just **return** it and get my money back.
그냥 반환하고 환불 받을래요.

041 ☐ **schedule**: 일정

It looks like we are going to be on **schedule**.
일정에 맞춰 진행될 것 같습니다.

042 ☐ **make sense**: 말이 되다, 일리가 있다

That **makes sense**. 그건 말이 되네요.

043 ☐ **private dining area**: 독립된 식사 공간

We have a **private dining area** that seats up to 30 people.
저희는 최대 30명까지 수용할 수 있는 독립된 식사 공간이 있습니다.

044 ☐ **try out**: 시험 사용하다

You can **try out** our product and see how well it meets your needs.
제품을 시험 사용해 보고 귀하의 필요에 얼마나 잘 맞는지 확인할 수 있습니다.

045 ☐ **cost a fortune**: 엄청난 돈이 들다

I bet it would **cost a fortune**. 그건 분명 엄청난 비용이 들 거예요.

046 ☐ **orientation**: 오리엔테이션

I can get started with the **orientation**. 오리엔테이션을 시작하겠습니다.

047 ☐ **security deposit**: 임대 보증금

I can give you the money for the **security deposit** today.
오늘 임대 보증금을 드릴 수 있습니다.

048 ☐ **renew**: 갱신하다

I can **renew** your subscription now, if you'd like.
원하신다면 지금 구독을 갱신할 수 있습니다.

049 ☐ **have ~ ready**: ~를 준비하다

We can **have** the cake **ready** for you first thing in the morning.
아침에 제일 먼저 고객님 케이크를 준비해 드릴 수 있습니다.

050 ☐ **deadline**: 마감 기한

I don't mind working extra hours to meet **deadlines**.
마감 기한을 맞추기 위해 야근하는 건 괜찮습니다.

051 ☐ **afford**: 여유가 있다

I don't think we could **afford** to do that. 그걸 할 경제적 여유가 없어요.

052 ☐ **rush hour traffic**: 러시아워 교통 체증

I got stuck in **rush hour traffic**. 러시아워 교통 체증에 걸렸어요.

053 ☐ **annual physical exam**: 연례 건강 검진

I have an appointment with Dr. Park for my **annual physical exam**.
Park 선생님과 연례 건강 검진 예약이 되어 있습니다.

054 ☐ **wrap up**: 마무리하다

I have to stay in London one more day to **wrap up** some business.
런던에서 하루 더 머물며 일을 마무리해야 합니다.

055 ☐ **prescription**: 처방전

I just got a new glasses **prescription** from my eye doctor.
안과에서 새 안경 처방을 받았습니다.

056 ☐ **document**: 서류

I need a **document** that shows your current address.
귀하의 현재 주소가 기재된 서류가 필요합니다.

057 ☐ **on time**: 정시에

I probably won't be able to make it **on time**. 아마 정시에 도착하지 못할 것 같습니다.

058 ☐ **scheduling conflict**: 일정 충돌, 겹치는 일정

I recently withdrew from a course due to a **scheduling conflict**.
일정이 겹쳐서 최근에 수업 하나를 포기했습니다.

059 ☐ **automatic bank withdrawal**: 은행 자동 인출(정해진 금액이 자동으로 은행 계좌에서 이체되는 것)

I use the **automatic bank withdrawal**. 저는 은행 자동 이체를 이용합니다.

060 ☐ **available**: 이용 가능한

I was wondering if you have any chocolate cakes **available**.
초콜릿 케이크를 구매할 수 있는지 궁금합니다.

061 ☐ **estimates**: 견적 (= quotes)

I will get a few **estimates** from some contractors.
몇몇 도급업자로부터 견적을 받을 겁니다.

062 ☐ **cater**: 출장 요리 서비스를 제공하다

I wonder if they **cater**. 그들이 출장 요리 서비스를 제공하는지 궁금하네요.

063 ☐ **exclusively**: 거의 전적으로

I work almost **exclusively** on research. 저는 거의 전적으로 연구만 합니다.

064 ☐ **experiment**: 실험

We are going to work out an **experiment**. 우리는 실험을 진행할 예정입니다.

065 ☐ **assistant manager**: (직급 체계에서) 대리

I'd like to offer you the position of **assistant manager**.
저는 당신께 대리직을 제안하고 싶습니다.

066 ☐ **out of the office**: 사무실에 없는

I'll be **out of the office** until later this afternoon.
저는 오후 늦게까지 사무실에 없을 겁니다.

067 ☐ **urgent**: 긴급한

I'll mark the order **urgent** to get it delivered tomorrow.
내일 배송될 수 있게 긴급 주문으로 표시해 두겠습니다.

068 ☐ **favor**: 부탁

I'm calling to ask a **favor**. 부탁 좀 하려고 전화했습니다.

069 ☐ **refreshments**: 간식거리

I'm going to be selling **refreshments**. 간식거리를 판매할 예정입니다.

070 ☐ **short notice**: 촉박한 통보

I'm sorry for the **short notice**. 촉박하게 통보해 드려 죄송합니다.

071 ☐ **newsletter**: 뉴스레터

I'm trying to put together the **newsletter** for next month.
다음 달에 보낼 뉴스레터를 준비 중입니다.

072 ☐ **fuel**: 연료

I've been spending too much on **fuel** lately.
최근에 연료비를 너무 많이 사용했습니다.

073 ☐ **online**: 인터넷에, 온라인으로

I've been trying all morning but I can't get **online**.
아침 내내 시도하고 있는데, 인터넷에 연결할 수가 없습니다.

074 ☐ **extend**: 연장하다

I've decided to **extend** my trip to do some sightseeing.
관광을 위해 여행을 연장하기로 했습니다.

075 ☐ **subscribe**: 구독하다

I **subscribe** to your newspaper, but it didn't come yesterday.
귀사의 신문을 구독 중인데, 어제 배달되지 않았습니다.

076 ☐ **volunteer**: 자원봉사하다

In fact, I **volunteered** to help out during the concert.
사실, 콘서트가 열리는 동안 자원봉사를 하여 도왔습니다.

077 ☐ **socially**: 사교적으로

It is nice for the staff to get together **socially**.
직원들이 사교적으로 모이는 것은 좋습니다.

078 ☐ **organize**: 조직하다

It must have taken a lot of effort to **organize** the event.
그 행사를 조직하는 데 많은 노력이 들었겠군요.

079 ☐ **on foot**: 걸어서

It will only take us 5 minutes to get there **on foot**.
걸어서 가면 5분밖에 걸리지 않을 겁니다.

080 ☐ **wheelchair accessible**: 휠체어로 들어갈 수 있는

It's important that the dining area be **wheelchair accessible**.
중요한 건 식당이 휠체어로 들어갈 수 있어야 합니다.

081 ☐ **reimburse**: 환급하다

Just get the receipt for the cost so you can be **reimbursed**.
비용에 대한 영수증을 가져오시면 환급 받을 수 있습니다.

082 ☐ **flexibility**: 융통성, 유연성

Let's see if Robert has any **flexibility** in his schedule.
Robert의 일정에 유연성이 있는지 확인해 봅시다.

083 ☐ **details**: 세부 사항

Let me explain some of the **details**. 몇 가지 세부 사항을 설명하겠습니다.

084 ☐ **stand out**: 돋보이다, 눈에 띄다

Make your résumé **stand out** from other applicants.
다른 지원자들보다 이력서를 돋보이게 하세요.

085 ☐ **wish**: (실현되기 힘든 것을) 바라다

Oh, I **wish** I had known that before. 아, 그걸 미리 알았더라면 좋았을 텐데.

086 ☐ **sick leave**: 병가

One of our technicians called in **sick leave**. 우리 기술자 중 한 명이 병가를 냈습니다.

087 ☐ **appropriate**: 적합한

Our events are **appropriate** for children as well as adults.
우리 행사는 어린이와 성인 모두에게 적합합니다.

088 ☐ **attract**: (관심 등을) 끌다

Our new products have **attracted** some interest from overseas.
우리 신제품이 해외에서 관심을 끌고 있습니다.

089 ☐ **cost a little more**: 조금 더 비싸다

Our product line does **cost a little more** than others.
우리 제품 라인이 타사 제품보다 조금 더 비쌉니다.

090 ☐ **promptly**: 신속하게

Thanks for getting back to me so **promptly**. 이렇게 빨리 답장해 주셔서 감사합니다.

091 ☐ **exactly**: 정확하게

That's **exactly** what I was thinking. 그게 정확히 제가 생각하고 있던 바입니다.

092 ☐ **electricity**: 전기

The car runs mostly on **electricity** instead of gasoline.
이 자동차는 휘발유 대신 주로 전기로 움직입니다.

093 ☐ **valid**: 유효한

The certificate is **valid** for a year. 인증서는 1년간 유효합니다.

094 ☐ **be almost out of**: 거의 다 떨어지다

The chef **is almost out of** ingredients for the chicken dish.
요리사는 치킨 요리 재료가 거의 다 떨어져 가고 있습니다.

095 ☐ **relocation expenses**: 이사 비용

The company will cover all your **relocation expenses**.
회사가 모든 이사 비용을 부담합니다.

096 ☐ **walking distance**: 도보 가능 거리

The gallery is within **walking distance**. 갤러리는 도보 가능 거리에 있습니다.

097 ☐ **be supposed to**: ~할 예정이다, ~하기로 되어 있다

The lecture **is supposed to** start in 15 minutes. 강의는 15분 후에 시작될 예정입니다.

098 ☐ **seasonal allergies**: 계절성 알레르기

The medicine is for my **seasonal allergies**. 이 약은 제 계절성 알레르기에 먹는 것입니다.

099 ☐ **close by**: 가까이에

The museum is **close by**. 박물관이 가까이에 있습니다.

100 ☐ **behind schedule**: 예정보다 늦게

The shipment is **behind schedule**. 배송이 예정보다 늦어지고 있습니다.
The project is **behind schedule**. 프로젝트가 일정이 뒤처지고 있습니다.

101 ☐ **peel off**: 벗겨지다

The paint on the door is **peeling off**. 문에 바른 페인트가 벗겨지고 있습니다.

102 ☐ **first come, first served**: 선착순

The space is available on a **first come, first served** basis.
그 공간은 선착순으로 이용 가능합니다.

103 ☐ **choose from**: ~에서 선택하다

There are a lot of dishes to **choose from**. 선택할 수 있는 음식이 많습니다.

104 ☐ **leak**: 누수

There must be a **leak**. 누수가 있는 게 틀림없습니다.

105 ☐ **locally grow**: 현지에서 재배하다

These strawberries are **locally grown**. 이 딸기는 현지에서 재배됩니다.

106 ☐ **understaffed**: 직원이 부족한

They're understaffed and they're trying to find more employees.
그들은 직원이 부족해서 추가 인력을 찾고 있습니다.

107 ☐ **regular hours**: 정규 영업 시간

This schedule shows our regular hours. 이 일정에 저희 정규 영업 시간이 나와 있습니다.

108 ☐ **suited**: 적합한

This software package is better suited to my department's needs.
이 소프트웨어 패키지가 저희 부서의 요구에 더 적합합니다.

109 ☐ **often**: 자주

Trains run pretty often. 기차들이 꽤 자주 운행됩니다.

110 ☐ **reverse**: 뒤바꾸다

Two of the digits were reversed. 숫자 두 자리가 뒤바뀌었습니다.

111 ☐ **process**: 처리하다

Unfortunately, several refunds weren't processed on time.
유감스럽게도, 몇몇 환불 건이 제때 처리되지 않았습니다.

112 ☐ **routine maintenance**: 정기 보수 작업

We'll be doing routine maintenance on your apartment next week.
다음 주에 귀하의 아파트 정기 보수 작업을 실시할 예정입니다.

113 ☐ **heads-up**: 귀띔

Thanks for the heads-up. 귀띔해 줘서 고맙습니다.

114 ☐ **memorabilia**: 기념품(= souvenirs)

Sports memorabilia collection 스포츠 기념 컬렉션
  cf. memorabilia는 복수의 의미를 지닌다.

MEMO

PART

5
6
7

기출 단어
총정리 파트

<파트 5>는 빈칸 채우기 문제이다. 어법 문제도 있고 단어의 어형을 묻는 문제도 많이 나와서 단어의 품사를 구분하는 것도 매우 중요하다. <파트 5>는 잘 모르는 문제는 오히려 짧은 단어를 선택하면 정답이 잘 된다. 토익 출제 위원 중에 심리학자가 있어서 초보자가 어려운 문제는 긴 단어를 고르는 심리를 역이용하기 때문이다. 킬러 문제는 130번에 자주 출제되는데, 본서의 단어들에 익숙해지면 실제 시험에서 반드시 좋은 결과가 나올 것이다.

초보자는 각 단어 처음에 나오는 짧은 phrase와 그 아래 설명만 공부하고, 중고급 수험자들은 예문까지 다 보는 걸 권한다. 일본의 토익 단어 교재들은 짧은 phrase와 설명만 제시하여 학습 시간을 단축하는 효과가 있는데, 이 <파트 5, 6, 7>은 바로 그 장점을 활용했다. 그러나 뭐니뭐니 해도 토익 <파트 7>을 자연스럽게 빨리 읽어 나갈 실력을 키우려면 여기 나오는 예문들을 다 소화해야 한다.

본 챕터는 본서의 꽃이다! <파트 5, 6, 7> Reading Comprehension 기출 단어와 출간 직전까지의 최신 단어를 총망라했다. 단어를 모으느라 정말 많은 노력과 긴 시간을 들인만큼, 애정을 가지고 반복하여 암기해 주기를 간절히 부탁드린다.

약어 설명		
	a.	형용사(adjective)
	adv.	부사(adverb)
	n.	명사(noun)
	v.	동사(verb)
	conj.	접속사(conjunction)
	phr.	어구(phrase)
	idiom	숙어
	prep.	전치사(preposition)

TOEIC

PART
5/6/7

New Updated List

★★★★★

5회 이상 출제된 단어 리스트
별 5개는 가장 비중이 높고 무조건 암기해야 할 최우선 단어들이다.

a few [fjuː] – a few visuals (a.) 몇몇 시각 자료 ★★★★★

009

- a few/few 뒤에는 복수 명사가 온다. 기본적인 내용임에도 수험자들이 많이 틀린다.

A few visuals will help to illustrate the concept more clearly.
몇몇 시각 자료는 그 개념을 더 명확하게 설명하는 데 도움이 될 것이다.

abruptly [əbrʌ́ptli] **(= suddenly; in a quick and unexpected manner)** – ★★★★★

abruptly change direction 갑작스럽게/불시에 방향을 바꾸다

- 예상하지 못한 변화나 상황을 설명할 때 쓰이며, 최신 토익 독해 문제에서도 문맥에서 갑작스러운 변화를 묘사할 때 자주 등장하는 단어이다.

The CEO **abruptly** changed direction last week, surprising the entire team.
최고경영자는 지난주에 갑자기 방향을 바꿔서 전체 팀을 놀라게 했다.

- abruptly와 함께 쓰이는 어구는 다음과 같다.
  abruptly end 갑자기 끝나다
  abruptly leave 갑자기 떠나다
  abruptly stop 갑자기 멈추다
  abruptly cancel 갑자기 취소하다

adversely [ædvə́ːrsli] – adversely affect (adv.) 불리하게 영향을 주다 ★★★★★

The new law may **adversely** affect small businesses.
그 새로운 법은 소규모 사업장에 불리하게 영향을 미칠 수도 있다.

- 부사 선택 정답 기출 단어이다.

aim [eim] – aim to improve the service (v.) 서비스 개선을 목표로 하다 ★★★★★

- aim to + 동사원형의 형태로 자주 쓰인다.

She **aims to** become a successful entrepreneur.
그녀는 성공한 기업가가 되는 것을 목표로 하고 있다.

- aim은 동사·명사 동형이며, 「The aim/purpose/goal/objective is to V」 구문을 기억하자! '목적'의 뜻을 지닌 명사는 부정사의 명사적 용법과 잘 어울린다.

Our **aim** is **to provide** the best customer service.
우리의 목표는 최고의 고객 서비스를 제공하는 것이다.

alleviate [əlíːvièit] – alleviate pain (v.) 통증을 완화하다 ★★★★★

- 이 단어에 있는 lev는 '가벼운(light)'의 뜻이 있는데, 그래서 물건을 가볍게 들어주는 '지렛대'가 lever이다.

The medication helped **alleviate** her symptoms.
그 약물은 그녀의 증상을 완화하는 데 도움이 되었다.

☐ **alternative** [ɔːltɔ́ːrnətiv] – an alternative solution (a.) 대안이 되는 해결책 ★★★★★

The team proposed an **alternative** plan to avoid potential risks.
팀은 잠재적인 위험을 피하기 위해 대안을 제시했다.

● alternative는 명사로는 '대안', 형용사로는 '대안의'의 의미로 그 뒤는 전치사 to와 잘 어울린다.

● alternation(교대), alternate(번갈아 발생하는)와 구분하자!

We need to find an **alternative** to the current plan.
우리는 현재 계획에 대한 대안을 찾아야 한다.

☐ **amenity** [əménəti] – a wide range of amenities (n.) 다양한 편의 시설 ★★★★★

● amenity는 '호텔의 편의 시설, 객실 안의 커피, 샴푸 등 호텔에서 제공하는 물품'을 의미한다. 실제 TOEIC에서 '객실 내 커피도 포함!' 이 내용이 출제되었다.

The hotel offers various **amenities**, including a fitness center.
그 호텔은 피트니스 센터를 포함해 다양한 편의 시설을 제공한다.

☐ **applause** [əplɔ́ːz] – thunderous applause (n.) 우레와 같은 박수 ★★★★★

● enthusiastic applause(열렬한 박수)도 기억하자! 기출 표현이다.

The crowd gave thunderous **applause** after the performance.
공연 후 관중들은 우레와 같은 박수를 보냈다.

☐ **assure** [əʃúər] **(= promise)** – assure someone that everything is okay (v.)
누군가에게 모든 것이 괜찮다고 확신시키다 ★★★★★

● 「assure someone that S + V」 「ensure that S + V」 패턴을 구분하자! (ensure that 참조)

He **assured** her that the project would be completed on time.
그는 그녀에게 프로젝트가 제시간에 완료될 것이라고 확신시켰다.

☐ **benefits package** [bénəfit pǽkidʒ] – a comprehensive benefits package (n.) ★★★★★
종합적인 복리후생 제도/복지 혜택

The company offers a comprehensive **benefits package** to all its employees.
그 회사는 모든 직원에게 포괄적인 복지 혜택을 제공한다.

☐ **boost** [buːst] – boost sales figures (v.) 판매 수치를 높이다 ★★★★★

● boost sales는 구토익(96년 9월)뿐 아니라 최근(2023, 2024년)에도 출제되었다.

The new campaign aims to **boost** sales.
새로운 캠페인은 매출 증대를 목표로 한다.

□ **common** [kámən] – common interests among friends (a.) 친구들 간 공통의 관심사 ★★★★★

● have something in common with(~와 공통점이 있다)도 꼭 암기하자!

I **have something in common with** my best friend.
나는 가장 친한 친구와 공통점이 있다.

● common은 '일반적인, 흔한'의 의미가 기본이다.

It's **common** for people to experience some stress at work.
사람들이 직장에서 어느 정도 스트레스를 받는 것이 일반적이다.

□ **complimentary** [kàmpləméntəri] – complimentary tickets (a.) 무료(의) 티켓 ★★★★★

The hotel offered a **complimentary** breakfast. 그 호텔은 무료 아침 식사를 제공했다.

● complimentary는 '칭찬하는'의 의미도 있다. complementary(보충하는)와 발음은 같고 스펠링이 다르니 주의하자!

□ **curriculum vitae** [kəríkjuləm váitiː] – update one's curriculum vitae (n.)

이력서를 업데이트하다

● curriculum vitae는 CV로 줄여서 쓰기도 한다. 이력서를 resume만 알면 안 된다. 영국에서 많이 사용하는 긴 이력서가 curriculum vitae이다. 관련해서 cover letter(자기소개서), transcript(성적표)도 꼭 암기해 두자! <파트 7>에 Tom이 CV 잘 쓰는 법을 수강하려 한다는 내용이 나오고 'Tom은 누구일까?'라는 질문에 '취업을 준비하는 사람이다.'가 정답으로 출제가 되었다. CV를 모르면 틀리는 문제였다. 현재 토익 단어책 중에 이 단어를 비중 있게 다룬 교재는 이 책뿐이다.

She sent her **curriculum vitae** to several potential employers.
그녀는 몇몇 잠재적인 고용주들에게 자기 이력서를 보냈다.

□ **depending** [dipéndiŋ] **on** – depending on the circumstances (prep.) 상황에 따라 ★★★★★

The picnic will be held outdoors, **depending on** the weather.
날씨에 따라 소풍은 야외에서 열릴 것이다.

□ **deposit** [dipázit] – deposit the money in the bank (v.) 은행에 돈을 예금하다/입금하다 ★★★★★

● deposit(예금하다) ↔ withdraw money from the bank(예금을 인출하다)

She **deposited** her paycheck into her savings account.
그녀는 월급을 저축 계좌에 입금했다.

● deposit은 동사·명사 동형이다.

□ **designated** [dézignèitid] – a designated driver (a.) 지정된 기사 ★★★★★

● designated driver는 우리나라에서 말하는 대리 기사가 아니라 일행 가운데 한 명을 '지정 운전사'로 정해 술을 안 마시고 운전해 주는 역할을 맡은 사람을 의미한다.

Smoking is allowed only in the **designated** area. 흡연은 지정된 구역에서만 가능하다.

determine [ditə́:rmin] – determine the cause of the problem (v.) ★★★★★

문제의 원인을 규명하다

The investigation aims to **determine** the cause of the accident.
조사의 목적은 사고의 원인을 규명하는 것이다.

● 「determine whether S + V (~인지 여부를 결정하다)」 구문도 기억하자!

We need to **determine** whether the plan is feasible.
우리는 그 계획이 실현 가능한지 여부를 결정해야 한다.

dip [dip] (= **immerse**) – dip in a can (v.) 깡통에 담그다 ★★★★★

She was **dipping** the brush in a can of paint. 그녀는 붓을 페인트 통에 담그고 있었다.

dip [dip] (= **decrease**) – a dip in sales (n.) 매출 하락

● dip은 <파트 1>에서는 '담그다'의 의미로, <파트 5>에서는 '하락'의 의미로 출제되었다.

There was a noticeable **dip** in sales during the holiday season.
휴가철 동안 판매가 눈에 띄게 하락했다.

discipline [dísəplin] – maintain discipline in the team (n.) 팀의 규율을 유지하다 ★★★★★

Self-**discipline** is key to success. 자기 규율이 성공의 열쇠이다.

● discipline은 '규율' 외에 '학과', '훈련' 등의 뜻을 가진 다의어이다. 동사로는 '훈육하다'의 의미도 있다.

Biology is a scientific **discipline**. 생물학은 과학 분야 학과목이다.
Parents must **discipline** their children. 부모는 자녀들을 훈육해야 한다.

enable [inéibl] – enable easier access to data (v.) 데이터에 더 쉽게 접근할 수 있게 하다 ★★★★★

● 「enable(할 수 있게 하다)/encourage(격려하다)/persuade(설득하다)/motivate(동기를 부여하다)/inspire(영감을 불어넣다)/cause(발생하게 하다)/urge(독촉하다)/allow(허락하다) 목적어 + (to V)」 구문을 암기하자!

The new software **enables** faster processing of information.
새 소프트웨어는 정보를 더 빠르게 처리할 수 있게 한다.

expose [ikspóuz] – expose children to new ideas (v.) 어린이들을 새로운 생각에 **노출시키다** ★★★★★

● 「expose A to B」와 이 단어의 명사 exposure를 전치사 to (exposure to ~에의 노출)와 함께 기억하자!

The program aims to **expose** children **to** new ideas and cultures.
그 프로그램은 아이들에게 새로운 생각과 문화를 노출시키는 것을 목표로 한다.

fad [fæd] – a passing fad (n.) 지나가는 일시적 유행 ★★★★★

● 문맥에서 이 단어를 모르면 틀리는 문제가 <파트 6>에 출제된 바 있다. 일시적인 유행은 무시하고(ignore fads) 전통에 충실하라는 문맥이었다. 이 단어의 반의어는 classic(고전), tradition(전통)이다.

The hula hoop was a popular **fad** in the 1950s.
훌라후프는 1950년대에 유행했던 인기 있는 것이었다.

focus [fóukəs] – focus on the main points (v.) 주요 요점에 **집중하다** ★★★★★

● focus는 명사형도 되며, 어울리는 전치사는 on이다. focus(집중)/impact(영향)/emphasis(강조)/concentration(집중)처럼 '집중', '영향'의 의미를 갖는 명사는 전치사 on과 잘 어울린다.

The discussion **focused on** key issues. 논의는 주요 쟁점에 집중되었다.

hearty [háːrti] – a hearty breakfast (a.) **푸짐한 아침 식사** ★★★★★

● hearty는 '진심 어린'의 의미도 있지만, 토익에서는 '푸짐한'의 의미로 출제되었다. 일본 토익 시험에서 먼저 출제되고 한국에서는 최근에 출제되었다.

She enjoyed a **hearty** breakfast before starting her day.
그녀는 하루를 시작하기 전에 푸짐한 아침 식사를 즐겼다.

land [lænd] – land a job (v.) **일을 얻다** ★★★★★

● land는 land a job으로 쓰일 때 obtain, achieve, secure, gain의 의미도 있다. 당연히 토익 시험에 중요하다.

After months of searching, he finally **landed** a job at a top law firm.
몇 달 간의 구직 활동 끝에, 그는 마침내 유명 로펌에 취업했다.

● land는 '땅'과 '착륙하다(touch down)'의 의미가 있다.

The plane **landed** safely. 비행기가 안전하게 착륙했다.

leading [líːdiŋ] – a leading expert (a.) **선도적인 전문가** ★★★★★

● leading은 '가장 중요하거나 성공적인(most important or most successful)'의 의미이다. -ing형 형용사로 매우 자주 출제된다. 참고로, lead가 단독으로 형용사일 경우도 있다. lead role 주연 역할, lead actor/actress 주연 배우

She is a **leading** expert in artificial intelligence. 그녀는 인공지능 분야의 선도적인 전문가이다.

likely [láikli] – a likely outcome (a.) **가능성이 높은 결과** ★★★★★

It's **likely** to rain tomorrow. 내일 비가 올 가능성이 높다.

● likely는 형용사·부사 동형이다.

limited [límitid] – limited time (a.) **제한된 시간** ★★★★★

Due to **limited** space, only a few guests can attend the event.
공간이 제한되어 있어, 소수의 손님만이 행사에 참석할 수 있다.

lingering [líŋgəriŋ] (= **remaining**) – lingering doubts (a.) **남아 있는/오래 가는 의심** ★★★★★

● 본 교재에서 동사로도 다룬 단어이지만 킬러 문항인 130번에 형용사로 나온 단어라 다시 한번 추가하여 강조한다.

He couldn't shake off the **lingering** doubts about his decision.
그는 자신의 결정에 대해 남아 있는 의심을 떨쳐낼 수가 없었다.

locally [lóukəli] – locally sourced (adv.) 해당 지역에서/현지에서 조달된   ☆☆☆☆☆

  ● locally는 '지역적으로, 현지에서(in a particular area or neighborhood)'라는 의미이다. 형용사인 local보다 부사인 locally가 자주 출제된다.

  The vegetables are grown **locally** and sold at the farmer's market.
  그 채소들은 현지에서 재배되어 농산물 직판장에서 판매된다.

many [méni] – Many attended the concert. (n.) 많은 사람들이 그 콘서트에 참석했다.   ☆☆☆☆☆

  ● many는 단독으로 주어가 될 수 있다. 형용사·명사 동형이다.

  Many were disappointed by the cancellation of the event.
  많은 사람들이 행사가 취소되어 실망했다.

markdown [márkdàun] – apply a markdown (n.) 가격 인하를 적용하다   ☆☆☆☆☆

  The store is offering **markdowns** on all items. 그 가게는 모든 품목에 대해 가격 인하를 하고 있다.

nursery [nə́ːrsəri] – a local nursery (n.) 현지 묘목원   ☆☆☆☆☆

  ● nursery는 '유치원'이나 '어린이집', '탁아소'의 의미가 있지만, 토익에서는 plant nursery(묘목원)의 의미로 많이 나온다. 본서에서 이 단어를 강조하는 이유는 독해에서 이 의미로 자주 나오기 때문이다.

  The **nursery** specializes in rare and exotic plants.
  그 묘목원은 희귀하고 이국적인 식물을 전문으로 한다.

on a regular basis [régjulər béisis] **(= regularly)** – (phr.) 정기적으로   ☆☆☆☆☆

  ● on이 정답으로 출제된 적이 있다. on a ~ basis는 ~ 자리에 다양한 단어나 표현이 들어가 쓰인다. on a daily basis(매일), on a regular basis(정기적으로), on a part-time basis(시간제로), on a full-time basis(전일제로), on a voluntary basis(자발적으로), on a case-by-case basis(사례별로), on a contractual basis(계약에 따라, 계약직으로), on an as-needed basis (필요할 때마다, 필요에 따라), on a rotational basis(순환제로), on an ongoing basis(지속적으로)

  The team meets **on a regular basis** to discuss project updates.
  팀은 프로젝트 업데이트를 논의하기 위해 정기적으로 만나 회의를 한다.

pollutant [pəlúːtənt] **(= contaminant)** – an air pollutant (n.) 대기 오염 물질   ☆☆☆☆☆

  ● pollution은 셀 수 없는 명사로 '오염', pollutant는 셀 수 있는 명사로 '오염 물질'이다.

  Factories emit various **pollutants** into the air. 공장들이 다양한 오염 물질을 대기 중에 배출한다.

proceed [prəsíːd] – proceed with the plan (v.) 계획을 진행하다
                        proceed to the next step (v.) 다음 단계로 진행하다/나아가다   ☆☆☆☆☆

  ● proceed with + 일: 일을 진행하다, proceed to + 장소: 장소로 나아가다

  They decided to **proceed with** the project despite the challenges.
  그들은 어려움에도 불구하고 그 프로젝트를 진행하기로 결정했다.

referral [rifɔ́:rəl] – a referral from a friend (n.) 친구의 추천　　　★★★★★

● referral은 '소개'의 의미로 LC와 R/C에 모두 나온 중요 기출 단어이다.

She got the job through a **referral** from a friend. 그녀는 친구의 추천을 통해 그 일을 얻었다.

regular [régjulər] – regular intervals (a.) 규칙적인/정기적인 간격　　　★★★★★

She exercises at **regular** times each day. 그녀는 매일 정해진 시간에 운동한다.

● 명사로 regular는 '단골 손님(regular customer)'의 의미이다.

A few **regulars** mentioned the new changes positively.
몇몇 단골 손님들이 새로운 변화에 대해 긍정적으로 언급했다.

respective [rispéktiv] – return to one's respective homes (a.) 각각의 집으로 돌아가다　★★★★★

The students went back to their **respective** classrooms. 학생은 각자의 교실로 돌아갔다.

respectively [rispéktivli] – respectively noted (adv.) 각각 기록된　　　★★★★★

The chairman and the CEO, **respectively**, agreed on the proposal.
회장과 CEO는 각각 그 제안에 동의했다.

● respectful(공손한, 존경심이 가득한), respectable(존경할 만한, 훌륭한)과 구분하자!

risky [ríski] – risky investment (a.) 위험한 투자　　　★★★★★

The venture is considered **risky**. 그 벤처 사업은 위험한 것으로 여겨지고 있다.

● risk는 동사·명사 동형이다. 동사로 쓰인 risk는 동명사를 목적어로 취한다.

He didn't want to **risk** missing the train, so he left home early.
그는 기차를 놓칠 위험을 감수하고 싶지 않아서 일찍 집을 나섰다.

serve [sɔ:rv] **as** – serve as a mentor (v.) 멘토로서 역할을 하다　　　★★★★★

He **served as** a volunteer for many years. 그는 여러 해 동안 자원봉사자로 일했다.
She will **serve as** the interim manager until a permanent one is hired.
그녀는 정규 매니저가 채용될 때까지 임시 매니저로서 역할을 할 것이다.

● serve의 명사형 service(서비스)도 암기하자!

set to hit store shelves – (idiom) 상점에 나올 예정이다　　　★★★★★

● 이 표현에서 hit은 reach의 의미로, <파트 7> 독해에서 동의어로 출제되었다.

The latest smartphone is **set to hit store shelves** this summer.
최신 스마트폰이 이번 여름에 상점에 나올 예정이다.

☐ **shift** [ʃift] – shift the focus (v.) 초점을 옮기다 ★★★★★

She had to **shift** her focus to a different project. 그녀는 다른 프로젝트로 초점을 옮겨야 했다.

● shift는 동사·명사 동형이다. 명사로 쓰일 때는 '변화, 교대 근무'의 의미가 있다.

There was a **shift** in the company's strategy. 그 회사의 전략에 변화가 있었다.

● shift supervisor(교대 근무 감독자)도 기억하자! shift가 정답으로 출제된 바 있다. 참고로 shifting, shifted 등이 보기 중에 오답으로 나왔으니 덩어리로 암기하자!

The **shift supervisor** ensured that all employees followed the safety protocols during their shifts. 교대 근무 감독자는 모든 직원이 교대 근무 중 안전 수칙을 준수하도록 했다.

☐ **simultaneously** [sàiməltéiniəsli] **(= at the same time)** – occur simultaneously (adv.) 동시에 발생하다 ★★★★★

The two events will occur **simultaneously**. 그 두 행사는 동시에 발생할 것이다.

☐ **store** [stɔːr] – store the information (v.) 정보를 저장하다/보관하다 ★★★★★★

She likes to **store** her books neatly on the shelves.
그녀는 책들을 깔끔하게 책장에 보관하는 것을 좋아한다.

● store는 동사로 '보관하다', 명사로 '상점' 외에 '보관, 저장'의 의미가 있다.

The **store** is open until 9 p.m. 그 가게는 오후 9시까지 영업한다.
We have a lot in **store** for you today. 우리가 오늘 여러분을 위해 준비한 것이 많습니다.

☐ **strategy** [strǽtədʒi] – an effective strategy (n.) 효과적인 전략 ★★★★★

We need a new **strategy** for marketing. 우리는 마케팅을 위한 새로운 전략이 필요하다.

● 「be strategically(전략적으로)/conveniently(편리하게)/centrally(중심에)/agreeably(쾌히)/perfectly(완벽하게) located」에서 부사가 정답으로 출제되었다.

The hotel **is conveniently located** near the city center.
그 호텔은 도심 근처에 편리하게 위치해 있다.

☐ **streamline** [strímlain] – streamline the process (v.) 과정을 간소화하다 ★★★★★

The company **streamlined** its operations to cut costs.
그 회사는 비용 절감을 위해 운영을 간소화했다.

☐ **be subject** [sʌbdʒikt] **to** – be subject to change (phr.) 변경될 수 있다 ★★★★★

● 「be subject to + 명사」 형태로 다음 예문의 change는 명사이다. cf. be required to V(~하도록 요구되다)

The schedule **is subject to** change without notice. 일정은 사전 통보 없이 변경될 수 있다.

☐ **tailored** [téilərd] – tailored to fit (a.) (사이즈나 요구사항에) 딱 맞게 맞춘 ★★★★★

The program is **tailored** to meet individual needs.
그 프로그램은 개인의 요구를 충족하도록 맞춤 제작되었다.

tend [tend] – tend to the garden (v.) 정원을 돌보다 ★★★★★

● 「tend to + 명사」는 '~을 돌보다', 「tend to V」는 '~하는 경향이 있다'의 의미이다.

She **tends to** her children with great care. 그녀는 자녀들을 세심하게 돌본다.

People **tend to** exercise more in the spring and summer months.
사람들은 봄과 여름에 운동을 더 많이 하는 경향이 있다.

timely [táimli] – a timely response (a.) 시기적절한 응답 ★★★★★

● timely(시기적절한), lovely(사랑스러운), costly(값이 비싼), orderly(질서 정연한), friendly(친절한), lively(생기 있는)는 -ly로 끝나지만, 모두 형용사이다.

His **timely** response to the emergency helped prevent further damage.
응급 상황에 따른 시기적절한 그의 응답이 추가 피해를 막는 데 도움이 되었다.

underwrite [ʌndərráit] – underwrite the startup's plan (v.) 스타트업 업체의 계획에 자금을 지원하다/비용 부담에 동의하다 ★★★★★

● underwrite는 '(자금 지원 등을) 승인하다'라는 의미로, 이 단어를 모르면 틀리는 문제가 <파트 7>에 출제되었다. 이 단어가 나오는 교재는 현재 이 교재뿐이다.

The new startup was **underwritten** by a venture capital firm.
그 신생 기업은 벤처 캐피털 회사로부터 자금을 지원받았다.

until further notice [fɔ́ːrðər nóutis] – remain closed until further notice (phr.) 추후 통보가 있을 때까지 닫다 ★★★★★

● until further notice를 덩어리로 암기하자! 매우 자주 출제된다.

The store will remain closed **until further notice**. 가게는 추후 통보가 있을 때까지 문을 닫을 것이다.

versatile [vɜ́ːrsətl] – a versatile tool (a.) 다용도의/다목적의 도구 ★★★★★

● versatile은 '다재다능한'의 의미로 쓰임새가 다양한 것을 가리키기도 한다.

This knife is very **versatile** in the kitchen. 이 칼은 주방에서 매우 다용도로 쓰인다.

waive [weiv] – waive the fee (v.) 요금을 면제하다, 포기하다 ★★★★★

The bank agreed to **waive** the late fee. 은행은 연체 수수료를 면제하기로 동의했다.

window [wíndou] (= period; a limited time frame) – registration window 등록 기간/시간 ★★★★★

● window는 '창'이라는 기본 의미 외에 기간(period)의 의미로 독해 동의어로 출제되기도 했고, 최신 토익 독해에서 이 의미를 모르면 못 푸는 문제가 출제되었다. 다음 phrases는 반드시 알아두자!
application window(신청 기간)/booking window(예약 기간)/submission window(제출 기간)/service window(서비스 제공 기간)/enrollment window(등록 기간)/access window(접근 가능 기간)

The submission **window** for the contest will be open from October 1 to October 15.
대회의 (참가 신청서) 제출 기간은 10월 1일부터 10월 15일까지이다.

TOEIC

PART 5/6/7

New Updated List

4회 이상 출제된 단어 리스트

010

abstract [æbstrǽkt] – an abstract concept (a.) 추상적인 개념

011

The artist's work is very **abstract**. 그 예술가의 작품은 매우 추상적이다.

● abstract는 '(논문 등의) 요약, 개요'의 의미도 있다.

The **abstract** of the research paper was very informative.
그 연구 논문의 개요는 매우 유익했다.

abundant [əbʌ́ndənt] – abundant resources (a.) 풍부한 자원

The area is **abundant** in natural beauty. 그 지역은 자연의 아름다움이 가득하다.

access [ǽkses] – access the database (v.) 데이터베이스에 접근하다

Only authorized personnel can **access** the restricted area.
허가받은 직원만 제한 구역에 접근할 수 있다.

● have access to + 명사(~에 접근하다, ~을 이용하다) 구문도 기억하자!

Students **have access to** the library resources. 학생들은 도서관 자료를 이용할 수 있다.

accommodate [əkɑ́mədèit] – accommodate guests (v.) 손님을 수용하다

The hotel can **accommodate** up to 500 guests. 그 호텔은 최대 500명의 손님을 수용할 수 있다.

account [əkáunt] – give an account of the events (n.) 사건에 대한 설명을 하다

She gave a detailed **account** of her travels. 그녀는 자신의 여행에 대해 상세히 설명했다.

● account와 관련해서 on account of(~ 때문에)도 중요하니 함께 알아두자!

The game was canceled **on account of** the rain. 비 때문에 경기가 취소되었다.

acquire [əkwáiər] – acquire new skills through training (v.)
훈련을 통해 새로운 기술을 습득하다/취득하다

She **acquired** several new skills during the workshop.
그녀는 워크숍 기간 동안 여러 가지 새로운 기술을 습득했다.

● acquire는 타동사로 뒤에 목적어가 바로 나오고, merge(합병하다)는 그 뒤에 with가 있어야 한다. 토익 기출 킬러 문제인 130번에 둘을 비교하는 문제가 출제된 적이 있으니 확실히 알아 두자.

The company plans to **merge with** a competitor next year.
그 회사는 내년에 경쟁사와 합병할 계획이다.

adapt [ədǽpt] – adapt quickly (v.) 빨리 적응하다

● ad(= to)+apt: ~에 적합하게 하다 → 적응시키다, (작품을) 우리 실정에 맞게 개작하다

● 주의! adept = skillful(능숙한), adopt: ad(= add)+opt(= choose): 채택하다, 양자로 삼다

The company **adapted** to the new market conditions. 그 회사는 새로운 시장 상황에 적응했다.

□ **adjacent** [ədʒéisnt] – adjacent to the school (a.) 학교에 인접해 있는 ★★★★

● adjacent는 to와 잘 어울린다.

The new office building is **adjacent to** the old one.
새 사무실 건물은 오래된 건물에 인접해 있다.

□ **adopt** [ədɑ́pt] – adopt a child (v.) 아이를 입양하다 ★★★★

They decided to **adopt** a child from the orphanage.
그들은 고아원에서 아이를 입양하기로 결정했다.

● opt는 '선택하다'의 동사원형이다. ad[= to, add]+opt[= choose]: 선택하다 → 양자로 삼다, 채택하다

The company **adopted** a new policy on remote work.
그 회사는 원격 근무에 대한 새로운 정책을 채택했다.

□ **advance** [ædvǽns] **to (= move forward to)** – advance to the next phase (v.) ★★★★
다음 단계로 나아가다

● advance to는 새로운 단계나 수준으로 나아가는 것을 의미한다. 즉, 본래 어떤 프로젝트나 연구에서 다음 단계로 진행하는 것을 가리키는 표현으로, 목표를 달성하기 위해 필요한 작업을 완료하고 다음 단계로 이동하는 상황을 설명할 때 쓰인다.

They collaborated on **advancing to** the next phase of the project, ensuring all preliminary tasks were completed efficiently.
그들은 프로젝트의 다음 단계로 나아가기 위해 협력했고, 모든 사전 작업을 효율적으로 완료했다.

The software developers worked on **advancing to** the latest version of the application, which included several new features and improvements.
소프트웨어 개발자들은 여러 새로운 기능과 개선 사항을 포함한 최신 버전의 애플리케이션으로 나아가는 데 협력했다.

● 참고로, 비슷한 형태의 advancements to (= improvements to)는 '어떤 것에 대한 개선이나 발전'을 의미한다. advancements to는 본래 '(기술, 장치, 소프트웨어 등의 영역에서) 개선이나 발전'을 이루는 것을 가리키는 표현으로, 더 나은 성능이나 기능을 추가하는 상황을 설명할 때 쓰인다. 이는 연구나 개발의 결과로 이루어지는 혁신적인 변화를 의미한다.

They worked on **advancements to** the software, implementing new features and improving user experience.
그들은 소프트웨어 발전을 위해 협력하여 새로운 기능을 구현하고 사용자 경험을 개선했다.

The team worked together on **advancements to** the medical device, ensuring it met the latest health and safety standards.
팀은 최신 건강 및 안전 기준을 충족하도록 의료 기기 발전을 이루기 위해 협력했다.

● 요약하면 advance to는 새로운 단계나 수준으로 나아가는 것을 의미하며, advancements to는 어떤 것에 대한 개선이나 발전을 의미한다. 최근 이 둘을 구분하는 문제가 최근에 출제되었고, 토익이 참 어려워지고 있다.

advantage [ædvǽntidʒ] – a significant advantage in the job market (n.) ★★★★

취업 시장에서의 상당한 이점

There are many **advantages** to using this software.
이 소프트웨어를 사용하는 데 많은 이점이 있다.

● advantage over는 '~보다 더 유리한 점'의 의미로 over가 정답으로 출제되었다.

She has an **advantage over** her competitors. 그녀는 경쟁자들보다 유리한 점이 있다.

affordable [əfɔ́ːrdəbl] – affordable housing (a.) 저렴한 주택 ★★★★

● affordable의 동의어들인 cheap(싼), economical(경제적인), budget-friendly(저렴한), cost-effective(비용 효율적인), reasonable(적당한)도 암기하자!

The city council is working to provide more **affordable** housing options.
시 의회는 더 많은 저렴한 주택 옵션을 제공하기 위해 노력하고 있다.

allocate [ǽləkèit] – allocate resources efficiently (v.) 효율적으로 자원을 할당하다 ★★★★

The project manager will **allocate** tasks to the team.
프로젝트 매니저가 팀에 업무를 할당할 것이다.

allow [əláu] **목적어 to V** – allow her to explain (phr.) 그녀가 설명하도록 허락하다 ★★★★

The teacher **allowed** the students **to** ask questions.
선생님은 학생들이 질문하도록 허락했다.

ample [ǽmpl] – ample opportunities for growth (a.) 성장을 위한 충분한 기회 ★★★★

● ample의 동의어들: abundant, plentiful, sufficient, copious, bountiful, generous, profuse, extensive, adequate, lavish

There was **ample** evidence to support the claim. 그 주장을 뒷받침할 충분한 증거가 있었다.

analysis [ənǽləsis] – conduct a comprehensive analysis (n.) 포괄적인 분석을 수행하다 ★★★★

● analysis의 동의어 breakdown(분석, 분해)도 기억하자! <파트 7> 독해에서 동의어로 출제되었다.

The **analysis** revealed several key insights. 분석 결과 몇 가지 중요한 통찰을 얻었다.

anticipate [æntísəpèit] – anticipate the needs of customers (v.) 고객의 요구를 예상하다 ★★★★

● anticipate와 잘 어울리는 부사들: keenly(예리하게), greatly(크게), fervently(열렬히), avidly(열렬히), eagerly(간절히), intensely(강렬하게), expectantly(기대하며), eagerly(간절히), ardently(열렬히), zealously(열성적으로)

We need to **anticipate** potential problems before they arise.
우리는 문제가 발생하기 전에 잠재적인 문제를 예상해야 한다.

apparently [əpǽrəntli] – be apparently postponed (adv.) 보아하니 연기된 듯하다 ☆☆☆☆

The meeting has **apparently** been moved to next week. 회의가 다음 주로 옮겨진 것으로 보인다.

append [əpénd] – append a document (v.) 문서를 첨부하다 ☆☆☆☆

Please **append** the necessary documents to your application.
신청서에 필요한 문서를 첨부하세요.

aptitude [ǽptətjùːd] – show aptitude (n.) 적성/소질을 보이다 ☆☆☆☆

She showed great **aptitude** for mathematics. 그녀는 수학에 뛰어난 적성을 보였다.

● 참고로 attitude는 '태도'를 의미한다.

archive [άːrkaiv] – access the archive (n.) 기록 보관소에 접근하다 ☆☆☆☆

The library has a vast **archive** of historical documents.
그 도서관에는 방대한 역사 문서 기록 보관소가 있다.

● archive는 동사로 '파일을 보관하다'의 의미로도 쓰인다.

They decided to **archive** the old files. 그들은 오래된 파일을 보관하기로 결정했다.

● archives는 '고문서 보관실'의 의미로도 많이 사용된다.

The old letters were found in the **archives**. 옛 편지들이 고문서 보관실에서 발견되었다.

arduous [άːrdʒuəs] – an arduous task (a.) 힘든/고된 과제 ☆☆☆☆

● 최신 일본 토익 시험 기출 단어이다. arduous의 동의어는 challenging, strenuous, difficult, laborious, demanding, grueling, tough, hard, exhausting, backbreaking 등이 있다. 첫 3개 동의어는 반드시 암기하자!

Climbing the mountain was an **arduous** task. 그 산을 오르는 것은 힘든 일이었다.

an array [əréi] **of** – an array of options (phr.) 다양한 선택지 ☆☆☆☆

●「an array/assortment of + 복수 명사」의 형태를 기억하자. 이런 형태들을 정리하면 다음과 같다.

　a collection of(모음의)/a variety of(다양한)/a range of(범위의)/a multitude of(다수의)/a series of(일련의)/
　a bunch of(한 다발의)/a set of(세트의)/a host of(다수의) + 복수명사

The store offers **an array of** products to choose from.
그 가게는 다양한 제품을 선택할 수 있도록 제공한다.

as of – as of July 1st (prep.) 7월 1일부터 ☆☆☆☆

● as of/effective/starting/beginning + 시점: ~부터 효력을 발휘하여, ~부로

● effective/starting/beginning on Monday와 같이 전치사가 있는 Monday 앞에 as of는 올 수 없다. of 뒤에 전치사 on이 또 올 수는 없기 때문이다.

As of July 1st, all employees must submit their reports electronically.
7월 1일부터 모든 직원은 전자 방식으로 보고서를 제출해야 한다.

☐ **assembly** [əsémbli] **(= putting together)** – do the assembly (n.) 조립을 하다 ★★★★

To reduce costs, customers do the **assembly** themselves.
비용을 줄이기 위해 고객들이 직접 조립을 한다.

☐ **assorted** [əsɔ́ːrtid] – assorted candies (a.) 다양한/여러 가지의/갖은 사탕들 ★★★★

The gift basket contains **assorted** chocolates. 선물 바구니에는 여러 가지 초콜릿이 들어 있다.

● 「assorted + 복수 명사/an assortment of + 복수 명사(여러 가지의/다양한 ~)」도 꼭 기억하자! 시험에 출제되었다.

The gift box contains **an assortment of** chocolates. 선물 상자에는 다양한 초콜릿이 들어 있다.

☐ **assume** [əsúːm] – assume responsibility for the task (v.) 과제에 대한 책임을 떠맡다 ★★★★

● assume은 '가정하다, 추정하다'의 의미도 있지만, '(책임 등을) 지다, 떠맡다'의 의미로도 출제되고 있다. 참고로, 비슷한 형태의 resume은 '다시 시작하다'의 뜻이다.

He **assumed** the role of project manager. 그는 프로젝트 매니저의 역할을 맡았다.

☐ **attempt** [ətémpt] – attempt a new approach (n.) 새로운 접근을 시도하다 ★★★★

He **attempted** to solve the puzzle. 그는 퍼즐을 풀려고 시도했다.

☐ **audio-visual** [ɔ́ːdiòu víʒuəl] – audio-visual equipment (a.) 시청각 장비 ★★★★

The conference room is equipped with **audio-visual** aids.
회의실은 시청각 보조 장비가 갖춰져 있다.

☐ **avid** [ǽvid] – an avid reader (a.) 열렬한 독자 ★★★★

● avid는 1차적인 의미가 '탐욕적인'이다.

She is an **avid** reader who loves to read in her spare time.
그녀는 여가 시간에 독서를 아주 즐기는 열렬한 독자이다.

☐ **aware** [əwéər] – be aware of the risks (a.) 위험을 인지하다 | 인지하는 ★★★★

● 인지, 인식의 형용사는 of와 잘 어울린다. be aware/conscious/cognizant of를 암기하자!

It's important to be **aware** of the potential hazards. 잠재적인 위험을 인지하는 것이 중요하다.

☐ **baggage allowance** [bǽgidʒ əláuəns] – check the baggage allowance (n.) ★★★★
수하물 허용량을 확인하다
The airline has a strict **baggage allowance** policy. 그 항공사는 엄격한 수하물 허용 정책이 있다.

☐ **baggage claim** [bǽgidʒ kleim] – proceed to the baggage claim (n.) 수하물 찾는 곳으로 가다 ★★★★
Please proceed to the **baggage claim** area. 수하물 찾는 곳으로 가세요.

barring [bάːriŋ] **(= except for)** – barring unforeseen circumstances (prep.) ＊＊＊＊
예상하지 못한 상황을 제외하고

　● 구토익 인기 단어로, 신토익에는 아직 출제되지 않았지만 가능성은 늘 있다.

Barring any delays, we should arrive on time. 연착이 없다면, 우리는 제시간에 도착할 것이다.

blueprint [blúːprint] – follow the blueprint for the project (n.) ＊＊＊＊
프로젝트에 대한 청사진을 따르다

The architect provided a detailed **blueprint** of the new building.
건축가는 새 건물에 대한 자세한 청사진을 제공했다.

border [bɔ́ːrdər] – form a border (n.) 경계를 형성하다 ＊＊＊＊

The river forms a natural **border** between the two countries.
그 강은 두 나라 사이에 자연 경계를 이룬다.

　● border는 '경계를 이루다'는 의미의 동사로도 쓰인다.

The garden **borders** the park. 정원은 공원과 접해 있다.

bottom line [bάtəm lain] – focus on the bottom line (n.) 핵심에 집중하다 ＊＊＊＊

　● bottom line은 문서 하단에 최종 결과나 결정적인 내용이 나오는 데서 '주제, 핵심'의 의미로 쓰인다.

The **bottom line** is that we need to increase our profits.
핵심은 우리가 이익을 증가시켜야 한다는 것이다.

brainstorm [bréinstɔrm] – brainstorm ideas (v.) 아이디어를 내기 위해 난상 토론을 하다 ＊＊＊＊

The team gathered to **brainstorm** ideas for the new project.
팀은 새 프로젝트에 대한 아이디어를 내기 위해 모였다.

browse [brauz] – browse the files (v.) 파일을 탐색하다/둘러보다 ＊＊＊＊

　● 웹브라우저(browser)는 아는데, browse는 모르는 경우가 있다. browse는 browser의 동사형으로, <파트 1>
　에서도 중요한 단어이다.

I like to **browse** through the bookstore on weekends.
나는 주말에 서점을 둘러보는 것을 좋아한다.

burden [bɔ́ːrdn] – carry a heavy burden (n.) 무거운 부담/짐을 지다 ＊＊＊＊

The financial **burden** was too heavy for the family to bear.
재정적 부담은 그 가족이 감당하기에 너무 무거웠다.

　● burden은 명사·동사 동형이다.

He was **burdened** with heavy responsibilities. 그는 무거운 책임을 지고 있었다.

　● burdensome(부담스러운)은 burden의 형용사형이다.

The long commute was **burdensome**. 통근 시간이 긴 것은 부담스러웠다.

☐ **call** [kɔːl] **for** – call for sugar (v.) 설탕을 필요로 하다 ★★★★

The situation **calls for** immediate action. 상황이 즉각적인 조치를 요구한다.

● call for의 '예측하다, 나타내다'의 의미도 중요하다.

The forecast **calls for** rain tomorrow. 일기예보에서 내일 비가 온다고 예측한다.

☐ **capacity** [kəpǽsəti] – act in one's capacity (n.) **자격/역할로 행동하다** ★★★★

● capacity는 기본적으로 '수용 능력'의 의미가 중요하지만 '사람의 역할(role)'의 의미로 최근에 출제되었다. 이 의미의 capacity를 다룬 책은 본서뿐이다. 참고로, be filled to capacity(가득 차 있다)도 암기하자!

She attended the event in her **capacity** as a board member.
그녀는 이사로서의 자격으로 그 행사에 참석했다.

The stadium has a seating **capacity** of 50,000. 그 경기장의 수용 인원은 50,000명이다.

☐ **capital** [kǽpətl] – generate capital (n.) **자본을 창출하다** ★★★★

The company raised **capital** through a stock offering.
회사는 주식 발행을 통해 자본을 모았다.

☐ **capitalize** [kǽpətəlàiz] **on** – capitalize on opportunities (v.) ★★★★
기회를 활용하다, 기회에 편승하다

● capitalize on을 덩어리로 암기하자! '시대에 편승하다, ~을 이용하다'의 의미로 중요하다.

They **capitalized on** the growing demand for eco-friendly products.
그들은 친환경 제품에 대한 수요 증가를 활용했다.

☐ **captivating** [kǽptəvèitiŋ] – find the story captivating (a.) ★★★★
매력적인/매혹적인 이야기라고 느끼다

● imposing(위풍당당한), inviting(매력적인) 같은 -ing형 형용사도 함께 암기하자!

The movie's **captivating** storyline kept the audience engaged from start to finish.
영화의 매력적인 줄거리가 관객을 처음부터 끝까지 사로잡았다.

☐ **cater** [kéitər] **to (= fulfill specific requirements)** – cater to individual needs ★★★★★
개별 요구에 맞추다

● 고객, 청중 등 특정 사람들의 필요나 기호에 맞추어 제공하거나 적응하는 것을 의미한다.

The hotel **caters to** the needs of business travelers by offering fast Wi-Fi and a 24-hour business center.
호텔은 고속 와이파이와 24시간 비즈니스 센터를 제공하여 비즈니스 여행객의 요구에 맞추고 있다.

● 최신 토익 독해에서도 문맥상 특정 요구에 맞춰진 서비스를 설명할 때 자주 쓰인다.
cater to a specific audience 특정 청중에 맞추다 | cater to customer demands 고객의 요구에 맞추다
cater to a niche market 특정 틈새 시장에 맞추다 | cater to personal tastes 개인 취향에 맞추다

☐ **caterer** [kéitərər] – hire a caterer (n.) 케이터러(행사의 음식 조달자)를 고용하다 ☆☆☆☆

The **caterer** provided delicious food for the event. 케이터러는 행사에 맛있는 음식을 제공했다.

☐ **caution** [kɔ́ːʃən] – exercise caution when driving (n.) 운전할 때 조심하다 ☆☆☆☆

● '매우 주의하시오!'는 Use extreme caution! 또는 Exercise extreme caution!이다. 통으로 외워 두자!

Please proceed with **caution** in the construction zone.
공사 구역에서는 조심해서 진행해 주십시오.

☐ **certificate** [sərtífikeɪt] **(= document, proof)** – a birth certificate (n.) 출생 증명서 ☆☆☆☆

You need to provide a birth **certificate**. 출생 증명서를 제출해야 합니다.

☐ **challenging** [tʃǽlindʒiŋ] – a challenging task (a.) 힘든 일 ☆☆☆☆

● challenging의 동의어는 difficult, demanding, tough, arduous, strenuous이다.

Completing the marathon was a **challenging** task. 마라톤 완주는 도전적이고 힘든 과제였다.

☐ **charge** [tʃɑːrdʒ] **A with B** – (v.) A에게 B를 맡기다/의무를 지우다 ☆☆☆☆

The manager was **charged with** improving the team's performance.
매니저는 팀의 성과를 향상시키는 임무를 맡았다.

☐ **check** [tʃek] **(= deposit)** – check the luggage (v.) 짐을 맡기다 ☆☆☆☆

● check를 '확인하다'는 의미만 알면 안 된다. '(짐을) 맡기다'의 의미를 꼭 기억하자!

Make sure to **check** the luggage at the counter before boarding.
탑승 전에 짐을 카운터에 맡기세요.

☐ **check for** – check for errors (v.) 에러를 확인하다 ☆☆☆☆

Please **check for** any updates on the website. 웹사이트에서 업데이트 사항을 확인하세요.

☐ **cite** [saɪt] **A as B** – cite his book as an example (v.) 그의 책을 예로 인용하다 ☆☆☆☆

He **cited** his book **as** an example of innovative thinking.
그는 자신의 책을 혁신적인 사고의 예로 인용했다.

☐ **clarify** [klǽrəfài] – clarify the instructions (v.) 지시를 명확히 하다/분명히 말하다 ☆☆☆☆

Please **clarify** your question so I can give a proper answer.
적절한 답변을 드릴 수 있게 질문을 명확히 해 주시기 바랍니다.

☐ **clientele** [klàiəntél] – loyal clientele (n.) 충성스러운 고객들 ☆☆☆☆

● clientele은 집합적인 개념으로 a group of clients or customers를 의미한다.

The restaurant has a loyal **clientele** that returns regularly.
그 레스토랑은 정기적으로 돌아오는 충성스러운 고객들이 있다.

close [klous] – stand close to the window (adv.) 창에 가까이 서 있다

She moved her chair **close** to the table.
그녀는 자기 의자를 테이블 가까이에 옮겼다.

● close는 형용사, 부사가 다 되는 단어로 come close to(가까이 이르다) 표현도 중요하다. 참고로 동사로 쓰일 때의 close 발음은 [klouz]이다.

Despite their best efforts, the new startup couldn't **come close to** matching the market share held by the industry leader.
그들의 최선의 노력에도 불구하고, 새로운 스타트업은 업계 선두 주자가 보유한 시장 점유율에 가까이 가지 못했다.

closely [klóusli] – review the document closely (adv.) 문서를 면밀히 검토하다

The manager **closely** monitors the team's performance.
매니저는 팀의 성과를 면밀히 모니터링한다.

● closely는 '밀접하게'의 의미도 있다.

The two subjects are **closely** related. 그 두 주제는 밀접하게 관련되어 있다.

● close는 형용사로 '가까운', 부사로 '가까이'의 형용사, 부사 동형이고, closely는 다른 단어처럼 암기하자!

cognizant [kágnəzənt] **(= aware)** – cognizant of the risks (a.) 위험을 인식하는

He is fully **cognizant** of the risks involved in the project.
그는 그 프로젝트에 수반되는 위험을 충분히 인식하고 있다.

coincidence [kouínsidəns] – What a coincidence! (n.) 이게 웬 우연의 일치래!

It was a strange **coincidence** that they both wore the same outfit to the party.
그 두 사람이 파티에 같은 옷을 입고 온 것은 이상한 우연의 일치였다.

● coincidentally(우연의 일치로)가 부사로 <파트 5>의 정답으로 출제되었다.

collaborate [kəlǽbərèit] **on** – collaborate on a project (v.) 프로젝트에 협력하다

● 「collaborate on + 일」의 형태로 온다.

The two companies will **collaborate on** the new initiative.
두 회사는 새로운 사업 계획에 협력할 것이다.

collaborate [kəlǽbərèit] **with** – collaborate with colleagues (v.) 동료들과 협력하다

● collaborate with 뒤에는 함께 일하는 사람이나 회사 등이 온다.

She enjoys **collaborating with** her colleagues on research.
그녀는 연구에서 동료들과 협력하는 것을 즐긴다.

come up with – come up with a solution (v.) 해결책을 생각해 내다 ☆☆☆☆

She managed to **come up with** a solution to the problem.
그녀는 그 문제에 대한 해결책을 간신히 생각해 냈다.

comparable [kámpərəbl] **to** – comparable to last year (adj.) ☆☆☆☆
작년과 비교할 수 있는/비견되는/맞먹는

The quality of this product is **comparable to** more expensive brands.
이 제품의 품질은 더 비싼 브랜드와 비교될 수 있다.

● 실제 시험에는 in quality 같은 삽입어구를 넣어 comparable to를 잘 보지 못하게 만들기도 한다.

The new product is **comparable in quality to** the leading brand.
그 신제품은 선도 브랜드와 품질 면에서 비견될 만하다.

compatible [kəmpǽtəbl] – compatible devices (a.) 호환되는 장치들 ☆☆☆☆

● be compatible with(~와 조화롭다, 호환되다)를 통암기하자!

The software **is compatible with** most operating systems.
그 소프트웨어는 대부분의 운영 체제와 호환된다.

compensate [kámpənsèit] – compensate for the loss (v.) 손실을 보상하다 ☆☆☆☆

● compensate for를 통암기하자! 동의어는 make up for(보상하다), atone for(~을 속죄하다), reimburse(배상하다)이다.

The company will **compensate** you **for** your travel expenses.
회사가 당신의 출장 경비를 보상해 줄 것이다.

compete [kəmpíːt] – compete in the tournament (v.) 대회에서 경쟁하다 ☆☆☆☆

● compete in은 '~에서 경쟁하다', compete with는 '~와 경쟁하다'의 의미이다.

Athletes from all over the world will **compete in** the Olympics.
전 세계에서 온 운동선수들이 올림픽에서 경쟁할 것이다.

Our company aims to **compete with** the market leaders.
우리 회사는 시장 선도 기업들과 경쟁하는 것을 목표로 하고 있다.

complaint [kəmpléint] – a customer complaint (n.) 고객 불만 ☆☆☆☆

● complaint는 동사 complain(불평하다)의 명사형으로, 최근에 출제되었다.

A few **complaints** were received and addressed immediately.
몇몇 불만 사항이 접수되어 즉시 처리되었다.

complete [kəmplíːt] – complete the building (v.) 건물을 완공하다/완료하다 ☆☆☆☆

It took him three hours to **complete** the assignment.
그가 과제를 완료하는 데 세 시간이 걸렸다.

● complete는 동사·형용사 동형이다!

The project is **complete** and ready for review. 프로젝트가 완료되어 검토할 준비가 되었다.

☐ **comprehensive** [kàmprihénsiv] – a comprehensive report (a.) 포괄적인 보고서   ★★★★

The study provides a **comprehensive** overview of the issue.
그 연구는 문제에 대한 포괄적인 개요를 제공한다.

● 참고로 apprehensive는 '염려하는'의 의미이므로, 구분하여 암기하자!

☐ **comprise** [kəmpráiz] **(= consist of, include, be composed of)** –   ★★★★

comprise several parts (v.) 여러 부분으로 구성되다
The committee **comprises** ten members from various departments.
그 위원회는 여러 부서에서 온 팀원 열 명으로 구성되어 있다.

☐ **concise** [kənsáis] – a concise summary of the findings (a.) 연구 결과에 대한 간결한 요약   ★★★★

Please keep your report **concise** and to the point.
보고서를 간결하고 요점만 보이게 작성해 주세요.

☐ **conduct** [kəndʌkt] – conduct a survey (v.) 설문 조사를 실시하다   ★★★★

The scientist **conducted** an experiment to test the hypothesis.
과학자는 그 가설을 테스트하기 위해 실험을 수행했다.

☐ **confidential** [kànfədénʃəl] – confidential information (a.) 기밀의/비밀의 정보   ★★★★

● confident(자신감 있는)와 구분하여 암기하자!

The documents contain **confidential** information. 그 문서들은 기밀 정보를 포함하고 있다.

☐ **consistent** [kənsístənt] – consistent performance in exams (a.) 시험에서의 일관된 성과   ★★★★

She has shown **consistent** improvement throughout the year.
그녀는 연중 일관된 향상을 보여 주었다.

● be consistent with(~와 일치하다, 일관되다)도 암기하자!

Her actions **are consistent with** her words. 그녀의 행동은 그녀의 말과 일치한다.

☐ **consolidate** [kənsálədèit] – consolidate the information (v.) 정보를 통합하다   ★★★★

● con[= together] + solid[= 단단한] + ate[동사형 접미어]: 함께 단단하게 하다 → 통합하다

The company plans to **consolidate** its operations at a single site.
그 회사는 자사 운영을 한 장소로 통합할 계획이다.

☐ **consult** [kənsʌ́lt] – consult a dictionary (v.) 사전을 참고하다

012

Before writing the report, she **consulted** a dictionary to check the correct spelling of several words.
보고서를 작성하기 전에, 그녀는 몇몇 단어의 올바른 철자를 확인하기 위해 사전을 참고했다.

● consult는 '상담하다'의 의미로도 쓰인다.

You should **consult** a doctor if the symptoms persist. 증상이 지속되면 의사와 상담해야 한다.

☐ **contend** [kənténd] – contend with challenges (v.) 도전 과제와 싸우다/씨름하다 ★★★★

She had to **contend** with severe weather conditions during her hike.
그녀는 하이킹 중에 혹독한 날씨와 싸워야 했다.

☐ **contribute** [kəntríbjuːt] – contribute one's idea (v.) 아이디어를 제공하다 ★★★★

Everyone is expected to **contribute** their ideas at the meeting.
모두가 회의에서 자신의 아이디어를 내야 한다. (← 모두가 회의에서 아이디어를 제공할 것으로 기대된다.)

● 「contribute to+명사(기여하다)/distribute to+명사(배부하다)」를 덩어리로 기억하자!

Regular exercise can **contribute to** better overall health.
규칙적인 운동이 전반적인 건강 개선에 기여할 수 있다.

☐ **convey** [kənvéi] – convey one's thoughts clearly (v.) 명확히 생각을 전달하다 ★★★★

It's important to **convey** your ideas clearly in the presentation.
프레젠테이션에서 아이디어를 명확하게 전달하는 것이 중요하다.

☐ **correspond** [kɔ̀ːrəspánd] – correspond regularly (v.) 정기적으로 서신을 주고받다 ★★★★

We **correspond** regularly by email. 우리는 이메일로 정기적으로 서신을 주고받는다.

● correspond with는 '~와 의사 소통하다', correspond to는 '~와 일치하다'의 의미이다.

She enjoys writing letters to **correspond with** her old friends.
그녀는 옛 친구들과 연락하기 위해 편지를 쓰는 것을 즐긴다.

The numbers on the map **correspond to** specific locations.
지도에 있는 숫자는 특정 위치를 나타낸다.

The results **correspond to** our expectations. 그 결과가 우리의 기대와 일치한다.

☐ **correspondence** [kɔ̀ːrəspándəns] – manage business correspondence (n.) ★★★★
비즈니스 서신을 관리하다

● correspondence는 셀 수 없는 명사이다.

She found a stack of old **correspondence** in the attic.
그녀는 다락방에서 오래된 서신 묶음을 발견했다.

corridor [kɔ́:ridər] **(= hallway, passage)** – a hospital corridor (n.) 병원 복도

The patients are waiting in the **corridor**. 환자들이 복도에서 기다리고 있다.

● <파트 1>에서 corridor를 못 들으면 틀리는 문제가 출제되었다.

A woman is following the man in the **corridor**. 한 여성이 복도에서 남성을 따라가고 있다.

cost-effective [kɔ:st iféktiv] – a cost-effective solution (a.) 비용 효율이 높은 해결책

Investing in energy-efficient appliances is **cost-effective** in the long run.
에너지 효율적인 가전제품에 투자하는 것이 장기적으로 보면 비용 효율이 높다.

counterpart [káuntərpà:rt] – the counterpart in the other team (n.) 다른 팀의 상대

● counterpart는 '대등한 격의 상대자나 상대물'을 가리킨다.

The CEO met with his **counterpart** from the rival company.
그 최고경영자는 경쟁 회사의 상대(최고경영자)와 만났다.

credential [kridénʃəl] – professional credentials (n.) 전문적인 자격 증명(서)

She has impressive professional **credentials** in her field.
그녀는 자신의 분야에서 인상적인 전문 자격을 가지고 있다.

criteria [kraitíəriə] – meet the criteria for selection (n.) 선택 기준을 충족하다

The candidates must meet all the **criteria** to be considered for the job.
지원자는 모든 기준을 충족해야 지원 자격이 주어진다.

* 단수형은 criterion이다.

criticize [krítəsàiz] – criticize constructively (v.) 건설적으로 비판하다

It's important to **criticize** constructively to help others improve.
다른 사람들이 개선할 수 있도록 건설적으로 비판하는 것이 중요하다.

● critic(비평가)은 명사이고, critical(비판적인)이 형용사이다.

crucial [krúːʃəl] – a crucial decision for the company (a.) 회사를 위한 중대한/중요한 결정

● 「It is crucial/important/vital/necessary that 주어 + 동사원형」도 기억해 두자. 구토익에 많이 나오던 문제인데 신토익에는 아직 출제되지 않았지만 기본 표현으로 알아두어야 한다.

Timing is **crucial** in this business. 이 사업에서는 타이밍이 중요하다.

culinary [kʌ́lineri] – culinary skills (a.) 요리의/음식의 기술

● 요리와 관련된 단어 cutlery(날붙이류)와 cooking utensils(요리 도구)도 암기하자!

She attended **culinary** school to improve her cooking skills.
그녀는 요리 기술을 향상시키기 위해 요리 학교에 다녔다.

cupboard [kʌ́bərd] – find the dishes in the kitchen cupboard (n.)

찬장에서 접시를 발견하다

The spices are stored in the **cupboard** above the stove.

양념들은 가스레인지 위에 있는 찬장에 보관되어 있다.

curb [kəːrb] – curb escalating expenses (v.) 증가하는 비용을 억제하다

The government has introduced measures to **curb** inflation.

정부는 인플레이션을 억제하기 위한 조치를 도입했다.

● curb는 '억제하다'의 의미 외에 '차가 인도에 들어오지 못하게 억제하는 돌', 즉 '연석'의 의미를 지닌 명사로 <파트 1>에서 출제되었다.

She sat on the **curb**, waiting for her friend. 그녀는 친구를 기다리며 연석에 앉았다.

data breaches [déitə briːtʃz] – face costly data breaches. (n.)

비용이 많이 드는 데이터 유출에 직면하다

We need to implement measures to prevent **data breaches**.

우리는 데이터 유출을 예방할 조치를 실행해야 한다.

deactivation [diæktəvéiʃən] – account deactivation (n.) 계정 비활성화

To avoid account **deactivation**, sign in before July 20.

계정 비활성화를 피하려면, 7월 20일 전에 로그인하세요.

debit [débit] – debit the account (v.) 계좌에서 돈을 인출하다

The amount was **debited** from my account this morning.

그 금액이 오늘 아침 내 계좌에서 인출되었다.

● debit(차변, 인출액)은 명사로도 쓰여, '직불카드'를 debit card라고 한다.

decline [dikláin] **(= refuse)** – decline an invitation (v.) 초대를 거절하다

He politely **declined** the job offer, as he had already accepted another position.

그는 이미 다른 직책을 수락했기 때문에 그 일자리 제안을 정중히 거절했다.

● decline은 '~이 감소하다'의 의미로도 잘 쓰인다.

The company's profits have **declined** over the past year.

회사의 수익이 지난 한 해 동안 감소했다.

● decline은 명사로도 쓰이며, 이런 증감 의미의 명사는 전치사 in과 잘 어울린다.

　decline(감소)/decrease(감소)/increase(증가)/rise(증가)/fall(하락)/drop(증가)/hike(치솟음) in ~

decorate [dékərèit] – decorate the room for the event (v.) 행사를 위해 방을 장식하다

They **decorated** the hall with balloons and streamers.

그들은 홀을 풍선과 색 테이프로 장식했다.

deepen [díːpən] (= **make deeper**) – deepen the harbor (v.) 항구를 깊게 하다

● deepen the boat는 말이 안 된다. 대형 선박이 들어올 수 있게 항구의 수심을 깊이 만든다의 뜻으로, <파트 5>에 출제된 단어이다.

They need to **deepen** the harbor to accommodate larger ships.
그들은 더 큰 선박을 수용하기 위해 항구를 깊게 해야 한다.

definitely [défənitli] – definitely go to the party (adv.) 확실히 파티에 가다

I will **definitely** attend the meeting. 나는 확실히 그 회의에 참석할 것이다.

defy description [difái diskrípʃən] – (v.) 묘사할 수 없다, 이루 다 말할 수 없다

The chaos in the room **defied description**. 방의 혼란은 묘사할 수가 없었다.
The beauty of the sunset **defied description**. 일몰의 아름다움은 형용할 수가 없었다.

delegate [déligèit] – delegate tasks to team members (v.) 팀원들에게 업무를 위임하다

● delegate A to B(A를 B에게 위임하다) 구문을 기억하자!

It's important to **delegate** tasks to ensure efficiency.
효율성을 보장하기 위해 업무를 위임하는 것이 중요하다.

demand [dimǽnd] – demand for organic products (n.) 유기농 제품의 수요/요구

There is a high **demand** for skilled workers in the technology sector.
기술 분야에서는 숙련된 근로자에 대한 수요가 매우 높다.

● demand는 명사·동사 동형이다.

The workers are planning a strike to **demand** higher wages.
노동자들은 임금 인상을 요구하기 위해 파업을 계획하고 있다.

deny [dinái] – deny the allegations (v.) 혐의를 부인하다

● deny의 명사형은 denial(부인)이고, 반의어인 approve(인정하다, 승인하다)의 명사형은 approval(승인)이다.

He **denied** any involvement in the scandal. 그는 그 스캔들에 어떤 관련도 없다고 부인했다.

depend [dipénd] – depend on reliable data (v.) 신뢰할 수 있는 데이터에 의존하다

● depend on(~에 의존하다)을 한 덩어리로 암기하자!

The success of the project **depends on** accurate information.
프로젝트의 성공은 정확한 정보에 달려 있다.

deplete [diplíːt] – begin to deplete (v.) 고갈되기 시작하다 | 격감시키다 ★★★★

● 주로 수동태로 쓰이며, 반의어는 replenish(보충하다, 다시 채우다)

The hikers' supplies were quickly **depleted**. 하이커들의 보급품이 빠르게 고갈되었다.

designate [dézignèit] – designate a leader for the group (v.) 그룹의 리더를 지정하다 ★★★★

The area has been **designated** as a wildlife reserve.
그 지역은 야생 동물 보호 구역으로 지정되었다.

detrimental [dètrəméntl] **(= harmful, damaging)** – detrimental effects on health (a.) ★★★★
건강에 해로운 영향

The policy could have a **detrimental** effect on the economy.
그 정책은 경제에 해로운 영향을 미칠 수도 있다.

devise [diváiz] – devise a strategic plan (v.) 전략적 계획을 고안하다 ★★★★

The team **devised** a plan to improve efficiency.
팀은 효율성을 향상시키기 위한 계획을 고안했다.

dignitary [dígnitèri] – a foreign dignitary (n.) 외국 고위 인사 ★★★★

● 존엄한 사람 → 고위 인사: dignitary는 구토익의 <파트 5> 정답 단어이고, <파트 7> 독해에 종종 등장한다.

Several foreign **dignitaries** attended the state banquet.
여러 외국 고위 인사들이 국빈 만찬에 참석했다.

diligent [dílədʒənt] – a diligent worker (a.) 성실한 직원 ★★★★

● diligent(부지런한)의 동의어인 industrious(근면한), hardworking(근면한), assiduous(근면 성실한)도 암기하자!

Her **diligent** efforts were appreciated by her colleagues.
그녀의 성실한 노력은 동료들에게 인정을 받았다.

dimension [diménʃən] – large dimension (n.) 큰 치수/크기 ★★★★

● dimension은 '차원'의 의미도 있지만 토익에서는 '크기, 치수'의 의미로 자주 쓰인다.

The **dimension** of the room is 20 X 30 feet. 그 방의 크기는 20X30피트이다.

diminish [díminiʃ] – begin to diminish (v.) 감소하기 시작하다 | 줄어들다 ★★★★

● diminish는 di+mini+sh(미니로 만들다 → '감소하다')로 암기하면 쉽다.

The threat of inflation has **diminished**. 인플레이션의 위협이 감소했다.

disburse [disbə́ːrs] – disburse funds to the team (v.) 팀에 자금을 지급하다 ★★★★

● disburse에는 '지출하다'의 의미도 있다. 비슷한 의미의 '지출하다' 단어들도 추가로 알아두자! outlay(지출하다, 소비하다), pay out(돈을 지불하다), expend((돈을) 들이다)

The charity will **disburse** funds to the affected families.
그 자선 단체는 피해를 입은 가정에 자금을 지급할 것이다.

☐ **discrepancy** [diskrépənsi] **(= difference, inconsistency)** – a discrepancy in the report
(n.) 보고서 내의 불일치   ★★★★

There is a **discrepancy** between the two accounts. 두 계정 사이에 불일치한 부분이 있다.

☐ **discriminate** [diskrímənèit] – discriminate based on race (v.) 인종에 따라 **차별하다** ★★★★

The law prohibits employers from **discriminating** against employees based on age.
법은 고용주가 연령을 기준으로 직원들을 차별하는 것을 금지한다.

☐ **dispose** [dispóuz] **of** – dispose of your trash properly (v.) 쓰레기를 적절히 처리하다 ★★★★

● '제거, 박탈'의 의미를 가진 단어는 of와 잘 어울린다. get rid of(제거하다), rob/deprive A of B(A에게서 B를 강탈하다/제거하다)

Please **dispose of** hazardous waste according to the guidelines.
지침에 따라 유해 폐기물을 처리하세요.

☐ **distinct** [distíŋkt] – a distinct improvement in performance (a.) 성과의 뚜렷한 향상 ★★★★

There is a **distinct** difference between the two products.
두 제품 사이에는 뚜렷한 차이점이 있다.

☐ **distract** [distrǽkt] – distract drivers (v.) 운전자를 산만하게 하다/집중이 안 되게 하다 ★★★

The loud noise **distracted** him from his work. 시끄러운 소음으로 그는 업무에 집중할 수가 없었다.

☐ **diverse** [daivə́ːrs] – a diverse range of opinions (a.) 다양한 의견들 ★★★★

The company promotes a **diverse** and inclusive workplace.
그 회사는 다양하고 포용적인 일터를 장려한다.

☐ **document** [dάkjumənt] – document the findings (v.) 발견 내용을 기록하다 ★★★★

● document는 동사·명사(문서) 동형이다.

Please **document** any issues you encounter. 접하게 되는 모든 문제를 기록해 주세요.

☐ **dominant** [dάmənənt] – a dominant position in the market (a.) 시장에서의 지배적인 위치 ★★★★

● 2024년 <파트 6>에서 정답으로 출제되었는데, <파트 6>에도 어휘 문제가 출제된다.

The company has a **dominant** share of the market.
그 회사는 지배적인 시장 점유율을 가지고 있다.

durable [djúərəbl] – use durable construction materials (a.) ★★★★

내구성이 강한 건축 자재를 사용하다

The furniture is made from **durable** materials. 그 가구는 내구성이 강한 재료로 만들어진다.

● durables(내구재 상품), disposables(일회용품), valuables(귀중품)

eager [íːgər] – eager to learn (a.) 배우는 데 열심인/열렬한 ★★★★

● 「be eager to V + 동사원형(간절히 ~하고 싶어 하다)」, 「be eager for +명사(~을 간절히 바라다)」를 기억하자!

She **was eager to** start her new job. 그녀는 간절히 새 일을 시작하고 싶어 했다.

She **is eager for** the new project to start.
그녀는 새로운 프로젝트가 시작되기를 간절히 바라고 있다.

● 같은 의미로 be keen to V가 쓰이기도 한다.

She **is keen to** try the new restaurant. 그녀는 새로 생긴 식당에 간절히 한번 가 보고 싶어 한다.

elaborate [ilǽbərət] **on (= explain in detail)** – elaborate on the plan (v.) ★★★★

계획을 자세히 설명하다

Can you **elaborate on** the plan for the new project?
새 프로젝트에 대한 계획을 자세히 설명해 주시겠어요?

● elaborate는 형용사로 '정교한(having intricate or complex detail)'의 뜻도 있다.

The architect's design was incredibly **elaborate,** with intricate patterns and detailed ornamentation.
그 건축가의 디자인은 복잡한 패턴과 세부적인 장식이 더해져 매우 정교했다.

element [éləmənt] – a crucial element of the plan (n.) 계획의 중요한 요소 ★★★★

Trust is an essential **element** of any relationship.
신뢰는 모든 관계의 필수 요소이다.

embark [imbάːrk] – embark on a new adventure (v.) 새로운 모험을 시작하다 ★★★★

● embark는 1차적으로 '배에 타는 것'을 의미하여 '(어떤 일을) 시작하다'의 의미로까지 발전했다. 반대말은 disembark(내리다)이다. embark on(착수하다, 시작하다)을 한 덩어리로 암기하자!

She **embarked on** a journey to discover her roots.
그녀는 자신의 뿌리를 찾기 위한 여정을 시작했다.

emerge [imə́ːrdʒ] – new trends emerge (v.) 새로운 트렌드가 나타나다 ★★★★

Several patterns began to **emerge** from the data.
데이터에서 여러 패턴이 나타나기 시작했다.

☐ **emergency** [imɔ́ːrdʒənsi] **(= a serious, unexpected situation) – (n.)** ★★★★

비상 사태, 긴급 상황

● emergency room(응급실), emergency exit(비상구), emergency landing(비상 착륙)처럼 복합명사로 자주 쓰이는 단어이며, 복합 명사 형태로 출제되었다.

The **emergency** procedures were followed when the fire alarm went off.
화재 경보가 울리자 비상 절차가 뒤따랐다.

☐ **encounter** [inkáuntər] – encounter difficulties along the way (v.) ★★★★

가는 도중에 어려움에 직면하다/어려움과 만나다

We **encountered** several problems during the project.
우리는 프로젝트를 진행하는 중에 여러 가지 문제에 직면했다.

☐ **encrypt** [inkrípt] **(= code, encode)** – encrypt data (v.) 자료를 암호화하다

The company **encrypts** sensitive data to protect it.
회사는 민감한 데이터를 암호화하여 그것을 보호한다.

☐ **endorsement** [indɔ́ːrsmənt] **(= approval, support)** – celebrity endorsement (n.)

유명인사의 추천/지지

The product received a celebrity **endorsement**. 그 제품은 유명인의 추천을 받았다.

☐ **engage** [ingéidʒ] – engage in productive discussions (v.) 생산적인 토론에 참여하다 ★★★★

● engage = involve(참여시키다, 관여하다)로, 독해 동의어 문제로 출제된 바 있다.

The company **engages** in various community activities.
그 회사는 다양한 지역 사회 활동에 참여한다.

☐ **enhance** [inhǽns] – enhance the user experience (v.) 사용자 경험을 향상시키다 ★★★★

The new features **enhance** the software's functionality.
새로운 기능이 소프트웨어의 기능을 향상시킨다.

☐ **enlightening** [inláitniŋ] – enlightening experience (a.) 큰 깨달음을 주는/계몽적인 경험

● -ing형과 p.p.형 형용사는 토익 빈출 인기 문제이다. 이와 함께 limited time(제한된 시간)도 기억하자!

The lecture was very **enlightening**. 그 강의는 큰 깨달음을 주는 강의였다.

☐ **erect** [irékt] **(= build, construct)** – erect a building (v.) 건물을 세우다

They plan to **erect** a new office building. 그들은 새로운 사무실 건물을 세울 계획이다.

ergonomic [ə̀ːrgənámik] – an ergonomic chair (a.) 인체 공학적 의자 ☆☆☆☆

● 토익에 환경, 건강 관련 주제가 자주 나오는데, 그중 이 단어는 인기 출제 단어이다.

The new office chairs are **ergonomic**. 새 사무용 의자는 인체 공학적이다.

establish [istǽbliʃ] – establish a new protocol (v.) 새로운 프로토콜을 확립하다/세우다 ☆☆☆☆

The company was **established** in 1995. 그 회사는 1995년에 설립되었다.

evaluate [ivǽljuèit] – evaluate the effectiveness of the program (v.) ☆☆☆☆
프로그램의 효과를 평가하다

We need to **evaluate** the results of the experiment. 우리는 그 실험 결과를 평가해야 한다.

even if – even if it rains (conj.) 설령 비가 오더라도 (가정하는 상황) ☆☆☆☆

Even if it rains, we will go to the park. 설령 비가 오더라도, 우리는 공원에 갈 것이다.

excerpt [éksəːrpt] – read an excerpt (n.) 발췌문을 읽다 ☆☆☆☆

She read an **excerpt** from her new book. 그녀는 자신의 새 책에서 발췌한 글을 읽었다.

exclude [iksklúːd] – exclude unnecessary details (v.) 불필요한 세부 사항을 제외하다 ☆☆☆☆

The report **excluded** some important information. 보고서는 몇 가지 중요한 정보를 제외했다.

● exclude(제외하다)의 반대말은 include(포함하다)이다.
ex[= out]+clude[= shut] ↔ in[= in]+clude[= shut]

exempt [igzémpt] – be exempt from taxes (a.) 세금을 면제받다 ☆☆☆☆

● exempt from을 덩어리로 암기하자!

Some goods are **exempt from** import duties. 일부 상품은 수입 관세가 면제된다.

exhibit [igzíbit] – exhibit the artwork (v.) 예술 작품을 전시하다 ☆☆☆☆

The gallery is **exhibiting** a new collection this month.
갤러리는 이번 달에 새로운 컬렉션을 전시하고 있다.

● exhibit은 동사·명사 동형으로, 명사로는 '전시물'의 뜻이다.

The museum's new **exhibit** features ancient Egyptian artifacts.
박물관의 새로운 전시물은 고대 이집트 유물을 포함한다.

expand [ikspǽnd] – expand the business (v.) 사업을 확장하다 ☆☆☆☆

The company plans to **expand** its operations overseas.
그 회사는 해외로 사업을 확장할 계획이다.

expect [ikspékt] – expect minor delays (v.) 사소한 지연을 예상하다/기대하다 ★★★★

We **expect** the project to be completed on time.
우리는 프로젝트가 제시간에 완료될 것으로 기대한다.

explicit [iksplísit] – provide explicit instructions (a.) 명확한 지침을 제공하다 ★★★★

The teacher gave **explicit** directions for the assignment.
교사는 과제에 대해 명확한 지시를 내렸다.

explore [iksplɔ́ːr] – explore new opportunities (v.) 새로운 기회를 탐색하다 ★★★★

The scientist **explored** the possibilities of renewable energy.
과학자는 재생 가능한 에너지의 가능성을 탐구했다.

extend [iksténd] – extend the deadline (v.) 마감일을 연장하다 ★★★★

The company **extended** the deadline for applications.
그 회사는 지원 마감일을 연장했다.

● extend는 '베풀다'의 의미도 있다. 다음 예문의 extended는 <파트 5, 6>에서 언제든지 출제될 수 있다.

Thank you for your hospitality **extended** to me when I was in Tokyo.
제가 도쿄에 있을 때 베풀어 주신 환대에 감사드립니다.

fabulous [fǽbjuləs] **(= amazing, fantastic)** – a fabulous story (a.) 멋진/굉장한 이야기 ★★★★

She told a **fabulous** story about her travels.
그녀는 자신의 여행에 관한 멋진 이야기를 들려주었다.

façade [fəsáːd] **(= front, exterior)** – building façade (n.) 건물의 정면/외관 ★★★★

● face(얼굴)를 생각하면 쉽게 이해할 수 있는 단어로, 발음에 주의한다.

The building's **façade** was recently renovated.
건물의 정면 부분이 최근에 개조되었다.

The building's **facade** was restored to its original beauty.
건물의 외관이 원래의 아름다운 모습으로 복원되었다.

facet [fǽsit] **(= aspect)** – one facet of the problem (n.) 문제의 한 측면 ★★★★

We need to consider every **facet** of the problem before making a decision.
우리는 결정을 내리기 전에 문제의 모든 측면을 고려해야 한다.

factor [fǽktər] – a key factor in success (n.) 성공의 중요한 요인 ★★★★

Time management is an important **factor** in productivity.
시간 관리는 생산성의 중요한 요인이다.

faculty [fǽkəlti] **(= teaching staff, educators)** – university faculty (n.) 대학 교수진 ★★★★

● faculty는 '능력'의 의미가 발전하여 '능력 있는 사람들의 모임 = 교수진'이 된다.

She is a member of the university **faculty**. 그녀는 대학 교수진의 일원이다.

familiar [fəmíljər] – familiar surroundings (a.) 익숙한 환경 ★★★★

She felt more comfortable in **familiar** surroundings.
그녀는 익숙한 환경에서 더 편안함을 느꼈다.

● familiarize oneself with ~(~에 익숙해지다)도 기억하자!

It is important to **familiarize oneself with** the company policies before starting the job. 일을 시작하기 전에 회사 정책에 익숙해지는 것이 중요하다.

fare [fɛər] – a bus fare (n.) 버스 요금 ★★★★

● fare는 모든 차비에 쓰이고, 발음이 같은 fair는 '공정한', '박람회'의 의미로 쓰인다.

The bus **fare** increased this year. 올해 버스 요금이 인상되었다.
The judge made a **fair** decision. 판사는 공정한 결정을 내렸다.
We went to the science **fair**. 우리는 과학 박람회에 갔다.

feasible [fíːzəbl] – a feasible solution (a.) 실현 가능한 해결책 ★★★★

The plan is **feasible** and can be implemented within a year.
그 계획은 실현 가능하며 1년 내에 실행될 수 있다.

● feasibility study(타당성 조사)가 <파트 5>에 130번 킬러 문제로 출제된 바 있다.

The team conducted a **feasibility study** to determine the viability of the new project.
그 팀은 새 프로젝트의 실행 가능성을 평가하기 위해 타당성 조사를 실시했다.

federal [fédərəl] – a federal agency (a.) 연방 (정부의) 기관 ★★★★

The **federal** government announced new regulations. 연방 정부는 새로운 규제를 발표했다.

fall dramatically [fɔːl drəmǽtikəli] – (v.) 급격히 떨어지다

● sharply(날카롭게)/steadily(안정적으로)/exponentially(기하급수적으로)도 인상/하락의 동사와 자주 쓰이는 부사이다.

Unemployment rates have **fallen sharply** over the past year.
실업률은 지난해 동안 급격히 하락했다.

Their understanding of the subject has improved **steadily**.
과목에 대한 그들의 이해가 안정적으로 향상되었다.

The company's profits grew **exponentially**. 그 회사의 수익은 기하급수적으로 증가했다.

The stock prices **rose dramatically** after the announcement.
발표 후 주가는 급격히 상승했다.

figure [fígjər] **out (= understand, solve)** – figure out the solution (v.)
해결책을 생각해 내다

It took me a while to **figure out** the solution to the puzzle.
내가 퍼즐의 해결책을 생각해 내는 데 시간이 좀 걸렸다.

● figure out은 '~을 이해하다'의 의미로도 쓰인다.

find [faind] – find a solution (v.) 해결책을 찾다

We need to **find** a way to reduce costs. 우리는 비용을 줄일 방법을 찾아야 한다.

firm [fəːrm] – a reputable firm (n.) 평판 좋은 회사

She works for a law **firm** in the city. 그녀는 도시에 있는 법률 회사에서 일한다.

● firm은 형용사로 '확고부동한, 단호한'의 의미이다.

The manager gave a **firm** response to the proposal, indicating no room for negotiation. 매니저는 협상의 여지가 없음을 나타내며, 그 제안에 단호한 반응을 보였다.

fix [fiks] – fix the problem (v.) 문제를 해결하다/문제가 있는 것을 고치다

The mechanic **fixed** the car's engine. 정비사가 자동차 엔진을 수리했다.

● fix는 '고치다', '고정시키다'의 의미 외에 동물 번식을 못하게 고정시키는 '불임 수술[중성화 수술]을 하다'의 의미도 있다. fixed price는 '고정된 금액' 즉, '정가'의 의미이다.

Is your cat **fixed**? 당신 고양이는 불임 수술[중성화 수술] 시켰나요?

flattered [flǽtərd] **(= honored, pleased)** – feel flattered (a.) 우쭐해진 느낌이다

She was **flattered** by the attention. 그녀는 그 관심에 우쭐해졌다.

flexible [fléksəbl] – flexible work hours (a.) 유연한 근무 시간

The company offers **flexible** working arrangements.
그 회사는 유연 근로제를 제공한다.

forward [fɔ́ːrwərd] **A to B (= send A to B)** – forward the email to him (v.)
이메일을 그에게 전달하다

Please **forward** the meeting agenda **to** all participants.
회의 안건을 모든 참가자에게 전달해 주세요.

foster [fɔ́ːstər] **(= encourage, nurture)** – foster creativity (v.) 창의력을 촉진하다

The school aims to **foster** creativity in its students.
학교는 학생들에게 있는 창의력 촉진을 목표로 한다.

- [ ] **gap** [gæp] – bridge the gap (n.) 격차를 해소하다

  There is a **gap** between theory and practice. 이론과 실제 사이에는 격차가 있다.

- [ ] **generate** [dʒénərèit] – generate new ideas (v.) 새로운 아이디어를 생성하다

  The machine **generates** electricity from solar energy.
  그 기계는 태양 에너지로부터 전기를 생성한다.

- [ ] **genuine** [dʒénjuin] – genuine interest in the topic (a.) 그 주제에 대한 진정한/진짜인 관심

  She showed **genuine** concern for the patients. 그녀는 환자들에 대한 진정한 관심을 보였다.

  ● genuine(진정한, 진짜의) ↔ fake (= not real or genuine) (a.) 가짜의

  He was caught with a **fake** ID. 그는 가짜 신분증을 소지하고 있다가 붙잡혔다.

- [ ] **glitch** [glitʃ] – a glitch in the system (n.) 시스템 결함

  The software update fixed several **glitches**. 소프트웨어 업데이트로 여러 결함이 수정되었다.

  ● 동의어로 malfunction(오작동)이 있다

  The equipment **malfunction** caused a delay in production.
  장비 오작동으로 생산이 지연되었다.

- [ ] **go over** – go over the report (v.) 보고서를 검토하다

  Let's **go over** the report before the meeting. 회의 전에 보고서를 검토합시다.

- [ ] **grasp** [græsp] – grasp the concept quickly (v.) 빠르게 개념을 이해하다

  ● grasp의 1차적인 의미는 '붙들다, 잡다'인데, 이 뜻이 확장되어 '파악하다'의 의미까지 간다.

  He managed to **grasp** the basics of the language. 그는 그 언어의 기본을 이해하는 데 성공했다.

- [ ] **gratis** [grǽtis] – The sample was gratis. (a.) 샘플이 무료인/거저인 것이었다.

  The restaurant offered **gratis** appetizers to all its guests.
  그 레스토랑은 모든 손님에게 무료 전채 요리를 제공했다.

  ● gratis는 부사로도 자주 쓰인다.

  The event provided snacks **gratis**. 행사에서는 무료로 간식을 제공했다.

- [ ] **ground-breaking ceremony** [graundbréikiŋ sérəmòuni] – attend the ground-breaking ceremony (n.) 기공식에 참석하다

  They attended the **ground-breaking ceremony** for the new hospital.
  그들은 새로 짓는 병원의 기공식에 참석했다.

  ● ground-breaking은 '획기적인'의 의미로 일본 토익 시험에 출제되었다. 최근 일본 토익에서 출제된 단어는 한국에서도 반드시 출제된다.

The scientists made a **ground-breaking** discovery. 그 과학자들은 획기적인 발견을 했다.

☐ **habit** [hǽbit] – develop a good habit (n.) 좋은 습관을 기르다 ★★★★

Reading every day is a helpful **habit**. 매일 책을 읽는 건 유익한 습관이다.

☐ **halfway** [hǽfwei] **through** – halfway through the project (phr.) ★★★★
프로젝트가 중간 정도 진행된

● halfway through는 최신 기출 표현으로 through를 정답으로 출제했으며, 이 표현을 다룬 책은 현재 본서뿐
이다.

We are **halfway through** the project and everything is going well.
우리는 그 프로젝트를 50% 정도 진행 중이며 모든 것이 잘 진행되고 있다.

☐ **handle** [hǽndl] – handle customer inquiries (v.) 고객 문의를 처리하다 ★★★★

The support team **handles** all customer complaints efficiently.
지원팀에서 모든 고객의 불만 사항을 효율적으로 처리한다.

☐ **hands-on** [hǽndzən] – hands-on experience (a.) 직접 해 보는/실제의 체험 ★★★★

The internship provides **hands-on** experience in the field.
그 인턴십은 현장에서의 실제 경험을 제공한다.

☐ **have every intention** [inténʃən] **of -ing** – (v.) ~할 강력한 의향이[의도가] 있다 ★★★★

She **has every intention of** completing her degree. 그녀는 학위를 마칠 강력한 의향이 있다.
I **have every intention of** attending the meeting. 나는 그 회의에 참석할 강력한 의향이 있다.

☐ **have yet to** – have yet to decide (v.) 아직 결정하지 못하다 ★★★★

They **have yet to** decide on the date for the meeting. 그들은 회의 날짜를 아직 결정하지 못했다.

● be yet to도 같은 의미의 표현이며, '부정'의 의미라는 것을 꼭 기억하자! yet이 정답으로 출제되었다.

My best **is yet to** come. 내 전성기는 아직 오지 않았다.

☐ **headline** [hédlàin] – make the headline (n.) 헤드라인을 장식하다 ★★★★

The scandal was the **headline** of every newspaper.
그 스캔들이 모든 신문의 헤드라인이었다.

☐ **headquarters** [hédkwɔrtərz] **(= main office, central office)** – company headquarters (n.)
회사 본사
★★★★

● headquarters는 단수·복수 동형이다.

The company's **headquarters** is located in New York. 그 회사의 본사는 뉴욕에 있다.

horticulturist [hɔ̀ːrtəkʌ́ltʃərist] – a trained horticulturist (n.) 훈련받은 원예사 ★★★★

Volunteers will work under the supervision of our trained **horticulturist**.
자원봉사자들은 저희 훈련받은 원예사의 감독 하에 일하게 될 것이다.

identify [aidéntəfài] – identify the problem (v.) 문제를 **식별하다/확인하다** ★★★★

We need to **identify** the root cause of the issue.
우리는 문제의 근본 원인을 식별해야 한다.

● identical(동일한)과 구분하자! identical twins(일란성 쌍둥이)

illustrate [íləstrèit] – illustrate the concept with examples (v.) ★★★★
사례를 들어 개념을 **설명하다**

The teacher **illustrated** the lesson with diagrams.
교사는 도표를 사용하여 수업을 설명했다.

immediate [imíːdiət] – immediate action (a.) **즉각적인** 조치 ★★★★

The situation calls for **immediate** attention. 그 상황은 즉각적인 주의를 요한다.

● 참고로, '직속 상관'을 immediate supervisor라고 한다.

immediately [imíːdiətli] **after (= right after)** – (phr.) 바로 후에 ★★★★

● 비슷한 표현들인 「immediately/soon/right/promptly/directly after」도 알아두자.

He called me **immediately after** the meeting. 그는 회의가 끝나고 바로 나에게 전화했다.

immersive [imɔ́ːrsiv] – an immersive way (a.) **에워싸는 듯한/몰입형의** (교육) 방식 ★★★★

Visitors can now learn the region's history in an **immersive** way.
방문객들은 이제 몰입 교육 방식으로 그 지역의 역사를 배울 수 있다.

impact [ímpǽkt] – impact on one's childhood years (v.) 어린 시절에 **영향을 끼치다** ★★★★

The new regulations will significantly **impact** local businesses.
새로운 규제는 지역 사업체에 상당한 영향을 미칠 것이다.

● impact는 명사·동사로 다 쓰이며, 명사로 쓰일 때는 '영향'의 전치사 on과 잘 어울린다.
● 「impact(영향)/emphasis(강조)/focus(초점)/concentration(집중)/influence(영향) on」을 함께 암기하자!

The new policy had a significant **impact on** sales. 새로운 정책은 판매에 상당한 영향을 미쳤다.

impeccable [impékəbl] – impeccable manners (a.) **흠잡을 데 없는** 매너 ★★★★

The service at the hotel was **impeccable**. 호텔의 서비스는 흠잡을 데가 없었다.

☐ **impose** [impóuz] – impose a new rule (v.) 새로운 규제를 부과하다 ★★★★

● impose는 다음 예문처럼 전치사 on과 잘 어울린다. 참고로, 형용사형 imposing(위풍당당한)도 함께 암기하자!

The government **imposed** new regulations **on** businesses.
정부는 기업체들에게 새로운 규제를 부과했다.

☐ **inadvertently** [inədvə́ːrtntli] (= **unintentionally, accidentally**) – inadvertently omit

(adv.) 우연히/무심코/부주의하게 빼먹다 ★★★★

He **inadvertently** omitted her name from the list.
그는 무심코 그녀의 이름을 목록에서 누락했다.

● <파트 5> 정답 단어이다.

☐ **incessantly** [insésntli] (= **constantly, continuously**) – work incessantly (adv.) ★★★★

끊임없이 일하다

She worked **incessantly** to finish the project.
그녀는 프로젝트를 끝내기 위해 끊임없이 일했다.

☐ **include** [inklúːd] – include everyone in the discussion (v.) 토론에 모든 사람을 포함하다 ★★★★

● include(포함하다) ↔ exclude(제외하다)

The package **includes** a user manual. 그 패키지에는 사용자 설명서가 포함되어 있다.

☐ **incorporate** [inkɔ́ːrpərèit] – incorporate feedback into the design (v.) ★★★★

디자인에 피드백을 반영하다/포함하다

The new system **incorporates** user feedback. 새 시스템은 사용자 피드백을 반영한다.

☐ **increase** [inkríːs] – increase the budget allocation (v.) 예산 할당을 늘리다 ★★★★

● increase, decrease는 명사·동사 형태가 같다.

We need to **increase** our marketing efforts. 우리는 마케팅 활동을 늘려야 한다.

● 명사형 increase(증가)/decrease(감소)/decline(감소)/hike(인상)/rise(상승)/fall(하락) 등 '증감'을 의미하는
명사는 전치사 in과 잘 어울린다.

There has been a significant **increase in** the price of fuel this year.
올해 연료 가격이 크게 증가했다.

☐ **incumbent** [inkʌ́mbənt] (= **current, in office**) – an incumbent president (a.) ★★★★

현직의/재임 중인 대통령

● the incumbent(현직자)처럼 명사로도 쓰인다. 참고로, acting president는 '대통령 권한 대행'의 의미이다.
acting(대행의)도 최신 기출 단어다.

The **incumbent** president is running for re-election. 현직 대통령은 재선에 출마하고 있다.

industry [índəstri] – the tech industry (n.) 기술 산업 ☆☆☆☆

She works in the fashion **industry**. 그녀는 패션 산업에서 일한다.

inform [infɔ́ːrm] – inform the manager of any changes (v.) ☆☆☆☆

매니저에게 모든 변경 사항을 알리다

Please **inform** us if you will be late. 늦으실 경우 저희에게 알려 주세요.

informal [infɔ́ːrməl] – an informal meeting (a.) 비공식적인/비격식적인 회의 ☆☆☆☆

The dress code for the party is **informal**. 그 파티의 복장 규정은 비격식적이다.

inordinate [inɔ́ːrdənət] **(= excessive)** – inordinate amount (a.) 과도한/지나친 양 ☆☆☆☆

He spent an **inordinate** amount of time on the project.
그는 그 프로젝트에 과도한 시간을 쏟았다.

insolvent [insálvənt] **(= bankrupt, broke)** – declare insolvent (a.) ☆☆☆☆

파산한 상태임을 선언하다

● insolvent(파산한) ↔ solvent(지불 능력이 있는) solvent는 '용제, 용해제'로 <파트 7>에 출제된 바 있다.

After years of financial struggle, the business was declared **insolvent**.
여러 해 동안 재정적 어려움을 겪은 끝에, 그 기업은 파산 선고를 받았다.

installment [instɔ́ːlmənt] – pay the first installment (n.) 첫 할부금을 지불하다 ☆☆☆☆

● installment는 '분할 불입금', '할부', '드라마 대본 1회분' 등을 의미한다. installation(설치)과는 전혀 다른 단어
이니 구분하자!

The car was paid for in monthly **installments**. 그 자동차 대금은 월 할부로 지불되었다.

instrumental [ìnstrəméntl] **(= helpful, contributory)** – instrumental in achieving (a.)

성취에 도움이 되는/중요한 ☆☆☆☆

He was **instrumental** in achieving the team's goals.
그는 팀의 목표를 달성하는 데 중요한 역할을 했다.

insurance [inʃúərəns] **(= coverage, protection)** – health insurance (n.) 건강 보험 ☆☆☆☆

He purchased health **insurance** for his family. 그는 가족을 위해 건강 보험에 가입했다.

intact [intǽkt] – remain intact (a.) 온전한/전혀 다치지 않은 상태로 남아 있다 ☆☆☆☆

● '비대면'을 의미하는 untact는 한국에서 만든 엉터리 단어이고, 실제 영단어는 contactless(비접촉식의), zero
contact(비대면)이다.

The ancient artifacts were found **intact**. 고대 유물들이 온전한 상태로 발견되었다.

integrate [íntəgrèit] – integrate the systems (v.) 시스템을 통합하다 ★★★★

The company plans to **integrate** its various departments.
그 회사는 여러 부서를 통합할 계획이다.

interact [ìntərǽkt] – interact with international clients (v.) 해외 고객들과 상호 작용하다 ★★★★

The platform allows users to **interact** with each other.
그 플랫폼은 사용자들이 서로 상호작용할 수 있게 한다.

interest [íntərəst] – show interest in the project (n.) 프로젝트에 관심을 보이다 ★★★★

The topic sparked her **interest**. 그 주제는 그녀의 관심을 불러일으켰다.

● interest는 동사로도 쓰이며, be interested in(~에 관심이 있다) 구문이 중요하다.

She **is** very **interested in** learning new languages.
그녀는 새로운 언어를 배우는 것에 아주 관심이 많다.

interfere [ìntərfíər] **(= meddle, obstruct)** – interfere with plans (v.) 계획을 방해하다 ★★★★

● interfere with ~를 덩어리로 암기하자!

Noise can **interfere with** concentration. 소음이 집중을 방해할 수 있다.
He tried not to **interfere with** her work. 그는 그녀의 일을 방해하지 않으려고 했다.

interpret [intə́ːrprit] – interpret the data correctly (v.) 올바르게 데이터를 해석하다 ★★★★

It's important to **interpret** the results accurately. 결과를 정확하게 해석하는 것이 중요하다.

introduce [ìntrədjúːs] – introduce the new policy changes (v.) ★★★★
새로운 정책 변경 사항을 소개하다

She **introduced** the speaker to the audience. 그녀는 그 연사를 청중에게 소개했다.

invest [invést] – invest in new technology (v.) 새로운 기술에 투자하다 ★★★★

●「invest/investment in」이 어울리고 「spend 돈 on」이 어울린다. 이걸 혼동하지 않도록 한다.

The company **invested** heavily **in** research and development.
그 회사는 연구 개발에 막대한 투자를 했다.

They decided to **spend** money **on** renovating their house.
그들은 자기네 집을 개조하는 데 돈을 쓰기로 했다.

investigate [invéstəgèit] – investigate the cause of the issue (v.) ★★★★
문제의 원인을 조사하다

The police are **investigating** the incident. 경찰이 그 사건을 조사하고 있다.

☐ **invite** [inváit] – invite guests to the event (v.) 행사에 손님을 초대하다 ★★★★

They **invited** all their friends to the wedding. 그들은 결혼식에 친구들을 다 초대했다.

● 초청장의 고정 문구 be cordially invited를 꼭 암기해 두자! 1996년부터 지금까지 꾸준히 출제되고 있다.

You **are cordially invited** to our wedding ceremony on September 12th at 3 PM.
9월 12일 오후 3시에 있을 저희 결혼식에 귀하를 정중히 초대합니다.

☐ **involve** [inválv] – involve someone in a project (v.) 프로젝트에 누군가를 참여시키다 ★★★★

The manager decided to **involve** all team members in the decision-making process.
매니저는 모든 팀원을 의사 결정 과정에 참여시키기로 결정했다.

● be involved in~ (~에 관여하다, 참여하다) 표현도 암기해 두자!

She **is involved in** several community projects.
그녀는 여러 지역 사회 프로젝트에 참여하고 있다.

☐ **issue** [íʃuː] – issue a statement (v.) 성명서를 내다/발표하다 ★★★★

The company **issued** a press release. 그 회사는 보도 자료를 냈다.

● issue는 명사로 '(잡지의) 호', '발표', '문제' 등의 뜻이 있다.

Climate change is a critical **issue** that needs immediate attention.
기후 변화는 즉각적인 관심이 필요한 중요한 문제이다.

☐ **job opening** [dʒab óupəniŋ] **(= job opportunity)** – a job opening available (n.) ★★★★
지금 가능한 일자리

● opening은 '고용 가능한 빈 일자리(a vacancy or available position for employment)'로 셀 수 있는 명사로 쓰인다.

There is a **job opening** for a software engineer at the tech company.
그 기술 회사에 소프트웨어 엔지니어 일자리가 있다.

☐ **join** [dʒɔin] – join the professional network (v.) 전문가 네트워크에 가입하다 ★★★★

He **joined** the club last year. 그는 작년에 그 클럽에 가입했다.

☐ **jot down** [dʒat daun] – jot down notes quickly (v.) 빠르게 노트를 메모하다/쓰다 ★★★★

● jot down은 <파트 1>에도 출제된 표현이다.

She **jotted down** the main points of the lecture. 그녀는 강의의 주요 요점을 메모했다.

☐ **judge** [dʒʌdʒ] – judge the competition fairly (v.) 공정하게 경쟁을 심사하다 ★★★★

● judge는 동사·명사(심사위원, 판사) 동형의 단어이다.

She was chosen to **judge** the contest. 그녀는 그 대회를 심사하도록 선정되었다.

justify [dʒʌstəfài] – justify the decision (v.) 결정을 정당화하다 ★★★★

He tried to **justify** his actions to the committee. 그는 위원회에 자신의 행동을 정당화하려고 했다.

keynote address [kíːnout ədrés] – an inspiring keynote address (n.) ★★★★
영감을 주는 기조 연설

The speaker delivered an inspiring **keynote address**. 연설자가 영감을 주는 기조 연설을 했다.

kind [kaind] – a kind gesture (a.) 친절한 제스처 ★★★★

It was very **kind** of you to help. 도와주시다니 정말 친절하시군요.

● kind는 명사로 '종류'의 뜻이 있다. one-of-a-kind는 '한 종류에 하나밖에 없는'의 의미로 '독특한, 유일무이한 (unique)'이며, 중요한 기출 단어이다.

She received a **one-of-a-kind** necklace handcrafted by a famous artisan.
그녀는 유명 장인이 손수 만든 유일무이한 목걸이를 받았다.

large [laːrdʒ] – a large number of participants (a.) 큰/많은 수의 참가자들 ★★★★

The **large** room can accommodate up to 200 people. 큰 방은 최대 200명까지 수용할 수 있다.

lasting [lǽstiŋ] – a lasting impression (a.) 지속적이고 오래 가는 인상 ★★★★

The event had a **lasting** impact on the community.
그 행사는 지역 사회에 지속적인 영향을 미쳤다.

launch [lɔːntʃ] – launch the new product (v.) 신제품을 출시하다 ★★★★

● launch는 명사·동사 동형이다. launch[lɔːntʃ]와 lunch[lʌntʃ]는 발음이 다르니 주의하자!

The company will **launch** its new line of products next month.
그 회사는 다음 달에 신제품 라인을 출시할 것이다.

lead [liːd] – lead the project team effectively (v.) 효과적으로 프로젝트 팀을 이끌다 ★★★★

She **leads** the marketing department. 그녀는 마케팅 부서를 이끌고 있다.

● lead는 '가장 중요한, 으뜸가는'의 형용사로도 쓰인다. lead engineer가 정답으로 출제되었다.
lead singer 리드 싱어 | lead architect 수석 건축가 | lead engineer 수석 엔지니어 (기출)

lean [liːn] (= thin and healthy; not carrying extra fat) – a lean physique (a.) ★★★★
탄탄한 몸매

● lean은 동사(기대다), 형용사로 쓰일 때의 의미가 완전히 다르니 구분하자!

He maintained a **lean** physique through regular exercise and a balanced diet.
그는 규칙적인 운동과 균형 잡힌 식단으로 탄탄한 몸매를 유지했다.

□ **leave** [liːv] – leave the office (v.) 사무실을 나가다/떠나다

She decided to **leave** the office early to avoid the evening traffic.
그녀는 저녁 교통 체증을 피하기 위해 사무실을 일찍 나가기로 했다.

● leave는 '~을 어디에 두다'의 의미도 있다.

He **left** his keys on the table. 그는 테이블 위에 열쇠를 두고 나갔다.

● 직장을 '떠나' 쉬는 것이 '휴가'라서 leave는 명사로 '휴가'의 의미도 있다.

She applied for a two-week **leave** to travel to Europe.
그녀는 유럽 여행을 위해 2주간의 휴가를 신청했다.

□ **legal** [líːɡəl] – legal advice (a.) 법률적인 조언

They sought **legal** advice before signing the contract.
그들은 계약서에 서명하기 전에 법률 조언을 구했다.

□ **license** [láisəns] – obtain a driver's license (n.) 운전 면허증을 따다

He finally received his driver's **license** after passing the test on his third attempt.
그는 세 번째 시도 끝에 시험을 통과해 마침내 운전 면허증을 받았다.

● license는 명사·동사 동형이다. 동사는 '면허를 내주다'의 의미이다.

She is **licensed** to practice law in this state.
그녀는 이 주(洲)에서 변호사 활동을 할 수 있는 면허를 받았다.

□ **list** [list] – list the items (v.) 항목을 나열하다

Please **list** your preferences on the form. 양식에 선호 사항을 나열해 주세요.

● 「a list(목록)/variety(다양함)/series(시리즈)/collection(컬렉션) of 복수 명사」도 기억하자!

□ **live** [laiv] – a live broadcast (a.) 실황으로 하는 방송

● 형용사로 쓰인 live[laiv]의 발음은 동사로 쓰일 때의 live[liv]와 다르니 주의하자!

The concert was broadcast **live** on television. 그 콘서트는 텔레비전으로 생중계되었다.

□ **loan** [loun] – apply for a bank loan (n.) 은행 대출/융자를 신청하다

She took out a **loan** to help pay for her college tuition.
그녀는 대학 등록금을 내기 위해 대출을 받았다.

● loan은 동사·명사 동형이다. underwrite a loan(대출 책임을 지다)도 기억하자!

The bank **loaned** him the money to buy a car.
은행은 차를 살 수 있게 그에게 돈을 대출해 주었다.

□ **local** [lóukəl] – the local community (a.) 현지의/지역의 공동체

She enjoys shopping at **local** markets. 그녀는 현지 시장에서 쇼핑하는 것을 즐긴다.

locate [lóukeit] – locate the missing file (v.) 분실된 파일을 찾다 ★★★★

The police are trying to **locate** the suspect.
경찰은 용의자를 찾으려고 노력하고 있다.

- locate는 '찾다'와 함께 '위치하다'의 의미도 중요하다. 수동태인 「be conveniently(편리하게)/strategically(전략적으로)/perfectly(완벽하게)/agreeably(합리적으로)/centrally(중앙에) located」에서 부사들이 정답으로 각각 출제되었다.

lodge [lad3] (= inn, cabin) – a mountain lodge (n.) 산 오두막 ★★★★

We stayed at a cozy mountain **lodge** during our vacation.
우리는 휴가 동안 아늑한 산장에서 묵었다.

- lodge a complaint는 '불만/항의를 제기하다'의 의미로, 이때 lodge는 '제기하다'의 의미이다. lodge의 동의어 file, submit도 알아두자!

They **lodged a complaint** with the authorities. 그들은 당국에 불만을 제기했다.

logistics [loud3ístiks] – manage the logistics (n.) 물류를 관리하다 ★★★★

The **logistics** of the event were handled by a professional team.
그 행사의 물류는 전문 팀이 담당했다.

the lost [lɔːst] **and found** [faund] (n.) 분실물 보관소 ★★★★

She went to **the lost and found** to look for her missing keys.
그녀는 잃어버린 열쇠를 찾으러 분실물 보관소에 갔다.

maintenance [méintənəns] (= upkeep, preservation) – routine maintenance (n.) ★★★★
정기적인 유지 관리

Regular **maintenance** is required to keep the equipment running smoothly.
장비가 원활하게 작동되려면 정기적인 유지 관리가 필요하다.

make sure to – make sure to lock the door (v.) 반드시/꼭 문을 닫다 ★★★★

Make sure to check your answers before submitting the test.
시험을 제출하기 전에 답안을 반드시 확인하세요.

manual [mǽnjuəl] – a user manual (n.) 사용 설명서 ★★★★

Please refer to the **manual** for instructions.
지침은 설명서를 참조해 주세요.

- manual은 '손으로 하는, 몸으로 하는'의 의미인 형용사도 된다. manual labor(육체노동)

margin [mάːrdʒin] – a profit margin (n.) 이익 마진/허용 범위 　　　　★★★★

The company increased its profit **margin** by reducing production costs.
회사는 생산 비용을 줄여 이익 마진을 늘렸다.

There is a narrow **margin** for error.
오류의 여유 폭이 좁다. (조그만 실수도 상당한 손해로 이어질 수 있으므로 정확성과 조심성이 필요하다는 의미)

● 형용사형 표현 marginal interest(한계 이익)도 기억하자!

meagerly [míːgərli] **(= poorly)** – be meagerly paid (adv.) 빈약하게 지급되다 　　★★★★

The workers were **meagerly** paid for their hard labor.
노동자들은 힘든 노동에 비해 보수를 빈약하게 받았다.

measure [méʒər] – measure the dimensions (v.) 치수를 재다/측정하다 　　　　★★★★

The tailor **measured** him for a new suit. 재단사는 새 양복을 맞추게 그의 치수를 쟀다.

● measure는 명사로 '조치, 대책'의 의미도 중요하다. measurement는 '치수'를 의미한다.

The government implemented new **measures** to reduce pollution.
정부는 오염을 줄이기 위해 새로운 조치를 시행했다.

minor [máinər] – minor changes to the plan (a.) 계획에 대한 사소한 변경 　　★★★★

The accident caused **minor** injuries. 그 사고는 경미한 부상을 초래했다.

● 형용사로 minor(경미한, 사소한) ↔ major(주요한)이고, minor는 명사로 '미성년자'의 의미도 있다.

minutes [mínits] – minutes of the last meeting (n.) 지난번 회의의 회의록 　　★★★★

She took **minutes** during the board meeting. 그녀는 이사회 회의 동안 회의록을 작성했다.

● minute는 형용사로 '미세한, 상세한'의 의미이고, 이때 발음은 [máinjuː 마이뉴트]이다.

There were **minute** details in the painting. 그 그림에는 세세한 세부 사항들이 있었다.

moderate [mάdərət] – a moderate increase (a.) 적당한 증가 　　　　★★★★

Despite being in peak season, the hotel charges are **moderate**.
성수기인데도 그 호텔 요금은 적당한 편이다.

● moderate은 '(기후와 관련해) 온화한'의 의미가 있다. 또, 동사로는 '완화하다, 조율하다'의 의미가 있으며, 발음은 [mάdərèit]로 형용사일 때와 다르다. 유튜브, 채팅 등의 '관리자'는 moderator이다.

The climate in this region is **moderate**, with mild winters and warm summers.
이 지역의 기후는 온화하여 겨울은 포근하고 여름은 따뜻하다.

She tried to **moderate** the discussion to ensure everyone had a chance to speak.
그녀는 모두가 발언할 기회를 가질 수 있도록 토론을 조율하려고 했다.

money-back guarantee [mʌnibæk ɡærəntíː] – product with a money-back guarantee (n.)
환불 보장 제품

The service offers **a money-back guarantee** if you are not satisfied.
서비스에 만족하지 않으시면 환불을 보장합니다.

most [moust] – the most talented player (adv.) 가장 재능 있는 선수

She is the **most** diligent student in the class. 그녀는 반에서 가장 성실한 학생이다.

most of – most of the guests (phr.) 대부분의 손님들

Most of the employees agreed with the decision. 대부분 직원들이 그 결정에 동의했다.

much to the surprise [sərpráiz] – much to the surprise of everyone (phr.)
모두가 매우 놀랍게도

● 감정 명사와 잘 어울리는 전치사 to를 기억하자! 토익에서 to the가 정답으로 나왔다. to the disappointment of(~가 실망스럽게도)도 중요한 표현이다.

Much to the surprise of the staff, the project was completed ahead of schedule.
직원들이 매우 놀랍게도, 프로젝트가 일정보다 일찍 완료되었다.

The concert was canceled at the last minute, much **to the disappointment of** many fans. 콘서트가 마지막 순간에 취소되어, 많은 팬들에게 실망을 안겨 주었다.

nearly [níərli] – nearly finish the task (adv.) 거의 작업을 마치다

The project is **nearly** complete. 프로젝트가 거의 완료되었다.

● nearly(거의)/almost(거의)/about(약)/approximately(약)/roughly(약)/around(약) + 숫자: 통암기하자!

Nearly 100 people attended the seminar. 거의 100명이 세미나에 참석했다.

necessary [nésəsèri] – take necessary safety precautions (a.)
필요한 안전 예방 조치를 취하다

It is **necessary** to wear protective gear. 보호 장비를 착용하는 것이 필요하다.

● as often as necessary(필요한 만큼 자주)도 기출 표현이니 암기하자!

negotiate [niɡóuʃièit] – negotiate the terms (v.) 조건을 협상하다

They **negotiated** a fair deal for both parties.
그들은 양측 모두에게 공정한 거래를 협상했다.

noteworthy [nóutwərði] **(= remarkable, significant)** – noteworthy achievement (a.)
주목할 만한 성취

His contribution to the project was **noteworthy**. 그가 프로젝트에 기여한 것은 주목할 만했다.

☐ **notify** [nóutəfài] – notify the manager of any changes (v.) ★★★★

매니저에게 변경 사항을 알리다

Please **notify** us if you are unable to attend the meeting.
회의에 참석할 수 없는 경우 저희에게 알려 주세요.

● 「notify/remind/inform/apprise A of B (A에게 B을 알리다)」 구문을 암기하자!

The company **notified** employees **of** the upcoming policy changes.
회사는 직원들에게 곧 다가올 정책 변화를 알렸다.

☐ **object** [ábdʒikt] – object to the proposal (v.) 제안에 반대하다 ★★★★

● object는 명사로 '목적어', '목적'의 의미도 있다.

She **objected** to the changes in the plan. 그녀는 계획 변경에 반대했다.

☐ **in observance** [əbzɔ́ːrvəns] **of** – in observance of the holiday (phr.) 휴일을 준수하여 ★★★★

● 동사 observe는 '(법·규칙 등을) 준수하다'와 '관찰하다'의 의미가 있어서 명사형이 observation(관찰),
observance(준수) 두 가지이다.

The office will be closed **in observance of** the national holiday.
사무실은 국경일을 준수하여 문을 닫을 것이다.

The strict **observance** of the rules is required. 규칙의 엄격한 준수가 필요하다.

☐ **obtain** [əbtéin] – obtain a permit (v.) 허가증을 얻다 ★★★★

● 비슷한 스펠링의 retain은 '간직하다' 외에 '고용하다(hire, employ)', '관계를 맺다(engage)'의 <파트 7> 독해
동의어 문제로 출제된 바 있다. 암기해 두자!

You need to **obtain** permission before starting the project.
프로젝트를 시작하기 전에 허가를 받아야 한다.

☐ **occur** [əkɔ́ːr] – will occur tomorrow (v.) 내일 발생할 것이다 ★★★★

● occur(발생하다, 생기다)는 자동사이다.

The problem **occurs** frequently. 그 문제는 자주 발생한다.

☐ **offer** [ɔ́ːfər] – offer a discount (v.) 할인을 제공하다/제안하다 ★★★★

He **offered** to help with the project. 그는 그 프로젝트를 도와주겠다고 제안했다.

● offer는 명사도 되고, give/grant처럼 목적어를 두 개 취할 수 있는 4형식 동사로도 쓰인다.

The company **offered** her a promotion and a salary increase.
회사는 그녀에게 승진과 급여 인상을 제안했다.

on average [ǽvəridʒ] **(= typically)** – on average, usually (phr.) 보통 평균적으로 ★★★★

On average, students spend 2 hours on homework each night.
평균적으로 학생들은 매일 밤 숙제하느라 2시간을 보낸다.

on the horizon [həráizn] – changes on the horizon (idiom) 곧 일어날 변화 ★★★★

● on the horizon은 <파트 7>에서 나온 표현이다. 수평선에서 이제 막 해가 뜨는 것을 상상하면 암기하기 쉽다.
이 표현을 다룬 단어책은 현재 본서뿐이다.

There are exciting developments on the horizon. 곧 흥미로운 발전이 있을 것이다.

operate [ápərèit] – operate a machine (v.) 기계를 조작하다 ★★★★

He was trained to safely operate the heavy machinery in the factory.
그는 공장에서 중장비를 안전하게 조작하는 법을 교육받았다

● operate는 '(업체나 공장 등을) 운영하다'의 의미도 있다.

The factory operates 24 hours a day. 그 공장은 하루 24시간 운영된다.

orderly [ɔ́ːrdərli] – an orderly fashion (a.) 질서 있는 방식 ★★★★

● -ly가 붙은 형용사 단어들 costly(값비싼, 비용이 많이 드는), friendly(친절한, 우호적인), lovely(사랑스러운),
orderly(정돈된)를 따로 암기해 두자!

Please line up in an orderly fashion. 질서 있게 줄을 서 주세요.

organize [ɔ́ːrgənàiz] – organize the event (v.) 행사를 조직하다 ★★★★

She organized the conference last year. 그녀는 작년에 그 회의를 조직했다.

overcome [òuvərkʌ́m] – overcome the obstacles (v.) 장애물을 극복하다 ★★★★

They overcame many challenges to achieve their goal.
그들은 많은 도전을 극복해 목표를 달성했다.

overdue [òuvərdúː] – overdue payment (a.) 연체된 지불 ★★★★

The library book is overdue. 도서관 책이 (반납이) 연체되었다.

● due는 '때가 된', '요금' 등의 의미가 있는 중요 단어이다. due to + 명사(~ 때문에), be due to V(~할 예정이다),
dues(요금)도 함께 기억하자!

The train is due to arrive at 6 PM. 기차는 오후 6시에 도착할 예정이다.

oversight [óuvərsàit] – oversight committee (n.) 감독 위원회 ★★★★

The oversight committee reviewed the project. 감독 위원회에서 그 프로젝트를 검토했다.

● oversight는 '감독'뿐 아니라 '간과, 실수'의 의미도 있다.

The error was due to an oversight on my part. 그 오류는 나의 실수로 인한 것이었다.

overwhelming [òuvərhwélmiŋ] – overwhelming support (a.) 압도적인 지지 ****

The candidate received **overwhelming** support from the community.
그 후보는 지역 사회로부터 압도적인 지지를 받았다.

own [oun] – own a house (v.) 집을 소유하다 ****

She **owns** a small business. 그녀는 작은 사업체를 소유하고 있다.

● 명사형으로 쓰인 on one's own(혼자서)은 유명한 기출 표현이다.

She managed to solve the complex problem **on her own**.
그녀는 복잡한 문제를 혼자서 간신히 해결했다.

pack [pæk] – pack one's bags (v.) 짐을 싸다 ****

She needs to **pack** her suitcase for the trip. 그녀는 여행을 위해 짐을 싸야 한다.

● pack은 명사로도 쓰여서 '묶음, 꾸러미, 배낭(backpack)'의 의미가 있다.

The store sells a variety of snack **packs**. 그 가게는 다양한 스낵 꾸러미를 판매한다.

participate [pɑːrtísəpèit] – participate in the discussion (v.) 토론에 참여하다 ****

● participate in = attend로 암기하자. attend가 '참석하다'의 의미일 때는 타동사이다.

She actively **participates in** community events.
그녀는 지역 사회 행사에 적극적으로 참여한다.

party [pɑ́ːrti] – both parties (n.) 양측 당사자 ****

● party를 노는 '파티'로만 알면 절대 이해할 수 없는 내용이 나온다.

The insurance covers damages caused by a third **party**.
그 보험은 제3자에 의해 발생한 피해를 보상한다.

Both **parties** agreed to the terms of the contract.
양측은 계약 조건에 동의했다.

patience [péiʃəns] – have patience (n.) 인내심을 가지다 ****

Teaching young children requires a lot of **patience**.
어린아이들을 가르치는 것은 많은 인내심을 요구한다.

● Thank you for your patience.(양해해 주셔서 감사합니다.)는 공사 중 불편함이나 지연 상황에 대해 사과할 때 쓰는 것으로, <파트 6>에 자주 등장하는 문장이다.

patio [pǽtiòu] (= **terrace, veranda**) – an outdoor patio (n.) 야외 테라스 ****

They have a barbecue on the **patio** every weekend.
그들은 주말마다 테라스에서 바비큐를 한다.

pay [pei] – pay the bill (v.) 계산서를 지불하다 ★★★★

● pay는 동사·명사 동형이다.

She **paid** the bill at the restaurant before leaving. 그녀는 떠나기 전에 식당에서 계산서를 지불했다.

perform [pərfɔ́ːrm] – perform the task efficiently (v.) 효율적으로 업무를 수행하다 ★★★★

The surgeon will **perform** the operation tomorrow morning.
외과의사는 내일 아침에 수술을 시행할 것이다.

● perform은 '공연하다'의 의미로도 자주 출제된다.

The band **performed** at the festival. 그 밴드는 축제에서 공연했다.

● '근무 수행 평가'를 performance appraisal이라고 한다.

permanent [pə́ːrmənənt] – a permanent solution (a.) 영구적인 해결책 ★★★★

● permanent(영구적인) ↔ temporary(임시의)

He found a **permanent** job in the city. 그는 그 도시에서 정규직(영구적인 직장)을 찾았다.

pension [pénʃən] – receive one's pension monthly (n.) 월마다 연금을 받다 ★★★★

Many retirees rely on their **pension** for financial stability.
많은 은퇴자들이 재정적 안정을 위해 연금에 의존한다.

permit [pərmít] – permit access (v.) 접근을 허가하다/허용하다 ★★★★

The school does not **permit** students to use their phones during class.
그 학교는 수업 시간에 학생들이 휴대전화 사용하는 것을 허용하지 않는다.

● permit은 셀 수 있는 명사로 '허가증'의 의미가 있다. 참고로, permission(허가)은 셀 수 없는 명사이다.

The **permit** allows you to park here. 그 허가증이 있으면 여기에 주차할 수 있다.

persuade [pərswéid] – persuade the client (v.) 고객을 설득하다 ★★★★

●「persuade(설득하다)/enable(가능하게 하다)/encourage(격려하다)/urge(촉구하다)/force(강요하다)/inspire(영감을 주다)/motivate(동기 부여하다) + 목적어 + to V」의 구문을 기억하자.

She **persuaded** him **to** join the team. 그녀는 팀에 합류하도록 그를 설득했다.

pivotal [pívətl] (= **crucial**) – a pivotal decision (a.) 중요한 결정 ★★★★

This decision is **pivotal** for the future of our company. 이 결정은 우리 회사의 미래에 중요하다.

place [pleis] **an order** [ɔ́ːrdər] **for** – (v.) ~을 주문하다 ★★★★

● place an order for를 덩어리로 암기하자! 수동태로 An order is (placed)…가 정답으로 출제된 적이 있다.

She **placed an order for** a new laptop. 그녀는 새 노트북을 주문했다.

plan [plæn] – plan the event (v.) 행사를 계획하다 ★★★★

● plan(계획하다)/strive(노력하다)/wish(바라다)/hope(희망하다)/choose(선택하다)/decide(결정하다)/ promise(약속하다) + to V: 부정사를 목적어로 취하는 대표적인 동사들을 암기하자!

They **plan to** launch the new product next month. 그들은 다음 달에 신제품을 출시할 계획이다.

● plan은 동사·명사로 다 쓰인다.

The **plan** for the new project is ready. 새 프로젝트 계획이 준비되었다.

play [plei] – play a game (v.) 게임을 하다, 게임 등을 하며 놀다 ★★★★

The children **played** in the park. 아이들이 공원에서 놀았다.

● '역할을 하다'는 play a role이다.

polite [pəláit] – a polite request (a.) 정중한 요청 ★★★★

She was very **polite** to the guests. 그녀는 손님들에게 매우 정중했다.

position [pəzíʃən] – a key position (n.) 중요한 위치 ★★★★

● position 은 동사·명사로 다 쓰인다.

She was promoted to a higher **position**. 그녀는 더 높은 직위로 승진했다.

possess [pəzés] – possess the skills (v.) 기술을 소유하다 ★★★★

He **possesses** a rare talent for music. 그는 음악에 대한 희귀한 재능이 있다.

potential [pəténʃəl] – high potential (n.) 높은 잠재력 ★★★★

The young athlete showed great **potential** to become a top player in the league.
그 젊은 선수는 리그 최고의 선수가 될 대단한 잠재력을 보여 주었다.

● potential은 형용사·명사로 다 쓰이는데, 명사인 경우 앞에 a가 올 수 없는 셀 수 없는 명사이다. 하지만 비슷한 의미의 potentiality는 셀 수 있는 명사이다.

The **potential** benefits are significant. 잠재적인 이익이 상당하다.

practical [prǽktikəl] – practical advice (a.) 실용적인 조언 ★★★★

She offered **practical** solutions to the problem.
그녀는 그 문제에 대한 실용적인 해결책을 제안했다.

● 참고로, practice medicine은 '의사 노릇하다(= work as a doctor or medical professional)'의 의미이다.

precipitation [prisìpətéiʃən] **(= rainfall)** – heavy precipitation (n.) 많은 강수량 ★★★★

● precipitation = rainfall이 <파트 7>에서 paraphrasing으로 출제되었다.

The region is expecting heavy **precipitation** this weekend.
그 지역은 이번 주말에 많은 강수량이 예상된다.

The meteorologist measured the **precipitation** levels for the month.
기상학자는 한 달 간의 강수량을 측정했다.

☐ **precise** [prisáis] – precise measurements (a.) 정확한 측정 ★★★★
The instructions were clear and **precise**. 지침은 명확하고 정확했다.

☐ **precondition** [prìkəndíʃən] – certification as a precondition (n.) 전제 조건으로 인증 ★★★★
Piloting a drone for commercial use requires certification as a **precondition** of employment. 상업용 드론 조종을 하려면 고용의 전제 조건으로 인증이 필요하다.

☐ **prepare** [pripέər] – prepare for the presentation (v.) 프레젠테이션을 준비하다 ★★★★
● prepare, preparation은 전치사 for와 잘 어울린다. in preparation for(~을 대비하여)도 기억하자!
They are **preparing** for the upcoming meeting. 그들은 다가오는 회의를 준비하고 있다.

☐ **present** [prizént] – present the findings (v.) 결과를 발표하다 ★★★★
He **presented** his research at the conference. 그는 회의에서 자신의 연구를 발표했다.
● present는 형용사로 '현재의', 명사로 '선물'의 의미도 있다.

☐ **pressure** [préʃər] – under pressure to succeed (n.) 성공해야 하는 압박감 속에서 ★★★★
●「under + pressure(압박감)/the new management(새로운 사측)/the guidance(지도) of」를 덩어리로 암기하자!
The **pressure** to perform well was intense. 성과를 잘 내야 한다는 압박감이 강했다.

☐ **prestigious** [prestídʒəs] – a prestigious university (a.) 일류의/명망 있는 대학 ★★★★
She graduated from a **prestigious** university. 그녀는 명문 대학을 졸업했다.

☐ **previous** [príːviəs] – previous experience (a.) 이전의/전의 경험 ★★★★
He has **previous** experience in this field. 그는 이 분야에서 이전 경험이 있다.
● previously(이전에)는 부사로 과거나 과거완료 시제와 잘 어울린다.
She had **previously** worked at a law firm before joining the tech company.
그녀는 기술 회사에 합류하기 전 이전에 법률 회사에서 일했다.

☐ **primary** [práimeri] **(= main, principal)** – a primary objective (a.) 주요한/주된 목표 ★★★★
Her **primary** goal is to finish her degree. 그녀의 주요 목표는 학위를 마치는 것이다.

☐ **prime** [praim] – a prime location (a.) 최적의 위치 ★★★★
The restaurant is in a **prime** location. 그 식당은 최적의 위치에 있다.

prior [práiər] **to** – prior to the meeting (phr.) 회의 전에 ＊＊＊＊

● prior는 a prior engagement(전의 약속)처럼 '전의, 먼저의'라는 형용사 의미로 쓰이기도 한다.

Please read the document **prior to** the discussion. 토론 전에 문서를 읽어 주세요.

priority [praió:rəti] – top priority (n.) 최우선순위/최우선사항 ＊＊＊＊

Safety is our top **priority**. 안전이 우리의 최우선 사항이다.

process [práses] – streamline the process (n.) 프로세스(과정)를 간소화하다 ＊＊＊＊

● process(과정)는 셀 수 있는 명사이고, procession(가공, 처리)은 셀 수 없는 명사이다.

The **process** of applying for a loan can be complicated. 대출 신청 과정이 복잡할 수 있다.

procrastinate [proukrǽstənèit] **(= delay)** – procrastinate on work (v.) 일을 미루다 ＊＊＊＊

He tends to **procrastinate** on his assignments until the last minute.
그는 과제를 마지막 순간까지 미루는 경향이 있다.

produce [prədjúːs] – produce high-quality goods (v.) 고품질의 제품을 생산하다 ＊＊＊＊

The factory **produces** automotive parts. 그 공장은 자동차 부품을 생산한다.

● produce[prádjuːs]는 명사로 '농산물'의 의미이고, 셀 수 없는 명사이다. 명사는 강세가 앞에 있고, 동사는 강세가 뒤에 있다.

product [prádʌkt] – a new product line (n.) 새로운 제품 라인 ＊＊＊＊

The store offers a variety of **products**. 그 가게는 다양한 제품을 제공한다.

professional [prəféʃənl] – a professional attitude (a.) 전문가다운/전문적인 태도 ＊＊＊＊

● professional은 형용사로 '전문적인, 전문가다운', 명사로 '전문가'의 의미이다.

She gave a very **professional** presentation at the conference.
그녀는 회의에서 매우 전문가다운 발표를 했다.

She is a highly skilled **professional**. 그녀는 매우 숙련된 전문가이다.

progress [prágres] – show significant progress (n.) 상당한 진전을 보이다 ＊＊＊＊

● progress는 동사·명사 동형이다.

She has made **progress** in her studies. 그녀는 학업에서 진전을 보였다.

project [prədʒékt] – project the future trends (v.) 미래의 동향을 예측하다 ＊＊＊＊

● project는 명사로도 쓰이고 동사로도 쓰인다. 미래 관련 5총사 「be projected/scheduled/supposed/expected/slated + to V」를 통암기하자!

The company's profits **are projected to** increase by 20% next year.
회사 수익이 내년에 20% 증가할 것으로 예상된다.

The **project** was completed on time. 프로젝트가 제시간에 완료되었다.

☐ **promote** [prəmóut] – promote the new campaign (v.) 새로운 캠페인을 홍보하다 ★★★★

The company plans to **promote** its new product through a series of online ads.
그 회사는 일련의 온라인 광고를 통해 자사 신제품을 홍보할 계획이다.

● promote는 '승진하다'의 의미로도 자주 출제된다.

He was **promoted** to manager last year. 그는 작년에 매니저로 승진했다.

☐ **prompt** [prɑːmpt] – a prompt response (a.) 즉각적인 응답 ★★★★

● prompt는 '즉각적인'이란 의미의 형용사도 되고, '촉발시키다'라는 의미의 동사도 된다.

She provided a **prompt** reply to my email. 그녀는 내 이메일에 즉각적으로 답변했다.

☐ **protect** [prətékt] – protect the environment (v.) 환경을 보호하다 ★★★★

● protect A from B(A를 B로부터 보호하다)를 기억하자!

The sunscreen will **protect** your skin **from** sunburn.
자외선 차단제가 당신의 피부를 햇빛으로부터 보호해 줄 것이다.

☐ **prove** [pruːv] – prove the hypothesis (v.) 가설을 증명하다 ★★★★

● prove는 2형식과 3형식에 다 쓰인다.

The scientist **proved** his theory with evidence. 그 과학자는 증거로 자신의 이론을 증명했다.
The new policy **proved** to be effective in reducing traffic accidents.
새로운 정책이 교통사고를 줄이는 데 효과적임이 입증되었다.

☐ **provide** [prəváid] – provide assistance (v.) 도움을 제공하다 ★★★★

The company **provided** employees with new laptops.
그 회사는 직원들에게 새 노트북을 제공했다.

☐ **provision** [prəvíʒən] **(= clauses)** – provisions in a contract (n.) ★★★★
계약서의 조항/규정

● provisions는 본래 계약서나 법률 문서에서 쓰이는 단어로, 특정 조건이나 세부 사항을 명시하는 조항이나 규정을 의미한다. 최근 토익에서도 이 의미로 자주 등장하며, 130번 킬러 문제로 출제된 바 있는 단어이다.

The contract includes several important **provisions** regarding payment and delivery schedules. 그 계약서에는 지불과 배송 일정에 관한 여러 중요한 조항이 포함되어 있다.
The contract includes a **provision** for early termination.
그 계약에는 조기 종료에 대한 조항이 포함되어 있다.

● provision이 '제공'의 의미로 쓰이기도 한다.

The **provision** of healthcare services is essential for the well-being of the community.
의료 서비스 제공은 지역 사회의 복지에 필수적이다.

☐ **purchase** [pə́ːrtʃəs] – purchase new equipment (v.) 새 장비를 구입하다 ★★★★

● purchase는 동사·명사 동형이다. make a purchase(구매하다)도 암기하자!

She **purchased** a new car last week. 그녀는 지난주에 새 차를 구입했다.

☐ **purpose** [pə́ːrpəs] – the purpose of the meeting (n.) 회의의 목적 ★★★★

● 「The purpose/aim/goal/objective is to V」 구문을 기억하자!

The main **purpose** of the trip is to relax. 그 여행의 주요 목적은 휴식이다.

☐ **quality** [kwάləti] – maintain high quality (n.) 높은 품질을 유지하다 ★★★★

The **quality** of the product is excellent. 제품의 품질이 탁월하다.

● quality는 '품질 좋은'이라는 의미의 형용사로도 쓰인다.

We always strive to provide **quality** service to our customers.
우리는 고객에게 양질의 서비스를 제공하려고 항상 노력한다.

☐ **quarter** [kwɔ́ːrtər] – a fiscal quarter (n.) 회계 분기 ★★★★

The company reported earnings for the third **quarter**.
그 회사는 3분기 실적을 보고했다.

☐ **query** [kwíəri] **(= question, inquiry)** – answer a query (n.) 질문에 답하다 ★★★★

She answered the customer's **query** promptly. 그녀는 고객의 질문에 신속히 답변했다.

☐ **question** [kwéstʃən] – question the validity (v.) 타당성을 의문시하다 ★★★★

● question은 '(의심이 들어) 심문하다'의 의미도 있다.

The detective began to **question** the suspect about his whereabouts.
그 형사는 행방에 대해 용의자를 심문하기 시작했다.

● question은 명사·동사 동형이다.

She asked a **question** during the meeting. 그녀는 회의 중에 질문을 했다.

● field the question(질문을 다루다) 표현도 최근에 130번 킬러 문제에 나왔다.

The spokesperson **fielded the** tough **questions** from the reporters with confidence.
대변인은 기자들의 어려운 질문에 자신 있게 대답했다.

☐ **quote** [kwout] – quote a passage (v.) 한 구절을 인용하다 ★★★★

He **quoted** a passage from the book. 그는 책에서 한 구절을 인용했다.

● quote는 명사로 '인용'뿐 아니라 '견적(= estimate)'의 의미로도 쓰인다.

We received a **quote** for the construction project from the contractor.
우리는 시공업자로부터 건설 프로젝트에 대한 견적을 받았다.

range [reindʒ] – a wide range of products (n.) 다양한 범위의 제품군   ★★★★

● 'a range of + 복수 명사'의 형태로 쓰인다.

The store offers a wide **range** of products, from electronics to clothing.
그 가게는 전자제품에서 의류까지 다양한 범위의 제품을 제공한다.

● 동사로는 '범위가 ~에서 … 사이이다'의 의미로 쓰인다.

The prices **range** from affordable to expensive. 가격은 저렴한 것부터 비싼 것까지 다양하다.

rank [ræŋk] – rank the candidates (v.) 후보자들을 순위 매기다   ★★★★

● rank는 명사로는 '서열', 동사로는 '서열을 매기다'라는 의미로 쓰인다.

The university **ranks** students from A to F based on their academic performance.
그 대학은 학업 성적에 따라 학생들을 A부터 F까지 순위를 매긴다.

The school **ranks** among the top in the nation. 그 학교는 국내 최상위권에 속한다.

rarely [réərli] – rarely happen (adv.) 드물게 일어나다/좀처럼 일어나지 않다   ★★★★

● rarely는 '좀처럼 ~ 아니게'의 의미로 토익 빈출 정답 단어이다.

It **rarely** rains in this region. 이 지역에서는 비가 거의 내리지 않는다.

rate [reit] – rate of growth (n.) 성장률, 비율   ★★★★

The population is growing at a **rate** of 2% per year.
인구가 연간 2%의 비율로 증가하고 있다.

● rate는 동사로 '평가하다'의 의미도 있다.

The movie was **rated** highly by critics. 그 영화는 비평가들에게서 높은 평가를 받았다.

rather [ræðər] (= quite) – a rather interesting lecture (adv.) 꽤 흥미로운 강의   ★★★★

● rather는 형용사 앞에서 '꽤'의 의미로 사용되어 그 정도를 강조한다.

The lecture was **rather** interesting and kept the audience engaged.
그 강의는 꽤 흥미로워서 청중을 사로잡았다.

● rather는 would rather (than) ((…하기 보다는 차라리) ~하겠다) 표현과 rather than(~보다는) 표현도 중요하다. rather를 '다소'라는 의미로만 알면 큰코 다친다.

She **would rather** read a book **than** watch TV.
그녀는 TV를 보는 것보다 책을 읽는 것을 더 좋아한다.

He **would rather** not discuss this issue right now.
그는 지금 당장은 이 문제에 대해 논의하고 싶지 않다.

He prefers to work alone **rather than** in a team.
그는 팀에서 일하는 것보다 혼자 일하는 것을 선호한다.

reach [riːtʃ] – reach an agreement (v.) 합의에 도달하다/닿다 ★★★★

● reach는 목적어가 바로 오는 타동사로, 명사로 쓰일 때는 '거리, 범위'의 의미이다.

The climbers managed to **reach** the summit just before sunset.
그 등반가들은 일몰 직전에 정상에 도달하는 데 간신히 성공했다

The book is out of my **reach** on the shelf. 책이 서가에서 내 손이 닿지 않는 곳에 있다.

react [riǽkt] – react to the news (v.) 뉴스에 반응하다 ★★★★

How did she **react** to the surprise? 그녀는 그 깜짝 소식에 어떻게 반응했나요?

readily available [rédəli əvéiləbl] – readily available information (phr.) ★★★★
쉽게 이용할 수 있는 정보

● '무료로 이용 가능한'은 freely available인데, 토익은 readily available를 유독 좋아해, readily가 정답으로 나왔다.

The data is **readily available** for anyone who needs it.
그 데이터는 필요한 사람은 누구나 쉽게 이용할 수 있다.

realize [ríːəlàiz] – realize the potential (v.) 잠재성을 깨닫다 ★★★★

● realize는 real[= 사실]+ize[동사형 접미어]로, '실현시키다'의 의미와 '깨닫다, 인식하다'의 의미가 있다.

He **realized** his mistake and apologized. 그는 자신의 실수를 깨닫고 사과했다.

reason [ríːzn] – give a reason (n.) 이유를 말하다 ★★★★

The main **reason** for the delay was the severe weather conditions.
지연의 주요 이유는 악천후 때문이었다.

● reason은 동사로 '판단하다, 추론하다'의 의미가 있다.

She **reasoned** that it was too late to start over.
그녀는 다시 시작하기에는 너무 늦었다고 판단했다.

recall [rikɔ́ːl] – recall the past events (v.) 과거의 사건을 회상하다 ★★★★

● recall은 동사·명사가 동형이다.

She **recalled** her childhood memories. 그녀는 어린 시절의 추억을 회상했다.

recent [ríːsnt] – recent developments (a.) 최근의 발전 ★★★★

The **recent** news has everyone talking. 최근 뉴스는 모두의 화제가 되었다.

recognize [rékəgnàiz] – recognize the achievements (v.) 업적을 인정하다 ★★★★

She was **recognized** for her contributions to the field.
그녀는 그 분야에 대한 공로로 인정받았다.

recommend [rèkəménd] – recommend a course of action (v.) ★★★★

행동 방침을 권하다/추천하다

She **recommended** the new restaurant to her friends.
그녀는 친구들에게 새로 생긴 레스토랑을 추천했다.

● recommend(추천하다), suggest(제안하다)는 동명사를 목적어로 취하고, propose(제안하다)는 부정사, 동명사 목적어를 모두 취할 수 있다.

I **recommend** reading this book for a better understanding of the topic.
이 주제를 더 잘 이해하도록 이 책을 읽을 것을 추천합니다.

reconfigure [riːkənfigjər] **(= reshape, rearrange)** – reconfigure the system (v.) ★★★★

시스템을 재구성하다/변경하다

They had to **reconfigure** the system after the update.
그들은 업데이트 후 시스템을 재구성해야 했다.

record [rikɔ́ːrd] – record the data (v.) 데이터를 기록하다 | 녹음[녹화]하다 ★★★★

● record는 동사·명사 동형이다.

The event was **recorded** on video. 그 행사는 비디오로 녹화되었다.
She will **record** the lecture so she can review it later.
그녀는 나중에 복습할 수 있도록 강의를 녹음할 것이다.

redeem [ridíːm] **a coupon** [kúːpan] – redeem a coupon for a discount (v.) ★★★★

할인을 위해 쿠폰을 교환하다

● redeem의 명사형은 redemption(상환, 회수), 형용사형은 redeemable(교환할 수 있는)이다.

You can **redeem this coupon** at any of our stores.
이 쿠폰은 저희 어느 매장에서든 교환할 수 있습니다.

reduce [ridjúːs] – reduce the costs (v.) 비용을 줄이다 ★★★★

● reduction(축소, 삭감)이 명사형이다.

We need to **reduce** our carbon footprint. 우리는 탄소 발자국을 줄여야 한다.

redundant [ridʌ́ndənt] – made redundant (a.) 정리 해고당한, 군더더기의 ★★★★

● redundant는 '군더더기의, 쓸데없는'의 의미가 있다. 이 뜻에서 쓸데없어지면 '정리 해고당한다'는 뜻으로 확대되었다고 이해하면 된다.

Several positions were made **redundant** during the downsizing.
구조조정 기간 동안 몇몇 직책이 정리 해고되었다.

Adding more details to the report would be **redundant**.
보고서에 더 많은 세부 사항을 추가하는 것은 불필요하다.

refer [rifɔ́:r] – refer to the manual (v.) 설명서를 참조하다 ★★★★

Please **refer** to the manual if you need help with the installation.
설치에 도움이 필요하면 매뉴얼을 참조하세요.

● be referred to ~는 '~에게 보내지다'의 의미이다!

She **was referred to** a specialist for further treatment.
그녀는 추가 치료를 위해 전문의에게 보내졌다.

refrain [rifréin] – refrain from smoking (v.) 흡연을 삼가다 ★★★★

● refrain from을 덩어리로 암기하자!

Please **refrain from** making noise. 소음 발생을 삼가 주세요.

reiterate [riːítəreit] **(= repeat)** – reiterate one's request (v.) 요청을 반복하다 ★★★★

He **reiterated** his request for more funding. 그는 반복해서 추가 자금을 더 요청했다.

relaxing [riláksiŋ] – relaxing evening/vacation/massage (a.) 편안한 저녁/휴가/마사지 ★★★★

The **relaxing** music helped her unwind after a long day.
그녀는 긴 하루를 보낸 후 편안한 음악 덕분에 긴장을 풀 수 있었다.

release [rilíːs] – release the new album (v.) 새 앨범을 발표하다/출시하다 ★★★★

The company **released** its latest product last week.
그 회사는 지난주에 최신 제품을 출시했다.

● 명사 표현으로 issue a press release(보도자료를 배포하다)도 기억하자!

reliable [riláiəbl] – reliable source (a.) 신뢰할 수 있는 출처 ★★★★

She is known for being **reliable** and trustworthy.
그녀는 신뢰할 수 있고 믿을 수 있는 사람으로 알려져 있다.

● reliant는 '의존적인(dependent)'의 의미이므로, 구분하여 암기한다.

rely [riláɪ] – rely on support (v.) 지원에 의지하다 ★★★★

● rely on = depend on = count on이다.

They **rely on** donations to fund their activities. 그들은 활동 자금을 기부금에 의존한다.

remain [riméin] – remain calm (v.) 침착을 유지하다 ★★★★

The results **remain** unchanged. 결과는 변함이 없이 그대로이다.

reminder [rimáindər] – send a reminder (n.) (잊고 있던 걸 상기시키는) 알림을 보내다 ★★★★

● 스펠링이 비슷한 remainder는 '나머지'라는 의미이다.

She sent a **reminder** about the meeting. 그녀는 회의에 대한 알림을 보냈다.

replace [ripléis] – replace the old system (v.) 오래된 시스템을 교체하다 ★★★★

● 토익에서 replace A with B(A를 B로 교체하다)가 출제되었다.

The company decided to **replace** the old computers **with** new ones.
그 회사는 오래된 컴퓨터를 새것으로 교체하기로 했다.

reply [riplái] – reply to the email (v.) 이메일에 답장하다 ★★★★

● reply는 동사·명사 동형이다.

He **replied** to my message promptly. 그는 내 메시지에 즉시 답장했다.

request [rikwést] **that S (should) V** – (v.) ~해야 한다고 요청하다 ★★★★

They **requested that** the meeting be rescheduled.
그들은 회의 일정을 다시 잡아달라고 요청했다.

research [ríːsəːrtʃ] – conduct research (n.) 연구를 수행하다 ★★★★

● do/conduct a survey(조사를 시행하다)와 do/conduct research(연구를 수행하다)를 구분하자! survey는 셀 수 있는 명사, research는 셀 수 없는 명사이다.

The latest **research** shows significant progress in renewable energy technologies.
최신 연구는 재생 가능한 에너지 기술에서 상당한 진전이 있음을 보여 준다.

● research는 명사·동사 동형이다.

She is **researching** the effects of climate change. 그녀는 기후 변화의 영향을 연구하고 있다.

resilient [rizíljənt] – a resilient community (a.) 회복력이 강한 공동체 ★★★★

The community is **resilient** and has rebuilt after the disaster.
그 공동체는 회복력이 뛰어나 재해를 겪고 재건되었다.

resounding [rizáundiŋ] – a resounding success (a.) 대단한/굉장한 성공 ★★★★

● resounding은 re(= back or again)+sound+ing로, '소리가 메아리치는, 공명하는, 대단한'의 의미가 된다.

The concert was a **resounding** success, with the audience cheering for an encore.
그 콘서트는 관객들이 앙코르를 외치며 굉장한 성공을 거두었다.

The team had a **resounding** victory in the final match.
그 팀은 결승전에서 굉장한 승리를 거두었다.

result [rizʌlt] – a positive result (n.) 긍정적인 결과 ****

The experiment yielded unexpected **results**. 그 실험은 예상치 못한 결과를 낳았다.

return [ritə́rn] – return the item (v.) 상품을 반환하다/반납하다 ****

She will **return** the book to the library tomorrow.
그녀는 내일 도서관에 책을 반납할 것이다.

● return은 명사로 '보수, 수익'의 의미가 있다.

They expect a high **return** on their investment. 그들은 자신들의 투자에 높은 수익을 기대한다.

revolutionize [rèvəlú:ʃənàiz] – revolutionize the industry (v.) 산업을 혁신하다 ****

The new technology has the potential to **revolutionize** manufacturing.
새로운 기술은 제조업을 혁신할 잠재력이 있다.

reward [riwɔ́:rd] – reward the effort (v.) 노력을 보상하다 ****

Employees were **rewarded** for their hard work.
직원들은 그들의 노고에 보상받았다.

risk [risk] – risk assessment (n.) 위험도 평가 ****

If you don't back up your data, you run a **risk** of losing it all.
데이터를 백업하지 않으면 모두 잃을 위험을 감수하게 된다.

● risk는 명사·동사 동형으로, 동사는 '위험을 감수하다'의 의미이다.

She decided not to **risk** her health by continuing the dangerous activity.
그녀는 위험한 활동을 계속함으로써 자신의 건강을 위험에 빠뜨리지 않기로 했다.

She didn't want to **risk** losing her job by speaking out.
그녀는 자신의 목소리를 내어 직장을 잃는 위험을 감수하고 싶지 않았다.

● risk의 형용사는 risky(위험한)로, 토익에서 정답으로 출제되었다.

role [roul] – a key role (n.) 중요한 역할 ****

● role = capacity 의미로 시험에 출제된 바 있다. capacity는 '능력'과 함께 '역할'의 의미가 있음을 기억하자!

He played a crucial **role** in the project.
그는 프로젝트에서 중요한 역할을 했다.

roughly [rʌ́fli] – be roughly estimated (adv.) 대략적으로/어림잡아 추정되다 ****

There were **roughly** 200 people at the concert last night.
어젯밤 콘서트에 대략 200명이 있었다.

routine [ruːtíːn] – a daily routine (n.) 일상적인 일과 ★★★★

● routine은 명사, 형용사(정례적인)로 모두 쓰인다.

She follows a strict morning **routine**. 그녀는 엄격한 아침 일과를 따른다.

The **routine** maintenance of the equipment is scheduled for every Monday.
정례적인 장비 점검은 매주 월요일로 예정되어 있다.

RSVP (= respond) – please RSVP (v.) **빠른 회신 바랍니다** ★★★★

● RSVP는 répondez s'il vous plaît의 줄임말로, 초청장에 자주 나오는 표현이다.

Please **RSVP** by Friday if you are attending the event.
행사에 참석하실 경우, 금요일까지 회신 바랍니다.

rule [ruːl] – follow the rules (n.) 규칙을 따르다 ★★★★

The new **rule** requires all employees to wear identification badges.
새로운 규칙은 모든 직원이 신분증 배지를 착용하도록 요구한다.

● rule은 명사·동사 동형으로, 동사로는 '통치하다, 다스리다'의 의미이다.

The king **ruled** the kingdom for many years.
왕은 오랫동안 왕국을 통치했다.

● rule out(제외시키다, 배제하다)도 암기하자!

The doctor **ruled out** any serious illnesses after the test results came back normal.
검사 결과가 정상으로 나온 후에 의사는 심각한 질병일 가능성은 제외했다.

run [rʌn] – run a business (v.) 사업을 운영하다 ★★★★

She has been **running** her own company successfully for over a decade.
그녀는 10년 넘게 자기 회사를 성공적으로 운영해 오고 있다

● run은 명사로 '달리기'의 의미가 있다.

He went for a **run** in the park. 그는 공원에서 달리기를 했다.

safe [seif] – safe and secure (a.) 안전하고 안심되는 ★★★★

The money is **safe** in the bank. 그 돈은 은행에 있어 안전하다.

● safe는 명사로 안전한 곳, 즉 '금고'이다.

satisfied customers [sǽtisfàid kʌ́stəmərz] **(= content customers)**

– have satisfied customers (n.) 만족한 고객들을 보유하다 ★★★★

● 사람을 수식하는 '만족한'의 의미는 satisfied가 맞다. <파트 5>에 출제된 단어이다.

The company strives to have **satisfied customers** by providing excellent service.
그 회사는 우수한 서비스를 제공함으로써 만족한 고객들을 보유하려고 노력한다.

save [seiv] – save money (v.) 돈을 저축하다/아끼다 ★★★★☆

He made an effort to **save** for the future. 그는 미래를 위해 저축하려고 노력했다.

● save A from B(B에게서 A를 구하다) 구문도 암기하자!

The firefighter **saved** the child and the cat **from** the burning building.
소방관은 불타는 건물에서 아이와 고양이를 구했다.

schedule [skédʒuːl] – schedule a meeting (v.) 회의 일정을 잡다 ★★★★☆

● '예정하다'의 5총사 「be scheduled/expected/projected/supposed/slated + to V」를 암기하자!

They **scheduled** the meeting for next Monday. 그들은 다음 주 월요일로 회의 일정을 잡았다.

● schedule은 명사·동사 동형이다.

The meeting is on the **schedule** for next week. 회의는 다음 주로 일정에 잡혀 있다.

scrutinize [skrúːtənàiz] – scrutinize the details (v.) 세부 사항을 면밀히 조사하다 ★★★★☆

● 명사형은 scrutiny(정밀 조사)이다.

The detective **scrutinized** the evidence closely. 형사는 증거를 면밀히 조사했다.

seasoned [síːznd] – a seasoned professional (a.) 경험 많은 전문가 ★★★★☆

● seasoned의 동의어로 experienced, veteran, proficient, skilled, adept 등이 있다.

He is a **seasoned** professional with years of experience in the industry.
그는 그 업계에서 다년간의 경험이 있는 경험 많은 전문가이다.

see [siː] – see the results (v.) 결과를 보다 ★★★★☆

Can you **see** the difference? 차이점이 보이세요?

● see to it that S + V(~을 확실히 하다)도 기억하자!

Please **see to it that** all the doors are locked before you leave.
떠나기 전에 문이 다 잠겼는지 확실히 해 주세요.

self-guided drones [selfgáidid drounz] – design self-guided drones (n.) ★★★★☆
자체 유도 드론을 설계하다

Researchers aim to design **self-guided drones** that can carry supplies safely to areas
that are challenging to access by ground transportation.
연구원들은 지상 운송으로는 접근하기 어려운 지역에 안전하게 물품을 운반할 수 있는 자체 유도 드론 설계를
목표로 한다.

sell [sel] – sell the product (v.) 제품을 판매하다 ★★★★☆

The store **sells** a variety of goods. 그 가게는 다양한 상품을 판매한다.

semifinal [sèmifáinl] – a regional semifinal (n.) 지역 준결승

Because of inclement weather, the regional **semifinal** football match has been postponed until tomorrow at 2:00 P.M.
악천후로 인해 지역 준결승 축구 경기가 내일 오후 2시로 연기되었다.

set [set] – set the table (v.) 상을 차리다/놓다

She asked her son to **set** the table for dinner.
그녀는 저녁을 먹게 아들에게 식탁을 차리라고 부탁했다.

● set은 '(해나 달이) 지다'의 의미가 있다.

The sun **set** over the horizon. 해가 지평선 너머로 졌다.

shadowing [ʃǽdouiŋ] – shadowing appointments (n.) 업무 동행 일정

Mr. Rein will have **shadowing** appointments with team leaders.
Rein 씨는 팀장들과 함께 업무 동행 일정을 가질 것이다.

show [ʃou] – show the results (v.) 결과를 보여 주다

The teacher **showed** us how to solve the problem.
선생님은 우리에게 문제를 푸는 방법을 보여 주셨다.

situated [sítʃuèitid] **(= located, placed)** – conveniently situated (a.)
편리한 곳에 위치한

The hotel is conveniently **situated** near the airport. 그 호텔은 공항 근처에 편리하게 위치해 있다.

skill [skil] – develop a skill (n.) 기술/재능을 개발하다

His carpentry **skills** allowed him to build the furniture with precision.
목공 기술 덕분에 그는 가구를 정밀하게 만들 수 있었다.

She has a special **skill** for painting. 그녀는 그림에 특별한 재능이 있다.

be slated [sléitid] **to** – be slated to release (phr.) 출시할 예정이다

● 일본 토익에서 먼저 출제된 표현으로, 한국 토익에서도 출제될 것이다. 독해 동의어인 be slated to = be scheduled to를 기억하자!

The new building **is slated to** open next spring. 새 건물은 내년 봄에 개장할 예정이다.

solvent [sálvənt] – financially solvent (a.) 재정적으로 건전한/지급 능력이 있는

Despite the economic downturn, the company remained **solvent** and continued its operations smoothly.
경제 침체에도 불구하고, 그 회사는 지급 능력을 유지하며 원활하게 운영을 계속했다.

● solvent의 반대말은 insolvent(지불 능력이 없는)이다.

016

☐ **source** [sɔːrs] – reliable source (n.) 신뢰할 수 있는 출처 ★★★★

　　● source는 명사·동사 동형이다.

　　She cited her **sources** in the report. 그녀는 보고서에서 인용한 출처를 언급했다.

☐ **speak** [spiːk] – speak clearly (v.) 명확하게 말하다/연설하다 ★★★★

　　He was invited to **speak** at the conference. 그는 회의에서 연설하도록 초대받았다.

☐ **stable** [stéibl] – stable condition (a.) 안정된 상태 ★★★★

　　The structure is **stable** and secure. 그 구조는 안정적이고 안전하다.

☐ **start** [staːrt] – start the project (v.) 프로젝트를 시작하다/프로젝트가 시작되다 ★★★★

　　The race will **start** soon. 경주가 곧 시작될 것이다.

☐ **stop** [stap] – stop the car (v.) 차를 멈추다 ★★★★

　　● stop은 '하던 행동을 멈추다, 그만두다'의 의미가 있으며, 이때 동명사를 목적어로 취한다.

　　He **stopped** smoking. 그는 담배를 끊었다

　　●「stop to 부정사」는 부사적 용법이지 목적어가 아니다.

　　He **stopped** to think. 그는 뭔가 생각하기 위해 멈췄다.

　　● stop은 명사로 '정류장'의 의미이다.

　　The bus **stop** is around the corner. 버스 정류장은 모퉁이를 돌아서 있다.

☐ **study** [stʌdi] – study for an exam (v.) 시험 공부하다 ★★★★

　　She **studied** hard every night to prepare for her final exams.
　　그녀는 기말시험을 준비하기 위해 매일 밤 열심히 공부했다.

　　● study는 '공부하다'의 의미에서 확장돼 '자세히 보다'의 의미로도 쓰인다. 명사로 쓰일 때는 '연구'의 의미이다.

　　She is **studying** the menu. 그녀가 메뉴판을 자세히 살펴보고 있다.

　　The **study** showed significant results. 그 연구는 중요한 결과를 보여 주었다.

　　● 비슷한 철자의 sturdy는 '질긴, 튼튼한'의 뜻이다.

☐ **succeed** [səksíːd] – succeed in the task (v.) 임무를 성공적으로 완수하다 ★★★★

　　● succeed in(~에 성공하다), succeed to(~를 계승하다)

　　He **succeeded in** his mission. 그는 자기 임무를 성공적으로 완수했다.

☐ **suggest** [səgdʒést] – suggest a solution (v.) 해결책을 제안하다 ★★★★

　　● suggest(제안하다), recommend(추천하다)는 동명사를 목적어로 취한다. propose(제안하다)는 동명사, 부
　　정사를 목적어로 다 취한다.

She **suggested** going for a walk. 그녀는 산책하러 가자고 제안했다.

☐ **sum** [sʌm] – total sum (n.) 합계 총액 ★★★★

The total **sum** of the bill was higher than expected.
청구서의 총액이 예상보다 높았다.

● 이 단어의 동사형 표현 sum up(요약하다)도 암기하자!

To **sum up**, we need to increase our marketing efforts and expand our customer base.
요약하자면, 우리는 마케팅 활동을 높이고 고객 기반을 확대해야 한다.

☐ **supply** [səplái] – supply the demand (v.) 수요를 충족시키다 | ~을 제공하다 ★★★★

The teacher **supplied** the students with new textbooks for the semester.
선생님은 학생들에게 학기용 새 교과서를 제공했다.

● supply는 명사·동사 동형이다.

The **supply** of goods is limited. 상품 공급이 제한적이다.

● supply/provide/present A with B(A에게 B를 제공하다)도 기억하자!

The organization **supplied** the village **with** clean drinking water.
그 단체는 마을에 깨끗한 식수를 공급했다.

☐ **support** [səpɔ́ːrt] – support the decision (v.) 결정을 지지하다 ★★★★

The community rallied together to **support** the local food bank.
지역 사회는 지역 푸드 뱅크를 지원하기 위해 모였다.

● support는 명사·동사 동형이다.

He has a lot of **support** from his family. 그는 가족들로부터 많은 지원을 받고 있다.

● support for your back(허리 지지대)에서 전치사 for가 정답으로 출제되었다. for 자리에 on은 틀리다.

The ergonomic design of the chair offers great **support for your back**, reducing strain during long periods of sitting.
그 의자의 인체공학적 디자인은 등에 훌륭한 지지대를 제공하여 장시간 앉아 있을 때의 부담을 줄여 준다.

☐ **sustainable** [səstéinəbl] **(= eco-friendly)** – sustainable cleaning products (a.) ★★★★
친환경적인 청소 제품

● sustainable은 본래 '지속 가능한' 의미로, 환경을 해치지 않으면서 자원을 보존하고 오염을 줄이는 방식을 지향하는 단어이다. 최근에 토익에 자주 들리고 보인다.

The company focuses on developing **sustainable** cleaning products to protect the environment.
그 회사는 환경을 보호하기 위해 친환경 청소 제품을 개발하는 데 중점을 둔다.

☐ **sustainable** [səstéinəbl] **(= survivable)** – sustainable population (a.) 생존 가능한 개체 ★★★★

● sustainable은 '생존 가능한' 의미로, 생태계 내에서 개체나 종이 생존할 수 있는 능력을 나타내기도 한다.

Scientists are researching ways to maintain a **sustainable** population of endangered species. 과학자들은 멸종 위기 종의 생존 가능한 개체 유지 방법을 연구하고 있다.

☐ **take ~ into account** [əkáunt] – (v.) take customer feedback into account ★★★★
고객의 피드백을 고려하다

When planning the project, they **took** budget constraints **into account**.
프로젝트를 계획할 때 그들은 예산 제한 사항을 고려했다.

☐ **task** [tæsk] – complete a task (n.) 과제를 완수하다 ★★★★

She was given a difficult **task**. 그녀는 어려운 과제를 받았다.

☐ **team** [tiːm] – work as a team (n.) 팀으로 일하다 ★★★★

The **team** collaborated on the project. 팀은 프로젝트에서 협업했다.

● team은 명사·동사 동형으로, team up with는 '~와 협력하다'의 의미이다.

The company decided to **team up with** a nonprofit organization to launch the new community project.
그 회사는 새로운 지역 사회 프로젝트를 시작하기 위해 비영리 단체와 협력하기로 했다.

☐ **test** [test] – test the new product (v.) 새 제품을 테스트하다 ★★★★

He **tested** the new software to ensure it met all requirements.
그는 모든 요구 사항을 충족하는지 확인해 보려고 새 소프트웨어를 테스트했다.

● test는 명사·동사 동형이다.

The **test** results were promising. 테스트 결과는 유망했다.

☐ **thank** [θæŋk] – thank the team for their effort (v.) 노고에 대해 팀에게 감사하다 ★★★★

He **thanked** everyone for their support. 그는 모두의 지원에 감사했다.

☐ **to date** [deit] **(= up to now or until the present time)** – (phr.) 지금까지 ★★★★

● 이 표현을 모르는 사람들이 많은데, 동의 표현과 함께 암기해 두자! 리스닝에서도 자주 들리는 표현이다.

To date, we have received 500 applications.
지금까지 우리는 500건의 신청서를 받았다.

☐ **track** [træk] – track the progress (v.) 진행 상황을 추적하다 ★★★★

We need to **track** the shipment. 우리는 배송을 추적해야 한다.

● keep track of는 '~을 추적하다, 기록하다'의 의미이다.

She uses a planner to **keep track of** all her appointments and deadlines.
그녀는 모든 약속과 마감일을 추적 기록하기 위해 플래너를 사용한다.

☐ **trade** [treid] – trade goods and services (v.) 상품과 서비스를 거래하다 ★★★★

Companies often **trade** goods and services to expand their market reach.
기업들은 시장 범위를 확장하기 위해 종종 상품과 서비스를 거래한다.

● trade는 명사로 '무역 (거래)'의 의미이다.

The **trade** agreement was signed last year. 무역 협정은 작년에 체결되었다.

☐ **transferable** [trænsfɔ́ːrəbl] **(= movable, adaptable)** – (a.) transferable tickets ★★★★
양도/이동 가능한 표

The ticket is **transferable**, so you can give it to a friend if you can't attend the event.
이 티켓은 양도할 수 있으므로, 행사에 참석할 수 없다면 친구에게 줄 수 있다.

● <파트 5> 기출 정답으로 나온 단어이다. 파생어 표현 make unlimited transfers(무제한 이체하다)에서
transfers를 복수 형태로 넣는 문제가 최근에 출제되었다.

● 반의어는 nontransferable(양도할 수 없는)이다.

☐ **transmit** [trænsmít] **(= send, convey)** – transmit data (v.) 자료를 전송하다/전달하다 ★★★★
The device can **transmit** data over long distances. 그 장치는 장거리 데이터 전송이 가능하다.

☐ **trend** [trend] – a market trend (n.) 시장 동향/경향 ★★★★

The current **trend** is towards smaller, more fuel-efficient cars.
현재 동향은 더 작고 연료 효율이 높은 자동차로 향하고 있다.

☐ **trust** [trʌst] – trust the process (v.) 과정을 신뢰하다 ★★★★

He learned to **trust** his instincts when making important decisions.
그는 중요한 결정을 내릴 때 자신의 본능을 믿는 법을 배웠다.

● trust는 명사·동사 동형이다.

She has my complete **trust**. 그녀는 나의 전적인 신뢰를 받고 있다.

☐ **unanimously** [juːnǽnəməsli] – unanimously agree (adv.) 만장일치로 동의하다 ★★★★
The committee **unanimously** agreed to the proposal.
위원회는 만장일치로 그 제안에 동의했다.

☐ **undermine** [ʌndərmáin] – undermine authority (v.) 권위를 약화시키다 ★★★★

His actions were intended to **undermine** the manager's authority.
그의 행동은 매니저의 권위를 약화시키기 위해 의도된 것이었다.

underneath [ʌndərníːθ] – hidden underneath the bed (prep.) 침대 아래에 숨겨진

The box was hidden **underneath** a pile of clothes.
그 상자는 옷 더미 아래에 숨겨져 있었다.

understand [ʌndərstǽnd] – understand the concept (v.) 그 개념을 이해하다

She **understands** the importance of education. 그녀는 교육의 중요성을 이해하고 있다.

understanding [ʌndərstǽndiŋ] (= **empathetic**) – an understanding teacher (a.)
이해심 많은 교사

She is an **understanding** teacher who always listens to her students' problems.
그녀는 항상 학생들의 문제를 들어주는 이해심 많은 교사이다.

● understanding은 명사로 '이해'라는 의미가 있다.

They reached a mutual **understanding** after a long discussion.
그들은 오랜 논의 끝에 상호 이해에 도달했다.

upon request [rikwést] (= **when requested**) – be provided upon request (phr.)
요청 시에 제공되다

● upon이 정답으로 출제된 바 있다.

Additional information will be provided **upon request**.
추가 정보는 요청 시 제공된다.

use [juːz] – use the equipment (v.) 장비를 사용하다

The software is easy to **use**. 그 소프트웨어는 사용하기 쉽다.

vacated [véikeitid] – a newly vacated position (a.) 새로 공석이 된 직책

We are forming a search committee for the newly **vacated** Senior Director position.
우리는 새로 공석이 된 수석 이사직에 대한 검색 위원회를 구성하고 있다.

value [vǽljuː] – value the feedback (v.) 피드백을 소중히 여기다

She **values** honesty in her relationships. 그녀는 관계에서 정직을 소중히 여긴다.

wait [weit] – wait for instructions (v.) 지시를 기다리다

They **waited** patiently for their turn. 그들은 참을성 있게 자기 차례를 기다렸다.

want [wɑnt] – want to succeed (v.) 성공하고 싶어 하다, 성공하기를 원하다

He **wants** a new bike. 그는 새 자전거를 원한다.

● in want of에는 '~가 부족한, ~가 필요한'의 의미가 있으며, want가 정답으로 출제됐다.

The garden is **in want of** some serious maintenance after the storm.
폭풍이 지나고 그 정원은 비상한 관리가 필요하다.

watch [wɑtʃ] – watch the movie (v.) 영화를 보다

She likes to **watch** movies on weekends. 그녀는 주말에 영화 보는 것을 좋아한다.

● watch는 명사로 '(손목)시계'의 의미가 있다.

She wears a gold **watch**. 그녀는 금 시계를 차고 있다.

welcome [wélkəm] – welcome the guests (v.) 손님을 환영하다

They **welcomed** the new students warmly to the school.
그들은 학교에 온 새로운 학생들을 따뜻하게 환영했다.

● welcome은 명사·동사 동형이다.

She gave us a warm **welcome**.
그녀는 우리를 따뜻하게 환영해 주었다.

● welcome kit(환영 세트)는 최신 기출 문제로, 이때의 welcome은 kit를 수식한다. 꼭 암기하자!

The new employees each received a **welcome kit** containing a company handbook and office supplies.
신입 직원들은 각각 회사 안내서와 사무용품이 포함된 환영 세트를 받았다.

wholesaler [hóulsèilər] **(= bulk seller)** – a wholesaler's discount (n.)
도매업자의 할인

The **wholesaler** offered us a discount for bulk purchases.
도매업자는 우리에게 대량 구매 시 할인해 주겠다고 제안했다.

win [win] – win the game (v.) 게임에서 이기다

She hopes to **win** the tennis tournament next month.
그녀는 다음 달에 있는 테니스 대회에서 우승하기를 희망한다.

● win은 명사·동사 동형이다.

They celebrated their **win**. 그들은 승리를 축하했다.

winning [wíniŋ] **(= attractive, charming)** – her winning smile (a.)
그녀의 매력적인/사람의 마음을 끄는 미소

● attractive, winning의 동의어들: alluring, charming, appealing, enchanting, tempting, captivating, engaging, welcoming, seductive, pleasing, inviting

She greeted everyone with a **winning** smile that instantly put them at ease.
그녀는 모두를 매력적인 미소로 맞아 그들을 즉시 편안하게 해 주었다.

withhold [wiðhóuld] – withhold information (v.) 정보를 주지 않다/보류하다 ★★★★

The company decided to **withhold** the employee's bonus until the investigation was complete. 회사는 조사가 완료될 때까지 그 직원의 보너스 지급을 보류하기로 결정했다.

● 명사형 withholding(보류)도 암기하자!

work [wəːrk] – work on the project (v.) 프로젝트를 진행하다/준비하다/작업하다 ★★★★

She plans to **work** on her presentation over the weekend.
그녀는 주말 동안 발표 자료를 준비할 계획이다.

● work는 명사로 쓰이면 '일, 작업'의 의미이다.

The **work** was completed ahead of schedule. 작업이 일정보다 빨리 완료되었다.

● work out은 '운동하다'의 의미이다.

She tries to **work out** every morning to stay fit and healthy.
그녀는 건강과 체력을 유지하기 위해 매일 아침 운동하려고 한다.

write [rait] – write the report (v.) 보고서를 작성하다/쓰다 ★★★★

She **writes** for a living. 그녀는 글을 써서 생계를 유지한다.

TOEIC

PART 5/6/7

New Updated List

★★★

3회 이상 출제된 단어 리스트

017

☐ **a series**(시리즈)/**list**(목록)/**collection**(컬렉션)/**variety**(다양성)/

line(라인) **of** + 복수형/불가산 명사

018

The company released **a** new **series of** smartphones.
그 회사는 새로운 스마트폰 시리즈를 출시했다.

Please review **the list of** required materials.
필수 자료 목록을 검토해 주세요.

Her **collection of** vintage jewelry is impressive.
그녀의 빈티지 보석 컬렉션이 인상적이다.

There is **a variety of** options available.
이용 가능한 다양한 옵션이 제공된다.

Their latest **line of** products is eco-friendly.
그들의 최신 제품 라인은 친환경적이다.

☐ **abide** [əbáid] **by** – abide by company rules (v.) 회사 규정을 준수하다

● abide by 동의어들: comply with(따르다), adhere to(고수하다), follow(따르다), obey(순종하다), conform to(순응하다), observe(준수하다), uphold(지지하다), stick to(고수하다)

All participants must **abide by** the competition rules.
모든 참가자는 대회 규정을 반드시 준수해야 한다.

☐ **abolish** [əbɑ́liʃ] – abolish a law (v.) 법을 폐지하다

The government decided to **abolish** the outdated law.
정부는 낡은 법을 폐지하기로 결정했다.

☐ **absorb** [æbsɔ́ːrb] – absorb the impact (v.) 충격을 흡수하다

The sponge **absorbs** water quickly. 스펀지는 물을 빨리 흡수한다.

● absorb는 정보를 빠르게 받아들이는 것도 의미한다.

She can **absorb** information quickly, making her an excellent student.
그녀는 정보를 빨리 흡수할 수 있어 아주 뛰어난 학생이다.

● be absorbed in(~에 몰입하다)도 함께 암기하자!

She **was absorbed in** her book and didn't hear me. 그녀는 책에 몰두해서 내 말을 듣지 못했다.

☐ **accelerate** [æksélərèit] – accelerate the process (v.) 과정을 가속화하다

The car can **accelerate** from 0 to 60 mph in just a few seconds.
그 차는 0에서 시속 60마일까지 단 몇 초 만에 가속할 수 있다.

☐ **acclaim** [əkléim] **(= praise, recognition)** – critical acclaim (n.) 비평가들의 찬사

The movie received critical **acclaim**. 그 영화는 비평가들의 찬사를 받았다.

● critically acclaimed(매우 호평받는)도 암기해 두자!

☐ **accomplish** [əkámpliʃ] – accomplish the task (v.) 그 과제를 완수하다

Together, we can **accomplish** more. 함께 하면 더 많은 것을 완수할 수 있다.

☐ **accordingly** [əkɔ́ːrdiŋli] – act accordingly (adv.) 부응하여/그에 맞게 행동하다

He explained the rules, and the players adjusted their strategy **accordingly**.
그는 규칙을 설명했고, 선수들은 그에 맞게 전략을 조정했다.

☐ **be accountable** [əkáuntəbl] **for / be accountable to sb** – (phr.)

~에 대해 (설명할) 책임이 있다

● be responsible for와 같은 의미이다.

Managers **are accountable for** their teams' performance.
매니저는 그들 팀의 성과에 책임이 있다.

He **is accountable to** the board of directors. 그는 이사회에 대한 책임이 있다.

☐ **accrue** [əkrúː] – accrue interest (v.) 이자가 쌓이다

The savings account will **accrue** interest over time.
저축 계좌는 시간이 지남에 따라 이자가 쌓일 것이다.

☐ **accumulate** [əkjúːmjulèit] – accumulate wealth (v.) 부를 축적하다/모으다

He managed to **accumulate** a significant amount of savings.
그는 상당한 저축액을 모으는 데 성공했다.

☐ **accurate** [ǽkjurət] – deliver accurate measurement results (a.)

정확한 측정 결과를 제공하다

The new equipment provides **accurate** readings. 새 장비는 정확한 판독 값을 제공한다.

☐ **accuse** [əkjúːz] – accuse someone of theft (v.) 절도 혐의로 누구를 기소하다/고발하다

● accuse A of B(A를 B의 혐의로 고발하다), be accused of(~로 고소되다)의 형태로 자주 쓰인다.

She was **accused** of stealing the money. 그녀는 돈을 훔친 혐의로 기소되었다.

☐ **achieve** [ətʃíːv] – hope to achieve the goal (v.) 목표를 달성하기를 희망하다 | 성취하다

With hard work, we can **achieve** our objectives.
열심히 일하면, 우리도 목표를 달성할 수 있다.

☐ **acknowledge** [æknálidʒ] – acknowledge receipt (v.) 수령을 확인하다

Please **acknowledge** receipt of this email. 이 이메일의 수신을 확인해 주세요.

● acknowledge receipt of a letter는 '편지 잘 받았다고 알리다'는 의미이다.

acquaintance [əkwéintəns] – a close acquaintance (n.) 친한 지인 ***

She met a close **acquaintance** at the conference. 그녀는 컨퍼런스에서 친한 지인을 만났다.

act [ækt] – an act of kindness (n.) 친절한 행위 ***

An **act** of generosity can go a long way. 관대한 행위가 큰 도움이 될 수 있다.

● -ing가 붙은 acting은 형용사로 '대행의'라는 중요한 뜻이 있다. 기출 정답 단어이다.

The **acting** president will address the nation tonight.
대통령 권한 대행이 오늘 밤 대국민 연설을 할 것이다.

adamantly [ǽdəməntli] – adamantly refuse (adv.) 단호하게 거절하다 ***

He **adamantly** denies any involvement in the crime.
그는 범죄에 연루된 것을 단호하게 부인한다.

adaptable [ədǽptəbl] (= **flexible**) – adaptable to new environments (adj.) ***
새로운 환경에 적응할 수 있는

Being **adaptable** to new environments is crucial for career success.
새로운 환경에 적응하는 능력은 직업적 성공에서 중요하다.

add [æd] – add the numbers (v.) 숫자를 더하다 ***

● add와 전치사 to는 잘 어울려 쓰인다. in addition to(~에 더하여)도 암기하자!

Please **add** your comments to the report. 보고서에 당신의 의견을 추가해 주세요.

address [ədrés] (= **deal with**) – address the issue (v.) 문제를 해결하다/다루다 ***

● address는 '연설(하다)' 외에 '다루다(deal with)'는 의미도 중요하니 함께 알아두자!

The team needs to **address** the issue immediately. 그 팀은 즉시 그 문제를 다루어야 한다.

● address에는 '(~ 앞으로 우편물을) 보내다'의 뜻도 있으며, 이 경우 주로 수동태로 쓰인다.

The letter was **addressed** to the CEO. 편지는 최고경영자 앞으로 보내졌다.

adhere [ædhíər] – adhere to the rules (v.) 규칙을 준수하다 ***

● adhere to의 동의어는 abide by(준수하다), comply with(따르다), follow(따르다), conform to(순응하다), observe(준수하다), uphold(지지하다), stick to(고수하다)이다.

All employees must **adhere** to the company policies.
모든 직원은 회사 정책을 반드시 준수해야 한다.

adjust [ədʒʌ́st] – adjust the settings (v.) 설정을 조정하다 ***

You may need to **adjust** the volume. 볼륨을 조정해야 할 수도 있다.

☐ **administer** [ədmínistər] – administer the test (v.) 시험을 관리하다　　　★★★

He was hired to **administer** the company's finances.
그는 회사의 재정을 관리하기 위해 고용되었다.

　● administer는 '관리하다' 외에 '약을 투약하다'의 의미도 있다.

The nurse will **administer** the medication. 간호사가 약을 투여할 것이다.

☐ **admit** [ædmít] – admit the mistake (v.) 실수를 인정하다　　　★★★

He **admitted** that he was wrong. 그는 자신이 틀렸음을 인정했다.

☐ **advanced** [ædvǽnst] – advanced technology (a.) 첨단 기술　　　★★★

advanced mathematics (a.) 고급 수학　　　★★★

The new device uses **advanced** technology.
새로운 기기는 첨단 기술을 사용한다.

He is studying **advanced** mathematics to prepare for his engineering degree.
그는 공학 학위를 준비하기 위해 고급 수학을 공부하고 있다.

She enrolled in an **advanced** course to further her studies.
그녀는 공부를 더 깊이 하기 위해 고급 과정에 등록했다.

☐ **adventure** [ædvénʧər] – go on an adventure (n.) 모험을 떠나다　　　★★★

They embarked on an exciting **adventure**.
그들은 흥미진진한 모험을 시작했다.

☐ **be affiliated** [əfílièitid] **with** – be affiliated with the university (phr.)　　　★★★
대학에 소속되어 있다

She **is affiliated with** the research institute. 그녀는 연구소에 소속되어 있다.

☐ **affirmative** [əfɔ́ːrmətiv] – an affirmative response (a.) 긍정적인 반응　　　★★★

He gave an **affirmative** response to the proposal. 그는 그 제안에 긍정적인 반응을 보였다.

☐ **agile** [ǽdʒəl] **(– nimble, quick)** – agile movements (a.) 민첩한 움직임　　　★★★

The gymnast is very **agile**. 그 체조 선수는 매우 민첩하다.
The **agile** athlete easily dodged his opponent. 그 민첩한 운동선수는 쉽게 상대방을 피했다.

☐ **aggravate** [ǽɡrəvèit] – aggravate the situation (v.) 상황을 악화시키다　　　★★★

　● 반대말은 alleviate(완화시키다)이다.

His comments only served to **aggravate** the tense situation.
그의 발언은 긴장된 상황을 악화시키는 역할을 했을 뿐이었다.

aggregate [ǽɡrigət] **(= total)** – aggregate score (a.) 총계한/종합한/총합의 점수

The **aggregate** score of both games will determine the winner.
두 게임의 총점이 승자를 결정할 것이다.

● aggregate는 동사로 '모으다'의 뜻도 있다.

aid [eid] **(= help, assist)** – aid disaster victims (v.) 재난 피해자들을 돕다/지원하다

The volunteers worked tirelessly to **aid** the victims of the disaster.
자원봉사자들은 재난 피해자들을 돕기 위해 쉬지 않고 일했다.

● aid는 동사·명사 모두 가능하다.

Medical **aid** was sent to the affected areas. 의료 지원이 피해 지역에 보내졌다.

airtight [ɛ́rtaɪt] – an airtight container (a.) 밀폐된 용기

Make sure the container is **airtight**. 그 용기가 밀폐되어 있는지 꼭 확인해.

alignment [əláinmənt] – proper alignment of the wheels (n.)
바퀴의 적절한 정렬/조율

Proper **alignment** of the wheels is necessary for the car to drive smoothly.
차가 부드럽게 달리려면 바퀴의 적절한 정렬이 필요하다.

allay [əléi] **(= calm)** – allay fears (v.) 두려움을 진정시키다/가라앉히다

The government is trying to **allay** public fears about the new policy.
정부는 새로운 정책에 대한 대중의 두려움을 진정시키려고 노력하고 있다.

although [ɔːlðóu] **vs. whereas** [hwɛərǽz] **vs. however** [hauévər] – (conj.) 비록 ~지만 /
(conj.) 반면에 / (adv.) 그러나

● however는 부사로, 연결 능력 없이 뜻만 더할 뿐이다.

Although it was late, he continued working. 시간이 늦기는 했지만, 그는 계속 일했다.
She is very friendly, **whereas** her sister is quite shy.
그녀는 매우 친절한 반면에, 그녀의 여동생은 꽤 수줍음을 탄다.

The road was closed; **however**, we found another route.
도로가 폐쇄되었다. 하지만 우리는 다른 길을 찾았다.

ambiguous [æmbíɡjuəs] – ambiguous statement (a.) 애매한 진술

The politician's **ambiguous** statement caused confusion.
그 정치가의 애매한 진술은 혼란을 야기했다.

amend [əménd] **(= modify)** – amend the contract (v.) 계약을 수정하다/개정하다

They decided to **amend** the contract to include new terms.
그들은 새로운 조건을 포함하도록 계약을 수정하기로 했다.

amid [əmíd] – calm amid the chaos (prep.) 혼란의 한가운데에서 침착한

The company thrived **amid** the economic downturn. 그 회사는 경제 불황 가운데서도 번창했다.

● 「among +복수 명사」인 것도 비교해서 알아두자!

She felt comfortable and happy **among** her friends.
그녀는 친구들 사이에서 편안하고 행복한 기분을 느꼈다.

anecdote [ǽnikdòut] – tell an amusing anecdote (n.) 재미있는 일화를 말해 주다

● anecdote는 토익 독해 지문에 자주 보인다. '실제 사건이나 인물에 대한 재미있고 짧은 이야기(a short, interesting, or amusing story about a real incident or person)'를 의미한다.

He started his speech by telling an amusing **anecdote** about his childhood.
그는 자신의 어린 시절에 관한 재미있는 일화를 말하며 연설을 시작했다.

annulment [ənʌ́lmənt] **(= nullification)** – seek an annulment (n.)
무효 소송을 제기하다

She decided to seek an **annulment** of her marriage.
그녀는 결혼 무효 소송을 제기하기로 결정했다.

● annulment는 '무효 선언'의 의미도 있다.

anonymous [ənɑ́nəməs] – remain anonymous (a.) 익명인 상태로 유지하다

● onym은 '이름'을 의미한다. an[= without]+onym+ous: 이름 없는 → anonymous(익명의)
● syn[= same]+onym → synonym(동의어), ant[= against]+onym → antonym(반의어)

The donor chose to remain **anonymous**. 그 기부자는 익명으로 있는 것을 선택했다.

appeal [əpíːl] **to** – appeal to the public for donations (v.) 대중에게 기부를 호소하다

The advertisement was designed to **appeal to** young adults.
그 광고는 젊은 성인들에게 어필하도록 설계되었다.

appearance [əpíərəns] – the president's appearance at the event (n.)
행사에 참석한 대통령

● 최신 기출 단어이다. 쉬운 단어이지만 appearance를 '외모'로만 알면 안 되고 '참석, 출현'의 의미를 기억하자! 많은 수험생들이 문맥 파악을 못하여 틀린 단어이다.

The president's **appearance** at the event drew a large crowd.
그 행사에 대통령이 참석한 것이 많은 사람들을 끌어모았다.

☐ **apply** [əpláɪ] **for** – apply for the scholarship (v.) 장학금을 신청하다 ★★★

She decided to **apply for** the scholarship. 그녀는 장학금을 신청하기로 했다.

☐ **apply** [əpláɪ] **to** – apply to all employees (v.) 모든 직원에게 적용하다 ★★★

These rules **apply to** all employees. 이 규칙들은 모든 직원에게 적용된다.

☐ **archival** [ɑːrkáɪvəl] – archival materials (a.) 기록 보관(소)의 자료 ★★★

● 최신 일본 토익 기출 단어이다. archives(고문서 보관실)를 이미 다루었지만, 그 형용사형을 추가로 정리한다.

The library has a vast collection of **archival** materials.
그 도서관에는 방대한 기록 보관 자료 컬렉션이 있다.

☐ **ardently** [ɑ́ːrdntli] – ardently support the cause (adv.) 열정적으로 그 대의명분을 지지하다 ★★★

She **ardently** defends her beliefs. 그녀는 자신의 신념을 열정적으로 옹호한다.

☐ **arrange** [əréɪndʒ] – arrange the meeting room (v.) 회의실을 정리하다/배치하다 ★★★

Could you **arrange** the chairs in a circle? 의자를 원형으로 배치해 주시겠습니까?

☐ **arrangement** [əréɪndʒmənt] – efficient office arrangement (n.) 능률적인 사무실 정리, 배열

beautiful arrangement of roses (n.) 아름다운 장미 꽃꽂이

travel arrangement (n.) 여행 준비, 계획 ★★★

The seating **arrangement** at the event was very organized.
행사에서 좌석 배치가 매우 잘 정리되어 있었다.

The florist made a stunning **arrangement** for the wedding.
꽃집 주인은 결혼식을 위해 멋진 꽃꽂이를 만들었다.

They discussed the **arrangements** for the upcoming meeting.
그들은 다가오는 회의에 대한 준비를 논의했다.

She finalized her travel **arrangements** for the business trip next week.
그녀는 다음 주에 있는 출장을 위한 여행 계획을 확정했다.

☐ **arrogant** [ǽrəgənt] – arrogant attitude (a.) 거만한 태도 ★★★

His **arrogant** attitude made him unpopular among his colleagues.
거만한 태도로 인해 그는 동료들 사이에서 인기가 없었다.

☐ **art supplies** [ɑːrt səpláɪz] – new art supplies (n.) 새로운 미술 용품 ★★★

The store offers a wide range of **art supplies**.
그 가게는 다양한 미술 용품을 제공한다.

□ **artisanal** [ɑːrtízənl] – artisanal bread (a.) 제빵 기능 보유자의/장인의 빵 ★★★

● artisanal은 artisan(장인)의 형용사형이다.

The bakery is known for its **artisanal** bread.
그 빵집은 제빵 기능 보유자의 빵으로 유명하다.

□ **as a token** [tóukən] **of** – as a token of appreciation (phr.) 감사의 표시로 ★★★

● 토익에서 token이 정답으로 출제되었다.

Please accept this gift **as a token of** our gratitude.
이 선물을 저희가 드리는 감사의 표시로 받아 주세요.

□ **as indicated**(표시된)**/mentioned**(언급된)**/reported**(보고된)**/shown**(보이는)**/** ★★★

planned(계획된) – as indicated in the report (phr.) 보고서에 표시된 대로

●「as (it is/they are) + 과거분사」 구문을 암기하자! 위에 나열된 모든 과거분사 단어들은 기출 정답이다.

As mentioned in the email, the meeting is rescheduled.
이메일에 언급된 대로, 회의가 재조정되었다.

□ **as opposed** [əpóuzd] **to** – as opposed to yesterday (phr.) 어제와는 달리/반대로 ★★★

Today is sunny, **as opposed to** yesterday's rain.
어제의 비와는 반대로 오늘은 날씨가 화창하다.

□ **as per** – as per your request (phr.) 당신의 요청에 따라서 ★★★

● as per your request는 as를 생략하고 per your request라고도 표현한다.

The meeting was rescheduled **as per** the client's availability.
회의는 고객사의 일정에 따라 재조정되었다.

□ **as to** – as to the decision (phr.) 결정에 대해서 ★★★

There is no doubt **as to** his guilt. 그의 유죄에 대해서는 의심의 여지가 없다.

□ **as yet, as of yet** – (phr.) 아직까지 ★★★

The cause of the problem is **as yet** unknown.
문제의 원인은 아직까지 알려지지 않았다.

As of yet, no decision has been made. 아직까지 결정된 게 없었다.

□ **aside** [əsáid] **from** – aside from a few details (prep.) 몇몇 세부 사항을 제외하고 ★★★

Aside from the weather, the trip was fantastic. 날씨를 제외하고, 여행은 환상적이었다.

- [ ] **aspiring** [əspáiəriŋ] – an aspiring artist (a.) 야심찬/열망하는 예술가

  She is an **aspiring** artist trying to make a name for herself.
  그녀는 이름을 알리기 위해 노력하는 야심찬 예술가이다.

- [ ] **at a later date** [léitər deit] – address this at a later date (phr.) 이것을 나중에 다루다

  We can discuss this matter **at a later date**. 우리는 이 문제를 나중에 논의할 수 있다.

  ● for a later date도 같은 뜻으로 쓰이며, later가 정답으로 시험에 출제되었다.

  The event will be rescheduled **for a later date**. 그 행사는 나중에 다시 일정이 잡힐 것이다.

- [ ] **at the discretion** [diskréʃən] **of** – at the discretion of the manager (phr.)
  매니저의 재량에 따라

  The final decision is **at the discretion of** the committee.
  최종 결정은 위원회의 재량에 달려 있다.

- [ ] **at the outset** [áutsèt] – at the outset of the project (phr.) 프로젝트 시작 때에/처음에

  At the outset, we need to clarify our objectives.
  처음에, 우리는 목표를 명확히 해야 한다.

- [ ] **at the rate**(비율)/**cost**(비용)/**price**(가격) **of** – at the rate of 10% per month (phr.)
  월 10%의 비율로

  ● 「at the 비용/가격/비율 명사 of」를 기억하자! at이 정답으로 출제되었다.

  Sales are increasing **at the rate of** 10% per month. 판매가 월 10% 비율로 늘고 있다.

- [ ] **athlete** [ǽθliːt] – a professional athlete (n.) 프로 운동선수

  He trained for years to become a professional **athlete**.
  그는 프로 운동선수가 되기 위해 수년간 훈련했다.

- [ ] **attribute** [ətríbjuːt] **A to B** – attribute success to hard work (v.)
  성공을 열심히 일한 덕으로 여기다 | A를 B의 탓으로 여기다

  He **attributes** his health problems **to** poor diet and lack of exercise.
  그는 자신의 건강 문제를 부실한 식사와 운동 부족 탓으로 돌린다.

  ● 명사로 attribute는 '본질, 속성'의 뜻이다.

- [ ] **augment** [ɔːgmént] – augment the special bonus (v.)
  특별 보너스를 늘리다/증가시키다

  The company plans to **augment** its workforce next year.
  그 회사는 내년에 인력을 증원할 계획이다.

autograph [ɔ́ːtəɡræf] – sign an autograph (n.) (유명인이) 사인을 하다

The famous actor signed **autographs** for his fans.
그 유명 배우가 팬들을 위해 사인을 해 주었다.

autonomous [ɔːtánəməs] – fully autonomous (a.) 완전히 자율적인

The robot is fully **autonomous** and can operate without human intervention.
그 로봇은 완전 자율적이며 인간의 개입 없이 작동할 수 있다.

autonomy [ɔːtánəmi] – regional autonomy (n.) 지역 자치(권)

The region gained greater **autonomy** from the central government.
그 지역은 중앙 정부로부터 더 큰 자치권을 얻어냈다.

aviation [èiviéiʃən] – work in the aviation industry (n.) 항공 산업에서 일하다

Aviation safety is a top priority for airlines. 항공 안전이 항공사의 최우선 사항이다.

back [bæk] – back the project (v.) 프로젝트를 지원하다

The initiative is **backed** by several prominent organizations.
그 계획은 여러 저명한 단체들로부터 지원을 받는다.

back order [bæk ɔ́ːrdər] – on back order (n.) 이월 주문 중인

The item is currently on **back order**. 그 물품은 현재 이월 주문 중이다.

backdrop [bǽkdrɑ̀p] – a stunning backdrop (n.) 굉장히 아름다운 배경

The mountains provided a stunning **backdrop** for the wedding.
그 산은 결혼식에 굉장히 아름다운 배경을 제공했다.

backlash [bǽklæʃ] – public backlash (n.) 대중의 반발

The new policy received significant public **backlash**.
새 정책은 상당한 대중의 반발을 받았다.

backup [bǽkəp] – create a backup (n.) 백업을 만들다, 저장하다
have a backup plan (n.) 대비 계획을 세우다

Always create a **backup** of your important files. 항상 중요한 파일의 백업을 만드세요.
Always have a **backup** plan in case something goes wrong.
문제가 발생할 경우를 대비해 늘 대비 계획을 세우세요.

balance [bǽləns] **A and B (= manage both)** – balance work and family (v.) ✦✦✦

일과 가정을 균형 있게 유지하다

It's challenging to **balance** work **and** family responsibilities.

일과 가정의 책임을 균형 있게 유지하는 것은 어렵다.

bankruptcy [bǽŋkrəptsi] – declare bankruptcy / file for bankruptcy (n.) ✦✦✦

파산을 선언하다 / 파산 신청을 하다

The company had to declare **bankruptcy** due to mounting debts.

그 회사는 늘어나는 부채로 인해 파산을 선언해야 했다.

barter [bɑ́ːrtər] **(= trade, exchange)** – barter goods (v.) 상품을 물물교환하다 ✦✦✦

They **bartered** their products for services. 그들은 자신들의 제품을 서비스와 물물교환했다.

batch [bætʃ] – batch of cookies (n.) 한 판의 쿠키, 한 번에 만들어 내는 쿠키 양 ✦✦✦

She baked a **batch** of cookies for the school event.

그녀는 학교 행사에 가져갈 쿠키 한 판을 구웠다.

beat [biːt] – beat the traffic (v.) 교통 체증을 피하다 ✦✦✦

You must leave now to **beat** the evening traffic.

저녁 시간대 교통 혼잡을 피하려면 지금 떠나야 한다.

beef [biːf] **up (= enhance)** – beef up security (v.) 보안을 강화하다 ✦✦✦

They decided to **beef up** security after the break-in.

그들은 침입 사건 후 보안을 강화하기로 했다.

bend [bend] – bend down (v.) 몸을 아래로 구부리다 ✦✦✦

She **bent** the wire into a circle. 그녀는 철사를 구부려 원으로 만들었다.

benefactor [bénəfæktər] – a generous benefactor (n.) 관대한 후원자 ✦✦✦

The scholarship fund was established by a generous **benefactor**.

장학금 기금은 한 후한 후원자에 의해 설립되었다.

bestow [bistóu] – bestow an honor (v.) 상을 수여하다 ✦✦✦

● bestow A on B는 'B에게 A를 제공하다, 수여하다'의 의미로 전치사 on과 함께 암기하자!

The university will **bestow** an honorary degree **on** her.

그 대학은 그녀에게 명예 학위를 수여할 것이다.

bewildering [biwíldəriŋ] – a bewildering array of choices (a.)

당황스러울 정도의 다양한 선택들

● 남에게 영향을 미치면 -ing, 스스로 당하면 -ed이다.

The array of options available was **bewildering** to the new customer.
사용 가능한 옵션이 다양해서 신규 고객은 당황스러웠다.

He was **bewildered** by the complex instructions. 그는 복잡한 지시에 당황했다.

biased [báiəst] – a biased opinion (a.) 편향된 의견

The article was criticized for being **biased**. 그 기사는 편향적이라고 비판을 받았다.

bilateral [bailǽtərəl] – a bilateral agreement (a.) 양자 간의/쌍방의 협정

● bi/by가 붙으면 '둘(2)'을 의미하기에 bilateral(쌍방의, 쌍무적인)이고, cycle이 두 개인 것이 자전거(bicycle)이다. '일방적인'은 unilateral이다.

The two countries signed a **bilateral** trade agreement. 두 나라는 양자 무역 협정에 서명했다.

bilingual [bailíŋgwəl] **(= dual language)** – bilingual education (a.)

이중 언어[2개 국어] 교육

The school offers **bilingual** education to accommodate both English and Spanish speakers.
그 학교는 영어와 스페인어 사용자 모두를 수용할 수 있게 이중 언어 교육을 제공한다.

blizzard [blízərd] – severe blizzard (n.) 심한 눈보라

The severe **blizzard** caused widespread damage. 심한 눈보라가 광범위한 피해를 일으켰다.

boil down [bɔil daun] **to (= simplify to)** – boil down to the main issue (v.)

핵심 문제로 귀결되다

It all **boils down to** whether we can meet the deadline.
결국 우리가 마감일을 맞출 수 있는지에 귀결된다.

be bound [baund] **to** – be bound to succeed (phr.) 성공할 것이 확실하다

● be bound to V = be sure to V, 참고로 「be bound for + 장소」는 '~행이다'의 의미이다. bound to가 토익에서 정답으로 출제되었다.

With such talent, she **is bound to** succeed. 그런 재능을 가진 그녀는 성공할 것이 확실하다.

breach [briːʧ] – breach of contract (n.) 계약 위반

They sued for **breach** of contract. 그들은 계약 위반으로 소송을 제기했다.

break ground [bréik graund] – break ground on a project (v.) 프로젝트를 시작하다 ★★★

● 건물을 짓는 일을 시작하는 '기공식'을 ground-breaking ceremony라고 한다.

They are about to **break ground** on a new housing development.
그들은 막 새로운 주택 개발을 시작하려 하고 있다.

breathtaking [bréθteikiŋ] – a breathtaking view (a.) 숨이 멎을 정도의 멋진 전망 ★★★

The hike offered **breathtaking** views of the mountains.
그 하이킹으로 숨이 멎을 정도로 멋진 산의 전망을 볼 수 있었다.

brick-and-mortar [briksənmɔ́rtər] **(= physical, traditional)** ★★★

– a brick-and-mortar store (a.) 오프라인의/재래식으로 하는 소매의 상점

● 벽돌과 벽돌을 붙이는 모르타르를 연상하면 형태가 있는 상점을 의미하는 게 쉽게 이해할 수 있다.
  brick-and-mortar store ↔ online/virtual store

They run a **brick-and-mortar** bookstore. 그들은 오프라인 서점을 운영한다.

brief [bri:f] **(= inform)** – brief the team (v.) 팀에게 간단히 설명하다 ★★★

She **briefed** the team on the new project. 그녀는 팀에게 새 프로젝트에 대해 간단히 설명했다.

bring [briŋ] **up (= raise)** – bring up a child (v.) 아이를 양육하다 ★★★

They worked hard to **bring up** their children with good values.
그들은 좋은 가치관을 가지고 자녀들을 양육하기 위해 열심히 노력했다.

● bring up은 '(주제 등을) 꺼내다(mention)'의 의미도 있다.

He decided to **bring up** the topic at the meeting. 그는 회의에서 그 주제를 꺼내기로 했다.

brisk [brisk] – a brisk walk (a.) 활기찬 걷기 ★★★

He took a **brisk** walk every morning. 그는 매일 아침 활기차게 걸었다.

bustling [bʌsliŋ] – a bustling city (a.) 북적거리는/분주한 도시 ★★★

The market was **bustling** with shoppers and vendors. 시장은 쇼핑객과 상인들로 북적거렸다.

by the hour (= hourly) – pay by the hour (phr.) 시간당 급여를 지급하다 ★★★

They pay their employees **by the hour**. 그들은 직원들에게 시간당 급여를 지급한다.

by the time S + V – by the time he arrived (phr.) 그가 도착할 즈음에/때에 ★★★

● 「By the time 주어 + 과거, S had p.p.(과거완료)」와 잘 어울린다. 또 「By the time 주어 + 현재, S will have p.p.(미래완료)」도 어울린다. 시험에 종종 나오니 기억하자!

By the time he arrived, the meeting had already started.
그가 도착했을 즈음에, 회의는 이미 시작되었다.

By the time she arrives, they will have finished the meeting.
그녀가 도착할 때쯤이면, 그들은 회의를 끝냈을 것이다.

☐ **bylaw** [báilɔ̀ː] – a local bylaw (n.) 지방 조례 ★★★

The new local **bylaw** restricts smoking in public places.
새로운 지방 조례는 공공장소에서의 흡연을 제한한다.

☐ **call in sick (= notify of illness)** – call in sick to work (v.) 회사에 병가를 내다 ★★★

He had to **call in sick** because of a high fever. 그는 고열 때문에 병가를 내야 했다.

☐ **call off (= cancel)** – call off the meeting (v.) 회의를 취소하다 ★★★

They had to **call off** the meeting due to the bad weather.
그들은 나쁜 날씨 때문에 회의를 취소해야 했다.

☐ **cap** [kæp] – a spending cap (n.) 지출 한도 ★★★

The budget includes a spending **cap** on travel expenses.
예산에는 출장 경비에 대한 지출 한도가 포함되어 있다.

● cap은 동사로 '한도에 달하다'의 의미도 있다.

☐ **carbon footprint** [káːrbən fútprìnt] – minimize the carbon footprint of transportation (n.)
운송에 따른 이산화탄소 배출량/탄소 발자국을 최소화하다 ★★★

● 토익에서도 환경 관련 단어들이 많이 보이고 있다.

The company is focused on improving sustainability by reducing its **carbon footprint**.
그 회사는 이산화탄소 배출량을 줄여 친환경 지속성을 개선하는 데 주력하고 있다.

☐ **casual** [kǽʒuəl] **(= informal, relaxed)** – casual clothes (a.) 캐주얼한/평상시의 복장 ★★☆

He prefers to wear **casual** clothes on weekends. 그는 주말에 평상복을 입는 것을 선호한다.

☐ **category** [kǽtəgɔ̀ːri] **vs. division** [divíʒən] – category of beverages (n.) 음료 카테고리 ★★☆
marketing division (n.) 마케팅 부서 ★★☆

The products are listed by **category** on the website.
제품들이 웹사이트에서 카테고리별로 나열되어 있다.

He was promoted to head of the finance **division**. 그는 재무부서장으로 승진했다.

☐ **cavity** [kǽvəti] – dental cavity (n.) 치아 충치 ★★★

The dentist filled the **cavity** in her tooth. 치과 의사는 그녀의 치아에 생긴 충치를 메웠다.

choir [kwaiər] – join the choir (n.) 합창단에 가입하다 ***

● 이 단어는 발음에 주의하자! <파트 1>에서도 자주 들리는 단어이다.

She joined the school **choir**. 그녀는 학교 합창단에 가입했다.

choreographer [kɔ̀(ː)riágrəfər] – a talented choreographer (n.) 재능 있는 안무가 ***

The talented **choreographer** created an amazing dance routine.
그 재능 있는 안무가는 놀라운 춤 동작을 창작해 냈다.

chronic [kránik] – a chronic disease (a.) 만성적인 질환 ***

He suffers from a **chronic** disease that requires ongoing treatment.
그는 지속적인 치료를 요하는 만성 질환을 앓고 있다.

● chronic의 반의어는 acute(급성의)이다.

circulation [sɔ̀ːrkjuléiʃən] – circulation of the magazine (n.) 잡지의 발행 부수 ***

● circulation은 '순환'이 1차적 의미이고, 신문이나 잡지를 한 번에 찍어 내는 '발행 부수'의 의미로 확대되었다.

The magazine has a wide **circulation**. 그 잡지는 발행 부수가 많다.

circumstance [sɔ́ːrkəmstæns] – adapt to new circumstances (n.) 새로운 상황에 적응하다 ***

We must adapt our plans to the changing **circumstances**.
우리는 변화하는 상황에 맞추어 계획을 조정해야 한다.

● under no circumstances는 '어떤 경우에도 ~ 아니다'의 의미로 중요한 표현이다.

Under no circumstances should you open the door. 어떤 경우에도 문을 열어서는 안 된다.

clerical [klérikəl] – a clerical position (a.) 사무직, 사무원의 업무 ***

Clerical duties include filing and answering phones.
사무직 업무에는 서류 정리와 전화 응대가 포함된다.

clumsy [klʌmzi] **(= awkward, uncoordinated)** – clumsy movements. (a.) ***
어설픈/서투른 동작

His **clumsy** movements made it obvious that he was new to dancing.
그의 어설픈 동작들은 그가 춤을 처음 춘다는 것을 명백히 보여 주었다.

coincide [kòuinsáid] **with** – coincide with the holidays (v.) 휴가와 일치하다/동시에 일어나다 ***
The festival **coincides with** the school holidays. 축제는 학교 방학과 일치한다.

collapse [kəlǽps] – The structure may collapse. (v.) 구조물이 붕괴될 수도 있다. ***
The building **collapsed** after the earthquake. 그 건물은 지진 발생 후 붕괴되었다.

come [kʌm] **along** – The solution will come along. (v.)

해결책이 생겨날 것이다 | 생기다

Another opportunity like this may not **come along** for a long time.
이와 같은 기회가 오랫동안 생기지 않을 수도 있다.

command [kəmǽnd] – command attention (v.) 주의를 끌다

● command의 1차적인 의미는 '명령하다'로 다의어이다. 참고로 a good command of English(훌륭한 영어 구사 능력) 표현도 알아두자! 이때 command는 명사로 '능력, 구사력'을 의미한다.

The speaker **commanded** the attention of the audience. 그 연설자는 청중의 주의를 끌었다.

commemorate [kəmémərèit] **(= honor, celebrate)** – commemorate an event (v.)

행사를 기념하다

● com[= together]+memo[= memorize]+rate: 함께 기억하다 → 기념하다

They held a ceremony to **commemorate** the anniversary.
그들은 그 기념일을 기념하기 위해 행사를 열었다.

comment [kάment] / **commentary** [kάməntèri] – make a comment about (n.)

~에 대한 논평/해설을 하다

The sports **commentary** was insightful. 그 스포츠 논평은 통찰력이 있었다.

The political **commentary** provided valuable context. 그 정치 해설은 귀중한 맥락을 제공했다.

● comment는 '댓글'의 의미도 있다.

She left a **comment** on the article. 그녀는 기사에 댓글을 남겼다.

commission [kəmíʃən] – receive a commission (n.) 수수료를 받다

Sales representatives receive a **commission** for each product they sell.
영업 사원들은 자신들이 판매하는 각 제품에 수수료를 받는다.

● commission에는 '의뢰, 주문'의 의미와 동사로 '위임하다', '의뢰하다'의 의미도 있다.

The artist was given a **commission** to create a new sculpture for the park.
그 예술가는 공원에 놓을 새 조각상을 만들어 달라는 의뢰를 받았다.

The artist was **commissioned** to create a mural. 그 예술가는 벽화를 그려 달라는 의뢰를 받았다.

commodities [kəmάdətiz] **(= goods)** – trade commodities (n.) 상품을 거래하다

They specialize in trading agricultural **commodities**. 그들은 농산물 거래를 전문으로 한다.

compassionate [kəmpǽʃənət] – a compassionate response (a.) 동정적인 반응

She gave a **compassionate** response to the victim's plight.
그녀는 피해자의 고통에 동정적인 반응을 보였다.

compelling [kəmpéliŋ] **(= convincing, persuasive)** – a compelling reason (a.)

설득력 있는/강력한 이유

He presented a **compelling** reason for his decision.
그는 자신의 결정에 대한 설득력 있는 이유를 제시했다.

She made a **compelling** argument for the proposal.
그녀는 그 제안에 대해 설득력 있는 주장을 펼쳤다.

compile [kəmpáil] – compile the data (v.) 데이터를 모으다

We need to **compile** all the reports by Friday. 우리는 금요일까지 모든 보고서를 모아야 한다.

complication [kὰmpləkéiʃən] – an unexpected complication (n.) 예상치 못한 복잡함

The surgery was delayed due to an unexpected **complication**.
예상치 못한 복잡성으로 인해 수술이 지연되었다.

● complication은 '합병증'의 의미로 쓰이기도 한다. 이때는 주로 복수형으로 쓰인다.

The surgery went well without any **complications**. 수술은 아무런 합병증 없이 잘 진행되었다.

compromise [kάmprəmàiz] – reach a compromise (n.) **타협**에 도달하다

The agreement was a fair **compromise** for both sides.
그 합의는 양측 모두에게 공정한 타협이었다.

● compromise는 동사·명사 동형이다.

The company refused to **compromise** safety standards to cut costs.
회사는 비용을 절감하기 위해 안전 기준에 타협하는 것을 거부했다.

● compromise는 '질을 떨어뜨리다(devalue)', '약화시키다(weaken)'의 의미도 중요하다.

The rushed production schedule ended up **compromising** the quality of the final product. 급하게 진행된 생산 일정으로 최종 제품의 품질이 저하되었다.

compromising [kάmprəmàiziŋ] – a compromising situation (a.)

낯부끄러운/명예를 실추시키는 상황

The photos were **compromising** and could ruin his career.
그 사진들은 낯부끄러웠고 그의 경력을 망칠 수도 있었다.

compulsory [kəmpʌ́lsəri] – compulsory education (a.) 의무의/강제적인 교육

In many countries, education is **compulsory** until a certain age.
많은 나라에서 교육은 특정 연령까지 의무적이다.

conceal [kənsíːl] – conceal one's disappointment (v.) 실망을 숨기다

The suspect attempted to **conceal** evidence. 용의자는 증거를 숨기려고 시도했다.

concede [kənsíːd] – concede the point in the debate (v.) 토론에서 그 점을 인정하다

He **conceded** that he had been mistaken. 그는 자신이 착각했다는 점을 인정했다.

● 명사형은 concession(양보, 인정)이다.

The company made several **concessions** to avoid a strike.
그 회사는 파업을 피하기 위해 몇 가지 양보를 했다.

conceive [kənsíːv] – conceive a plan (v.) 계획을 구상하다

● 이 단어는 토익 시험에서 '구상하다'의 의미로 출제되었고, '임신하다'의 의미도 있다.

She **conceived** a new strategy for the business. 그녀는 사업을 위한 새로운 전략을 구상했다.

be condemned [kəndémd] **to (= be sentenced to)** – be condemned to death (phr.)
사형을 선고받다

The criminal **was condemned to** death for his crimes.
그 범죄자는 자신이 저지른 범죄로 사형을 선고받았다.

condense [kəndéns] **(= summarize)** – condense the information (v.) 정보를 압축하다

Please **condense** the information into a one-page summary.
그 정보를 한 페이지 분량의 요약으로 압축해 주세요.

conducive [kəndjúːsiv] – a conducive environment for learning (a.)
학습에 도움이 되는 환경

● 발음이 '컨듀시브'이다. '컨덕티브(conductive: 전도성의)'가 아니므로, 착시 현상에 주의하자!

The quiet room is **conducive** to studying. 조용한 방이 공부에 도움이 된다.

confection [kənfékʃən] – a chocolate confection (n.) 초콜릿 과자류

She bought a chocolate **confection** as a treat for herself.
그녀는 자신이 먹을 간식으로 초콜릿 과자를 샀다.

confectionery [kənfékʃənèri] – a confectionery shop (n.) 제과점, 과자류

The **confectionery** sells a variety of sweets and pastries.
그 제과점은 다양한 사탕과 페이스트리를 판매한다.

confer [kənfɔ́ːr] – confer with the team members (v.) 팀원들과 상의하다

The doctor **conferred** with his colleagues about the best treatment plan.
의사는 최상의 치료 계획에 관해 동료들과 상의했다.

● 헷갈리기 쉬운 refer to(~에 관한 것이다), defer(복종하다, 연기하다)도 함께 알아두자.

confident [kánfədənt] – confident attitude (a.) 자신감 있는 태도 ***

She is **confident** in her abilities. 그녀는 자신의 능력에 자신감이 있다.

● 「be confident(자신감 있다)/hopeful(희망을 품다)/optimistic(낙관적이다)/sure(확신하다)/aware(알고 있다) that S + V」구문도 중요하다.

She **is confident that** she will pass the exam.
그녀는 자신이 시험에 합격할 것이라고 확신하고 있다.

configuration [kənfigjuréiʃən] – network configuration (n.) 네트워크 배열/구성 ***

● 가로 세로 공간의 치수(measurements)를 알려 주면서 놀이터의 미끄럼틀, 시소 등의 놀이기구 배치(configuration)는 우리가 다 알아서 한다는 문맥에서 정답으로 출제된 바 있다.

The technician changed the network **configuration** to improve performance.
기술자는 성능을 향상시키기 위해 네트워크 구성을 변경했다.

confiscation [kànfəskéiʃən] – confiscation of property (n.) 재산 몰수 ***

The **confiscation** of illegal goods is common. 불법 물품의 몰수는 흔한 일이다.

conform [kənfɔ́ːrm] – conform to the guidelines (v.) 지침을 따르다/준수하다 ***

● 「conform to + 명사」를 덩어리로 암기하자!

The products must **conform to** safety standards. 제품은 안전 기준을 준수해야 한다.

congenial [kəndʒíːnjəl] **(= friendly, pleasant)** – a congenial atmosphere (a.)
친화적인 분위기 ***

The meeting was held in a **congenial** atmosphere. 회의는 친화적인 분위기에서 열렸다.

congested [kəndʒéstid] – congested traffic (a.) 혼잡한 교통 ***

● 명사형은 congestion(혼잡)이다.

The roads were **congested** with holiday traffic. 휴일 교통 체증으로 도로는 혼잡했다.

conscientiously [kànʃiénʃəsli] – work conscientiously (adv.) 성실히/양심적으로 일하다 ***

He always works **conscientiously** to complete his tasks.
그는 자신의 업무를 완료하기 위해 항상 성실하게 일한다.

consecutive [kənsékjutiv] – three consecutive days (a.) 연속된 3일 ***

She worked for three **consecutive** days without a break.
그녀는 휴식 없이 연속해서 3일 동안 일했다.

conservatory [kənsɔ́ːrvətɔ̀ːri] – study at the conservatory (n.) 음악학교에서 공부하다 · · ·

● conservatory는 '온실'의 의미도 중요하지만, 토익에서는 '음악학교'의 의미로 많이 나온다.

She was accepted into the prestigious **conservatory** to study classical piano.
그녀는 클래식 피아노를 공부하기 위해 명문 음악원에 입학했다.

The **conservatory** has an impressive collection of tropical plants.
그 온실은 인상적인 열대 식물 컬렉션을 가지고 있다.

considerable [kənsídərəbl] – a considerable amount of time (a.) 상당한 양의 시간 · · ·

We have spent a **considerable** amount of money on this project.
우리는 이 프로젝트에 상당한 금액을 지출했다.

conspicuous [kənspíkjuəs] – a conspicuous change in behavior (a.) 눈에 띄는 행동 변화 · · ·

Her absence was **conspicuous** at the meeting. 회의에서 그녀의 부재는 눈에 띄었다.

constituent [kənstítʃuənt] – a local constituent (n.) 지역 유권자 · · ·

The politician met with a local **constituent** to discuss issues.
정치인은 그 문제를 논의하기 위해 지역 유권자와 만났다.

contagious [kəntéidʒəs] (= infectious) – a contagious disease (a.) 전염성의 질환 · · ·

The flu is highly **contagious**. 독감은 전염성이 매우 높다.

contamination [kəntæmənéiʃən] – water contamination (n.) 수질 오염 · · ·

The factory was responsible for the water **contamination**.
그 공장이 수질 오염의 책임이 있었다.

content [kántent] – quite content with the results (a.) 결과에 매우 만족한 · · ·

He felt **content** after finishing the project. 그는 프로젝트를 완료한 후 만족감을 느꼈다.

contingency [kəntíndʒənsi] – prepare for every contingency (n.) · · ·
모든 만일의 사태에 대비하다

● contingency plan: 우발적인 상황에 대한 계획, 비상 대책

We need to have a **contingency plan** in case something goes wrong.
문제가 발생할 경우를 대비해 만약의 사태에 대한 대책을 세워야 한다.

continuous [kəntínjuəs] – continuous improvement (a.) 지속적인 개선 · · ·

The company focuses on **continuous** improvement of its processes.
그 회사는 자사 프로세스의 지속적인 개선에 중점을 두고 있다.

contrive [kəntráiv] **to (= manage to)** – contrive to escape (v.) ★★★
용케 탈출을 꾀하다/고안하다

They **contrived to** escape from the locked room.
그들은 잠긴 방에서 용케 탈출을 꾀했다.

019

controversial [kὰntrəvə́:rʃəl] – a controversial topic (a.) 논란이 되는 주제 ★★★

The speaker addressed a **controversial** topic in his lecture.
그 연사는 강연에서 논란이 되는 주제를 다루었다.

convene [kənví:n] – convene the committee (v.) 위원회를 소집하다, 위원회가 소집되다 ★★★

● convene의 명사형은 convention(집회)이다.

The board will **convene** next week to discuss the proposal.
이사회는 그 제안을 논의하기 위해 다음 주에 소집될 것이다.

convert [kənvə́:rt] **A into B (= transform A into B)** – convert the garage into a ★★★
studio (v.) 차고를 스튜디오로 개조하다/변환하다

They decided to **convert** the garage **into** a studio. 그들은 차고를 스튜디오로 개조하기로 했다.
The software can **convert** text **into** digital format quickly.
그 소프트웨어는 텍스트를 디지털 형식으로 빠르게 변환할 수 있다.

convinced [kənvínst] – be convinced of the truth (a.) 사실을 확신하다 ★★★

I am **convinced** that he is telling the truth. 나는 그가 진실을 말하고 있다고 확신한다.

convincing [kənvínsiŋ] – a convincing argument (a.) 설득력 있는 주장 ★★★

The evidence was **convincing** enough to support the theory.
그 증거는 그 이론을 뒷받침하기에 충분히 설득력이 있었다.

cooperate [kouάpərèit] – cooperate with colleagues (v.) 동료들과 협력하다 ★★★

We need to **cooperate** to achieve our goals. 우리는 목표를 달성하기 위해 협력해야 한다.

coordinate [kouɔ́:rdənət] – coordinate the event (v.) 행사를 조정하다 ★★★

She was responsible for **coordinating** the conference.
그녀는 회의를 조정하는 책임을 맡았었다.

cope [koup] **with** – cope with stress (v.) 스트레스에 대처하다 ★★★

She learned to **cope with** stress through meditation.
그녀는 명상을 통해 스트레스에 대처하는 법을 배웠다.

correlation [kɔ̀rəléiʃən] – a strong correlation between variables (n.)

변수들 간의 강한 상관 관계

The study found a high **correlation** between smoking and lung cancer.
그 연구는 흡연과 폐암 사이에 높은 상관 관계를 찾아냈다.

costly [kɔ́:stli] – a costly mistake (a.) **값비싼** 실수

● lovely(사랑스러운), costly(값비싼), friendly(친절한), lively(생기 넘치는), orderly(질서 정연한)는 -ly로 끝나지만 형용사로 쓰이는 단어들이다.

The error proved to be very **costly**. 그 오류는 매우 비싼 대가를 치르게 한 것으로 드러났다.

counsel [káunsəl] – counsel students on their careers (v.)

학생들에게 진로 상담을 하다

The therapist will **counsel** the patient on how to manage stress.
그 치료사는 환자에게 스트레스 관리 방법에 대해 상담할 것이다.

● counsel은 '충고하다'의 뜻으로도 쓰이며, 명사로는 '충고, 조언'의 의미이다.

He sought **counsel** from his mentor. 그는 멘토에게서 조언을 구했다.

count [kaunt] – count inventory accurately (v.) 정확하게 재고를 세다

The volunteers **counted** the votes after the election. 자원봉사자들은 선거 후 표를 세었다.

● Count me in.(나도 셈에 넣어 주세요. = 나도 끼워 주세요.)도 암기해 두자!

● count on = depend on(~에 의존하다)의 뜻도 중요하다.

counterfeit [káuntərfit] **(= fake)** – counterfeit money (a.) 위조된/모조의 화폐

The police arrested him for using **counterfeit** money.
경찰은 위조 화폐 사용 혐의로 그를 체포했다.

courteous [kɔ́:rtiəs] – provide courteous service (a.) 정중하고 예의 바른 서비스를 제공하다

● 이 단어의 명사형은 courtesy(공손함, 예의)이다. 그러나 courtesy는 '무료의, 서비스의'라는 형용사로도 쓰여 courtesy phone/bus는 호텔 등이 손님을 배려하여 제공하는 '무료 전화/셔틀버스'를 의미한다.

The staff were **courteous** and helpful. 직원들은 예의 바르고 도움이 되었다.

creditor [kréditər] **(= lender)** – pay the creditor (n.) 채권자에게 돈을 갚다

The company owes money to its **creditors**. 회사는 채권자들에게 돈을 빚지고 있다.

crevice [krévis] – a narrow crevice (n.) 좁은 틈

The climber's foot got stuck in a narrow **crevice**. 등반가의 발이 좁은 틈에 끼였다.

crooked [krúkid] – a crooked path (a.) 구불구불한/삐뚤어진 길 ☆☆☆

They walked along the **crooked** path through the forest.
그들은 구불구불한 길을 따라 걸으면서 숲을 통과했다.

cubicle [kjúːbikl] – an office cubicle (n.) 사무실의 칸막이 사무공간 ☆☆☆

Each employee has their own **cubicle** in the office.
각 직원은 사무실에서 자신만의 칸막이 사무공간이 있다.

culminate [kʌ́lmənèit] **in** – culminate in success (v.) 성공으로 절정에 달하다/결실을 맺다 ☆☆☆

● culminate는 '절정에 달하다, 정점을 찍다'는 의미로 기억하자!

Years of hard work **culminated** in her receiving the award.
수년간의 노력이 그녀의 수상으로 결실을 맺었다.

curbside pickup [kɔ́ːrbsaid píkʌp] – offer curbside pickup (n.) ☆☆☆
커브사이드[도로변] 픽업을 제공하다

Customers can choose **curbside pickup** for their convenience.
고객들은 편의를 위해 커브사이드 픽업(온라인으로 상품 주문 후 지정된 장소에 가서 차를 탄 상태에서 물품을 수령하는 것)을 선택할 수 있다.

custody [kʌ́stədi] **(= guardianship)** – child custody (n.) 아이 양육권 ☆☆☆

She won **custody** of her children after the divorce. 그녀는 이혼 후 자녀의 양육권을 얻었다.

customize [kʌ́stəmàiz] – customize the software to one's needs (v.) ☆☆☆
자신의 필요에 맞게 소프트웨어를 맞추다

The program allows users to **customize** their settings.
그 프로그램은 사용자가 자신의 설정을 맞출 수 있다.

● custom-made(맞춤 제작된), ready-made(기성품의)도 구분하여 암기하자!

He ordered a **custom-made** suit for the wedding. 그는 결혼식에 입을 맞춤 제작 양복을 주문했다.
She bought a **ready-made** dress for the party. 그녀는 파티에 입을 기성복 드레스를 샀다.

customized [kʌ́stəmàizd] – customized service (a.) 맞춤형 서비스 ☆☆☆

We offer **customized** services to meet your needs.
우리는 고객의 요구를 충족시키기 위해 맞춤형 서비스를 제공한다.

customs declaration [kʌ́stəmz dèkləréiʃən] – fill out a customs declaration (n.) ☆☆☆
세관 신고서를 작성하다

You need to fill out a **customs declaration** when entering a foreign country.
외국에 입국할 때는 세관 신고서를 작성해야 한다.

cutback [kʌ́tbæk] – a significant cutback in expenses (n.) 비용의 상당한 삭감 ★★★

● cutback의 동의어들로 reduction, decrease, downsizing, trimming, curtailment가 있다.

The company announced a **cutback** in its workforce. 회사는 자사 인력 삭감을 발표했다.

decipher [disáifər] – decipher a code (v.) 암호를 해독하다 ★★★

The spy managed to **decipher** the secret code. 스파이는 비밀 코드를 용케 해독해 냈다.

defer [difə́ːr] – defer the decision until later (v.) 결정을 나중으로 미루다/연기하다 ★★★

The committee decided to **defer** the final decision until next month.
위원회는 최종 결정을 다음 달까지 미루기로 했다.

● defer는 '연기하다(postpone)'의 의미 외에 '존경하다, 복종하다'의 의미도 있다.

The young musician **deferred** to the seasoned conductor's expertise.
젊은 음악가는 노련한 지휘자의 전문성에 존경을 표했다.

defibrillation equipment [diːfìbriléiʃən ikwípmənt] – (n.) 제세동기, 심장충격기 ★★★

● <파트 7>에 출제된 것으로, 책에 반드시 수록해 달라고 요청받았던 표현이다.

The paramedics used **defibrillation equipment** to restore the patient's heartbeat.
구급대원들은 환자의 심장 박동을 정상으로 되돌리기 위해 제세동기[심장충격기]를 사용했다.

deficiency [difíʃənsi] – a deficiency in the budget (n.) 예산의 부족 | 결함 ★★★

● deficiency가 들어간 질병은 AIDS (= Acquired Immune Deficiency Syndrome: 후천성 면역 결핍증)가 있다.

The report highlighted a **deficiency** in the current system.
그 보고서는 현재 시스템의 결함을 강조했다.

delete [dilíːt] – delete unnecessary files (v.) 불필요한 파일을 삭제하다 ★★★

Please **delete** the outdated files from the server.
서버에서 오래된 파일을 삭제해 주세요.

deliberate [dilíbərət] **(= done consciously and intentionally)**
– a deliberate decision (a.) 신중한 결정

His actions were slow and **deliberate**, showing he was deep in thought.
그의 행동은 느리고 신중하여 그가 깊은 생각에 잠겨 있음을 보여 주었다.

● deliberate은 동사로 '심사숙고하다'의 의미가 있다.

The jury **deliberated** for hours before reaching a verdict.
배심원단은 평결을 내리기 전에 몇 시간 동안 숙고했다.

demeanor [dimíːnər] – a calm and collected demeanor (n.) 차분하고 침착한 태도

● mis[= bad]+demeanor[= 행동]: 잘못된 행동 → misdemeanor(경범죄)

Her professional **demeanor** made a good impression on the clients.
그녀의 전문가다운 태도는 고객들에게 좋은 인상을 주었다.

denounce [dináuns] **(= condemn)** – denounce corruption (v.) 부패를 비난하다

The politician **denounced** the corruption in the government.
그 정치인은 정부의 부패를 비난했다.

densely [dénsli] – a densely populated area (adv.) 인구가 빽빽하게 밀집한 지역

● sparsely populated(인구 밀도가 희박한)도 암기하자!

The city is a **densely** populated area. 그 도시는 인구 밀도가 높은 지역이다.

depict [dipíkt] – depict the scene accurately (v.) 정확하게 장면을 묘사하다

The painting **depicts** a serene landscape. 그 그림은 평화로운 풍경을 묘사하고 있다.

depreciate [diprí:ʃièit] – The value of the car will depreciate. (v.)
자동차의 가치는 감가 상각될 것이다. | 가치가 떨어지다

● depreciate ↔ appreciate(감상하다, 가치를 인정하다, 가치가 오르다)

The value of the equipment **depreciates** over time.
장비의 가치는 시간이 지남에 따라 감가 상각된다.

deride [diráid] **(= mock)** – deride his efforts (v.) 그의 노력을 비웃다/조롱하다

They **derided** his efforts to improve the situation.
그들은 상황을 개선하려는 그의 노력을 비웃었다.

derive [diráiv] – derive pleasure from work (v.) 일에서 기쁨을 얻다/끌어내다

● derive A from B(B에서 A를 얻다)를 덩어리로 암기하자!

The company **derives** most of its revenue **from** online sales.
그 회사는 자사 수익 대부분을 온라인 판매에서 얻는다.

detach [ditǽtʃ] – detach the form and mail it (v.) 양식을 떼어 내어 우편으로 보내다 |
떼다, 분리하다

Please **detach** the last page and keep it for your records.
마지막 페이지를 떼어 내어 기록으로 보관해 주세요.

detergent [ditə́ːrdʒənt] – a laundry detergent (n.) 세탁용 세제　　★★★

We need to buy more laundry **detergent**. 우리는 더 많은 세탁용 세제를 사야 한다.

deteriorate [ditíəriərèit] – deteriorate quickly (v.) 빠르게 악화되다　　★★★

The patient's condition **deteriorated** rapidly. 환자의 상태가 급격히 악화되었다.

deviation [dìːviéiʃən] (= variation, divergence) – standard deviation (n.) 표준 편차　　★★★

The **deviation** in the data was unexpected. 데이터의 편차는 예상치 못한 것이었다.
The results showed little **deviation** from the norm. 결과는 기준에서 편차를 거의 보이지 않았다.

diabetes [dàiəbíːtis] – manage diabetes (n.) 당뇨를 관리하다　　★★★

He manages his **diabetes** with medication and diet.
그는 약물과 식이요법으로 당뇨를 관리한다.

diagnose [dáiəgnòus] – diagnose the issue accurately (v.) 정확하게 문제를 진단하다　　★★★

The mechanic **diagnosed** the problem with the engine. 정비사는 엔진에 문제가 있다고 진단했다.

● 형용사형인 diagnostic(진단의)이 diagnostic test로 최근에 출제되었다.

dignity [dígnəti] – maintain dignity (n.) 존엄성/위엄을 유지하다　　★★★

She faced the difficult situation with **dignity**. 그녀는 어려운 상황을 위엄 있게 대처했다.

the disabled [diséibld] (= people with disabilities) – support the disabled (n.)　★★★
장애인들을 지원하다

There are programs in place to support **the disabled** in our community.
우리 지역 사회에는 장애인을 지원하는 프로그램이 마련되어 있다.

discard [diskάːrd] – discard outdated materials (v.) 오래된 자료를 폐기하다/버리다　　★★★

Please **discard** any outdated documents. 오래된 문서들은 뭐든 다 폐기해 주세요.
She decided to **discard** the broken vase. 그녀는 깨진 꽃병을 버리기로 했다.

discern [disə́ːrn] – discern the truth from lies (v.) 진실과 거짓을 식별하다/알아차리다　　★★★

It's difficult to **discern** his motives. 그의 동기를 식별하기가 어렵다.

discerning [disə́ːrniŋ] – a discerning customer (a.) 안목 있는 고객　　★★★

The store caters to **discerning** customers looking for high-quality products.
그 상점은 고품질 제품을 찾는 안목 있는 고객들의 구미에 맞추고 있다.

● '안목 있는'에서 '(옳고 그른 것을 아는) 분별력 있는'의 의미로도 쓰인다.

☐ **discharge** [dist∫ɑ́ːrdʒ] – be discharged from the hospital (v.) 병원에서 **퇴원하다**   ★★★

The patient was **discharged** from the hospital after making a full recovery.
환자는 완전히 회복된 후 병원에서 퇴원했다.

● dis[= not]+charge: 책임을 덜다/없애다 → 퇴원하다, 방전하다

The battery **discharged** overnight. 배터리가 밤새 방전되었다.

☐ **disclose** [disklóuz] – disclose all relevant information (v.) 모든 관련 정보를 공개하다   ★★★

The company was required to **disclose** its financial statements.
그 회사는 자사 재무제표를 공개해야 했다.

☐ **discuss** [diskʌ́s] – discuss the project details (v.) 프로젝트 세부 사항을 논의하다   ★★★

● discuss는 기본적으로 타동사라서 뒤에 전치사가 오지 않는다. discuss = talk about

We need to **discuss** the budget for the new project.
우리는 새 프로젝트에 쓰일 예산을 논의해야 한다.

☐ **dislocate** [dísloukèit] **(= displace)** – dislocate a shoulder (v.) 어깨를 탈구하다   ★★★

She **dislocated** her shoulder while playing basketball. 그녀는 농구를 하다가 어깨를 탈구했다.

☐ **dismantle** [dismǽntl] **(= take apart, disassemble)** – dismantle the machine (v.)   ★★★
기계를 분해하다

They **dismantled** the old machine to see how it worked.
그들은 기계가 어떻게 작동하는지 보려고 오래된 기계를 분해했다.

☐ **dispatch** [dispǽtʃ] – dispatch the package (v.) 소포를 보내다 | 파견하다   ★★★

They **dispatched** a team to handle the situation.
그들은 상황을 처리하기 위해 팀을 파견했다.

☐ **dispense** [dispéns] **with (= omit)** – dispense with formalities (v.)   ★★★
형식을 생략하다/없애다

Let's **dispense with** the formalities and get straight to the point.
형식을 생략하고 바로 본론으로 들어갑시다.

☐ **disperse** [dispɔ́ːrs] – begin to disperse (v.) 흩어지기 시작하다 | 해산시키다   ★★★

The police **dispersed** the protesters. 경찰은 시위자들을 해산시켰다.

displace [displéis] – displace the residents (v.) 주민들을 쫓아내다 ★ ★ ★

The construction project **displaced** many families. 그 건설 프로젝트로 인해 많은 가구가 쫓겨났다.

● 참고로 misplace는 '(물건 등을) 잘못 두다'의 의미이다.

dispose [dispóuz] **of** – dispose of waste (v.) 쓰레기를 처리하다 ★ ★ ★

● '제거'의 of를 암기하자! get rid of(제거하다), rob/deprive A of B(A에서 B를 강탈/제거하다)

The company must **dispose of** the waste properly. 회사는 폐기물을 적절히 처리해야 한다.

Please **dispose of** your trash in the designated bins. 쓰레기는 지정된 쓰레기통에 버려 주세요.

disproportionate [disprəpɔ́ːrʃənət] – a disproportionate response to the situation (a.) ★ ★ ★
상황에 대한 불균형한 대응

The punishment was **disproportionate** to the crime.
처벌이 범죄에 비해 불균형했다. (죄에 비해 너무 강하거나 약한 것을 의미)

disqualify [diskwáləfài] – disqualify a candidate (v.) 후보를 실격시키다/ ★ ★ ★
후보 자격을 박탈하다

The committee decided to **disqualify** the candidate for cheating.
위원회는 부정행위로 인해 그 후보를 실격시키기로 했다.

disseminate [disémənèit] – disseminate information widely (v.) ★ ★ ★
널리 정보를 퍼뜨리다/유포하다

● dis+semin[= 씨앗]+ate: 씨앗을 퍼뜨리다 → 유포하다, 퍼뜨리다

The organization **disseminates** information about health and safety.
그 조직은 건강과 안전에 관한 정보를 유포한다.

dissipate [dísəpèit] – dissipate by noon (v.) 정오까지 사라지다/소멸되다 ★ ★ ★

The crowd's excitement began to **dissipate** after the game.
경기 후 군중의 흥분이 가라앉기 시작했다.

dissolve [dizálv] – salt dissolves in water (v.) 소금이 물에 녹다 ★ ★ ★

The sugar **dissolved** quickly in the hot tea. 설탕이 뜨거운 차에 빠르게 녹았다.

● solve가 들어간 또다른 단어 resolve는 '해설하다, 풀다'의 의미이다. 그래서 '풀리지 않는 문제'는 unsolved problem이다.

distill [distíl] **(= extract)** – distill the essence (v.) 정수를 추출하다 ★ ★ ★

He tried to **distill** the essence of the article into a few sentences.
그는 그 기사의 핵심을 몇 문장으로 뽑아내려고 했다.

distinguish [distíŋgwiʃ] – distinguish between right and wrong (v.) ★★★

옳고 그름을 구별하다

● distinguish A from B, distinguish between A and B 구문을 암기해 두자!

It's important to **distinguish** fact **from** fiction. 사실과 허구를 구별하는 것이 중요하다.

distinguished [distíŋgwiʃt] – a distinguished career (a.) 뛰어난 경력 ★★★

He has had a **distinguished** career in law. 그는 법률 분야에서 뛰어난 경력이 있다.

distracting [distrǽktiŋ] – a distracting noise (a.) 산만하게 하는 소음 ★★★

● 최신 토익 출제 경향은 -ing형 형용사들이다. demanding(요구가 많은, 쉽게 만족하지 않는), imposing(위풍당당한)

The **distracting** noise made it hard to concentrate. 산만한 소음 때문에 집중하기가 어려웠다.

distribute [distríbjuːt] – distribute the meeting agenda (v.) 회의 안건을 배포하다/분배하다 ★★★

The manager **distributed** the tasks evenly among the team.
매니저는 팀원들 사이에 업무를 고르게 분배했다.

divert [divɔ́ːrt] – divert attention from the issue (v.) ★★★

해당 문제에서 주의를 딴데로 돌리다

The teacher tried to **divert** the students' attention away from the noise outside and back to the lesson.
선생님은 학생들의 주의를 바깥 소음에서 수업으로 돌리려고 애썼다.

● divert는 '(자동차 등이) 우회하다'의 의미로도 쓰인다.

The construction work **diverted** traffic to another route.
건설 공사로 인해 교통이 다른 경로로 우회했다.

dividend [dívədènd] – receive a dividend (n.) 배당금을 받다 ★★★

Shareholders received a **dividend** from the company's profits.
주주들은 회사의 수익에서 배당금을 받았다.

domain [douméin] – a domain of knowledge (n.) 지식의 영역/분야 ★★★

This issue falls outside my **domain** of expertise. 이 문제는 내 전문 분야를 벗어나는 것이다.

domestic [dəméstik] – domestic flights (a.) 국내선의/국내의 항공편 ★★★

● domestic의 동의어 internal, local, national과 반의어 foreign, international, overseas도 암기하자!

The airline offers numerous **domestic** flights across the country.
그 항공사는 전국적으로 많은 국내 항공편을 제공하고 있다.

donate [dóuneit] – donate to the charity (v.) 자선 단체에 기부하다 ★ ★ ★

He **donated** a large sum to the university. 그는 대학교에 큰 금액을 기부했다.

dormant [dɔ́:rmənt] – a dormant volcano (a.) 휴면기의/활동을 중단한 화산(= 휴화산) ★ ★ ★

● dormant: dorm[= sleep]+ant: (화산이) '잠자고 있는'의 의미이고, 그래서 잠자는 곳이 '기숙사(dormitory)' 이다.

The seeds will remain **dormant** until spring. 씨앗은 봄까지 휴면 상태로 남아 있을 것이다.

dosage [dóusidʒ] **(= amount)** – correct dosage (n.) 정확한 복용량 ★ ★ ★

Make sure to follow the correct **dosage** instructions on the label.
라벨에 있는 정확한 복용량 지침을 반드시 따르세요.

dose [dous] – proper dose (n.) 적절한 복용량 ★ ★ ★

It's important to take the proper **dose** of medication.
적절한 용량의 약을 복용하는 것이 중요하다.

doubt [daut] – doubt that S + V (v.) ~라는 것을 의심하다/의문을 갖다 ★ ★ ★

He **doubted** that she would arrive on time. 그는 그녀가 제시간에 도착할지 의문이 들었다.

● doubt의 동의어는 suspect이다.

I **suspect** that she is a spy. 나는 그가 스파이일 거라고 의심한다.

● have no doubt는 '의심의 여지가 없다, 분명 ~일 것이다'의 의미이다.

I **have no doubt** that she will succeed. 나는 그녀가 성공할 것이라는 데 의심의 여지가 없다.

be doubtful [dáutfəl] **about** – be doubtful about the chances (phr.) ★ ★ ★
가능성에 대해 의심하다

She **is doubtful about** the authenticity of the document.
그녀는 그 문서의 진위 여부에 대해 의심하고 있다.

down payment [daun péimənt] – make a down payment (n.) 계약금/착수금을 내다 ★ ★ ★

● down payment는 미국적인 특성이 있는 용어로, 미국은 착수금(down payment)을 내고 집에 입주하여 나머지를 수십 년 상환으로 갚아 나간다.

They made a **down payment** on the new house. 그들은 새 집에 계약금을 지불했다.

downturn [dáutərn] – economic downturn (n.) 경제 침체 ★ ★ ★

The company struggled during the economic **downturn**.
그 회사는 경제 침체 동안 어려움을 겪었다.

☐ **draft** [dræft] – draft a new policy (v.) 새 정책 초안을 작성하다 ***

She **drafted** a letter of recommendation. 그녀는 추천서 초안을 작성했다.

● draft는 명사로 '문서나 계획의 초기 초기 버전, 초안'을 의미하며, 보통 여러 번 수정될 수 있다. <파트 6> 기출 단어이다.

The initial **drafts** of the report were reviewed by the team.
보고서의 초기 초안이 팀에 의해 검토되었다.

☐ **draw** [drɔː] – draw customers (v.) 고객을 끌어들이다 ***

　　　　　　draw a picture (v.) 그림을 그리다 ***

The concert is expected to **draw** a large crowd. 그 콘서트에 많은 관중이 몰릴 것으로 예상된다.
She loves to **draw** landscapes. 그녀는 풍경화 그리는 것을 아주 좋아한다.

☐ **drawback** [drɔ́bæk] – consider the drawbacks (n.) 단점을 고려하다 ***

● drawback(단점)의 동의어들: disadvantage, downside, flaw, weakness, shortcoming

The main **drawback** of the plan is its high cost. 그 계획의 주요 단점은 높은 비용이다.

☐ **drawing** [drɔ́:iŋ] – enter the drawing (n.) 추첨에 참여하다 ***

She won a prize in the **drawing**. 그녀는 추첨에 당첨되었다.

☐ **drastically** [drǽstikəli] – be drastically reduced (adv.) 급격히 줄어들다 ***

● rise(오르다)/fall(떨어지다)/drop(떨어지다)/reduce(감소하다) + drastically(급격히)/dramatically(극적으로)/sharply(급격하게)/exponentially(기하급수적으로)를 덩어리로 암기하자!

The prices were **drastically** reduced during the sale.
세일 기간 동안 가격이 급격히 인하됐다.

☐ **driveway** [dráivwei] – park in the driveway (n.) 진입로에 주차하다 ***

Please do not park in the **driveway**. 진입로에 주차하지 마세요.

☐ **drop me a line (= contact me)** – Drop me a line when you arrive. (phr.)
도착하면 연락해 주세요. ***

Drop me a line when you get to the city. 도시에 도착하면 연락해 주세요.

☐ **earn** [əːrn] – earn a reputation for quality (v.) 품질로 명성을 얻다 ***

He **earned** the respect of his colleagues through hard work.
그는 열심히 일해서 동료들의 존경을 받았다.

☐ **ease** [iːz] – ease the tension (v.) 긴장을 완화하다 ***

The mediator tried to **ease** the tension between the two parties.
중재자는 두 당사자 간의 긴장을 완화하려고 노력했다.

☐ **ecstatic** [ekstǽtik] – feel ecstatic (a.) 황홀한 상태로 느끼다 (= 황홀함을 느끼다)

She felt **ecstatic** when she heard the good news.
그녀는 그 좋은 소식을 들었을 때 황홀함을 느꼈다.

☐ **edge** [edʒ] **on (= approach)** – edge on winning (v.) 승리에 가까워지다

They are **edging on** winning the championship. 그들은 챔피언십 우승에 가까워지고 있다.

☐ **efficient** [ifíʃənt] – maintain efficient workflow processes (a.)
효율적인 작업 흐름 프로세스를 유지하다

The new system is more **efficient** than the old one. 새 시스템이 이전 시스템보다 더 효율적이다.

☐ **elevate** [éləvèit] – elevate the discussion to a higher level (v.)
논의를 더 높은 수준으로 끌어올리다

The new leader aims to **elevate** the company to new heights.
새 지도자는 회사를 새로운 차원으로 끌어올리는 것을 목표로 한다.

☐ **elevated** [éləvèitid] – an elevated platform (a.) 높은 단

The stage was built on an **elevated** platform. 무대는 높은 단 위에 세워졌다.

● 토익에서는 elevated bridge(높여진 다리)로 출제되었다.

☐ **elicit** [ilísit] – elicit a response (v.) 반응을 이끌어 내다/유도하다

The question was designed to **elicit** a specific response from the audience.
그 질문은 청중으로부터 특정 반응을 유도하기 위해 고안되었다.

☐ **eliminate** [ilímənèit] – eliminate unnecessary steps (v.) 불필요한 단계를 제거하다

We need to **eliminate** wasteful spending. 낭비적인 지출을 제거해야 한다.

☐ **elucidate** [ilúːsədèit] – elucidate a concept (v.) 개념을 명료하게 하다

The professor worked to **elucidate** the complex concept for the students.
교수는 학생들을 위해 복잡한 개념을 명료하게 설명하려고 했다.

☐ **email** [íːmeil] – send an email (n.) 이메일을 보내다

● mail은 셀 수 없는 명사이지만 email은 셀 수 있는 명사이다. 또 Email me.(저에게 이메일을 보내세요.)처럼
동사로도 쓰인다.

He sent an **email** to confirm the meeting. 그는 회의를 확인하기 위해 이메일을 보냈다.

embezzle [imbézl] **(= misappropriate)** – embezzle funds (v.) 자금을 횡령하다 ★★★

The accountant was caught trying to **embezzle** company funds.
그 회계사는 회사 자금을 횡령하려다 잡혔다.

embrace [imbréis] – embrace new technologies (v.) 새로운 기술을 받아들이다 ★★★

● embrace는 원래 '포옹하다, 끌어안다'가 1차적인 의미이다. 무엇을 끌어안는 것에서 시작하여 '받아들이다'라는 의미로 발전했다.

The company has **embraced** innovation to stay competitive.
그 회사는 경쟁력을 유지하기 위해 혁신을 받아들였다.

emission [imíʃən] – reduce emissions (n.) 배출을 줄이다 ★★★

The company is working to reduce its carbon **emissions**.
그 회사는 탄소 배출을 줄이기 위해 노력하고 있다.

emphasize [émfəsàiz] – emphasize the main points (v.) 주요 요점을 강조하다 ★★★

The report **emphasizes** the importance of sustainability.
보고서는 지속 가능성의 중요성을 강조한다.

● 명사형은 emphasis이고, 전치사 on과 함께 쓰이므로 emphasis on을 통으로 암기하자!

encounter [inkáuntər] – an unexpected encounter (n.) 예기치 않은 뜻밖의 만남 ★★★

● encounter는 동사·명사 동형이다.

She had an unexpected **encounter** with an old friend at the airport.
그녀는 공항에서 옛 친구와 예기치 않게 만났다.

encouraging [inkɔ́:ridʒiŋ] – encouraging results (a.) 고무적인/힘을 북돋아 주는 결과 ★★★

The early results of the experiment are **encouraging**. 실험의 초기 결과는 고무적이다.

endeavor [indévər] – endeavor to improve (v.) 개선을 위해 노력하다 ★★★

We will **endeavor** to provide the best service possible.
우리는 가능한 최상의 서비스를 제공하기 위해 노력할 것이다.

● endeavor(노력, 시도)는 명사로도 쓰인다.

Their **endeavor** to climb the mountain was successful.
그들의 등반 시도는 성공적이었다.

endorse [indɔ́:rs] – endorse the candidate (v.) 그 후보를 지지하다 ★★★

The senator **endorsed** the bill. 상원의원이 그 법안을 지지했다.

engrave [ingréiv] – engrave initials (v.) 이니셜을 새기다 ★★★

The trophy was **engraved** with the winner's name.
트로피에는 우승자의 이름이 새겨져 있었다.

enjoyable [indʒɔ́iəbl] **(= pleasant, delightful)** – an enjoyable experience (a.) ★★★
즐거운 체험

● enjoyable은 어떤 활동이나 경험이 기쁨이나 만족감을 주는 것을 의미한다. 쉬운 단어이지만 문맥을 잘 잡아야 풀 수 있는 <파트 5> 문제에 출제된 정답 단어이다.

The picnic was an **enjoyable** experience for everyone. 피크닉은 모두에게 즐거운 경험이었다.

enmity [énməti] **(= hostility)** – mutual enmity (n.) 상호 적대감/원한 ★★★

There was a long history of **enmity** between the two families.
두 가족 사이에는 오랜 적대감의 역사가 있었다.

enormous [inɔ́ːrməs] – an enormous impact (a.) 엄청난/매우 큰 영향 ★★★

● enormous는 e[= out]+norm[= 정상]+ous: 정상을 벗어나서 큰 → '매우 큰'의 의미이다.

The new policy had an **enormous** impact on the community.
새 정책은 지역 사회에 엄청난 영향을 미쳤다.

enroll [inróul] **in** – enroll in a course (v.) 강좌에 등록하다 ★★★

She decided to **enroll in** a cooking class. 그녀는 요리 강좌에 등록하기로 했다.

ensure [inʃúər] – ensure that everything is in order (v.) ★★★
모든 것이 순조롭게 진행되도록 확실하게 하다

● 「ensure that S + V」「assure someone that S + V」 구문을 구분해서 암기하자! (assure someone that 참조)

We need to **ensure that** all products meet the standards.
우리는 모든 제품이 기준을 충족하는지 확실히 해야 한다.

We need to **ensure that** all documents are signed.
우리는 모든 문서에 서명이 되어 있는지 확인해야 한다.

entail [intéil] – understand what duties entail (v.) 업무에 무엇이 수반되는지 이해하다 ★★★

● en+tail[= 꼬리]: 꼬리가 달려 있다 → 수반하다

The job **entails** a lot of hard work and dedication. 그 일은 많은 노고와 헌신을 수반한다.

enthusiastic [inθùːziǽstik] – enthusiastic about the project (a.) 그 프로젝트에 열정적인 ★★★

● enthusiastic applause(열렬한 박수 갈채)가 <파트 5>에서 출제되었다.

His **enthusiastic** response was encouraging. 그의 열정적인 반응은 고무적이었다.

entrant [éntrənt] – a new entrant (n.) 새로운 참가자

The competition welcomed many new **entrants** this year.
그 대회는 올해 많은 새로운 참가자들을 맞이했다.

entrust [intrʌst] **sb with A** – (v.) A를 누군가에게 맡기다

She **entrusted** her lawyer **with** the case. 그녀는 그 사건을 자신의 변호사에게 맡겼다.
The parents **entrusted** the babysitter **with** their children.
부모는 아이들을 보모에게 맡겼다.

environmentally-friendly [invàiərənméntli fréndli] –

environmentally-friendly practices (a.) 친환경적인 관행

The company is committed to **environmentally-friendly** practices.
그 회사는 친환경적인 관행 실천에 최선을 다하고 있다.

envision [inviʒən] – envision a bright future (v.) 밝은 미래를 상상하다/구상하다

She **envisions** a future where technology and nature coexist.
그녀는 기술과 자연이 공존하는 미래를 상상한다.

epidemic [èpədémik] – a flu epidemic (n.) 독감 유행(병)

The city is experiencing a flu **epidemic** this winter.
그 도시는 이번 겨울에 독감이 유행하고 있다.

equate [ikwéit] – equate success with happiness (v.)
성공을 행복과 동일시하다

It's important not to **equate** wealth with well-being.
부를 행복과 동일시하지 않는 것이 중요하다.

● '방정식'이 equation인 이유는 공식에 equal sign, 등호(=)가 있기 때문이다.

equivalent [ikwívələnt] – equivalent value (a.) 동등한/상당하는 가치

● equivalent는 '동등한', '동등한 것'의 의미로 형용사, 명사로 모두 쓰인다.

One dollar is roughly **equivalent** to one euro. 1달러는 대략 1유로와 같다.

eradicate [irǽdəkèit] – eradicate the problem at its root (v.) 문제를 뿌리째 근절하다

● eradicate는 e[= out]+rad[= root]+icate: 뿌리 뽑다 → 근절하다

The campaign aims to **eradicate** illiteracy in the region.
그 캠페인은 지역 내 문맹을 근절하는 것을 목표로 한다.

errand [érənd] – run an errand (n.) 심부름을 하다　★★★

● run an errand(심부름하다)를 통으로 암기하자! <파트 7>에서도 정답 문장에 활용되었다.

Could you **run an errand** for me and pick up some groceries?
심부름 좀 해서 식료품 좀 사다 줄래요?

escalate [éskəlèit] – the situation could escalate (v.) 상황이 악화될 수 있다 | 고조되다　★★★

Tensions between the two countries have **escalated**. 두 나라 간의 긴장이 고조되었다.

established [istǽbliʃt] – an established company (a.) 확실히 자리를 잡은/인정받는 회사　★★★

They work for an **established** law firm. 그들은 인정받는 법률 회사에서 일한다.

evacuation [ivækjuéiʃən] – emergency evacuation (n.) 비상 대피　★★★

The building was closed during the emergency **evacuation**.
건물이 비상 대피 기간 동안 폐쇄되었다.

even so – It is raining but even so (phr.) 비가 오기는 하지만 | 비가 와. 그렇기는 해도　★★★

The task was difficult, but **even so**, she completed it on time.
그 일은 어려웠다. 그렇기는 해도 그녀는 제시간에 그것을 완료했다.

even though – even though he was tired (conj.) 비록 그는 피곤했지만　★★★

● even if 뒤에는 '일어나지 않은 가정'이 오고, even though 뒤에는 '사실'이 온다.

Even though he was tired, he finished his homework.
비록 피곤했지만 그는 숙제를 끝냈다.

evenly [íːvənli] – be evenly distributed (adv.) 고르게/균등하게 분배되다　★★★

The funds were **evenly** distributed among the departments.
그 자금은 부서들 간에 고르게 분배되었다.

● get even(복수하다)도 기억하자. 내가 한 대 맞은 것을 동등하게 돌려주는 것이 복수하는 것이기 때문이다.

every hour on the hour (= at each hour) – leave every hour on the hour (phr.)　★★★
매시 정각에 출발하다

The train leaves **every hour on the hour**. 기차는 매시 정각에 출발한다.

● on이 정답으로 출제되었다.

evict [ivíkt] – evict a tenant (v.) 세입자를 퇴거시키다/쫓아내다　★★★

The landlord decided to **evict** the tenant for not paying rent.
집세를 내지 않아서 집주인은 임차인을 내보내기로 했다.

☐ **evoke** [ivóuk] – evoke a strong feeling (v.) 강한 감정을 불러일으키다　★★★

The music **evoked** memories of her childhood.
그 음악은 그녀의 어린 시절 추억을 불러일으켰다.

☐ **exaggerate** [igzǽdʒərèit] – exaggerate the truth (v.) 사실을 과장하다　★★★

He tends to **exaggerate** the truth to make his stories more interesting.
그는 자기 이야기를 더 재미있게 만들기 위해 사실을 과장하는 경향이 있다.

☐ **examine** [igzǽmin] – examine the proposal carefully (v.)　★★★

신중히 제안을 검토하다/조사하다

The detective **examined** the evidence closely. 형사는 증거를 면밀히 조사했다.

☐ **excavate** [ékskəvèit] – excavate a site (v.) 유적지를 발굴하다　★★★

Archaeologists began to **excavate** the ancient site.
고고학자들이 고대 유적지를 발굴하기 시작했다.

☐ **excavation** [èkskəvéiʃən] – a site of excavation (n.) 발굴 현장　★★★

● 단어에 cav가 들어가면 hole의 의미가 있다. cave(동굴), cavity(충치)

● ex[= out]+cav[= hole]+ation: 구멍을 파내는 작업 → 발굴

The **excavation** revealed ancient artifacts. 발굴을 하자 고대 유물들이 드러났다.

☐ **excel** [iksél] **in** – excel in sports (v.) 스포츠에 뛰어나다　★★★

She **excels in** mathematics. 그녀는 수학에 뛰어나다.

☐ **except** [iksépt] – a sound plan except that S + V~ (prep.)　★★★

~라는 걸 제외하고는 건전한 계획

She liked the proposal, **except** that it was too long.
너무 길다는 것을 제외하고는 그녀는 그 제안이 마음에 들었다.

☐ **excluding** [iksklú:diŋ] – excluding tax (prep.) 세금을 제외하고　★★★

The price is $50, **excluding** tax. 세금을 제외하고 가격은 50달러이다.

☐ **exclusively** [iksklú:sivli] – exclusively for members (adv.) 회원 전용으로　★★★

● '거의 오로지'는 almost exclusively가 맞고 almost primarily는 틀린 표현이다. almost 뒤에는 100% 완전한
의미가 온다. exclusively가 기출 정답 단어로 출제되었다.

The offer is **exclusively** for club members. 그 제안은 클럽 회원 전용이다.

● 형용사형 exclusive(독점적인, 전용의) 역시 중요 기출 단어이다.

The company has the **exclusive** right to sell this product.
회사가 이 제품을 판매할 독점권을 가지고 있다.

☐ **execute** [éksikjùːt] – execute the plan efficiently (v.) 효율적으로 계획을 실행하다 ★★★

The project was **executed** flawlessly. 그 프로젝트는 흠 없이 완벽하게 실행되었다.

☐ **exhale** [ekshéil] **(= breathe out)** – exhale slowly (v.) 천천히 숨을 내쉬다 ★★★

Inhale deeply and then **exhale** slowly to calm yourself.
깊이 들이마시고 천천히 내쉬면서 자신을 진정시키세요.

☐ **expedite** [ékspədàit] – expedite the approval process (v.) 승인 절차를 신속히 처리하다 ★★★

● ex[= out] + ped[= foot] + ite: 발을 쭉쭉 내밀다 → 진척시키다

The manager requested that we **expedite** the delivery.
매니저는 우리에게 배송을 신속히 처리해 달라고 요청했다.

☐ **expertise** [èkspərtíːz] – technical expertise (n.) 기술 전문 지식 ★★★

The company needs someone with technical **expertise**.
그 회사는 기술 전문 지식이 있는 사람이 필요하다.

☐ **expiration date** [èkspəréiʃən deit] – product expiration date (n.) 제품의 유효 기간 ★★★

Check the **expiration date** before consuming the product.
제품을 섭취하기 전에 유효 기간을 확인하세요.

● 복합명사에서 expiration이 정답으로 출제되었다.

☐ **exponentially** [èkspounénʃəli] – grow exponentially (adv.) 기하급수적으로 성장하다 ★★★

The company's profits have grown **exponentially** over the past five years.
회사의 수익은 지난 5년 동안 기하급수적으로 증가했다.

☐ **express train** [iksprés trein] – take an express train (n.) 급행열차를 타다 ★★★

● express bus는 '고속버스'이다.

We took an **express train** to get there faster. 우리는 거기에 더 빨리 가려고 급행열차를 탔다.

☐ **exquisite** [ikskwízit] – taste exquisite food (a.) 맛있는 음식을 맛보다 ★★★

The restaurant is known for serving **exquisite** food.
그 레스토랑은 맛있는 음식을 내놓는 것으로 유명하다.

● '진기한, 절묘한, 아름다운'의 1차 의미가 있지만, exquisite = delicious 의미로 <파트 5>에 출제되었다.

The painting is an **exquisite** example of Renaissance art.
그 그림은 르네상스 예술의 절묘한 예이다.

☐ **extinction** [ikstíŋkʃən] – risk of extinction (n.) 멸종의 위험 　☆☆☆

　● '멸종 위기에 처한 종들(endangered species)'은 '멸종(extinction)' 당하기 쉽다.

Many species are at risk of **extinction**. 많은 종이 멸종의 위험에 처해 있다.

☐ **extroverted** [ékstrəvɔ́ːrtid] **(= outgoing)** – extroverted behavior (a.) 외향적인 행동 　☆☆☆

　● extro[= out]+verted[= turn]: 밖으로 돌아선 → 외향적인

Her **extroverted** behavior makes her the life of the party.
그녀의 외향적인 행동은 그녀를 파티의 중심 인물로 만든다.

☐ **facilitate** [fəsílətèit] – facilitate the meeting (v.) 회의를 원활히 진행하다/용이하게 하다 　☆☆☆

The manager **facilitated** the discussion between the teams.
매니저는 팀 간의 논의를 원활히 진행했다.

☐ **fact** [fækt] – a fact of life (n.) 인생의 현실/사실 　☆☆☆

　● the fact/idea that + 완전한 문장(S + V) 구조를 기억하자.

It's a well-known **fact** that exercise is good for your health.
운동이 건강에 좋다는 것은 잘 알려진 사실이다.

☐ **factual** [fǽktʃuəl] – a factual report (a.) 사실에 기반하는 보고서 　☆☆☆

The article provided a **factual** account of the events.
그 기사는 사건에 대해 사실에 기반한 설명을 제공했다.

☐ **fade** [féid] – begin to fade (v.) (색 등이) 바래기 시작하다 | 사라지다 　☆☆☆

The bright red curtains began to **fade** after years of exposure to sunlight.
밝은 빨간색 커튼이 몇 년 간 햇빛에 노출되고서 바래지기 시작했다.

The noise **faded** into the background. 소음이 배경으로 사라졌다.

　● e가 빠진 fad는 '일시적인 유행'을 뜻한다.

☐ **fail** [féil] – fail to meet the deadline (v.) 마감일을 맞추는 데 실패하다 　☆☆☆

He **failed to** complete the project on time. 그는 제시간에 프로젝트를 완료하는 데 실패했다.

　● to부정사를 목적어로 취하는 동사들: fail(실패하다, ~하지 못하다), wish(바라다), hope(소망하다), want(원하다), choose(고르다), decide(결정하다), plan(계획하다), strive(노력하다, 애쓰다), promise(약속하다), refuse(거절하다)

　● fail은 '시험 등에 떨어지다'의 의미가 있다.

He **failed** the exam despite studying hard. 그는 열심히 공부했음에도 불구하고 시험에 떨어졌다.

☐ **faithful** [féiθfəl] – faithful to one's principles (a.) 원칙에 충실한 　☆☆☆

He remained **faithful** to his principles. 그는 자신의 원칙에 충실했다.

fascinate [fǽsənèit] – fascinate viewers (v.) 시청자들을 매료시키다 ★★★

The documentary **fascinated** viewers with its stunning visuals.
그 다큐멘터리는 엄청나게 멋진 시각 자료로 시청자들을 매료시켰다.

feature [fíːtʃər] – feature a special guest (v.) 특별 게스트를 소개하다 ★★★

The seminar will **feature** several experts who will share insights on market trends.
세미나에서는 여러 전문가들을 소개하고, 이들이 시장 동향에 대한 통찰을 공유할 것이다.

● feature는 '~을 특징으로 하다'의 의미가 있으며, 이때는 명사로 '특징'의 의미가 있다.

The magazine **features** articles on travel and culture.
그 잡지는 여행과 문화에 관한 기사를 특징으로 한다.

be fed up with – be fed up with the noise (phr.) 소음에 질리다 ★★★

She **was fed up with** the constant noise from the construction site.
그녀는 공사 현장에서 들리는 끊임없는 소음에 질려 있었다.

fee waiver [fiː wéivər] – apply for a fee waiver (n.) 수수료 면제를 신청하다 ★★★

Students can apply for a **fee waiver** if they meet the criteria.
학생들은 기준을 충족하면 수수료 면제를 신청할 수 있다.

feedback [fiːdbæk] – valuable feedback (n.) 귀중한 피드백 ★★★

● feedback은 셀 수 없는 명사이다. 유사어 opinion(의견)은 셀 수 있는 명사이다.

The teacher provided valuable **feedback** on the assignment.
선생님은 과제에 대해 귀중한 피드백을 제공했다.

feeling [fíːliŋ] – evoke a strong feeling (n.) 강한 감정을 불러일으키다 ★★★

The music evoked **feelings** of nostalgia. 그 음악은 향수라는 감정을 불러일으켰다.

ferment [fɔːrmént] – spread out and covered for a few days to ferment (v.) ★★★
발효시키기 위해 펼쳐 놓고 며칠간 덮어 둔 | 발효되다, 발효하다

In the traditional method, cocoa beans are harvested and, before they are used to make chocolate, they are spread out and covered for a few days to **ferment**.
전통적인 방법에서는, 코코아 콩을 수확하고 초콜릿을 만들기 전에 며칠 동안 펼쳐서 덮어 발효시킨다.

fierce [fiɔrs] – fierce competition (a.) 치열한 경쟁 ★★★

The competition for the job was **fierce**. 그 일자리를 얻기 위한 경쟁이 치열했다.

fill in for – fill in for a colleague (v.) 동료를 대신해 일을 봐주다 ★★★

Can you **fill in for** me while I'm on vacation? 내가 휴가 중일 때 나를 대신해 일 좀 봐줄 수 있니?

□ **final** [fáinl] – All ticket sales are final. (a.) 모든 티켓 판매가 변경할 수 없다. ★★★

　● 이 의미의 final은 토익에 정답으로 출제되었고, 동의어는 definitive, absolute, irrevocable, permanent, conclusive, unalterable, unchangeable이다.

Please note that all ticket sales are **final**, and no refunds or exchanges will be allowed. 모든 티켓 판매는 변경할 수 없으며, 환불이나 교환이 허용되지 않음을 유의해 주세요.

020

□ **finance** [finǽns] – finance the project (v.) 프로젝트에 자금을 제공하다 ★★★

They need to secure funding to **finance** the new initiative.
그들은 새로운 계획에 자금을 조달할 수 있게 자금을 확보해야 한다.

□ **finicky** [finiki] – a finicky eater (a.) 식성이 까다로운 사람 ★★★

He's terribly **finicky** about his food. 그는 음식에 대해 엄청나게 까다롭다.

□ **flagship** [flǽgʃip] – a flagship store (n.) 주력 상점 ★★★

The company opened its **flagship** store in the city center.
그 회사는 도심에 주력 상점을 열었다.

□ **flair** [flɛər] – an artistic flair (n.) 예술적인 재능 ★★★

　● flair는 '타고난 재능이나 독특한 스타일'로 대부분의 수험생들이 잘 모르는 단어이다.

She has a **flair** for design, which is evident in her beautiful home decor.
그녀는 디자인에 타고난 재능이 있는데, 그녀의 아름다운 집 장식에서 분명히 드러난다.

□ **flammable** [flǽməbl] – flammable materials (a.) 인화성의 물질 ★★★

Keep **flammable** materials away from open flames. 인화성 물질을 화기 근처에서 멀리 두세요.

□ **flattering** [flǽtəriŋ] – a flattering dress (a.) 돋보이게 하는 드레스 ★★★

The dress was very **flattering** and made her look beautiful.
그 드레스는 매우 돋보였고, 그녀가 아름답게 보이게 했다.

　● flattering에는 '아첨하는'의 의미도 있다.

□ **flaunt** [flɔːnt] – flaunt one's wealth (v.) 부를 과시하다 ★★★

He loves to **flaunt** his success. 그는 자신의 성공을 과시하는 것을 굉장히 좋아한다.

□ **flee** [fliː] – flee the country (v.) 나라에서 도망치다/달아나다 ★★★

They decided to **flee** the country to escape persecution.
그들은 박해를 피하기 위해 나라를 떠나기로 했다.

　● flee-fled-fled 동사 변화를 암기하자!

flimsy [flímzi] – a flimsy table (a.) 부실한/조잡한 책상 ★★★

● flimsy는 <파트 7>에 보인 단어이다.

The argument was based on **flimsy** evidence.
그 주장은 부실한 증거에 기반을 두고 있었다.

flourish [flɔ́:riʃ] – the business flourishes (v.) 사업이 번창하다 ★★★

The business began to **flourish** after the new management took over.
새 경영진이 인수한 후 사업이 번창하기 시작했다.

fluent [flúːənt] – fluent in English (a.) 영어가 유창한 ★★★

She is **fluent** in English and Spanish. 그녀는 영어와 스페인어가 유창하다.

footage [fútidʒ] – surveillance footage (n.) 감시 카메라 영상[장면/화면] ★★★

The police reviewed the surveillance **footage** for clues.
경찰은 단서를 찾기 위해 감시 카메라 영상을 검토했다.

for the sake [seik] **of** – for the sake of clarity (phr.) 명료함을 위하여 ★★★

They made the changes **for the sake of** efficiency.
그들은 효율성을 위해 변화를 단행했다.

forfeit [fɔ́:rfit] – forfeit the game if late (v.) 늦으면 경기를 박탈하다/몰수하다 ★★★

They had to **forfeit** the match due to a lack of players.
그들은 선수 부족으로 경기를 몰수해야 했다.

formula [fɔ́:rmjulə] – a mathematical formula (n.) 수학 공식 ★★★

● formula는 어떤 물질이나 제품을 만드는 '공식, 제조법'의 의미로 출제되었다.

The scientist used a complex **formula** to solve the problem.
과학자는 복잡한 공식을 사용하여 그 문제를 풀었다.

fortify [fɔ́:rtəfài] – fortify the defenses (v.) 방어를 강화하다 ★★★

The soldiers **fortified** the walls of the castle. 군인들은 성벽을 강화했다.

fossil fuel [fɑ́səl fjúːəl] – dependence on fossil fuels (n.) 화석 연료 의존성 ★★★

There is a growing concern about the reliance on **fossil fuels**.
화석 연료 의존에 대한 우려가 커지고 있다.

☐ **foster** [fɔ́ːstər] – foster innovation (v.) 혁신을 조성하다/촉진하다 ✦✦✦

   ● foster의 동의어: boost(증진시키다), nurture(양육하다), promote(촉진하다)

   The company **fosters** a culture of innovation. 그 회사는 혁신 문화를 조성하고 있다.

☐ **fraud** [frɔːd] – commit fraud (n.) 사기를 저지르다 ✦✦✦

   He was arrested for committing **fraud**. 그는 사기를 저질러 체포되었다.

   ● 형용사형은 fraudulent(사기를 치는)이다.

☐ **frequent** [fríːkwənt] – frequent the local library (v.) 지역 도서관을 자주 다니다 ✦✦✦

   She **frequents** the gym every morning. 그녀는 매일 아침 헬스클럽에 자주 간다.

☐ **friction** [fríkʃən] (= **conflict**) – cause friction (n.) 마찰/불화를 일으키다 ✦✦✦

   The new policy caused **friction** among the employees.
   새로운 정책은 직원들 사이에 마찰을 일으켰다.

☐ **frugal** [frúːgəl] – a frugal lifestyle (a.) 검소한/절약하는 생활 방식 ✦✦✦

   They live a **frugal** lifestyle to save money. 그들은 돈을 절약하기 위해 검소한 생활을 한다.

☐ **frustration** [frʌstréiʃən] – feel frustration (n.) 좌절감을 느끼다 ✦✦✦

   He felt **frustration** when he couldn't solve the problem.
   그는 문제를 해결할 수 없을 때 좌절감을 느꼈다.

☐ **fulfill** [fulfíl] – fulfill the requirements (v.) 요구 사항을 이행하다 ✦✦✦

   The company failed to **fulfill** its contractual obligations.
   그 회사는 계약상의 의무를 이행하지 못했다.

   ● fulfill + obligation(의무)/duty(직무)/orders(주문) 형태를 암기하자!

   The supplier **fulfilled the order** on time. 공급업체는 주문을 제시간에 이행했다.

   ● fulfill은 '실현하다, 성취하다'의 의미로도 쓰인다.

   He **fulfilled** his dream of becoming a doctor. 그는 의사가 되는 꿈을 이루었다.

☐ **full potential** [ful pəténʃəl] – reach one's full potential (n.) 최대 잠재력에 도달하다 ✦✦✦

   The new training program aims to help employees reach their **full potential**.
   새 교육 프로그램은 직원들이 자신의 최대 잠재력에 도달하도록 돕는 것을 목표로 한다.

☐ **fun and laughter** [fʌn ən lǽftər] (= **joy**) – bring fun and laughter (n.) ✦✦✦
   재미와 웃음을 가져오다

● 최근 <파트 6>에서 '재미와 웃음을 위해 게임하러 오세요.'라는 문맥에서 laughter를 정답으로 출제하였다.

The event was full of **fun and laughter**. 그 행사는 재미와 웃음으로 가득했다.

☐ **functional** [fʌ́ŋkʃənl] **(= operational)** – fully functional (a.) 완전히 작동하는

The new software is fully **functional**. 새 소프트웨어는 완전히 작동 중이다.

All equipment must be **operational** before the event.
모든 장비가 행사 전에 작동이 가능해야 한다.

☐ **fund** [fʌnd] – fund the research (v.) 연구에 자금을 제공하다

The organization **funds** various scientific studies.
그 단체는 다양한 과학 연구에 자금을 지원한다.

● 명사로도 쓰이는데, fund(기금, 자금)는 셀 수 있는 명사로 쓰이고, funding(자금 제공, 재정 지원)은 셀 수 없는 명사로 쓰인다.

The company set up **a fund** to support local charities.
회사는 지역 자선 단체를 지원하기 위해 기금을 마련했다.

The new research project received **funding** from the government.
새로운 연구 프로젝트는 정부로부터 재정 지원을 받았다.

The firm underwrote the new mutual **fund**, providing capital and ensuring its launch.
그 회사는 새로운 뮤추얼 펀드를 인수하여, 자금을 제공하고 출시를 보증했다.

☐ **fundamental** [fʌ̀ndəméntl] **(= basic)** – fundamental principles (a.) 기본이 되는 원칙

Understanding the **fundamental** principles of science is crucial.
과학의 기본 원칙을 이해하는 것은 중요하다.

☐ **furnished** [fɔ́:rniʃt] – a furnished apartment (a.) 가구가 비치된[갖춰진] 아파트

They decided to rent a **furnished** apartment because it was more convenient than buying furniture.
그들은 가구를 구입하는 것보다 더 편리하기 때문에 가구가 갖추어진 아파트를 임대하기로 결정했다.

☐ **gain** [gein] – gain market share (v.) 시장 점유율을 확보하다/얻다

The company **gained** a competitive advantage in the market.
그 회사는 시장에서 경쟁 우위를 확보했다.

● 참고로 gain weight는 '살이 찌다'라는 의미이다.

☐ **garner** [gáːrnər] – garner support (v.) 지지를 얻다/모으다

The candidate worked hard to **garner** support from the voters.
후보자는 유권자들의 지지를 얻기 위해 열심히 일했다.

gender [dʒéndər] **(= sex)** – gender equality (n.) 성 평등 　　★★★

● gender는 '문화적 의미의 성'이고 sex는 '생물학적 의미의 성'이다.

They are working towards **gender** equality in the workplace.
그들은 직장 내 성 평등을 위해 노력하고 있다.

generic [dʒənérik] – generic brands (a.) 회사 이름이 붙지 않은/일반 명칭으로 팔리는 브랜드 　★★★

● generic은 의외로 모르는 사람들이 많은 토익 기출 단어이다.

Generic medications are often cheaper than brand-name ones.
특정 상표가 없는 약물이 종종 브랜드가 있는 약물보다 더 저렴하다.

genetic [dʒənétik] – a genetic disorder (a.) 유전적 질환 　　★★★

Cystic fibrosis is a common **genetic** disorder. 낭포성 섬유증은 흔한 유전적 질환이다.

get along with (= be friendly) – get along with colleagues (v.) 동료들과 잘 지내다 　★★★

She **gets along** well **with** all her colleagues. 그녀는 모든 동료들과 잘 지낸다.

get through with (= finish) – get through with the task (v.) 작업을 끝내다 　★★★

Let me know when you **get through with** the report. 보고서를 다 끝내면 알려 주세요.

getaway [gétəwei] **(= short vacation)** – a weekend getaway (n.) 주말 단기 휴가 　★★★

We planned a weekend **getaway** to the mountains.
우리는 산으로 떠나는 주말 단기 휴가를 계획했다.

gimmick [gímik] – a marketing gimmick (n.) 마케팅 술책 　　★★★

● <파트 6>에서 문제를 푸는 데 중요한 역할을 했던 기출 단어이다.

The product's unique packaging is just a **gimmick** to attract buyers.
그 제품의 독특한 포장은 구매자를 끌어들이기 위한 술책에 불과하다.

give away – give away a free book (v.) 무료인 책을 나눠 주다 　　★★★

The company is **giving away** promotional items at the event.
그 회사는 행사에서 홍보 물품을 무료로 나눠 주고 있다.

● 한 단어로 쓰인 giveaway는 '경품, 증정품'의 뜻이다.

give in to – give in to temptation (v.) 유혹에 굴복하다 　　★★

He **gave in to** the temptation of eating a second piece of cake.
그는 두 번째 케이크 조각을 먹고 싶은 유혹에 굴복했다.

He refused to **give in to** the pressure. 그는 압력에 굴복하지 않았다.

give off – give off a pleasant scent (v.) 기분 좋은 냄새를 발산하다　★★★

The lamp **gives off** a warm glow. 램프가 따뜻한 빛을 발산하고 있다.

give out (= run out, distribute, hand out) – (v.) 고갈되다, 나누어 주다　★★★

My patience **gave out** after several hours of waiting.
몇 시간 동안 기다린 후 내 인내심은 고갈되었다.

The charity **gives out** blankets to the homeless. 그 자선 단체는 노숙자들에게 담요를 나눠 준다.

give rise to (= cause) – give rise to speculation (v.) 추측을 낳다/일으키다　★★★

The sudden announcement **gave rise to** speculation about his future plans.
갑작스러운 발표로 인해 그의 미래 계획에 대한 추측이 일었다.

giveaway [gívəwei] **(= freebie, gift)** – a promotional giveaway (n.)　★★★
홍보용 경품/증정품

The store is having a promotional **giveaway**. 그 가게는 판촉 증정 행사를 하고 있다.
The company is having a **giveaway** to promote its new product.
그 회사는 신제품을 홍보하기 위해 경품 행사를 하고 있다.

given [gívən] – given the circumstances (prep.) 상황을 고려해 볼 때　★★★

● given은 전치사처럼 쓰인다. considering과 같은 의미로 그 뒤에 '명사 목적어' 또는 'that절'이 올 수도 있다.

Given the circumstances, we had to cancel the event.
상황을 고려해 봤을 때, 우리는 그 행사를 취소해야 했다.

Given that he is new to the job, he is doing very well.
이 일이 처음인 점을 고려하면, 그는 매우 잘하고 있는 것이다.

go on – go on with one's work (v.) 일을 계속 하다　★★★

After the interruption, she **went on** with her presentation.
잠시 중단된 후, 그녀는 발표를 계속했다.

● go on -ing는 '하던 일을 계속하다(continue doing something)'의 의미이고 go on to V는 '어떤 일을 하다가 언이어서 다른 일을 하다(proceed to do something else)'의 뜻이다.

She **went on** talking even though no one was listening.
그녀는 아무도 듣고 있지 않는데도 계속해서 이야기했다.

After finishing his degree, he **went on to** work at a prestigious law firm.
학위를 마친 후, 그는 명망 있는 로펌에서 일하게 되었다.

go on the market [mɑ́ːrkit] – (idom.) 시판되다, 유통되다　★★★

The new product will **go on the market** next month. 신제품은 다음 달에 시판될 것이다.

□ **goods** [gudz] – imported goods (n.) 수입산 상품/물품   ✩✩✩

The store offers a variety of imported **goods**. 그 가게는 다양한 수입품을 제공하고 있다.

□ **govern** [gʌ́vərn] – govern according to the rules (v.) 규칙에 따라 통치하다/관리하다   ✩✩✩

The governor **governs** the region with fairness and dedication, ensuring the well-being of all its citizens. 그 주지사는 모든 시민의 복지를 보장하면서 공정하고 헌신적으로 그 지역을 통치한다. The committee will **govern** the proceedings. 위원회가 절차를 관리할 것이다.

□ **grant** [grænt] **(= allow, permit)** – grant permission (v.) 허가를 승인하다   ✩✩✩

They **granted** him permission to leave early. 그들은 그가 일찍 떠날 수 있게 허가해 주었다.

□ **grievance** [gríːvəns] **(= complaint, dissatisfaction)** – employee grievance (n.)
직원 불만

The union filed a **grievance** against the company. 노조는 회사를 상대로 불만을 제기했다.

□ **guidance** [gáidns] – seek guidance from a mentor (n.) 멘토에게 지침/지도를 받다   ✩✩✩

The students sought **guidance** from their teachers. 학생들은 선생님들께 지도를 구했다.
● under the guidance of(~의 지도 하에)도 암기하자!

□ **hail** [heil] – hail a taxi (v.) 택시를 불러 세우다   ✩✩✩

He tried to **hail** a taxi in the busy street. 그는 번화한 거리에서 택시를 불러 세우려고 했다.

□ **halt** [hɔːlt] – halt the production line (v.) 생산 라인을 중단하다/멈추다   ✩✩✩

Due to severe weather conditions, the construction work was **halted** until further notice. 악천후로 인해 건설 작업은 추후 공지가 있을 때까지 중단되었다.
● halt는 여기서 더 나아가 '정지하다'의 의미가 있다.

The police officer ordered the driver to **halt**. 경찰관이 운전자에게 정지하라고 명령했다.
● halt는 동사·명사 동형이다.

The accident caused a temporary **halt** in production. 그 사고로 인해 생산이 일시 중단되었다.

□ **handheld** [hǽndhèld] – use a handheld camera (a.)   ✩✩✩
휴대용의/손에 들고 쓰는 카메라를 사용하다

The device is small and **handheld**, making it easy to use.
그 장치는 작고 휴대용이라 사용하기 쉽다.
● ~ on hand는 '~ 가까이에, ~을 손에 들고'의 의미이다

I always keep a notebook **on hand** for quick notes.
빨리 메모하려고 나는 항상 가까이에 공책을 두고 있다.

hang [hæŋ] **onto** – hang onto the ledge (v.) 창턱을 잡고 버티다

She managed to **hang onto** the ledge until help arrived.
그녀는 도움의 손길이 도착할 때까지 창턱에 용케 매달려 있었다.

harsh [hɑːrʃ] – harsh conditions (a.) 혹독한 조건

● harsh review는 '혹평'이며, 반대말은 rave review(호평, 극찬)이다.

The **harsh** weather made travel difficult. 혹독한 날씨가 여행을 힘들게 만들었다.

haul [hɔːl] – haul the sofa upstairs. (v.) 위층으로 소파를 옮기다/운반하다

The truck **hauled** away the construction debris. 트럭이 건설 폐기물을 운반하여 치웠다.

● overhaul은 '정밀점검을 하다, 정비하다'의 의미로 구분하여 암기하자!

The company decided to **overhaul** its outdated computer system.
회사는 구식 컴퓨터 시스템을 정비하기로 결정했다.

have experience [ikspíəriəns] **-ing** – have experience working (v.) 일한 경험이 있다

● have experience 뒤에는 「to V」가 아니라 -ing형이 온다. <파트 6> 정답으로 출제되었다.

He **has experience** working in a multinational company.
그는 다국적 기업에서 일한 경험이 있다.

have since been – have since been resolved (v.) 그 이후 해결되었다

● 이 표현에서 since는 부사로 '그 후, 그때 이래로'의 의미로 <파트 5>에 여러 번 출제되었다.

The issues **have since been** resolved. 그 문제들은 그 후 해결되었다.

have trouble -ing – have trouble finding (v.) 찾는 데 어려움을 겪다

She **had trouble** finding her keys this morning.
그녀는 오늘 아침에 열쇠를 찾느라 애를 먹었다.

have until – have until the end of the month (v.) 이번 달 말까지 시간이 있다

● 이때는 until 자리에 by가 오면 틀린 표현이다. 참고로 have.... to + 동사원형 사이에는 'until + 시점'이 오며, by는 그 사이에 못 온다. 이 표현을 다룬 토익 단어 교재는 본서뿐이다.

You **have until** the end of the month to complete the assignment.
과제를 완성하는데 이달 말까지 시간이 있다.

hazard [hǽzərd] – avoid any hazard (n.) 어떤 위험도 피하다

The chemicals pose a serious health **hazard**. 그 화학 물질은 심각한 건강상의 위험을 초래한다.

● hazard의 형용사형은 hazardous (= dangerous)이다.

heal [hiːl] – heal the wound (v.) 상처를 치유하다/상처가 낫다　★★★

The doctor said it would take a few weeks for the cut to **heal**.
의사는 상처가 낫는 데 몇 주가 걸릴 것이라고 말했다.

heavy-duty [hévi djúːti] – heavy-duty equipment (a.) 튼튼한/강력한 장비 (= 중장비)　★★★

The construction site uses **heavy-duty** equipment.
건설 현장은 중장비를 사용한다.

heighten [háitn] – heighten awareness about the issue (v.) 문제에 대한 인식을 높이다　★★★

The campaign aims to **heighten** public awareness.
그 캠페인은 대중의 인식을 높이는 것을 목표로 한다.

● 단어에 en- 혹은 -en이 붙으면 타동사가 된다. enable(~을 할 수 있게 하다), encourage(~을 격려하다), broaden(~을 넓히다), sharpen(~을 날카롭게 하다), frighten(~을 놀라게 하다) 모두 타동사들이다.

herald [hérəld] – herald a new era (v.) 새로운 시대를 예고하다　★★★

The discovery **heralds** a new era in medicine.
그 발견은 의학에서 새로운 시대를 예고한다.

● herald(전조, 예고)는 명사형으로도 쓰인다.

heredity [hərédəti] – influence of heredity (n.) 유전의 영향　★★★

Heredity plays a key role in determining eye color.
유전은 눈 색깔을 결정하는 데 중요한 역할을 한다.

highlight [háilait] – highlight the main points (v.) 주요 요점을 강조하다　★★★

The report **highlights** key areas for improvement.
그 보고서는 개선해야 할 주요 영역을 강조한다.

● highlight(하이라이트, 가장 중요한 부분)는 명사형으로도 쓰인다.

highly [háili] – be highly recommended (adv.) 강력히/매우 추천되다　★★★

● high는 '높은', '높게' 다 되는 형용사·부사 동형이고, highly는 별개의 다른 단어이다.

The book is **highly** recommended by teachers. 그 책은 교사들이 강력히 추천한다.

high-visibility [hái vizəbíləti] – a high-visibility jacket (a.) 눈에 잘 띄는/　★★★
많은 관심을 유도하는 재킷

The workers wore **high-visibility** jackets for safety.
작업자들은 안전을 위해 눈에 잘 띄는 재킷을 입었다.

hit the road (= start a journey) – hit the road early (idiom.)   ★★★

일찍 먼 길을 나서다/여정에 오르다

We need to **hit the road** early to avoid traffic.
우리는 교통 혼잡을 피하기 위해 일찍 나서야 한다.

hone [houn] – hone skills (v.) 기술을 연마하다   ★★★

She took extra classes to **hone** her language skills.
그녀는 자신의 언어 능력을 연마하기 위해 추가 수업을 들었다.

honorarium [ànərέəriəm] **(= payment, fee)** – pay an honorarium (n.)   ★★★

사례비를 지불하다

● honorarium: 존경(honor)해서 주는 돈 → 사례비. <파트 7>에도 나온 기출 단어이다.

She received an **honorarium** for her lecture. 그녀는 강의에 대한 사례비를 받았다.
The guest lecturer was given an **honorarium** for her presentation.
초청 강사는 발표에 대한 사례비를 받았다.

hospitality [hàspətǽləti] **(= generosity, friendliness)** – show hospitality (n.)   ★★★

환대를 보이다

They were known for their exceptional **hospitality**. 그들은 특별한 환대로 유명했다.

hostility [hastíləti] **(= animosity)** – face hostility (n.) 적대감에 직면하다   ★★★

She faced **hostility** from her colleagues due to her promotion.
그녀는 승진 때문에 동료들의 적대감에 직면했다.

hygiene [háidʒiːn] – maintain hygiene (n.) 위생을 유지하다   ★★★

Good **hygiene** is essential for preventing illness. 좋은 위생은 질병 예방에 필수적이다.

idle [áidl] – idle machinery (a.) 가동되지 않는 기계   ★★★

● 실무에서 종종 쓰이는 단어로, <파트 5> 킬러 문제로 출제되었다.

The factory has remained **idle** for months. 그 공장은 몇 달 동안 유휴 상태로 있었다.
The machinery remained **idle** during the holiday shutdown.
기계는 휴일 셧다운 기간 동안 가동되지 않았다.

ignition [igníʃən] – turn the ignition (n.) 점화 장치를 돌리다 (= 시동을 켜다)   ★★★

She turned the **ignition** and the car started smoothly.
그녀는 점화 장치를 돌렸고 차는 부드럽게 시동이 걸렸다.

● 동사형은 ignite(불이 붙다, 점화되다)이다.

☐ **imitate** [ímətèit] – imitate the leader (v.) 리더를 모방하다

Children often **imitate** the behavior of adults. 아이들은 종종 어른들의 행동을 모방한다.

☐ **immediate supervisor** [imíːdiət súːpərvàizər] – immediate supervisor review (n.)
직속 상사의 평가

She discussed the project with her **immediate supervisor**.
그녀는 직속 상사와 프로젝트에 대해 논의했다.

☐ **immigration** [ìməgréiʃən] – go through immigration (n.) 출입국 관리소를 통과하다

We had to go through **immigration** when we arrived at the airport.
우리는 공항에 도착했을 때 출입국 관리소를 통과해야 했다.

● immigration은 '이민'의 의미로도 쓰인다.

☐ **impartial** [impáːrʃəl] – an impartial judge (a.) 공정한 판사

An **impartial** judge is essential for a fair trial.
공정한 재판을 위해서는 공정한 판사가 필수적이다.

Journalists are expected to give **impartial** opinions on current events.
언론인들은 시사 문제에 대해 공정한 의견을 제시할 것으로 기대되고 있다.

● 반대말은 partial(편파적인)이다.

☐ **impede** [impíːd] – impede progress (v.) 진행을 방해하다

The heavy traffic **impeded** our progress. 심한 교통 체증으로 진행에 차질이 생겼다.

☐ **impending** [impéndiŋ] **(= approaching, imminent)** – an impending disaster (a.)
임박한 재난

They were unaware of the **impending** danger. 그들은 임박한 위험을 알아채지 못했다.
The team is working hard to meet the **impending** deadline.
그 팀은 임박한 마감일을 맞추기 위해 열심히 일하고 있다.

☐ **implement** [ímpləmənt] – implement the plan effectively (v.) 효과적으로 계획을 실행하다

● implement는 명사처럼 보이지만 동사로, 명사형은 implementation(실행)이다. -ment로 끝나는 단어들은
대부분 명사이지만 이 단어는 예외이다.

The company decided to **implement** new strategies.
회사는 새로운 전략을 실행하기로 결정했다.

☐ **implicit** [implísit] – implicit agreement (a.) 암묵적인/내포된 합의

There was an **implicit** understanding between them. 그들 사이에는 암묵적인 이해가 있었다.

improvise [ímprəvàiz] – improvise a solution (v.) 해결책을 즉흥적으로 생각해 내다

The actor had to **improvise** his lines during the performance.
그 배우는 공연 중에 자신의 대사를 즉흥적으로 만들어야 했다.

in accord [əkɔ́:rd] **with** – in accord with the rules (phr.) 규칙에 따라

The project was completed **in accord with** the specifications.
그 프로젝트는 사양에 따라 완료되었다.

● accord는 명사로는 '일치, 조화', 동사로는 '주다, 부여하다'의 의미로 쓰인다.

The committee **accorded** him special recognition for his efforts.
위원회는 그의 노력에 대해 특별 표창을 수여했다.

in alliance [əláiəns] **with** = in alliance with other companies (phr.)

다른 회사들과 제휴하여/동맹을 맺어

The organization works **in alliance with** local governments.
그 조직은 지방 정부와 협력하여 일하고 있다.

● in alignment with(~와 일치하는, 일직선상에 있는)도 함께 알아두자.

Their actions are **in alignment with** their values.
그들의 행동은 그들의 가치와 일치한다.

in celebration [sèləbréiʃən] **of** – in celebration of the anniversary (phr.)

기념일을 축하하여

They held a party **in celebration of** their 50th anniversary.
그들은 50주년을 축하하여 파티를 열었다.

in charge [tʃɑːrdʒ] **of** – in charge of overseeing (phr.) 감독을 책임지는/담당하는

He is **in charge of** managing the company's finances.
그는 회사의 재무 관리를 책임지고 있다.

in chronological order [krà:nəlá:dʒikl ɔ́:rdər] – list events in chronological order (phr.)

사건을 연대기 순으로 니열히다

Please list the events **in chronological order**.
사건을 연대순으로 나열해 주세요.

in defiance [difáiəns] **of (= against)** – act in defiance of orders (phr.)

명령에 반항하여/명령을 무시하여 행동하다

He acted **in defiance of** the court's orders. 그는 법원의 명령을 무시하고 행동했다.

● 여기 표시된 단어는 모두 <파트 5> 기출 단어들이다.

in detail [ditéil] – explain in detail (phr.) 상세하게 설명하다　　★★★

● detail은 셀 수 있는 명사지만, 이 표현에서는 관사 없이 in detail로 쓰인다.

He explained the project **in detail** during the meeting.
그는 회의 중에 그 프로젝트를 상세하게 설명했다.

Details are provided in the report. 세부 사항은 그 보고서에 제공되어 있다.

in duplicate [djúːplikət] – submit in duplicate (phr.) 2통으로 제출하다　　★★★

Please submit the form **in duplicate**. 양식을 2통으로 제출해 주세요.

in honor [ánər] **of** – in honor of the guests (phr.) 손님들을 기리기 위해　　★★★

The event was held **in honor of** the visiting dignitaries.
그 행사는 방문한 귀빈들을 기리기 위해 열렸다.

in light [lait] **of** – in light of recent events (phr.) 최근 사건에 비추어　　★★★

In light of recent events, the policy needs to be revised.
최근 사건에 비추어, 그 정책은 수정되어야 한다.

in terms [təːrmz] **of** – in terms of cost (phr.) 비용의 견지에서/면에서　　★★★

In terms of cost, this option is the most affordable.
비용 면에서 이 옵션이 가장 저렴하다.

in the black [blæk] **(= profitable)** – be in the black (idiom.)　　★★★
흑자를 내다

The company has been **in the black** for the past three years.
그 회사는 지난 3년 동안 흑자를 내고 있다.

in the newspaper [núːzpeɪpər] – in the newspaper article (phr.) 신문 기사에서　　★★★

● 신문 앞에 오는 전치사는 in이다. on the newspaper는 '신문지 위에'가 된다.

The job opening was advertised **in the newspaper**, and applicants are required to submit their résumés by the end of the week.
채용 공고는 신문에 게재되었고, 지원자들은 이번 주 말까지 이력서를 제출해야 한다.

in the red [red] **(= unprofitable)** – be in the red (idiom.) 적자를 내다　　★★★

The business has been **in the red** for the last two quarters.
그 기업은 지난 두 분기 동안 적자를 내고 있다.

in turn [tɚrn] **(= consequently)** – in turn, affect the outcome (phr.) ★★★
결과적으로 결과에 영향을 미치다

His actions will, **in turn**, affect the outcome of the project.
그의 행동은 결과적으로 프로젝트의 결과에 영향을 미칠 것이다.

in writing [ráitiŋ] – agreement in writing (phr.) 서면으로 된 합의 ★★★

Please confirm your acceptance **in writing**. 서면으로 승인을 확인해 주세요.

inaugurate [inɔ́ːgjurèit] – inaugurate a president (v.) 대통령을 취임시키다 ★★★

The new president will be **inaugurated** next month.
신임 대통령이 다음 달에 취임할 것이다.

incentive [inséntiv] – offer an incentive for good performance (n.) ★★★
좋은 성과에 대해 인센티브를 제공하다

The company provides **incentives** to employees who exceed their targets.
회사는 목표를 초과 달성한 직원에게 인센티브를 제공하고 있다.

inception [insépʃən] – since inception (n.) 설립/시작/개시 이래로 ★★★

The company has grown significantly since its **inception**.
그 회사는 설립 이래로 크게 성장했다.

incidental [ìnsədéntl] – incidental expenses (a.) 부수적인 비용 ★★★

The trip includes **incidental** expenses. 그 여행에는 부수적인 비용이 포함되어 있다.

inclement [inklémənt] – inclement weather (a.) 궂은/좋지 못한 날씨 ★★★

The event was canceled due to **inclement** weather.
행사가 궂은 날씨로 인해 취소되었다.

incline [inkláin] – incline towards a decision (v.) 어떤 결정 쪽으로 기울다 ★★★

She is **inclined** to accept the job offer.
그녀는 일자리를 받아들이는 쪽으로 마음이 기울어 있다.

● 스펠링이 비슷한 recline(기대다), decline(거절하다, 줄어들다)과 구분하자!

She **reclined** on the sofa with a good book.
그녀는 양서를 들고 소파에 기대어 누웠다.

He politely **declined** the job offer. 그는 채용 제안을 정중히 거절했다.

The birth rate has been **declining** steadily over the past decade.
출생률은 지난 10년 동안 꾸준히 감소해 왔다.

including [inklúːdiŋ] – including everyone (prep.) 모두를 포함하여

● 「S, including+목적어, V...」 구문도 기억하자!

Everyone, **including** the children, enjoyed the show.
아이들을 포함하여 모두가 그 쇼를 즐겼다.

● 분사구문 including은 정답으로 잘 출제된다. 「S + V..., including+목적어」

She packed everything for the trip, **including** her favorite book.
그녀는 여행에 필요한 모든 것을 챙겼는데, 그중에는 그녀가 가장 좋아하는 책도 포함되었다.

incomprehensible [inkamprihénsəbl] – an incomprehensible speech (a.)
이해할 수 없는 연설

The professor's speech was almost **incomprehensible**.
교수님의 연설은 거의 이해할 수가 없었다.

inconvenience [inkənvíːnjəns] – Sorry for the inconvenience. (n.)
불편을 드려 죄송합니다.

The construction work is causing **inconvenience** to residents.
공사 작업이 주민들에게 불편을 초래하고 있다.

We apologize for any **inconvenience** this may cause. 이로 인한 불편을 드려 사과드립니다.

incredulous [inkrédʒuləs] – an incredulous look (a.) 믿기 어려운/의심하는 표정

She gave him an **incredulous** stare when he told her the news.
그가 그 소식을 전하자 그녀는 믿을 수 없다는 듯이 그를 바라봤다.

incur [inkə́ːr] – incur additional charges (v.) 추가 요금을 발생시키다

You may **incur** additional charges for extra services.
추가 서비스에 대한 추가 요금이 발생할 수도 있다.

indeed [indíːd] – indeed the best performance (adv.) 진정/사실 최고의 연주

Indeed, the results were better than expected. 사실, 결과는 예상했던 것보다 더 좋았다.

indefinitely [indéfənitli] – extend indefinitely (adv.) 무기한적으로 연장하다

The trial has been postponed **indefinitely**. 재판은 무기한 연기되었다.

indicate [índikèit] – indicate where the files were stored (v.)
파일이 어디 있는지 가리키다/나타내다

The results **indicated** a need for further study. 결과는 추가 연구의 필요성을 나타냈다.

● indicate(~임을 나타내다)/reveal(드러내다)/say(말하다)/point out(가리키다) that S + V도 암기하자!

The results **indicate that** the treatment is effective.
그 결과는 그 치료가 효과적임을 나타낸다.

☐ **indicative** [indíkətiv] – indicative of a trend (a.) 추세를 나타내는 ★★★

● be indicative(나타내는)/aware(인식하는)/typical(전형적인)/reminiscent(연상시키는) of를 덩어리로 기억
하자.

The high score is **indicative** of her hard work.
높은 점수는 그녀가 얼마나 노력을 했는지를 나타낸다.

☐ **indict** [indáit] **(= charge)** – indict for fraud (v.) 사기 혐의로 기소하다 ★★★

● 이 단어는 발음 [인다이트]에 주의하자!

The businessman was **indicted** for fraud. 그 사업가는 사기 혐의로 기소되었다.

☐ **in-depth** [indépθ] – an in-depth analysis (a.) 심층적인 분석 ★★★

The report provides an **in-depth analysis** of the market trends.
그 보고서는 시장 동향에 대한 심층 분석을 제공한다.

☐ **induce** [indjú:s] – induce sleep (v.) 잠을 유도하다 ★★★

● induce(유도하다, 유발하다)의 동의어들: prompt, trigger, provoke, stimulate, give rise to

The medicine may **induce** drowsiness. 그 약은 졸음을 유도할 수도 있다.

☐ **be indulged** [indʌldʒd] **in (= engrossed)** – be indulged in reading (phr.) ★★★
독서에 몰두하다

She **was** so **indulged in** reading that she lost track of time.
그녀는 독서에 너무 몰두한 나머지 시간 가는 줄도 몰랐다.

☐ **industrious** [indʌstriəs] **(= hardworking)** – an industrious worker (a.) 부지런한 근로자 ★★★

She is known as an **industrious** worker who always gets the job done.
그녀는 항상 일을 완수해 내는 부지런한 근로자로 알려져 있다.

● industrial은 '산업의'라는 의미이다.

☐ **inevitable** [inévətəbl] – an inevitable outcome (a.) 불가피한 결과 ★★★

The outcome of the election was **inevitable**. 선거의 결과는 불가피했다.

☐ **infer** [infɔ́:r] – infer the meaning (v.) 의미를 추론하다 ★★★

From his tone, we can **infer** that he is upset.
그의 어조로 보아, 우리는 그가 화가 났음을 추론할 수 있다.

☐ **infrastructure** [ínfrəstrʌ̀ktʃər] – develop the infrastructure (n.) 사회 기반 기설을 개발하다 ★★★

The city needs to improve its **infrastructure** to support growth.
도시는 성장을 지원하기 위한 사회 기반 시설을 개선해야 한다.

The city invested heavily in modern **infrastructure**.
그 도시는 현대적 사회 기반 시설에 많은 투자를 했다.

☐ **inhale** [ínhéil] **(= breathe in)** – inhale deeply (v.) 깊이 숨을 들이마시다 ★★★

Take a moment to **inhale** deeply and relax. 잠시 숨을 깊이 들이마시고 긴장을 푸세요.

☐ **initiative** [iníʃiətiv] – launch an initiative (n.) 이니셔티브/계획을 시작하다 | 주도권 ★★★

The government launched a new **initiative** to reduce carbon emissions across the country. 정부는 전국적으로 탄소 배출을 줄이기 위한 새로운 계획을 시작했다.
She took the **initiative** to organize the event. 그녀는 행사 조직에서 주도권을 잡았다.

☐ **inject** [indʒékt] – inject medicine (v.) 약물을 주입하다 ★★★

The nurse **injected** the medicine into the patient's arm.
간호사가 환자의 팔에 약물을 주입했다.

☐ **innate** [inéit] **(= natural)** – an innate talent (a.) 타고난 재능 ★★★

● in+nat[= born]+e: 날 때부터 안에 있는 → 타고난

She has an **innate** talent for music. 그녀는 음악에 타고난 재능이 있다.

☐ **inquiry** [inkwáiəri] – make an inquiry about the service (n.) 서비스에 대해 문의하다 ★★★

We received an **inquiry** about our new product.
우리는 자사 신제품에 대한 문의를 받았다.

☐ **insight** [ínsàit] – gain insight into the problem (n.) 문제에 대한 통찰을 얻다 ★★★
Her analysis provided valuable **insights**. 그녀의 분석은 귀중한 통찰을 제공했다.

☐ **insistent** [insístənt] – insistent that S + V / on (동)명사 (a.) ~라고 끈질기게 주장하는 ★★★

He was **insistent** on finishing the project by the end of the day.
그는 그날 안으로 프로젝트를 끝내야 한다고 끈질기게 주장했다.

☐ **insomnia** [insάmniə] – suffer from insomnia (n.) 불면증을 겪다 ★★★

She suffers from **insomnia** and has trouble sleeping at night.
그녀는 불면증을 겪고 있어서 밤에 잠을 잘 이루지 못한다.

☐ **inspect** [inspékt] – inspect the equipment regularly (v.) 정기적으로 장비를 점검하다 ★★★

The manager **inspected** the factory for safety compliance.
매니저는 안전 규정을 준수하는지 공장을 점검했다.

☐ **install** [instɔ́ːl] – install the new software update (v.) 새 소프트웨어 업데이트를 설치하다   ★★★

The technician will **install** the new system tomorrow.
기술자가 내일 새 시스템을 설치할 것이다.

☐ **institute** [ínstətjùːt] – institute new guidelines (v.) 새 가이드라인을 마련하다/제정하다   ★★★

The school has **instituted** a new policy on attendance.
학교는 출석에 관한 새로운 정책을 마련했다.

☐ **insubordinate** [ìnsəbɔ́ːrdənət] (= **defiant**) – insubordinate behavior (a.) 반항적인 행동   ★★★

His **insubordinate** behavior got him in trouble with his boss.
그의 반항적인 행동은 상사와의 문제로 이어졌다.

☐ **integral** [íntigrəl] – an integral part (a.) 필수적인 부분   ★★★

Teamwork is an **integral** part of the project. 팀워크는 프로젝트의 필수적인 부분이다.

☐ **intentionally** [inténʃənəli] – intentionally mislead (adv.) 고의로 오도하다   ★★★

He **intentionally** misled the investors. 그는 고의로 투자자들을 오도했다.

☐ **interested parties** [íntərəstid pɑ́ːrtiz] (= **concerned individuals**)   ★★★

– notify interested parties (n.) 이해 관계자에게 알리다

We will notify all **interested parties** of the meeting's outcome.
우리는 회의 결과를 모든 이해 관계자에게 알릴 것이다.

☐ **intermediate** [ìntərmíːdiət] (= **middle**) – intermediate level of English. (adj.)   ★★★
중급 영어 수준

She is taking an **intermediate** level English course to improve her language skills.
그녀는 언어 능력을 향상시키기 위해 중급 영어 과정을 듣고 있다.

☐ **intermittent** [ìntərmítnt] – intermittent rain (a.) 이따금씩 오는/간헐적인 비   ★★★

We experienced **intermittent** power outages. 우리는 간헐적인 정전 사태를 겪었다.

● 최근에 -ly가 붙은 부사형 intermittently가 간헐적으로 정답으로 출제되고 있다.

☐ **interrupt** [ìntərʌ́pt] (= **disrupt, break**) – interrupt a conversation (v.)   ★★★
대화를 방해하다/중단하다

Please don't **interrupt** while I'm speaking. 제가 말할 때 방해하지 마세요.

☐ **intervene** [ìntərvíːn] – intervene in a dispute (v.) 분쟁에 개입하다

The government decided to **intervene** in the labor dispute.
정부는 노동 분쟁에 개입하기로 결정했다.

The teacher had to **intervene** to stop the fight. 싸움이 멈추도록 선생님이 개입해야 했다.

● 스펠링이 비슷한 convene은 '회의를 소집하다'의 의미이다.

☐ **intoxicate** [intάksikèit] – intoxicate with alcohol (v.) 술에 취하게 하다

He was **intoxicated** with alcohol and couldn't drive.
그는 술에 취해서 운전할 수가 없었다.

☐ **intricate** [íntrikət] – an intricate design (a.) 복잡한 디자인

The artist created an **intricate** design for the mural.
그 예술가는 벽화에 쓸 복잡한 디자인을 만들었다.

☐ **introverted** [íntrəvəːrtid] **(= shy)** – an introverted personality (a.) 내성적인 성격

● intro[= in]+verted[= turn]: 안으로 돌아선 → 내성적인

He has an **introverted** personality and prefers staying home.
그는 내성적인 성격이라서 집에 있는 것을 선호한다.

☐ **inventory** [ínvəntɔ̀ːri] – check the inventory regularly (n.) 재고를 정기적으로 확인하다

We need to update our **inventory** management system.
우리는 재고 관리 시스템을 업데이트해야 한다.

☐ **irony** [áiərəni] – the irony of the situation (n.) 상황의 아이러니

It's an **irony** that the fire station burned down. 소방서가 불에 타 버린 것은 아이러니이다.

☐ **irretrievable** [ìritríːvəbl] **(= irreversible)** – irretrievable loss (a.) 회복할 수 없는 손실

The damage to the painting was **irretrievable**.
그 그림의 손상은 회복할 수 없는 상태였다.

☐ **isolate** [áisəlèit] – isolate the virus (v.) 바이러스를 분리하다

The doctors **isolated** the virus in the lab. 의사들이 실험실에서 그 바이러스를 분리했다.

● isolate는 '고립시키다, 격리시키다'의 의미도 있다.

☐ **itemize** [áitəmàiz] – itemize the expenses (v.) 비용을 항목별로 나열하다

Please **itemize** your travel expenses on this form.
이 양식에 여행 경비를 항목별로 작성해 주세요.

itinerary [aitínərèri] – a detailed itinerary (n.) 상세한 여행 일정

The tour guide provided a detailed **itinerary** for the entire trip.
여행 가이드는 전체 여행에 대한 상세한 일정을 제공했다.

jargon [dʒάːrgən] – technical jargon (n.) 기술 전문 용어

The report was full of technical **jargon**. 그 보고서는 기술 전문 용어로 가득했다.

jeopardize [dʒépərdàiz] – jeopardize the success (v.) 성공을 위태롭게 하다/위험에 빠트리다

His actions could **jeopardize** the entire project.
그의 행동은 전체 프로젝트를 위태롭게 할 수도 있다.

● 이 단어의 명사형은 jeopardy (= danger 위험)이다.

job description [dʒab diskrípʃən] – detailed job description (n.) 상세한 직무 설명(서)

The **job description** outlines all the responsibilities of the position.
직무 설명서는 그 직책의 모든 책임을 명시하고 있다.

journey [dʒə́ːrni] – a long journey (n.) 긴 여정/여행

They embarked on a **journey** across the country. 그들은 전국을 여행하는 여정을 시작했다.

judging [dʒʌdʒɪŋ] **from** – judging from the results (phr.) 결과로 판단했을 때

Judging from the results, the experiment was a success.
결과로 판단했을 때, 실험은 성공이었다.

juggle [dʒʌgl] **(= manage, handle)** – juggle multiple tasks (v.)
여러 가지 일을 동시에 처리하다

● 여러 가지 일을 동시에 처리하는 능력을 나타낼 때 쓰인다. 저글링을 상상해 보면 이해가 쉽다. <파트 7>에서
이 단어를 모르면 못풀 문제가 출제되었다.

She has to **juggle** multiple tasks at work every day.
그녀는 매일 직장에서 여러 가지 일을 동시에 처리해야 한다.

jump [dʒʌmp] – jump over the hurdle (v.) 장애물을 뛰어넘다 | 뛰다

The cat **jumped** onto the table. 고양이가 테이블 위로 뛰어올랐다.

keen [kiːn] – a keen interest in art (a.) 예술에 대한 강한/예민한/예리한 관심

She has a **keen** eye for detail. 그녀는 디테일에 대한 예리한 안목이 있다.

keep informed [kiːp infɔ́ːrmd] **of (= stay updated)** – ★★★

keep informed of updates (v.) 업데이트 알림을 계속 받다
Please **keep** me **informed of** any changes to the schedule.
일정 변경 사항이 있으면 계속 알려 주세요.

● informed 과거분사형이 정답으로 출제되었다.

key [kiː] – a key factor (a.) 중요한 요소 ★★★

Effective communication is a **key** factor in successful teamwork.
효과적인 의사소통은 성공적인 팀워크의 중요한 요소이다.

● key가 명사로 쓰일 때는 뒤에 전치사 to가 온다

The **key to** success is hard work. 성공의 열쇠는 노력이다.

knack [næk] – have a knack for solving puzzles (n.) 퍼즐을 푸는 재주가 있다 ★★★

● knack는 스펠링이 짧지만 중요한 토익 기출 단어이다.

She has a **knack** for making people feel comfortable.
그녀는 사람들을 편안하게 만드는 재주가 있다.

label [léibəl] – label the boxes clearly (v.) 상자에 명확하게 라벨을 붙이다 ★★★
　　　　　　　　　　　use the attached label (n.) 첨부된 라벨을 사용하다

She carefully **labeled** all the boxes before moving them to the storage room.
그녀는 창고로 옮기기 전에 모든 상자에 꼼꼼히 라벨을 붙였다.

● label은 명사·동사 동형으로 최신 기출 단어이다. 쉽지만 많은 수험생들이 문맥 파악을 못하여 틀리는 경우가 많다.

The **label** on the bottle says "fragile." 병에 붙어 있는 라벨에는 '깨지기 쉬움'이라고 적혀 있다.
Please use the attached **label** to send the package back to us.
첨부된 라벨을 사용하여 저희에게 소포를 보내 주십시오.

landfill [lǽndfil] **(= disposal site)** – waste in the landfill (n.) 쓰레기 매립지 폐기물 ★★★

The city is looking for ways to reduce waste in the **landfill**.
도시는 쓰레기 매립지의 폐기물을 줄일 방법을 찾고 있다.

lapse [læps] – a memory lapse (n.) 기억력 실수/기억이 깜박함 ★★★

He had a **lapse** in memory and forgot about the meeting.
그는 기억이 깜박해서 회의에 대해서 잊어버렸다.

● '(시간의) 경과'라는 의미도 있다. time lapse 시간의 경과

laud [lɔːd] – laud one's achievements (v.) 업적을 칭찬하다 ★★★

The mayor **lauded** the firefighters for their bravery. 시장은 소방관들의 용기를 칭찬했다.

● 900점 이상의 고득점자들도 잘 모르는 단어이므로 반드시 암기하자!

laundry [lɔ́:ndri] **(= clothes for washing)** – do the laundry (n.) ★★★
빨래/세탁물을 세탁하다

I need to do the **laundry** this weekend. 나는 이번 주말에 빨래를 해야 한다.

lavatory [lǽvətɔ̀:ri] – use the lavatory (n.) 화장실을 사용하다 ★★★

● 비행기 화장실 문에서 볼 수 있는 단어이다.

He went to use the **lavatory** before the flight.
그는 비행기 출발 전에 화장실을 이용했다.

lavish [lǽviʃ] **(= extravagant, luxurious)** – a lavish lifestyle (a.) 사치스러운 생활 방식 ★★★

They led a **lavish** lifestyle with frequent parties.
그들은 파티를 자주 열며 사치스러운 생활 방식을 영위했다.

lay [lei] **down** – lay down the law (v.) 법을 세우다/정하다 ★★★

The government decided to **lay down** new regulations.
정부는 새로운 규정을 세우기로 결정했다.

lay off – lay off workers (v.) 직원들을 해고하다 ★★★

The company had to **lay off** workers due to budget cuts.
회사는 예산 삭감으로 인해 직원들을 해고해야 했다.

layover [léiouvər] – a four-hour layover (n.) 4시간의 비행기 단기 체류[정차] ★★★

The flight includes a **layover** in Istanbul. 그 비행은 이스탄불에서 단기 체류하는 것을 포함한다.

lead [li:d] **(= in charge)** – the lead design engineer (a.) 선임의/주도하는 설계 디자이너 ★★★

● lead는 형용사로 '주도적인'의 의미도 있다는 것을 기억하자!(최신 기출)

The **lead** design engineer is responsible for all major decisions.
선임 설계 엔지니어가 모든 주요 결정을 책임지고 있다.

lean [li:n] – lean against the wall (v.) 벽에 기대다 | 기울다 ★★★

The tower **leans** slightly to one side. 탑이 한쪽으로 약간 기울어져 있다.

leap [li:p] – take a leap of faith (n.) 믿음의 도약을 하다 ★★★

The company's profits took a significant **leap** this quarter, exceeding all expectations.
그 회사의 이익은 이번 분기에 큰 도약을 이루어 모든 기대치를 초과했다.

● leap은 명사·동사 동형이다.

The frog **leaped** into the pond. 개구리가 연못으로 뛰어들었다.

learn [lɔːrn] – learn a new language (v.) 새로운 언어를 배우다

She is **learning** to play the piano. 그녀는 피아노를 배우고 있다.

● I never lose. Either I win or learn. (나는 지지 않는다. 이기거나 한 수 배우거나.) - 정신 건강에 좋은 명언이니 암기하자!

leave [liːv] **out (= omit)** – leave out details (v.) 세부 사항을 생략하다

Please don't **leave out** any important details. 중요한 세부 사항은 아무것도 생략하지 마세요.

leftovers [léftouvərz] **(= remaining food)** – eat leftovers (n.) 남은 음식을 먹다

We had **leftovers** from last night's dinner. 우리는 어제 저녁에 먹고 남은 음식을 먹었다.

legacy [légəsi] – leave a lasting legacy (n.) 오래 지속되는 유산을 남기다

Her **legacy** includes numerous charitable works.
그녀의 유산에는 수많은 자선 활동이 포함되어 있다.

let [let] **down (= disappoint)** – let down a friend (v.) 친구를 실망시키다

I don't want to let down my friends by canceling our plans.
나는 계획을 취소해서 친구들을 실망시키고 싶지 않다.

let up on (= reduce) – let up on criticism (v.) 비판을 완화하다

He decided to **let up on** his criticism after seeing her efforts.
그녀의 노력을 보고 난 후 그는 비판을 완화하기로 했다.

lethargic [ləθáːrdʒik] **(= sluggish)** – feel lethargic (a.) 무기력하다고 느끼다

I always feel **lethargic** after a big meal. 나는 과식한 후에 늘 무기력함을 느낀다.

letterhead [létərhed] – print the letter on company letterhead (n.)
회사 레터헤드에 편지를 인쇄하다

● letterhead는 '회사명과 주소가 인쇄된 편지지나 편지 봉투'를 뜻한다.

The official **letterhead** includes the company's logo and address.
공식 레터헤드에는 회사 로고와 주소가 포함되어 있다.

leverage [lévəridʒ] – leverage the opportunity (v.) 기회를 활용하다

The company **leveraged** its assets to expand its operations.
그 회사는 자산을 활용하여 운영을 확장했다.

liability [làiəbíləti] – a liability insurance (n.) 책임 보험

● '책임이 있다'는 의미의 「be liable to V」「be liable for + 명사」 표현도 함께 기억하자!

The company has a **liability** insurance policy. 그 회사는 책임 보험에 가입되어 있다.

☐ **be liable** [láiəbl] **for (= be accountable for)** – be liable for damages (phr.)
손해에 대해 책임이 있다

The company **is liable for** any damages caused by their product.
회사는 자사 제품으로 인한 모든 손해에 대해 책임이 있다.

● be동사와 liable 사이에 held가 들어간 be held liable for는 '~에 책임이 있다고 여겨지다'의 의미로 be held accountable/responsible for와 같은 의미로, 각각 시험에 출제되었다.

The company can **be held liable for** any damages caused by their product.
회사는 제품으로 인해 발생하는 모든 손해에 대해 법적 책임을 질 수 있다.

The driver **was held responsible for** the accident. 그 운전자가 사고에 대해 책임을 졌다.

The manager will **be held accountable for** the project's success.
그 매니저가 프로젝트의 성공에 대해 책임을 질 것이다.

☐ **be liable to (= be responsible for)** – be liable to pay (phr.) 지불할 책임이 있다

You may **be liable to** pay for damages if you break the contract.
계약을 위반할 경우 손해 배상 책임이 있을 수 있다.

☐ **liaison** [liéizɑːn] – serve as a liaison officer (n.) 연락 담당관 장교로 일하다

He acts as a **liaison** between the two departments. 그는 두 부서 사이의 연락 담당자 역할을 한다.

☐ **liberate** [líbərèit] – liberate the hostages (v.) 인질을 해방시키다/석방하다

The army **liberated** the town from enemy control. 군대는 적의 통제에서 마을을 해방시켰다.

☐ **life expectancy** [laif ikspéktənsi] **(= longevity)** – increase life expectancy (n.)
기대 수명을 늘리다

Advances in medicine have increased **life expectancy**. 의학의 발전이 기대 수명을 늘렸다.

☐ **life-sized** [laif saizd] – a life-sized statue (a.) 실물 크기의 동상

The museum features a **life-sized** statue of the historical figure.
그 박물관에는 그 역사적 인물의 실물 크기 동상이 있는 게 특징이다.

☐ **lift** [lift] **a ban** [bæn] **on (= remove restriction)** – lift a ban on smoking (v.)
흡연 금지를 해제하다

The government decided to **lift the ban on** smoking in certain areas.
정부는 특정 구역에서의 흡연 금지를 해제하기로 결정했다.

● lift와 on이 정답으로 각각 출제되었다.

☐ **likewise** [láikwàiz] – likewise appreciate (adv.) 마찬가지로/똑같이 감사해 하다　★★★

The manager praised the team, and they **likewise** appreciated his support.
매니저는 팀을 칭찬했고, 그들도 마찬가지로 그의 지원에 감사했다.

☐ **limit** [límit] – limit the scope (v.) 범위를 제한하다　★★★

To maintain quality, the company decided to **limit** the number of products produced each month. 품질을 유지하기 위해 그 회사는 매월 생산되는 제품 수를 제한하기로 했다.

● limit는 명사·동사 동형이다.

There is a **limit** to how much we can spend. 우리가 지출할 수 있는 금액에는 한계가 있다.

☐ **linger** [líŋɡər] – The scent was lingering. (v.) 향기가 오래 남아 있었다 | 오래 머물다　★★★

● linger는 '머뭇거리다, 남아 있다'의 의미이다.

The scent of the flowers **lingered** in the room. 꽃향기가 방에 남아 있었다.
The smell of fresh bread **lingered** in the air. 갓 구운 빵 냄새가 공기 중에 오래 남아 있었다.

☐ **liquidate** [líkwidèit] – liquidate assets (v.) 자산을 청산하다　★★★

The company decided to **liquidate** its assets. 그 회사는 자산을 청산하기로 했다.

☐ **literacy** [lítərəsi] – improve adult literacy (n.) 성인의 문해력을 향상시키다　★★★

● 문해력은 '읽고 쓸 줄 아는 능력'을 의미한다.

The school launched a new **literacy** initiative for children.
그 학교는 아이들을 위한 새로운 문해력 향상 프로그램을 시작했다.

☐ **literal** [lítərəl] – a literal translation (a.) 문자 그대로의 번역　★★★

He took her words in their **literal** sense. 그는 그녀의 말을 문자 그대로 받아들였다.

☐ **litigation** [lìtəɡéiʃən] – involved in litigation (n.) 소송에 연루된　★★★

They are currently facing **litigation** over patent infringement.
그들은 현재 특허 침해에 대한 소송에 직면해 있다.

☐ **litter** [lítər] – litter in the park (v.) 공원에 쓰레기를 버리다　★★★

It is illegal to **litter** in public places. 공공장소에 쓰레기를 버리는 것은 불법이다.

● 명사, 동사 동형이며, liter(리터)와 구분하자!

☐ **live up to (= meet)** – live up to expectations (v.) 기대에 부응하다　★★★

He worked hard to **live up to** his parents' expectations.
그는 부모님의 기대에 부응하기 위해 열심히 공부했다.

loath [louθ] **(= unwilling)** – loath to admit (a.) 인정하기 싫어하는 ★★★

He was **loath** to admit that he was wrong. 그는 자신이 틀렸다고 인정하기가 싫었다.

longevity [landʒévəti] – longevity of the product (n.) 제품의 수명/제품이 오래 지속되는 것 ★★★

● 최신 <파트 5> 기출 단어이다.

The **longevity** of the company's success is impressive. 그 회사의 성공 지속 기간이 인상적이다.

loud [laud] – the loud noise (a.) 시끄러운 소음 ★★★

The music was so **loud** that we couldn't hear each other.
음악이 너무 시끄러워서 우리는 서로의 말을 들을 수가 없었다.

● 부사형은 loudly(큰 소리로, 크게)이다.

The crowd cheered **loudly**. 군중이 크게 환호했다.

lower [lóuər] – lower the prices (v.) 가격을 낮추다 ★★★

The company decided to **lower** the prices to attract more customers.
회사는 더 많은 고객을 유치하기 위해 가격을 낮추기로 했다.

● lower는 low(낮은)의 형용사 비교급도 된다.

lucrative [lúːkrətiv] – lucrative business (a.) 수익성이 좋은 사업 ★★★

● lucrative = profitable(수익성이 있는)

The investment proved to be very **lucrative**. 그 투자는 매우 수익성이 좋은 것으로 판명되었다.

lukewarm [lúːkwóːrm] **(= tepid, unenthusiastic)** – a lukewarm response (a.) ★★★
미지근한 반응

The proposal received a **lukewarm** response. 그 제안은 미지근한 반응을 받았다.

luxurious [lʌɡʒúəriəs] – a luxurious hotel (a.) 호화로운/고급의 호텔 ★★★

They stayed at a **luxurious** hotel during their vacation.
그들은 휴가 동안 호화로운 호텔에서 묵었다.

make it to (= attend) – make it to the meeting (v.) 회의에 참석하다/도착하다 ★★★

● make it to = go to+장소: ~로 가다

I hope I can **make it to** the meeting on time. 나는 회의에 제시간에 참석할 수 있기를 바란다.

make room for – make room for new furniture (v.) 새 가구를 놓을 공간을 마련하다 ***

● room이 관사 없이 쓰이면 셀 수 없는 명사로 '공간(space)'을 의미한다.

We need to **make room for** the new furniture in the living room.
우리는 거실에 새 가구를 놓을 자리를 마련해야 한다.

make the most of – make the most of one's time (v.) 시간을 최대한 활용하다 ***

She tried to **make the most of** her time during the trip.
그녀는 여행 중에 자신의 시간을 최대한 활용하려고 노력했다.

mandatory [mǽndətɔ̀ːri] – a mandatory attendance policy (a.) 의무적인 출석 정책 ***

It's **mandatory** to wear a helmet while riding a bike.
자전거를 탈 때는 헬멧을 착용하는 것이 의무이다.

● 「It is mandatory that S + 동사원형」 구문이 구토익에 자주 출제되었다.

manicured [mǽnikjùərd] – a manicured lawn (a.) 잘 손질된 잔디 ***

The house had a beautiful **manicured** lawn. 그 집에는 아름답게 잘 손질된 잔디밭이 있었다.

maneuver [mənúːvər] – maneuver through obstacles (v.) 장애물을 능숙하게 통과하다 ***

● 이 단어는 1차적 의미인 '조종하다'로 <파트 1>에서도 종종 출제된다.

The driver skillfully **maneuvered** through the traffic. 운전자는 교통 체증을 능숙하게 통과했다.

manipulate [mənípjulèit] – manipulate the data (v.) 데이터를 조작하다 ***

He managed to **manipulate** the results in his favor.
그는 결과를 자신에게 유리한 방향으로 조작했다.

manufacture [mænjufǽktʃər] – manufacture the product (v.) 제품을 제조하다 ***

The company **manufactures** electronic goods. 그 회사는 전자 제품을 제조한다.

marital [mǽrətl] – marital status (a.) 혼인의/결혼의 여부 ***

Please indicate your **marital** status on the form. 양식에 혼인 여부를 기입해 주세요.

mark [maːrk] – mark the spot (v.) 지점을 표시하다 ***

Please **mark** the correct answer on the test sheet. 시험지에 정답을 표시해 주세요.

● mark는 동사·명사 동형으로, 명사일 때는 '자국, 흔적, 인상'의 의미이다.

The book left a lasting **mark** on her. 그 책은 그녀에게 여운이 긴 인상을 남겼다.

☐ **market** [mάːrkit] – market the new product line (v.) 신제품 라인을 시장에 내놓다 ★★★

● market은 동사·명사 동형이다.

They need to find new ways to **market** their services.
그들은 자사 서비스를 시장에 내놓을 새로운 방법을 찾아야 한다.

☐ **marvel** [mάːrvəl] – marvel at the view (v.) 경치에 감탄하다 ★★★

They **marveled** at the beauty of the sunset. 그들은 일몰의 아름다움에 감탄했다.

☐ **master** [mǽstər] – master the new software tools (v.) 새로운 소프트웨어 도구를 숙달하다 ★★★

She **mastered** the art of negotiation. 그녀는 협상의 기술을 숙달했다.

☐ **maternal** [mətə́ːrnl] **(= motherly)** – a maternal instinct (a.) 모성의/모계의 본능 ★★★

She has a strong **maternal** instinct that makes her a great mother.
그녀는 모성 본능이 강해 훌륭한 엄마가 될 수 있다.

☐ **matinee** [mǽtənéi] – a weekend matinee (n.) 주말 낮 공연 ★★★

We went to see a weekend **matinee** at the theater.
우리는 극장에서 하는 주말 낮 공연을 보러 갔다.

☐ **maximize** [mǽksəmàiz] – maximize the potential (v.) 잠재력을 극대화하다 ★★★

We need to **maximize** our efforts to meet the deadline.
우리는 마감일을 맞추기 위해 노력을 극대화해야 한다.

● a maximum of(최대 ~) 표현도 중요하다.

The room can hold **a maximum of** 50 people. 그 방은 최대 50명까지 수용할 수 있다.

☐ **means** [miːnz] **of** – means of expressing ideas (n.) 생각을 표현하는 수단 ★★★

Education is a **means of** personal development. 교육은 개인 발전의 수단이다.

● an instrument for(~을 위한 도구)도 함께 알아두자.
an instrument for fine measurements(세밀한 측정을 위한 도구)

The microscope is **an instrument for** scientific research.
현미경은 과학 연구를 위한 도구이다.

☐ **mediate** [míːdièit] – mediate the conflict (v.) 갈등을 중재하다/조정하다 ★★★

The lawyer **mediated** the dispute between the neighbors.
변호사는 이웃 간의 분쟁을 중재했다.

mediocre [mìːdióukər] – a mediocre performance (a.) 평범한 성과 ★★★

● med[= middle]+iocre: 중간 정도 하는 → 보통의

The movie received **mediocre** reviews from critics.
그 영화는 비평가들로부터 평범한 평가를 받았다.

memorabilia [mèmərəbíliə] – collect sports memorabilia (n.) ★★★
스포츠 기념품들을 수집하다

● memorabilia = souvenirs 복수 개념의 단어로, LC와 RC에 모두 중요하다.

The museum has a large collection of **memorabilia** from the 20th century.
박물관에는 20세기의 기념품 컬렉션이 많이 소장되어 있다.

memorize [méməràiz] – memorize the speech (v.) 연설을 암기하다 ★★★

She **memorized** all her lines for the play. 그녀는 연극에서 자기 대사를 다 외웠다.

mention [ménʃən] – mention the issue (v.) 문제를 언급하다 ★★★

He **mentioned** the problem during the meeting. 그는 회의 중에 그 문제를 언급했다.

mentor [méntɔːr] – a trusted mentor (n.) 신뢰받는 멘토[= 정신적 스승] ★★★

He became a trusted **mentor** to many young professionals in the industry.
그는 업계에서 많은 젊은 전문가들에게 신뢰받는 멘토가 되었다.

● mentor는 동사·명사 동형이다.

She **mentors** new employees. 그녀는 신입 직원들을 멘토링한다.

merge [mɔːrdʒ] – merge the two companies (v.) 두 회사를 합병하다/합치다 ★★★

● merge는 자동사로 쓰일 때는 뒤에 with, into 등이 어울리며, 명사는 merger(합병)이다.

The two companies decided to **merge** with each other to expand their market reach.
그 두 회사는 시장 범위를 확장하기 위해 서로 합병하기로 결정했다.

The two lanes **merge** into one. 두 차선이 하나로 합쳐진다.

mesmerize [mézməràiz] – mesmerize the audience (v.) 관객을 매료시키다 ★★★

The magician's tricks **mesmerized** the audience. 마술사의 트릭은 관객을 매료시켰다.

● mesmerize는 2024년 기출 단어이다. mesmerize의 동의어들은 다음과 같고 동사 활용 패턴도 비슷하다.

hypnotize - hypnotized by the music 음악에 매혹된

captivate - captivated by one's smile ~의 미소에 끌린

enthrall - enthralled by the story 스토리에 매료된

fascinate - fascinated by the painting 그림에 매혹 당한

captivate - captivated by one's smile ~의 미소에 매혹된

meteorologist [miːtiərɑ́lədʒist] – consult a meteorologist (n.) 기상학자와 상담하다 ★★★

The event planners consulted a **meteorologist** to ensure good weather.
행사 기획자들은 좋은 날씨를 보장하기 위해 기상학자와 상담했다.

meticulous [mətíkjuləs] – meticulous attention to detail (a.) ★★★

세부 사항에 대한 꼼꼼한 관심

He is **meticulous** in his work. 그는 자신의 일에 꼼꼼하다.

meticulously [mətíkjuləsli] – meticulously planned (adv.) 세심하게 계획된 ★★★

The event was **meticulously** planned. 그 행사는 세심하게 계획되었다.

migrate [máigreit] – migrate to a new country (v.) 새로운 나라로 이주하다 ★★★

The birds **migrate** south for the winter. 새들은 겨울을 나러 남쪽으로 이동한다.

mingle [míŋgl] – mingle with guests (v.) 손님들과 어울리다 ★★★

The networking event was a great opportunity to **mingle** with professionals.
네트워킹 이벤트는 전문가들과 어울릴 수 있는 아주 좋은 기회였다.

minimize [mínəmàiz] – minimize the risks (v.) 위험을 최소화하다 ★★★

We need to **minimize** our expenses. 우리는 비용을 최소화해야 한다.

mislead [mislíd] – mislead the public (v.) 대중을 오도하다 ★★★

The advertisement **misled** customers about the product's benefits.
광고가 제품의 이점에 대해 고객들에게 오해를 일으켰다. (← 광고는 제품의 이점에 대해 고객을 오도했다.)

misplace [mispléis] – misplace the keys (v.) 열쇠를 잘못 두다 ★★★

He **misplaced** his wallet and couldn't find it.
그는 지갑을 어디에 잘못 두어서(= 제자리에 두지 않아서) 찾을 수가 없었다.

missing [mísiŋ] (= lost) – a missing person (a.) 실종된 사람 ★★★

They organized a search party for the **missing** person.
그들은 실종자를 찾기 위해 수색대를 조직했다.

mitigate [mítəgèit] (= reduce) – mitigate the damage (v.) 피해를 완화하다 ★★★

The new measures are designed to **mitigate** the damage from the storm.
새로운 조치는 폭풍으로 인한 피해를 완화하기 위해 고안되었다.

mix-up [míksʌp] – mix-up with reservations (n.) 예약 혼동/착오 ☆☆☆

The **mix-up** caused a delay in the delivery. 혼동으로 인해 배달 지연 사태가 벌어졌다.

mobilize [móubəlàiz] – mobilize the team (v.) 팀을 동원하다 ☆☆☆

The government **mobilized** the military to assist with disaster relief.
정부는 군대를 동원해 재난 구호를 지원했다.

modify [mάdəfài] – modify the design (v.) 디자인을 수정하다 ☆☆☆

We need to **modify** our plans based on the feedback.
우리는 그 피드백을 바탕으로 계획을 수정해야 한다.

momentum [mouméntəm] – gain momentum (n.) 추진력을 얻다 ☆☆☆

The project gained **momentum** after the initial success.
프로젝트는 초기 성공 후 추진력을 얻었다.

momentous [mouméntəs] **(= significant, important)** – a momentous occasion (a.) ☆☆☆
중대한 행사

This is a **momentous** occasion for our company. 이것은 우리 회사에게 중대한 행사이다.

monetary [mάnətèri] – a monetary policy (a.) 통화의/화폐의 정책 ☆☆☆

The government is reviewing its **monetary** policy to control inflation.
정부는 인플레이션을 통제하기 위해 통화 정책을 검토하고 있다.

money order [mΛ́ni ɔ́:rdər] **(= postal order)** – send a money order (n.) ☆☆☆
환전증서/송금환을 보내다

She sent a **money order** to pay for the items.
그녀는 물품 대금을 지불하기 위해 환전증서를 보냈다.

monitor [mάnətər] – monitor project progress (v.) 프로젝트 진행 상황을 모니터하다 ☆☆☆

The teacher **monitors** the students' progress. 교사는 학생들의 진도 상황을 모니터한다.

● monitor는 명사로 '(컴퓨터) 모니터'의 의미도 있다.

monopoly [mənάpəli] **(= exclusive control)** – hold a monopoly (n.) 독점권을 가지다 ☆☆☆

● monopoly(독점)/tax(세금)/focus(초점)/emphasis(강조) on을 덩어리로 암기하자!

The company has a **monopoly on** the local market. 그 회사는 지역 시장을 독점하고 있다.

morale [mərǽl] – boost employee morale (n.) 직원 사기를 높이다 ★★★

The new policies improved staff **morale**. 새 정책은 직원들의 사기를 높였다.

mortgage [mɔ́ːrɡidʒ] – take out a mortgage (n.) 담보 대출을 받다 ★★★

They took out a **mortgage** to buy their first home.
그들은 자신들의 첫 번째 집을 사기 위해 담보 대출을 받았다.

motivate [móutəvèit] – motivate the team (v.) 팀을 동기 부여하다 ★★★

She **motivated** her team to achieve their goals.
그녀는 팀이 목표를 달성하도록 동기를 부여했다.

● 「motivate(동기 부여하다)/enable(가능하게 하다)/encourage(격려하다)/persuade(설득하다)/urge(촉구하다)/force(강제하다)/inspire(영감을 주다)/cause(야기하다) + 목적어 + to V」 구문이 출제되었다.

The coach **motivated** the team **to** train harder for the championship.
코치는 챔피언십을 위해 더 열심히 훈련하도록 팀에게 동기를 부여했다.

multicultural [mʌltikʌ́ltʃərəl] – a multicultural society (a.) 다문화적인 사회 ★★★

The city is known for its **multicultural** society. 그 도시는 다문화 사회로 유명하다.

mural [mjúərəl] – paint a mural (n.) 벽화를 그리다 ★★★

The artist painted a stunning **mural** on the building's exterior.
그 예술가는 건물 외벽에 굉장히 멋진 벽화를 그렸다.

● <파트 1, 5, 7> 기출 단어이다.

musical arrangements [mjúːzikəl əréindʒmənts] – innovative musical arrangements (n.) ★★★
혁신적인 음악 편곡

The concert featured several new **musical arrangements**.
그 콘서트는 몇 가지 새로운 음악 편곡을 특징으로 했다.

mutual [mjúːtʃuəl] – mutual respect (a.) 상호 간의/서로 간의 존중 ★★★

They have **mutual** respect for each other. 그들은 서로에 대해 존중하는 마음을 갖고 있다.

mutually [mjúːtʃuəli] – mutually beneficial (adv.) 상호 간에 유익한 ★★★

The agreement **is mutually beneficial to** both parties. 그 협정은 양측 모두에게 상호 유익하다.

● 다음 문장처럼 「be beneficial to+주로 사람/for+주로 목적이나 상황」이 자주 활용된다는 것도 함께 알아두자.

This policy will **be beneficial for** the environment. 이 정책은 환경에 도움이 될 것이다.

☐ **myriad** [míriəd] – myriad of options (n.) 선택의 무수함 (= 무수한 선택)　　　★★★

There are a **myriad** of options available to choose from.
선택할 수 있는 무수한 옵션이 있다.

☐ **namely** [néimli] – namely, the manager (adv.) 다시 말해/즉 그 매니저　　　★★★

Three students were mentioned, **namely**, John, Sarah, and Alice.
세 학생이 언급되었는데, 즉, 존, 사라, 앨리스이다.

☐ **narrate** [nǽreit] – narrate the story (v.) 이야기를 서술하다/내레이션을 하다　　　★★★

The actor **narrated** the documentary. 그 배우가 다큐멘터리를 내레이션했다.

☐ **narrow down** [nǽrou daun] **(= reduce)** – narrow down the options (v.)　　　★★★
옵션을 좁히다

We need to **narrow down** the options before making a decision.
우리는 결정을 내리기 전에 선택 사항을 좁혀야 한다.

☐ **narrowly** [nǽrouli] – narrowly escape (adv.) 가까스로 탈출하다　　　★★★

They **narrowly** escaped the burning building. 그들은 불타는 건물에서 가까스로 탈출했다.

☐ **natural habitat** [nǽtʃərəl hǽbitæt] – protect a natural habitat (n.) 자연 서식지를 보호하다　★★★

Efforts are being made to protect the **natural habitat** of the endangered species.
멸종 위기 종의 자연 서식지를 보호하려는 노력이 이루어지고 있다.

　● 어근 habit/habil은 live의 의미로, 여기서 확장돼 사고 등으로 다친 사람이 재활하는 것을 rehabilitation(재
　활)이라고 한다. re[= again]+habil[= live]+itation: 다시 살려 줌 → 재활

He is undergoing **rehabilitation** after the surgery. 그는 수술 후 재활 치료를 받고 있다.

☐ **navigate** [nǽvəgèit] – navigate through the forest (v.) 숲을 탐색하다　　　★★★

They used a map to **navigate** through the city. 그들은 지도를 사용하여 도시를 탐색했다.

☐ **nearby** [nìərbái] – a nearby park to our house (a.) 우리 집 인근의 공원　　　★★★

　● nearby는 형용사·부사 동형이다.

They decided to visit a **nearby** park for a picnic.
그들은 근처 공원에 가서 소풍을 하기로 했다.

There is a grocery store **nearby**. 근처에 식료품점이 있다.

☐ **neglect** [niglékt] – neglect the duties (v.) 의무를 소홀히 하다/무시하다　　　★★★

He **neglected** to water the plants, and as a result, they all wilted.
그는 식물에 물을 주는 것을 소홀히 해서 결국 모두 시들어 버렸다.

● neglect는 동사·명사(방치, 소홀) 동형이다.

The building fell into disrepair as a result of **neglect**.
그 건물은 방치로 인해 파손되었다.

negligence [néglidʒəns] – show negligence (n.) 태만을 보이다 　　　★★★

The accident was caused by the driver's **negligence**.
사고는 운전자의 태만으로 인해 발생했다.

nimble [nímbl] (= **agile**) – nimble fingers (a.) 민첩한 손가락 　　　★★★

The pianist's **nimble** fingers flew over the keys.
피아니스트의 민첩한 손가락이 건반 위를 날아다녔다.

nominal fee [námənl fiː] – pay a nominal fee (n.) 명목상의 요금을 지불하다 　　　★★★

● nominal이 토익 시험 정답에 출제되었다.

Members pay a **nominal fee** for access to the club's facilities.
회원들은 클럽 시설 이용을 위해 명목상의 요금을 지불한다.

nominate [námənèit] – nominate a candidate (v.) 후보를 지명하다 　　　★★★

He was **nominated** for the board of directors. 그는 이사회 임원으로 지명되었다.
She was **nominated** for the award. 그녀는 수상 후보로 지명되었다.

no later than (= **by, at the latest**) – no later than 5 p.m. (phr.) 늦어도 5시까지 　　　★★★

Please submit your report **no later than** 5 p.m. 늦어도 오후 5시까지 보고서를 제출해 주세요.

no-obligation quote/estimate [nou əbləɡéiʃən kwout/éstəmèit] (= **free quote/estimate**)

– get a no-obligation quote (n.) 무료 견적을 받다 　　　★★★

● estimate는 나중에 가격 수정이 가능하지만, quote는 가격이 확정되어 가격 수정이 안 된다는 차이가 있다.
You can get a **no-obligation quote** for your project. 프로젝트에 대한 무료 견적을 받을 수 있다.

not to mention [ménʃən] (= **additionally, furthermore**) – (phr.) 　　　★★★
~는 말할 것도 없고, 게다가

● 중요한 점에 더하여 어떤 것을 덧붙여서 언급할 때 사용하며, 자주 쓰이는 표현이다.

He is a talented musician, **not to mention** a great teacher.
그는 훌륭한 교사인 것은 물론이고, 재능 있는 음악가이기도 하다.

notable [nóutəbl] – a notable achievement (a.) 주목할 만한 성과 　　　★★★

He is a **notable** figure in the community. 그는 지역 사회에서 주목할 만한 인물이다.

- [ ] **notably** [nóutəbli] **(= especially or particularly)** –

  most **notably** in the Middle East (adv.) 특히/현저하게 중동 쪽에서

  ● notably는 중요한 변화나 업적을 강조할 때 쓰인다.

  They **notably** redesigned the workspaces for better efficiency.
  그들은 특히 더 나은 효율성을 위해 작업 공간을 재설계했다.

- [ ] **notwithstanding** [nàtwiðstǽndiŋ] – notwithstanding the difficulties (prep.)

  그 어려움들에도 불구하고

  ● notwithstanding은 2016년 5월 29일 신토익 첫 시험에서 <파트 5>에 출제된 기출 단어로 토익 정답 예상 단어로 꼽는다.

  Notwithstanding the difficulties, they completed the project on time.
  어려움에도 불구하고, 그들은 프로젝트를 제시간에 완료했다.

- [ ] **novel** [nάvəl] – a novel approach (a.) 새로운 접근 방식

  ● novel = new 형용사를 암기하자. 명사 novel이 소설인 이유는 '새로운 이야기'라는 의미에서이다.

  The scientist developed a **novel** solution to the problem.
  과학자는 그 문제에 대한 새로운 해결책을 개발했다.

- [ ] **novice** [nάvis] – a novice user (n.) 초보 사용자

  ● nov는 new의 의미이다. novel: 새로운 이야기 → 소설, in+nov[= new]+ation: 안에 새로운 것을 넣기 → 혁신, re[= again]+nov[= new]+vation: 다시 새롭게 하기 → 리노베이션

  ● novice ↔ expert 전문가

  The software is easy to use, even for **novices**. 그 소프트웨어는 초보자조차도 사용하기 쉽다.

- [ ] **numerically** [njuːmérikəli] – numerically superior (adv.) 수적으로 우월한

  The team was **numerically** superior to their opponents.
  그 팀은 상대팀보다 수적으로 우월했다.

- [ ] **nurture** [nə́ːrtʃər] – nurture young talent (v.) 젊은 인재를 양성하다/키우다

  The teacher **nurtures** creativity in her students. 그 교사는 학생들의 창의력을 키워 준다.

- [ ] **nutritious** [njuːtríʃəs] – a nutritious meal (a.) 영양가 있는 식사

  She prepared a **nutritious** meal for her family.
  그녀는 가족을 위해 영양가 있는 식사를 준비했다.

- [ ] **obituary** [oubítʃuèri] – read an obituary (n.) 부고를 읽다

  I read his **obituary** in the newspaper. 나는 신문에서 그의 부고를 읽었다.

objective [əbdʒéktiv] – the main objective (n.) 주요 목적

● objection(반대), objectivity(객관성)와 구분하자!

● 목적의 의미를 갖는 명사들은 「The objective/aim/goal/purpose is to V」 구문으로 자주 출제된다.

The **objective** of the meeting was to discuss the budget.
회의의 목적은 예산을 논의하는 것이었다.

● objective는 형용사로 '객관적인'의 의미가 있다.

obligation [ὰbləgéiʃən] – fulfill an obligation (n.) 의무를 이행하다

He has a legal **obligation** to pay his debts. 그는 빚을 갚을 법적 의무가 있다.

● 「be obligated to V」 구문이 be required or compelled to do something(~할 의무가 있다)의 의미로 출제된 바 있다.

Employees **are obligated to** follow the company's code of conduct.
직원들은 회사의 행동 강령을 준수할 의무가 있다.

obscurity [əbskjúərəti] (= **unknown state**) – fade into obscurity (n.)
잊힘/무명/모호함으로 사라지다 (= 잊히다)

After his brief success, he faded into **obscurity**. 잠깐의 성공 이후 그는 잊혀졌다.

observatory [əbzɔ́ːrvətɔ̀ːri] (= **astronomical viewing facility**) – a new observatory (n.)
새로운 천문대

The new **observatory** offers stunning views of the night sky.
새로 생긴 천문대는 밤하늘의 숨이 멎을 듯이 멋진 경관을 제공한다.

obsolete [ὰbsəlíːt] – obsolete technology (a.) 구식인/시대에 뒤진 기술

● obsolete의 동의어는 outdated, old-fashioned이다.

The company replaced the **obsolete** machinery with new equipment.
그 회사는 구식 기계를 새로운 장비로 교체했다.

offer [ɔ́ːfər] **an apology** [əpάlədʒi] **to sb** – offered an apology to one's coworker (v.)
동료에게 사과했다

The manager **offered an apology to** the customers for the inconvenience.
매니저는 불편을 끼쳐 드린 것에 대해 고객들에게 사과했다.

off-limits [ɔ́ːf límits] (= **restricted**) – an off-limits area (a.) 출입 금지 구역

The construction site is **off-limits** to the public. 건설 현장은 일반인의 출입이 금지된다.

off-street [ɔːf striːt] – free off-street parking (a.) 공공 도로 밖의 무료 주차 ★★★

Free **off-street** parking is available in a garage located one block behind our office.
사무실 뒤편 한 블록에 있는 차고에 공공 도로 밖의 무료 주차가 가능하다.

offset [ɔːfsét] – offset the costs (v.) 비용을 상쇄하다 ★★★

The gains **offset** the losses. 이익이 손실을 상쇄했다.

omit [oumit] – omit unnecessary details (v.) 불필요한 세부 사항을 생략하다 ★★★

Please **omit** any irrelevant information from the report.
보고서에서 관련 없는 정보는 다 생략해 주세요.

on [ɔn] – on the morning of June 4 (prep.) 6월 4일 아침에 ★★★

● 전치사 on 뒤에는 날짜, 요일 또는 '요일+그날의 일부'가 온다. on Friday evening (금요일 저녁에) in the morning(아침에)과 구분하자!

The meeting will be held **on** the morning of June 4. 회의는 6월 4일 아침에 열릴 것이다.

on a budget [bʌdʒit] – travel on a budget (phr.) 예산에 맞춰 여행하다 ★★★

They planned to travel **on a budget**. 그들은 예산에 맞춰 여행을 계획했다.

on a first-come, first-served basis [fɜːrst kʌm fɜːrst sɔːrvd béisis] –

distribute tickets on a first-come, first-served basis (Idiom) 선착순으로 티켓을 배포하다 ★★★

Tickets will be distributed **on a first-come, first-served basis**.
티켓은 선착순으로 배포될 것이다.

on and off (= intermittent) – an on and off relationship (phr.) ★★★
간헐적인 관계 (= 만나고 헤어지기를 반복하는 관계)

They have had an **on and off** relationship for years.
그들은 몇 년 동안 만나고 헤어지기를 반복하는 관계를 이어왔다. (← 그들은 몇 년 동안 간헐적인 관계를 유지해 왔다.)

on call – a doctor on call (phr.) 대기 중인 의사 ★★★

The doctor is **on call** this weekend.
그 의사가 이번 주말에 당직이다. (← 그 의사는 이번 주말에 대기 중이다.)

on the rise (= increasing) – crime on the rise (phr.) 증가하는 범죄 ★★★

Crime rates are **on the rise** in the city. 그 도시에서 범죄율이 증가하고 있다.

- **on the spot** [spat] **(= immediately)** – make a decision on the spot (phr.) ★★★
즉석에서 결정을 내리다

He made the decision **on the spot** without consulting anyone.
그는 누구와도 상의하지 않고 즉석에서 결정을 내렸다.

- **on the verge** [vəːrdʒ] **of (= about to)** – on the verge of collapse (phr.) 붕괴 직전에 ★★★

The company is **on the verge of** collapse due to financial problems.
그 회사는 재정 문제로 인해 붕괴 직전에 있다.

- **on the waiting list (= queued)** – put on the waiting list (phr.) 대기 명단에 올리다 ★★★

She was put **on the waiting list** for the new course. 그녀는 새로운 강좌의 대기 명단에 올랐다.

- **on top of that** – (phr.) 게다가 ★★★

She managed to finish the project on time, and **on top of that**, she impressed the clients with her presentation.
그녀는 용케 프로젝트를 제시간에 마쳤고, 게다가 발표로 고객들을 감동시키기까지 했다.

● 130번 기출 표현이다.

- **ones vs. them** – choose the ripe ones (pron.) 익은 것들을 고르다 ('동종의 것'들을 의미) ★★★
　　　　　　　　speak to them (pron.) 그들에게 말하다

Take only the good **ones**. 좋은 것들만 가져가세요.
I saw **them** at the park. 나는 공원에서 그들을 봤다.

- **onsite** [ɑ́ːnsaɪt] **(= on-location)** – an onsite inspection (a.) 현장에서의/현지의 점검 ★★★

An **onsite** inspection is scheduled for next week. 현장 점검이 다음 주로 예정되어 있다.

- **on-the-job experience** [ɪkspíəriəns] – gain on-the-job experience (n.) 실무 경험을 얻다 ★★★

The internship provided valuable **on-the-job experience**.
그 인턴십은 귀중한 실무 경험을 제공했다.

- **opaque** [oupéik] – opaque glass (a.) 불투명한 유리 ★★★

The bathroom windows are made of **opaque** glass for privacy.
화장실 창문은 사생활 보호를 위해 불투명한 유리로 만들어진다.

- **ophthalmology** [ɑ̀θælmɑ́lədʒi] – an ophthalmology clinic (n.) 안과 클리닉 ★★★

● '안과 의사'는 쉬운 말로는 eye doctor, 어려운 말로는 ophthalmologist이다.

She visited the **ophthalmology** clinic for an eye examination.
그녀는 눈 검사를 위해 안과 클리닉을 방문했다.

☐ **oppose** [əpóuz] – oppose the unreasonable demands (v.) 부당한 요구에 반대하다　∗∗∗

Many people **opposed** the new law. 많은 사람들이 새로운 법에 반대했다.

☐ **the opposing point of view** [əpóuziŋ pɔint əv vjuː] **(= different perspective)** –　∗∗∗

consider the opposing point of view (n.) 반대 의견을 고려하다

● 형용사 opposing(반대의)은 -ing형으로 명사를 수식하며, 이 opposing이 정답으로 출제되었다.

It's important to consider **the opposing point of view** in any debate.
어떤 토론에서든 반대 의견을 고려하는 것이 중요하다.

☐ **opt** [apt] **for** – opt for the earlier flight (v.) 시간대가 더 빠른 비행기를 선택하다　∗∗∗

Many students **opt for** online courses due to their flexibility.
많은 학생들이 유연성 때문에 온라인 과정을 선택한다.

☐ **optimal** [áptəməl] – an optimal solution (a.) 최적의 해결책　∗∗∗

The engineer found the **optimal** solution to the design problem.
그 엔지니어는 설계 문제에 대한 최적의 해결책을 찾았다.

☐ **optimize** [áptəmàiz] – optimize the process (v.) 프로세스를 최적화하다　∗∗∗

We need to **optimize** our operations to increase efficiency.
우리는 효율성을 높이기 위해 운영을 최적화해야 한다.

☐ **optimum** [áptəməm] **(= best, ideal)** – an optimum condition (a.) 최적의/최고의 상태　∗∗∗

The machine works at its **optimum** level. 그 기계는 최적의 수준에서 작동한다.

☐ **originate** [ərídʒənèit] – originate from a casual conversation (v.)　∗∗∗

우연한 대화에서 비롯되다/유래하다

The recipe **originated** in Italy. 그 레시피는 이탈리아에서 유래했다.

● originate/derive from(~에서 비롯되다, 유래하다)을 암기하자!

☐ **other than** – other than that (phr.) 그것 외에는　∗∗∗

Other than that, everything is going well. 그것 외에는, 모든 것이 잘 되고 있다.

☐ **out of shape** [ʃeip] – really out of shape (phr.) 정말 상태가 좋지 않은　∗∗∗

He felt **out of shape** after months without exercise.
그는 몇 달간 운동을 하지 않아서 몸 상태가 좋지 않다고 느꼈다.

☐ **be outfitted** [autfítid] **with** – be outfitted with the latest gear (phr.) 최신 장비를 갖추다

● be equipped with와 함께 전치사 with를 기억하자!

The expedition **was outfitted with** the latest gear. 그 탐험대는 최신 장비를 갖추었다.

☐ **outstanding** [àutstǽndiŋ] – outstanding performance (a.) 뛰어난 성과 ★★★

She received an award for her **outstanding** performance. 그녀는 뛰어난 성과로 상을 받았다.

● outstanding debt는 '갚지 못한 빚', outstanding balance는 '미지불 잔액'이다. 중요한 표현이니 암기하자!

☐ **outweigh** [àutwéi] **(= exceed, surpass)** – outweigh the benefits (v.) ★★★
혜택들을 능가하다/혜택보다 더 크다

The risks **outweigh** the benefits. 위험 요인이 이익보다 더 크다.

☐ **overhaul** [óuvərhɔːl] – overhaul the system (v.) 시스템을 점검하다 ★★★

The company decided to **overhaul** its operations.
그 회사는 자사 운영을 점검하기로 결정했다.

☐ **overlook** [òuvərlúk] – overlook the mistake (v.) 실수를 간과하다 ★★★

She **overlooked** an important detail in the report.
그녀는 보고서에서 중요한 세부 사항을 간과했다.

● overlook은 <파트 1>에서 '내려다보이다'의 의미로 출제된 바 있다.

The building **overlooks** the water. 그 건물에서는 물이 내려다보인다.

☐ **overseas** [òuvərsíːz] – overseas markets (a.) 해외의/외국의 시장 ★★★

The company is expanding into **overseas** markets.
그 회사는 해외 시장으로 확장하고 있다.

☐ **oversee** [òuvərsíː] – oversee the project (v.) 프로젝트를 감독하다 ★★★

He **oversees** the company's daily operations. 그는 회사의 일상적인 운영을 감독한다.

☐ **overt** [ouvə́ːrt] – overt action (a.) 공공연한 행동

There was **overt** hostility between the two factions.
두 파벌 사이에는 공공연한 적대감이 있었다.

● overt의 반대말은 covert(비밀의, 은밀한)이다. c로 덮어서 비밀로 만드는 것으로 이해하면 암기하기 쉽다.

They conducted a **covert** operation to gather intelligence.
그들은 정보를 수집하기 위해 은밀한 작전을 수행했다.

overtake [òuvərtéik] – overtake the competitors (v.) 경쟁자들을 추월하다 ★★★

The runner **overtook** his rivals in the final lap.
그 주자는 마지막 바퀴에서 경쟁자들을 추월했다.

022

overturn [òuvərtə́ːrn] – overturn the decision (v.) 결정을 뒤집다 ★★★

The ruling was **overturned** by a higher court. 그 판결은 상급 법원에 의해 뒤집혔다.

overwhelm [òuvərhwélm] – overwhelm the opponent (v.) 상대를 압도하다 ★★★

The sheer volume of work **overwhelmed** him. 엄청난 양의 일이 그를 압도했다.

owe [ou] – owe money to the bank (v.) 은행에 돈을 빚지다 ★★★

He **owes** his success to his mentors.
그가 성공한 것은 멘토들 덕분이다.(← 그는 자신의 성공을 멘토들에게 빚지고 있다.)

packet [pǽkit] – an information packet (n.) 정보 자료 묶음/꾸러미 ★★★

The new employees received an information **packet** on their first day.
신입 직원들은 출근 첫날에 정보 자료 묶음을 받았다.

pantry [pǽntri] – a well-stocked pantry (n.) 잘 채워진 식료품 저장실 ★★★

The kitchen had a well-stocked **pantry**. 그 주방에는 잘 채워진 식료품 저장실이 있었다.

paramedic [pǽrəmèdik] – call a paramedic (n.) 응급 구조사를 부르다 ★★★

They called a **paramedic** when he collapsed. 그가 쓰러졌을 때 그들은 응급 구조사를 불렀다.

partial [páːrʃəl] – a partial payment (a.) 부분적인 지급 ★★★

He made a **partial** payment on his debt. 그는 자신의 빚을 일부분 갚았다.

● 반대말은 impartial(공평한)이다.

particulars [pərtíkjulərz] – personal particulars (n.) 개인 특정 정보 ★★★

Please fill in your personal **particulars** on the form. 양식에 개인 특정 정보를 작성해 주세요.

partnership [páːrtnərʃip] – form a partnership (n.) 파트너십[제휴]을 구축하다 ★★★

The two companies entered into a **partnership**. 두 회사는 파트너십을 체결했다.

pass [pæs] – pass the compliance audit (v.) 규정 준수 감사를 통과하다 ★★★

She **passed** the exam with flying colors. 그녀는 우수한 성적으로 시험을 통과했다.

● pass는 명사로 '통행권'의 의미도 있다.

pass away (= die) – pass away peacefully (v.) 평화롭게 사망하다

He **passed away** peacefully in his sleep. 그는 잠을 자다가 평화롭게 세상을 떠났다.

pass out (= faint) – pass out from exhaustion (v.) 피로로 기절하다

She **passed out** from exhaustion after the marathon. 그녀는 마라톤을 뛰고 난 후 피로로 기절했다.

pasture [pǽstʃər] – green pasture (n.) 푸른 목초지

The cows grazed peacefully in the **pasture**. 소들이 목초지에서 평화롭게 풀을 뜯었다.

paternal [pətə́ːrnl] **(= fatherly)** – paternal authority (a.) 아버지쪽의 권한 (= 부권)

He exercised his **paternal** authority to discipline his children.
그는 부권을 행사해 자녀를 훈육했다.

patronage [péitrənidʒ] – political patronage (n.) 정치적 후원

He received political **patronage** for his campaign.
그는 자신의 캠페인에 대한 정치적 후원을 받았다.

payable [péiəbl] – amount payable (a.) 지불해야 하는 금액

The amount is **payable** in monthly installments. 그 금액은 월 할부로 지불해야 한다.

pediatrician [piːdiətríʃən] – visit a pediatrician (n.) 소아과 의사를 방문하다

The child was taken to see a **pediatrician**. 그 아이를 소아과 의사에게 데려갔다.

peer [piər] **(= look intently)** – peer into the distance (v.) 멀리 응시하다

She **peered** into the distance, trying to see the approaching car.
그녀는 다가오는 차를 보려고 하면서 멀리 응시했다.

● peer는 명사로 '동료, 또래'라는 의미가 있다.

Teenagers often face **peer** pressure to fit in with their friends.
십 대들은 종종 친구들과 어울려야 한다는 또래의 압력에 직면한다.

penalize [píːnəlàiz] – penalize the offender (v.) 위반자를 처벌하다

The league decided to **penalize** the offender. 그 연맹은 위반자를 처벌하기로 결정했다.

pending [péndiŋ] – pending approval (a.) 심의 중인/미결인 승인

The decision is **pending** further investigation.
조사가 더 진행된 후에 결정이 내려질 것이다. (← 그 결정은 추가 조사 심의 중에 있다.)

● pending은 '임박한'의 의미도 있다.

penetrate [pénətrèit] – penetrate the market (v.) 시장을 뚫다/시장에 진출하다   ···

The new product aims to **penetrate** the Asian market.
새 제품은 아시아 시장 진출을 목표로 하고 있다.

perceive [pərsíːv] **(= recognize, understand)** – perceive the change (v.)   ···
변화를 인식하다/감지하다

She **perceived** a shift in his attitude. 그녀는 그의 태도가 변한 것을 감지했다.

● perceive의 명사형은 perception(인식, 지각)이다.

period [píːəriəd] – a probationary period (n.) 수습 기간   ★★★

The new employee is in a probationary **period**. 그 신입 사원은 수습 기간 중이다.

● '근무 기간, 활동'을 나타내는 stint도 함께 기억하자! complete a stint at a job: 직장에서 근무를 마치다

She did a two-year **stint** in the marketing department. 그녀는 마케팅 부서에서 2년 동안 일했다.

periodical [pìːəriɑ́dikəl] – an academic periodical (n.) 학술 정기 간행물   ★★★

● periodical은 '정기 간행의'의 의미로 형용사로도 쓰인다. 도서관의 '정기 간행물실'은 Periodicals라고 한다.

She published her research in an academic **periodical**.
그녀는 자신의 연구를 학술 정기 간행물에 발표했다.

perishable [périʃəbl] **(= short-lived, spoilable)** – perishable goods (a.)   ★★★
부패하기 쉬운 상품

Perishable goods need to be stored in a refrigerator.
부패하기 쉬운 상품은 냉장고에 보관해야 한다.

perk [pəːrk] – enjoy the perks of the job (n.) 직업의 특전을 누리다   ★★★

● 짧지만 토익 900점 이상자도 잘 모르는 필수 단어이니 반드시 암기하자!

One of the **perks** of working here is the free gym membership.
여기서 일하는 특전 중 하나는 무료 헬스장 회원권이다.

persist [pərsíst] – persist despite challenges (v.) 어려움에도 불구하고 지속하다   ★★★

● persist in이고 insist on이다.

She **persisted in** her efforts to learn the new language.
그녀는 새로운 언어를 배우기 위해 꾸준히 노력을 계속했다.

persist in/with – persist with one's plan (v.) 계획을 고집하다   ···

He **persisted with** his plan even though it was unpopular.
계획이 인기가 없었는데도 불구하고 그는 자신의 계획을 고집했다.

a person or persons – a responsible person or persons (n.) 책임이 있는 1인 또는 다수 ★★★

Any person or persons with information about the incident should contact the police.
그 사건에 대한 정보가 있는 1인 또는 다수는 경찰에 연락해야 한다.

personal effects [pɔ́rsənl ifékts] – pack personal effects (n.) 개인 소지품을 챙기다 ★★★

● effect는 '효과'라는 의미가 기본이지만, 이렇게 복수 형태로 써서 '소지품'이 된다는 것을 기억하자!

● 이렇게 완전히 다른 의미로 쓰이는 것으로 function이 '기능' 외에 gathering(모임)의 의미로 쓰인 것이 토익에 출제되었다.

The soldiers were allowed to bring **their personal effects**.
군인들은 개인 소지품을 가져갈 수 있었다.

perspective [pərspéktiv] – a unique perspective (n.) 독특한 관점 ★★★

His **perspective** on the issue was quite different from mine.
그 문제에 대한 그의 관점이 나와는 꽤 달랐다.

pertaining [pərtéiniŋ] **to** – pertaining to the issue (phr.) 문제에 관한 ★★★

The documents **pertaining to** the case were submitted.
그 사건에 관한 문서가 제출되었다.

● <파트 5> 기출 정답이다.

pesticide [péstisàid] – use pesticide (n.) 살충제/농약을 사용하다 ★★★

Farmers often use **pesticide** to protect their crops.
농부들은 작물을 보호하기 위해 종종 농약을 사용한다.

petition [pətíʃən] – sign a petition (n.) 청원(서)에 서명하다 ★★★

They started a **petition** to save the park. 그들은 공원을 구하기 위해 청원을 시작했다.

petitioner [pətíʃənər] – the petitioner's request for an appeal (n.) 청원자의 항소 요청 ★★★

The **petitioners** gathered signatures for their cause.
청원자들은 그들의 대의를 위해 서명을 모았다.

phase [feiz] – the next phase of the project (n.) 프로젝트의 다음 단계 ★★★

The project is moving into its final **phase**. 프로젝트가 최종 단계로 접어들고 있다.

● 동사로 쓰인 phase out은 '단계적으로 없애다'의 뜻으로 중요한 표현이다.

phenomenon [finámənàn] – a rare phenomenon (n.) 희귀한 현상 ★★★

The northern lights are a natural **phenomenon**. 오로라(북극광)는 자연 현상이다.

philanthropy [filǽnθrəpi] – engage in philanthropy (n.) 자선 활동에 참여하다   ★★★

- ● anthrop이 들어가면 '사람', '인류'의 의미가 된다. phil[= love]+anthro[= man]+py: 사람을 사랑함 →
  자선, 인류애 anthropo[= man]+logy[= 학문]: 인류학

The billionaire is known for his **philanthropy**. 그 억만장자는 자선 활동으로 유명하다.

phrase [freiz] – coin a phrase (n.) 문구를 만들다   ★★★

She coined a popular **phrase** during the campaign.
그녀는 캠페인 기간 동안 인기 있는 문구를 만들었다.

the physically challenged [fízikəli tʃǽləndʒd] (= **people with physical disabilities**)   ★★★
– assist the physically challenged (n.) 신체 장애인을 돕다

The organization works to assist **the physically challenged**.
그 단체는 신체 장애인을 돕기 위해 노력한다.

pick [pik] – pick the best option (v.) 최고의 옵션을 선택하다   ★★★

You can **pick** any book you like from the shelf. 선반에서 마음에 드는 책 아무거나 고를 수 있다.

- ● pick은 '(과일을) 따다'라는 의미도 있다.

He **picked** the apple from the tree. 그는 나무에서 사과를 땄다.

- ● pick up은 '줍다, 차에 태우다'를 의미하고, pick-up line은 '상대를 유혹하는 작업 멘트'를 의미한다.

picturesque [piktʃərésk] – a picturesque village (a.) 그림 같은 마을   ★★★

- ● picture의 형용사형으로, 토익에 출제되는 단어이다.

The **picturesque** village attracts many tourists.
그림 같은 그 마을은 많은 관광객을 끌어들인다.

pier [piər] – walk along the pier (n.) 교각/부두를 따라 걷다   ★★★

They enjoyed a stroll along the **pier** at sunset. 그들은 일몰에 부두를 따라 걸으며 산책을 즐겼다.

pigment [pígmənt] (= **coloring substance**) – natural pigment (n.) 천연 색소   ★★★

The artist used natural **pigment** to create the painting.
그 예술가는 천연 색소를 사용해 그림을 그렸다.

pitch [pitʃ] – an advertising pitch (n.) 광고 프레젠테이션   ★★★

The marketing team prepared a compelling **pitch** for the new product.
마케팅팀은 신제품에 대한 설득력 있는 프레젠테이션을 준비했다.

- ● pitch는 동사로 '~을 제안하다'의 의미로 쓰인다.

He **pitched** the proposal to the investors. 그는 투자자들에게 제안을 제시했다.

platform [plǽtfɔ:rm] – launch the platform (n.) 플랫폼을 출시하다　★★★

The company introduced a new online **platform**. 그 회사는 새로운 온라인 플랫폼을 도입했다.

plausible [plɔ́:zəbl] – a plausible explanation (a.) 그럴듯한 설명　★★★

She gave a **plausible** explanation for her absence.
그녀는 자신이 결석한 것에 대해 그럴듯한 설명을 했다.

plea [pli:] – make a plea for help (n.) 도움을 간청하다　★★★

● plea는 an urgent or emotional request(간절하거나 감정적인 요청)를 의미한다.

He made a **plea** for clemency. 그는 선처를 간청했다.

please [pli:z] – please the audience (v.) 관객을 만족시키다　★★★

She aimed to **please** the crowd with her performance.
그녀는 자신의 공연으로 관객을 만족시키고자 했다.

● 명령문에서 문장 맨 앞에 쓰인 please는 부사로, 뒤에는 항상 동사원형이 온다.

Please finish your homework before dinner. 저녁 식사 전에 숙제를 끝내라.

pledge [pledʒ] – pledge support (v.) 지원을 약속하다/서약하다　★★★

● pledge는 동사·명사 동형이며 동사로 쓰일 때는 to부정사를 목적어로 취할 수 있다.

He **pledged to** donate to the charity. 그는 자선 단체에 기부하겠다고 약속했다.

plentiful [pléntifəl] – a plentiful supply (a.) 풍부한 공급　★★★

The harvest was **plentiful** this year. 올해는 수확이 풍부했다.

plumber [plʌ́mər] – call a plumber (n.) 배관공을 부르다　★★★

● 이 단어는 <파트 1>에도 자주 등장하며, b가 묵음이다.

We had to call a **plumber** to fix the leaking pipe.
우리는 누수 파이프를 고치기 위해 배관공을 불러야 했다.

plummet [plʌ́mit] – plummet in value (v.) 가치가 폭락하다　★★★

The stock prices **plummeted** after the scandal. 그 스캔들 후에 주가가 폭락했다.

plunge [plʌndʒ] – plunge after the market crash (v.) 시장 붕괴 후 급락하다/거꾸러지다　★★★

The stock market **plunged** yesterday. 주식 시장이 어제 급락했다.

podium [póudiəm] – stand at the podium (n.) 연단/단상에 서다　★★★

The speaker stood at the **podium** to deliver his speech. 연사는 연단에 서서 연설을 했다.

poignant [pɔ́injənt] – a poignant moment (a.) 가슴 아픈 순간

It was a **poignant** moment when the soldiers returned home.
군인들이 집으로 돌아가는 가슴 아픈 순간이었다.

poise [pɔiz] – maintain poise under pressure (n.) 압박 속에서 침착함을 유지하다

She handled the situation with **poise**. 그녀는 침착하게 상황을 처리했다.

● poise는 동사·명사 동형이다.

policy [pálɔsi] – a company policy (n.) 회사 정책

The new **policy** will take effect next month. 새로운 정책은 다음 달에 시행될 것이다.

polished [páliʃt] – a polished presentation (a.) 세련된 발표

She gave a **polished** presentation at the meeting. 그녀는 회의에서 세련된 발표를 선보였다.

poll [poul] – conduct a poll (n.) 여론 조사를 실시하다

The **poll** results were surprising. 여론 조사 결과는 놀라웠다.

● poll은 동사·명사 동형이다.

ponder [pándər] – ponder the possibilities (v.) 가능성을 숙고하다

He **pondered** over the decision for a long time. 그는 오랫동안 그 결정을 놓고 숙고했다.

ponderous [pándərəs] **(= heavy, dull)** – a ponderous speech (a.) 무거운 연설

His **ponderous** speech made the audience lose interest.
그의 무겁고 지루한 연설은 청중의 흥미를 잃게 만들었다.

portable [pɔ́ːrtəbl] – a portable device (a.) 휴대용의/휴대가 용이한 장치

The laptop is lightweight and **portable**. 그 노트북은 가볍고 휴대가 용이하다.

portion [pɔ́ːrʃən] – a portion of the profits (n.) 이익의 일부 | 몫

He donated a **portion** of his earnings to charity. 그는 자신의 수입 일부를 자선 단체에 기부했다.

positive [pázətiv] – positive that he will succeed (a.) 그가 성공할 것을 확신하는

● that절을 취할 수 있는 형용사로 「be aware(알다)/sure(확신하다)/hopeful(희망하다)/confident(자신감 있다)/positive(확신하다) that S + V」가 자주 쓰이며 최근에 출제되었다.

She **is positive that** he will succeed in his new job.
그녀는 그가 새 직장에서 성공할 것이라고 확신한다.

● positive의 '긍정적인'의 의미도 알아두자!

post [poust] – post a notice (v.) 공지 사항을 게시하다 ★★★

She **posted** a message on the bulletin board. 그녀는 게시판에 메시지를 게시했다.

● post는 동사·명사가 다 되며, 명사로는 '우편물, 직책, 말뚝'의 의미가 있다.

postpone [poustpóun] – postpone the meeting (v.) 회의를 연기하다 ★★★

The event was **postponed** due to weather conditions. 행사는 날씨 상태 때문에 연기되었다.

● postpone(연기하다), delay(지연하다), wait(기다리다), stay(머물다), remain(~한 상태로 있다), last(오래 가다), continue(계속하다)는 '지연, 지속'의 의미로 until과 잘 어울린다.

The meeting has been **postponed until** next week. 회의가 다음 주까지로 연기되었다.

power outage [páuəráutidʒ] – experience a power outage (n.) 정전을 겪다 ★★★

● power outage = power failure, blackout(정전)이다.

The storm caused a widespread **power outage**. 폭풍으로 인해 광범위한 정전이 발생했다.

precaution [prikɔ́ːʃən] – take safety precautions (n.) 안전 예방 조치를 취하다 ★★★

● take precautions(예방 조치를 취하다)이고 Use caution 또는 Exercise caution(주의하시오)이다. 동사와 목적어를 같이 덩어리로 암기하자!

They **took precautions** to prevent accidents. 그들은 사고를 예방하기 위해 예방 조치를 취했다.

precede [prisíːd] – precede the announcement (v.) 발표에 앞서다 ★★★

● precede는 pre[= before]+cede[= go]의 의미로 '앞서가다'의 의미가 된다.

The speech **preceded** the award ceremony. 연설은 시상식에 앞서 진행되었다.

precisely [prisáisli] **(= exactly, accurately)** – precisely at 5:00 p.m. (adv.) ★★★
정확히 오후 5시에

● 시간을 수식하는 부사 문제가 정답으로 출제되었다.

The meeting will start **precisely** at 5:00 p.m. 회의는 정확히 오후 5시에 시작될 것이다.
The ingredients were **precisely** measured for the recipe.
레시피를 위해 재료들이 정확하게 측정되었다.

preclude [priklúːd] – preclude the possibility (v.) 가능성을 막다 ★★★

His injury **precludes** him from playing in the game.
부상으로 그는 그 경기에서 뛰지 못한다. (← 그의 부상이 그가 경기에서 뛰는 것을 막는다.)

predecessor [prédəsèsər] – meet one's predecessor (n.) 전임자를 만나다 ★★★

The new CEO met with his **predecessor** to discuss the transition.
새 CEO는 전임자와 만나 전환에 대해 논의했다.

☐ **predict** [pridíkt] – predict the results (v.) 결과를 예측하다 ★★★

Can you **predict** what will happen next? 다음에 무슨 일이 일어날지 예측할 수 있나요?

☐ **predominantly** [pridάmənəntli] – predominantly blue (adv.) 주로 푸른색인 ★★★

The audience was **predominantly** young people. 관객은 주로 젊은 사람들이었다.

☐ **preferred** [prifə́:rd] – a preferred method (a.) 선호되는 방법 ★★★

● preferred는 구토익 때부터 최근까지 계속 출제되고 있다. preferred means(선호되는 수단)로도 <파트 5>에 출제되었다.

Email is the **preferred** method of communication. 이메일이 선호되는 의사소통 방법이다.

☐ **preliminary** [prilímənèri] – a preliminary report (a.) 예비 보고서 ★★★

The **preliminary** results are promising. 예비 결과가 유망하다.
The **preliminary** meteorological data suggests a change in weather patterns.
예비 기상 데이터는 날씨 패턴의 변화를 시사하고 있다.

☐ **premier** [pri:míər] – a premier university in the country (a.) 국내 최고의 대학 ★★★

He is the **premier** expert in his field. 그는 자기 분야에서 최고의 전문가이다.

☐ **premiere** [primír] – premiere one's latest film (v.) 최신 영화를 개봉하다, 초연하다 ★★★

The new play **premiered** to rave reviews. 새 연극은 극찬을 받으며 초연했다.

● premiere는 동사·명사 동형이다.

They attended the movie **premiere** last night. 그들은 어젯밤 영화 개봉 행사에 참석했다.

☐ **premise** [prémis] – the premise of the argument (n.) 주장의 전제 ★★★

The **premise** of the novel is intriguing. 그 소설의 전제가 흥미롭다.

☐ **preoccupied** [priάkjupàid] – preoccupied with work (a.) 일에 몰두한 ★★★

He seemed **preoccupied** with work and distant. 그는 일에 몰두해 거리를 두는 것처럼 보였다.

☐ **pre-paid** [prí:peid] – a pre-paid envelope (a.) 선불의/미리 지급된 봉투 ★★★

Please use the **pre-paid** envelope to return the item. 선불 봉투를 사용해 물품을 반송해 주세요.

☐ **prerequisite** [prirékwəzət] **(= requirement, necessity)** – a prerequisite for the course (n.)
과정의 필수 조건 ★★★
Basic math is a **prerequisite** for this class. 기초 수학이 이 수업의 필수 조건이다.

prescribe [priskráib] – prescribe medication (v.) 약을 처방하다 　★★★

● scribe는 write의 의미이다. 의사가 약을 받도록 미리(pre) 써 주는(scribe) 것이 prescribe(처방하다)이다. describe는 de[= down]+scribe[= write] = write down(묘사하다)이다.

The doctor **prescribed** antibiotics for the infection.
의사는 감염에 대해 항생제를 처방했다.

prescription [priskrípʃən] – prescription medication (n.) 처방(전) 약 　★★★

She went to the pharmacy to fill her **prescription**. 그녀는 처방전 약을 받으러 약국에 갔다.

presence [prézns] – strong online presence (n.) 강력한 온라인 존재감 | 있음 　★★★

The **presence** of security personnel was reassuring. 보안 요원이 있어 안심이 되었다.

preserve [prizə́ːrv] – preserve the environment (v.) 환경을 보존하다 　★★★

The organization works to **preserve** wildlife habitats.
그 기구는 야생 동물 서식지를 보존하기 위해 일한다.

preside [prizáid] – preside over the meeting (v.) 회의를 주재하다/사회를 보다 　★★★

● 이 단어의 명사형이 president(의장)이다.

The CEO will **preside** over the annual meeting. CEO가 연례 회의를 주재할 것이다.

presumably [prizúːməbli] – presumably arrive by noon (adv.) 　★★★
아마도 정오까지는 도착할 듯하다

The documents are **presumably** correct. 그 문서들이 아마도 맞을 것이다.
Presumably, the meeting will be rescheduled for next week.
아마도, 회의는 다음 주로 재조정될 것이다.

presume [prizúːm] – presume innocence (v.) 무죄로 추정하다 　★★★

● 비슷한 스펠링의 resume은 '다시 시작하다', '이력서'의 의미이다.

We must **presume** that she is telling the truth.
우리는 그녀가 진실을 말하고 있다고 추정해야 한다.

pretend [priténd] – pretend to be someone else (v.) 다른 사람인 척하다, ~라고 가장하다 　★★★

The children **pretended** they were pirates. 아이들은 자기네들이 해적인 척했다.

prevail [privéil] – Justice will prevail. (v.) 정의가 승리할 것이다. | 이기다 　★★★

We believe that justice will **prevail** in the end.
우리는 결국 정의가 승리할 것이라고 믿는다.

□ **prevalent** [prévələnt] – a prevalent issue (a.) 만연한 문제 ***

● prevalent = widespread(광범위한, 널리 퍼진)

Smoking is a **prevalent** issue in many communities. 흡연은 많은 공동체에서 만연한 문제이다.

□ **primarily** [praimérəli] – primarily responsible (adv.) 주로 책임이 있는 ***

The team is composed **primarily** of engineers. 그 팀은 주로 엔지니어로 구성되어 있다.

□ **primary** [práimeri] **and elementary** [èləméntəri] **(= first level of)** ***

– primary and elementary education. (adj.) 초등의 교육

● 초기 교육 단계에서 쓰이며, 주로 어린 학생들을 대상으로 한다. 두 단어는 상호 교환 가능하다.

Primary and elementary education forms the foundation of a child's academic journey. 초등 교육은 아동의 학문적 여정의 기초를 형성한다.

□ **pristine** [prístiːn] – pristine condition (a.) 손대지 않은/완전히 새것 같은 상태 ***

● pristine은 최근에 독해에서 자주 보인다. '처음 상태 그대로'라는 의미로 동의어는 immaculate, spotless, untouched, unspoiled, flawless, perfect, pure, virginal이다.

The car is in **pristine** condition, as if it just came out of the showroom.
그 차는 마치 전시장에서 막 나온 것처럼 완전 새것 같은 상태이다.

□ **proactive steps** [prouǽktiv steps] – proactive steps to improve (n.) ***
개선하기 위한 선제적 조치

The company is taking **proactive steps** to improve customer service.
그 회사는 고객 서비스를 개선하기 위해 선제적 조치를 취하고 있다.

□ **probable** [prábəbl] – a probable cause (a.) 개연성 있는/있을 법한 원인 ***

It's **probable** that they will arrive late. 그들이 늦게 도착할 가능성이 크다.

● 부사 probably도 <파트 5> 정답으로 출제되었다.

□ **probationary** [proubéiʃənèri] – probationary period (a.) 수습의 기간 ***

The new employee is in a **probationary** period. 그 신입 직원은 수습 기간 중이다.

□ **procedure** [prəsíːdʒər] – follow the procedure (n.) 절차를 따르다 ***

The **procedure** for applying is outlined on the website. 신청 절차는 웹사이트에 설명되어 있다.

□ **proceedings** [prəsíːdiŋz] – record the proceedings of the meeting (n.) ***
회의록/회의 의사록을 기록하다

● 최신 기출 유형으로, 이 표현이 들어간 교재는 현재 본서뿐이다.

The secretary was responsible for recording the **proceedings** of the meeting.
그 비서는 회의록 기록 담당이었다.

☐ **proceeds** [prousíːdz] – donate proceeds (n.) 수익금을 기부하다 ★★★

All **proceeds** from the event will go to charity.
행사에서 발생한 모든 수익금이 자선 단체에 기부될 것이다.

● 동사 proceed는 '진행하다'의 뜻이다.

☐ **procure** [proukjúər] **(= obtain, acquire)** – procure supplies (v.)
공급품을 조달하다/입수하다

The company **procured** the necessary supplies. 그 회사는 필요한 물품을 조달했다.

☐ **procurement** [proukjúərmənt] – procurement process (n.) 조달 과정 ★★★

The **procurement** of new equipment is underway. 새 장비의 조달이 진행 중이다.
The **procurement** process can be lengthy and complex. 조달 과정이 길고 복잡할 수 있다.

☐ **profitable** [práfitəbl] – a profitable venture (a.) 수익성 있는 사업 ★★★

● profitable = lucrative(수익성이 좋은)이다.

The business became **profitable** within its first year. 그 사업은 첫 해에 수익이 났다.

☐ **prolific** [prəlífik] – a prolific writer (a.) 다작하는 작가 ★★★

● prolific의 1차적인 의미는 '다산의'이다.

She is a **prolific** writer who has published over 30 books.
그녀는 30권 이상의 책을 출판한 다작 작가이다.

☐ **promptly** [prámptli] **(= on time)** – promptly at 3:30 p.m. (adv.)
오후 3시 30분에 정확히/시간 엄수하여

Please arrive **promptly** at 3:30 p.m. for your appointment.
약속 시간에 맞춰 정각 오후 3시 30분에 도착해 주세요.

● '신속하게, 즉시(= without delay, at once)'의 의미로 더 많이 쓰인다.

She responded to the email **promptly**, ensuring the issue was resolved quickly.
그녀는 이메일에 신속하게 답변하여 문제가 빠르게 해결되도록 했다.

☐ **propose** [prəpóuz] – propose a new idea (v.) 새로운 아이디어를 제안하다 ★★★

● '제안하다'의 의미로 쓰이는 suggest, recommend는 동명사만을 목적어로 취한다. 하지만 propose 뒤에는 부정사, 동명사가 모두 가능하다.

He **proposed** a new plan to the board. 그는 이사회에 새로운 계획을 제안했다.

prospective [prəspéktiv] – prospective clients (a.) 잠재된/장래의/예상되는 고객 ★★★

The company is meeting with **prospective** clients next week.
그 회사는 다음 주에 잠재 고객들과 만날 예정이다.

prosper [práspər] – prosper in business (v.) 사업에서 번창하다 ★★★

The town **prospered** during the gold rush. 그 마을은 골드 러시 동안 번창했다.

protocol [próutəkɔ̀:l] – a safety protocol (n.) 안전 규약 ★★★

The company follows strict safety **protocols**. 그 회사는 엄격한 안전 규약을 따르고 있다.

prototype [próutətàip] – develop a prototype (n.) 프로토타입/시제품을 개발하다 ★★★

The engineers developed a **prototype** of the new device.
엔지니어들은 새 기기의 시제품을 개발했다.

provided [prəváidid] **that (= providing that, if)** – provided that you agree ★★★
(conj.) 당신이 동의한다면
You can go to the party, **provided that** you finish your homework.
네가 숙제를 마친다면 파티에 갈 수 있다.

provoke [prəvóuk] – provoke a reaction (v.) 반응을 유발하다 ★★★
provoke a response (v.) 답을 하도록 유도하다/자극하다
His comments **provoked** an angry response. 그의 발언은 분노 반응을 유발했다.
Avoid topics that might **provoke** controversy. 논란을 일으킬 수 있는 주제는 피하세요.
The controversial statement was intended to **provoke** debate.
그 논란의 발언은 토론을 자극하기 위한 것이었다.

proximity [praksíməti] – in the proximity of (n.) ~ 가까이/근접 거리에 있는 ★★★
The hotel is in close **proximity** to the airport. 그 호텔은 공항과 가까운 거리에 있다.

proxy [práksi] **(= representative)** – proxy vote (n.) 대리 투표 ★★★
You can vote by **proxy** if you cannot attend the meeting.
회의에 참석할 수 없으면 대리로 투표할 수 있다.

prudent [prú:dnt] – a prudent decision (a.) 신중한/분별 있는 결정 ★★★
It is **prudent** to save money for emergencies.
비상시에 대비해 돈을 저축하는 것은 신중하고 분별 있다.

☐ **public relations** [pʌ́blik riléiʃənz] – manage public relations (n.) 홍보를 관리하다 ★★★

● public relations = PR이다.

She works in **public relations** for a large corporation. 그녀는 대기업에서 홍보를 담당하고 있다.

☐ **pull over (= stop the car)** – pull over to the side of the road (v.) ★★★
도로 옆에 차를 세우다

The police officer asked him to **pull over**. 경찰관이 그에게 차를 옆에 세우라고 요청했다.

● <파트 1, 5> 기출 단어이다.

☐ **pursue** [pərsúː] – pursue a career in medicine (v.) 의학 분야에서 경력을 추구하다/쫓다 ★★★

She decided to **pursue** her dreams of becoming a musician.
그녀는 음악가가 되려는 꿈을 쫓기로 결심했다.

● 명사형은 pursuit(추구)이다.

☐ **put in for** – put in for a promotion (v.) 승진을 공식 요청하다 ★★★

She decided to **put in for** a promotion at work. 그녀는 직장에서 승진을 요청하기로 결심했다.

● put in for는 <파트 5> 기출 정답 표현이며, '~을 신청하다'의 의미로도 쓰인다.

She decided to **put in for** a transfer to the New York office.
그녀는 뉴욕 사무소로 전근을 신청하기로 결심했다.

☐ **put ~ to rest** – put the rumors to rest (v.) 소문을 잠재우다 ★★★

The official statement helped **put** the rumors **to rest**.
공식 성명은 소문을 잠재우는 데 도움이 되었다.

☐ **qualify** [kwɑ́ləfài] – qualify for the finals (v.) 결승전에 진출 자격이 있다 ★★★

● qualify for는 '필요한 요건을 맞추다(to meet the necessary requirements to be eligible for something)', be qualified for는 '~할 자격이 있다(to have the necessary skills or credentials for something)'의 의미이다.

She worked hard to **qualify for** the scholarship.
그녀는 장학금 수령 자격을 얻기 위해 열심히 공부했다.

He **is** highly **qualified for** the managerial position.
그는 관리직에 매우 적합한 자격을 갖추고 있다.

☐ **quantity** [kwɑ́ntəti] – a large quantity (n.) 많은 양 ★★★

We need to order a larger **quantity** of supplies. 우리는 더 많은 양의 물품을 주문해야 한다.

☐ **queue** [kjuː] – stand in a queue (n.) 줄을 서다 ★★★

People stood in a **queue** to buy tickets for the concert.
사람들이 콘서트 티켓을 사기 위해 줄을 섰다.

quote [kwout] – quote a line from the poem (v.) 시의 한 구절을 인용하다

He **quoted** a passage from the book. 그는 책에서 한 단락을 인용했다.

● quote는 명사로는 '인용', '견적'의 의미로 쓰인다.

She included a famous **quote** in her speech to inspire the audience.
그녀는 청중에게 영감을 주기 위해 연설에 유명한 인용구를 넣었다.

The contractor provided a detailed **quote** for the renovation project.
그 계약자는 보수 공사 프로젝트에 대한 상세한 견적을 제공했다.

rain date [reíndeit] – schedule a rain date (n.) 우천 시 예비 날짜를 잡다

The event was postponed to the **rain date** due to bad weather.
행사는 악천후로 인해 우천 시 예비 날짜로 연기되었다.

raise awareness [əwéərnis] **of** – raise awareness of the issue (v.)
문제에 대한 인식을 높이다

The campaign aims to **raise awareness of** environmental issues.
그 캠페인은 환경 문제에 대한 인식을 높이는 것을 목표로 하고 있다.

● raise, awareness가 각각 정답으로 출제되었다.

random [rǽndəm] – a random sample (a.) 무작위의/닥치는 대로의 표본

They took a **random** sample of the population. 그들은 무작위 인구 표본을 채취했다.

randomly [rǽndəmli] **(= at random)** – randomly selected (adv.) 무작위로 선택된

The participants were **randomly** selected. 참가자들은 무작위로 선정되었다.

rapport [rǽpɔ́ːr] **(= connection, relationship)** – build rapport (n.)
(친밀한) 관계를 구축하다

● 신뢰와 친밀감을 바탕으로 하는 관계를 나타낼 때 쓰인다. t 발음이 묵음인 것에 주의한다.

It's essential to build **rapport** with clients to ensure successful collaboration.
성공적인 협력을 보장하기 위해 고객사들과 친밀한 관계를 구축하는 것이 굉장히 중요하다.

ratio [réiʃou] – the ratio of students to teachers (n.) 학생과 교사의 비율

The school has a low student-to-teacher **ratio**. 그 학교는 학생 대 교사 비율이 낮다.

rational [rǽʃənl] – a rational explanation (a.) 합리적인/이성적인 설명

They made a **rational** decision based on the available evidence.
그들은 이용 가능한 증거에 근거하여 합리적인 결정을 내렸다.

She made a **rational** decision after considering all the facts.
그녀는 모든 사실을 고려한 후 이성적인 결정을 내렸다.

☐ **rave** [reiv] – rave reviews (a.) 극찬하는 비평

There was a **rave** review about the new restaurant in town.
시내에 새로 생긴 레스토랑에 극찬이 쏟아졌다.

● 반대말은 harsh이며, rave는 동사로 '극찬하다'의 의미로도 쓰인다.

She **raved** about the excellent service at the hotel.
그녀는 호텔의 훌륭한 서비스에 대해 극찬했다.

☐ **reap** [riːp] – reap benefits (v.) 혜택을 얻다

They worked hard and **reaped** the benefits of their labor.
그들은 열심히 일해서 그 노고에 대한 혜택을 얻었다.

● reap은 '결실을 거두다, 수확하다'의 의미도 있다.

After years of hard work, she finally began to **reap** the benefits of her efforts.
수년간의 노고 끝에, 그녀는 마침내 노력의 결실을 거두기 시작했다.

☐ **rebuild** [riːbíld] – rebuild the community (v.) 공동체를 재건하다

They are working to **rebuild** the town after the disaster.
그들은 재난 후 마을을 재건하기 위해 노력하고 있다.

☐ **recede** [risíːd] **(= retreat, withdraw)** – recede from view (v.)
시야에서 서서히 물러나다[멀어지다]

The floodwaters began to **recede**. 홍수로 불어난 물이 빠지기 시작했다.

☐ **receive** [risíːv] – receive the package (v.) 소포를 받다

He **received** an award for his work. 그는 자신의 작품으로 상을 받았다.

☐ **receptacle** [riséptəkl] **(= container, bin)** – put the waste in the receptacle (n.)
쓰레기를 용기에 넣다

● 토익 900점 이상도 많이 몰라 틀린 문제의 단어 receptacle(담는 통)이 2023년에 출제됐다. 다룬 도서가 이 책과 필자의 다른 책뿐이니 꼭 암기하자! <파트 5> 기출 정답 단어이다.

The kitchen has several **receptacles** for recycling.
주방에는 재활용 용기[통]가 여러 개 있다.

☐ **recession** [riséʃən] – an economic recession (n.) 경기 침체/불경기

The country is experiencing a severe economic **recession**.
그 나라는 심각한 경기 침체를 겪고 있다.

☐ **reciprocal** [risíprəkəl] **(= mutual, corresponding)** – reciprocal relationship (a.) ★★★
상호적인 관계

Their friendship is based on **reciprocal** respect.
그들의 우정은 상호 존중에 기반을 두고 있다.

They have a **reciprocal** agreement. 그들은 상호 협정을 맺었다.

☐ **reckless** [réklis] – reckless driving (a.) 난폭한/무모한 운전 ★★★
He was fined for **reckless** driving. 그는 난폭 운전으로 벌금을 물었다.

☐ **recognized** [rékəgnàizd] – recognized for scientific contributions (a.) ★★★
과학적 공헌에 대해 인정받은

The chef is **recognized** for his innovative recipes.
그 셰프는 혁신적인 요리법으로 인정받고 있다.

● recognized = distinguished(유명한, 성공한), famous(유명한)

She is a **distinguished** member of the community. 그녀는 그 커뮤니티에서 유명한 회원이다.
The **famous** artist will be visiting our city. 그 유명 예술가가 우리 도시를 방문할 것이다.

☐ **recollect** [rèkəlékt] – recollect the details (v.) 세부 사항을 기억해 내다/회상하다 ★★★
He could not **recollect** the exact date of the event.
그는 그 사건의 정확한 날짜를 기억해 낼 수가 없었다.

☐ **reconcile** [rékənsàil] – reconcile differences (v.) 차이를 조정하다 ★★★
● re[= again]+con[= together]+cile: 다시 함께 하다 → 화해하다, 조정하다

They managed to **reconcile** their differences. 그들은 간신히 차이를 조정하는 데 성공했다.

☐ **recover** [rikʌ́vər] – recover from the illness (v.) 병에서 회복하다 ★★★
She **recovered** quickly after the surgery. 그녀는 수술 후 빠르게 회복했다.

☐ **recruit** [rikrúːt] – recruit new members (v.) 새로운 회원을 모집하다 ★★★
The company is **recruiting** fresh graduates. 그 회사는 신입 졸업생을 모집하고 있다.

☐ **recuperation** [rikjùːpəréiʃən] – a period of recuperation (n.) 회복 기간 ★★★
He needed a period of **recuperation** after the surgery. 그는 수술 후 회복 기간이 필요했다.

☐ **recurrence** [rikə́ːrəns] – recurrence of the issue (n.) 문제의 재발 ★★★
The team worked hard to prevent the **recurrence** of the issue.
팀은 문제의 재발을 막기 위해 열심히 일했다.

recycle [riːsáikl] – recycle the paper (v.) 종이를 재활용하다   ★★★

It's important to **recycle** glass and plastic bottles.
유리와 플라스틱 병을 재활용하는 것이 중요하다.

reduction [ridʌkʃən] – a significant reduction in noise (n.) 소음의 현저한 감소   ★★★

● 뒤에 in이나 of가 와서 '~의 감소'라는 의미를 나타낸다.

The company reported a **reduction in** operating costs.
그 회사는 운영 비용이 감소했다고 보고했다.

refinery [rifáinəri] **(= processing plant)** – an oil refinery (n.) 정유 공장   ★★★

The oil **refinery** processes thousands of barrels of crude oil daily.
그 정유 공장은 매일 수천 배럴의 원유를 처리한다.

reflect [riflékt] – accurately reflect (v.) 정확히 반영하다/나타내다   ★★★

Her actions **reflect** her commitment to the cause.
그녀의 행동은 대의에 대한 헌신을 반영해 보여 준다.

● reflect는 '(빛 등을) 반사하다'의 의미가 있다.

The mirror **reflects** light. 거울은 빛을 반사한다.

refugee [rèfjudʒíː] – provide aid to refugees (n.) 난민에게 도움을 제공하다   ★★★

● -ee로 끝난 단어는 모두 수동의 의미가 있다. ex. employee(고용 당한 직원), refugee(피해를 입은 난민)

The **refugees** were given shelter and food. 난민들은 피난처와 음식을 제공받았다.

refurbish [riːfɔːrbiʃ] – refurbish a building (v.) 건물을 재단장하다   ★★★

They decided to **refurbish** the old building to make it more modern.
그들은 오래된 건물을 재단장하여 더 현대적으로 보이게 하기로 결정했다.

refurbishment [riːfɔːrbiʃmənt] – office refurbishment (n.) 사무실 재단장   ★★★

The office is closed for **refurbishment**. 사무실은 재단장 때문에 문을 닫은 상태이다.

refuse [rifjúːz] – refuse to cooperate (v.) 협조를 거부하다/거절하다   ★★★

She **refused** the offer politely. 그녀는 그 제안을 정중히 거절했다.

● refuse는 부정사를 목적어로 취하는 동사이다.

He **refused to** sign the contract without reading it first.
그는 계약서를 먼저 읽지 않고는 서명하지 않겠다며 거부했다.

☐ **regain** [rigéin] – regain control (v.) 통제권을 되찾다

● re[= again]+gain: 다시 찾다

He managed to **regain** his composure quickly. 그는 재빨리 평정을 되찾았다.

☐ **regard** [rigάːrd] – highly regard (v.) 꽤 존경하다

She is highly **regarded** by her peers. 그녀는 동료들로부터 꽤 존경받고 있다.

● regarding(~에 관하여)은 전치사로 그 뒤에 명사가 온다.

She had a question **regarding** the new policy changes.
그녀는 새로운 정책 변경 사항에 관한 질문이 있었다.

● in regard to(~에 관하여)도 암기하자!

In regard to your inquiry, we will respond within 24 hours.
귀하의 문의에 관하여, 24시간 내에 답변을 드리겠습니다.

☐ **register** [rédʒistər] – register for the course (v.) 강좌에 등록하다

You need to **register** by the end of the month. 이달 말까지 등록해야 합니다.

☐ **regret** [rigrét] – regret what I said (v.) 내가 한 말을 후회하다

He **regretted** his decision later. 그는 나중에 자신의 결정을 후회했다.

● regret은 동사·명사 동형이다.

☐ **regrettably** [rigrétəbli] **(= unfortunately)** – Regrettably, it failed. (adv.)
유감스럽게도 실패했다.

Regrettably, the project failed to meet its goals.
유감스럽게도, 프로젝트는 목표 달성에 실패했다.

☐ **regulate** [régjulèit] – regulate the temperature (v.) 온도를 조절하다

The thermostat **regulates** the room temperature. 온도 조절기가 실내 온도를 조절한다.

☐ **reinforce** [riːinfɔ́ːrs] – reinforce the structure (v.) 구조를 강화하다

● re[= again]+in+force: 다시 안에 힘을 넣다 → 강화하다

The lecture **reinforced** my understanding of the topic.
강의를 듣고 그 주제를 더 잘 이해했다. (← 강의는 주제에 대한 나의 이해를 강화했다.)

☐ **reiterate** [riːítəreit] – reiterate a point (v.) 요점을 반복하다

The speaker **reiterated** his main points during the presentation.
연사는 발표 중에 주요 요점을 반복해서 말했다.

reject [ridʒékt] – reject the proposal (v.) 제안을 거절하다 ★★★

● reject는 보통 그 뒤에 to V가 못 오고, 비슷한 의미의 decline은 to V와 잘 어울린다.

The application was **rejected** due to errors. 신청서가 오류로 인해 거절되었다.

rejuvenation [ridʒùːvənéiʃən] – urban rejuvenation (n.) 도시 재생 ★★★

● rejuvenation은 re[= again]+juven[= young]+ation: 다시 젊어지게 하는 것 → 재생

● juvenile = young → 젊은 → 청소년의

The city plans a major urban **rejuvenation** project.
시에서 대규모 도시 재생 프로젝트를 계획하고 있다.

rekindle [rikíndəl] – rekindle one's friendship (v.) 우정에 다시 불을 붙이다 ★★★

They hope to **rekindle** the excitement they had in their early years of marriage.
그들은 결혼 초기에 가졌던 흥분이 다시 불붙기를 희망하고 있다.

relate [riléit] – relate to the topic (v.) 주제와 관련되다/주제에 공감하다 ★★★

● 전치사 to와 함께 쓰인다.

The research findings are directly **related** to the impact of climate change on agriculture. 그 연구 결과는 기후 변화가 농업에 미치는 영향과 직접적으로 관련이 있다.
She can **relate** to the character's experiences. 그녀는 그 캐릭터의 경험에 공감할 수 있다.

relax [rilǽks] – relax after a long day (v.) 힘든 하루를 보내고 휴식을 취하다 ★★★

She likes to **relax** by reading a book. 그녀는 책을 읽으면서 휴식을 취하는 것을 좋아한다.

relevant [réləvənt] – relevant information (a.) 관련된 정보 ★★★

The report contains all the **relevant** details.
그 보고서에는 모든 관련된 세부 사항이 포함되어 있다.

relieve [rilíːv] – relieve the pain (v.) 통증을 완화하다 ★★★

The medication helped **relieve** his symptoms. 그 약은 그의 증상을 완화하는 데 도움이 되었다.

● relieve A of B(A에게서 B를 덜어 주다) 구문을 기억하자!

The manager **relieved** the team **of** extra work to avoid burnout.
매니저는 번아웃에 빠지지 않도록 팀의 추가 업무 부담을 덜어 주었다.

relinquish [rilíŋkwiʃ] **(= give up)** – relinquish control (v.) 통제권을 포기하다 ★★★

He had to **relinquish** control of the company. 그는 회사 경영권을 포기해야 했다.

reluctant [rilʌ́ktənt] – feel reluctant (a.) 꺼려하는/주저하는/마지 못해 하는 걸 느끼다 ★★★

He felt **reluctant** to take on the new responsibility.
그는 새로운 책임을 맡는 것을 꺼려했다.

023

remark [rimáːrk] – remark on the progress (v.) 진전에 대해 언급하다 ★★★

During the meeting, he **remarked** on the importance of teamwork.
회의 중에 그는 팀워크의 중요성에 대해 언급했다.

● remark는 동사·명사 동형이다.

She made a **remark** about the weather. 그녀는 날씨에 대해 언급했다.

remedy [rémədi] – remedy the situation (v.) 상황을 개선하다 ★★★

They are working to **remedy** the problem. 그들은 문제를 개선하기 위해 노력하고 있다.

● remedy는 a natural remedy(자연 요법) 같은 명사로도 쓰인다. ★★★

She used a natural **remedy** to treat her cold instead of taking medication.
그녀는 약을 복용하는 대신 자연 요법을 사용하여 감기를 치료했다.

remind [rimáind] – remind A of the appointment (v.) A에게 약속을 상기시키다 ★★★

● 「remind A to V」「remind(상기하다)/notify(알리다)/inform(알리다)/apprise(알리다) A of B」 구문을 기억하자!

Please **remind** me to call the doctor. 저한테 의사에게 전화하라고 상기시켜 주세요.
The old photograph **reminded** her **of** her childhood home.
그 오래된 사진은 그녀에게 어린 시절의 집을 상기시켰다.

remit [rimít] – remit payment (v.) 결제 금액을 송금하다 ★★★

Please **remit** payment by the due date. 기한 내에 결제 금액을 송금해 주세요.

remote [rimóut] – a remote area (a.) 외딴 지역 ★★★

They live in a **remote** village. 그들은 외딴 마을에 살고 있다.

● work remotely(원격으로 일하다) = work from home, telecommute(재택 근무하다)

A few employees were allowed to **work remotely** during the renovation.
몇몇 직원들은 보수 공사 기간 동안 재택 근무가 허용되었다.

remove [rimúːv] – remove the obstacle (v.) 장애물을 제거하다/삭제하다 ★★★

He **removed** the old files from the computer. 그는 컴퓨터에서 오래된 파일을 삭제했다.

render [réndər] – render a service (v.) 서비스를 제공하다 ★★★

The service was **rendered** free of charge. 그 서비스는 무료로 제공되었다.

● render는 5형식 동사로, make(만들다)와 같은 의미로도 자주 쓰인다.

☐ **renew** [rinjúː] – renew the subscription (v.) 구독을 갱신하다 ★★★

It's time to **renew** your membership. 멤버십을 갱신할 때이다.

☐ **renowned** [rináund] – a renowned scientist (a.) 유명한/명성 있는 과학자 ★★★

The scientist is **renowned** for her groundbreaking research.
그 과학자는 획기적인 연구로 유명하다.

☐ **rent** [rent] – rent an apartment (v.) 아파트를 임대하다 ★★★

They decided to **rent** a car for the trip. 그들은 여행을 위해 차를 임대하기로 했다.

● 우리는 '렌터카'라고 말하지만 올바른 표현은 rental car 또는 rent-a-car이다.

A few **rental cars** were available at the airport for travelers.
공항에는 여행객들을 위해 몇몇 렌터카가 준비되어 있었다.

☐ **repair** [ripέər] – repair the damage (v.) 손상을 수리하다 ★★★

The mechanic will **repair** the car by tomorrow. 정비사가 내일까지 차를 수리할 것이다.

☐ **report** [ripɔ́ːrt] – report to the manager (v.) 매니저에게 보고하다 ★★★

She **reported** the incident to the police. 그녀는 그 사건을 경찰에 보고했다.

☐ **reportedly** [ripɔ́ːrtidli] – reportedly safe (adv.) 보고된 바에 따르면 안전한 ★★★

The vaccine is **reportedly** safe and effective. 보고된 바에 따르면 백신은 안전하고 효과적이다.

☐ **represent** [rèprizént] – represent the company (v.) 회사를 대표하다 ★★★

● represent the frustrations of office work(사무 업무의 좌절감을 표현하다)에서 represent = capture의 의미로 <파트 7>에 출제되었다.

She was chosen to **represent** her country in the competition.
그녀는 대회에서 국가 대표로 선발되었다. (← 그녀는 대회에서 자국을 대표하도록 선택되었다.)

☐ **reputedly** [ripjúːtidli] – reputedly the best (adv.) 평판에 따르면 최고인 ★★★

The restaurant is **reputedly** the best in town. 그 레스토랑은 평판에 따르면 시내에서 최고이다.

☐ **request** [rikwést] – request additional information (v.) 추가 정보를 요청하다 ★★★

She **requested** a copy of the report from the office. 그녀는 사무실에다 보고서 사본을 요청했다.

● request는 동사·명사 동형이다.

They made a **request** for funding. 그들은 자금 지원을 요청했다.

☐ **require** [rikwáiər] – require further details (v.) 추가 세부 사항을 필요로 하다

This job **requires** a lot of patience. 이 일은 많은 인내심이 필요하다.

☐ **rescue** [réskju:] – rescue the hostages (v.) 인질을 구하다

The firefighter **rescued** the cat from the tree.
소방관은 나무에서 고양이를 구했다.

☐ **resemble** [rizémbl] – resemble each other (v.) 서로 닮다

● resemble은 타동사로 목적어가 바로 나오므로 그 뒤에 with가 올 수 없다.

The twins **resemble** each other. 그 쌍둥이는 서로 닮았다.

☐ **reserve** [rizə́:rv] – reserve a table (v.) 테이블을 예약하다

We need to **reserve** a conference room for the meeting.
우리는 회의를 할 수 있게 회의실을 예약해야 한다.

☐ **resign** [rizáin] – resign from the position (v.) 직위에서 사임하다

She decided to **resign** from her job. 그녀는 직장에서 사임하기로 결정했다.

☐ **resist** [rizíst] – resist the temptation (v.) 유혹을 참다

He **resisted** the urge to laugh. 그는 웃고 싶은 충동을 참았다.

● resist는 동명사를 목적어로 취하는 동사이다.

He couldn't **resist** eating the delicious cake.
그는 맛있는 케이크를 먹지 않을 수가 없었다. (← 그는 맛있는 케이크를 먹는 것을 참을 수가 없었다.)

☐ **resolution** [rèzəlú:ʃən] – the resolution of the conflict (n.) 그 분쟁의 해결

The dispute was brought to a peaceful **resolution**.
그 분쟁은 평화적으로 해결되었다.

● resolution은 '결의안'의 의미로도 쓰인다.

The **resolution** was adopted unanimously. 그 결의안은 만장일치로 채택되었다.
The committee passed a **resolution** to increase funding.
위원회는 자금 지원 증액을 위한 결의안을 통과시켰다.

☐ **resolve** [rizálv] – resolve the conflict (v.) 갈등을 해결하다

They are working to **resolve** the issue. 그들은 문제를 해결하기 위해 노력하고 있다.

resort [rizɔ́ːrt] – the last resort (n.) 마지막 수단

● the last resort는 the final option(마지막 선택)을 의미한다.

Using force should only be considered as the last **resort**.
무력 사용은 최후의 수단으로만 고려해야 한다.

● '(휴가를 위한) 리조트'라는 기본 의미도 있다.

They stayed at a luxury **resort** for their vacation.
그들은 휴가 동안 고급 리조트에 머물렀다.

be responsible [rispánsəbl] **for** – (phr.) ~에 대해 책임지다, ~을 담당하다

She **is responsible for** overseeing the project. 그녀는 프로젝트 감독을 책임지고 있다.
He **is responsible for** managing the company's finances.
그는 회사의 재무 관리를 담당하고 있다.

be responsive [rispánsiv] **to** – (phr.) ~에 빠르게 반응하다

The customer service team **was** very **responsive to** my inquiries.
고객 서비스팀은 내 문의에 매우 빠르게 반응했다.

The system is designed to **be responsive to** user inputs.
그 시스템은 사용자 입력에 빠르게 반응하도록 설계되어 있다.

rest assured [rest əʃúərd] – rest assured that (v.) ~에 대해 안심하다

You can **rest assured** that we will handle the situation.
저희가 상황을 처리할 테니 안심하셔도 됩니다.

restrain [ristréin] – restrain the urge (v.) 충동을 억제하다/제지하다

The police had to **restrain** the suspect. 경찰은 용의자를 제지해야 했다.

restrict [ristríkt] **(= limit, confine)** – restrict access (v.) 접근을 제한하다

The company **restricts** access to sensitive information.
회사는 민감한 정보에 접근하는 것을 제한하고 있다.

resume [rizúːm] – resume work (v.) 일을 재개하다

The meeting will **resume** after a short break. 잠시 휴식 후 회의가 재개될 것이다.

● résumé [rézəmèi] '이력서'와 구분하자!

She updated her **résumé** before applying for the job.
그녀는 구직 신청을 하기 전에 자신의 이력서를 업데이트했다.

She submitted her **résumé** to several companies in hopes of finding a new job.
그녀는 새 직장을 찾기 바라면서 여러 회사에 이력서를 제출했다.

☐ **resurfacing** [risə́ːrfisiŋ] – road resurfacing (n.) 도로 재포장 ★★★

The road **resurfacing** project will last for three weeks.
도로 재포장 프로젝트는 3주 동안 지속될 것이다.

☐ **retain** [ritéin] – retain the information (v.) 정보를 보유하다 ★★★

It's important to **retain** good employees. 좋은 직원을 보유하는 것이 중요하다.

● <파트 7> 독해에서 retain a lawyer(변호사를 고용하다) 표현에서 retain이 hire, employ와 동의어로 쓰인 문제가 나왔다.

The company decided to **retain** a lawyer to handle the legal matters.
회사는 법적인 문제를 처리하기 위해 변호사를 고용하기로 결정했다.

☐ **retire** [ritáiər] – retire at the age of 65 (v.) 65세에 은퇴하다 ★★★

He plans to **retire** next year. 그는 내년에 은퇴할 계획이다.

☐ **retreat** [ritríːt] – company retreat (n.) 회사 연수 ★★★

● MT (= Membership Training)는 완전히 콩글리시로, retreat이 맞는 표현이다.

The team went on a company **retreat** to improve morale.
팀은 사기를 높이기 위해 회사 연수에 갔다.

● retreat은 이 외에도 '휴양, 후퇴'의 의미가 있다.

☐ **retrieve** [ritríːv] – retrieve the lost data (v.) 잃어버린 자료를 되찾다 ★★★

● 물건을 던지면 되찾아 물어오는 개를 retriever(리트리버)라고 한다.

He was able to **retrieve** the lost files from the computer.
그는 컴퓨터에서 잃어버린 파일을 되찾을 수 있었다.

☐ **reveal** [rivíːl] – reveal the truth (v.) 진실을 밝히다 ★★★

The report **revealed** some interesting facts. 그 보고서는 몇 가지 흥미로운 사실을 밝혀냈다.

☐ **revere** [rivíər] – revere as a hero (v.) 영웅으로 숭배하다/존경하다 ★★★

The community **reveres** its elders. 그 지역 사회는 어르신들을 존경한다.

☐ **review** [rivjúː] – review the report (v.) 보고서를 검토하다 ★★★

The teacher will **review** the homework with the students tomorrow.
선생님은 내일 학생들과 함께 숙제를 검토할 것이다.

● review는 명사로 '논평, 비평'의 의미가 있다.

She wrote a **review** of the new restaurant.
그녀는 새로 생긴 레스토랑에 대한 리뷰를 썼다.

revise [riváiz] – revise the document (v.) 문서를 수정하다　★★★

He **revised** his essay after receiving feedback.
그는 피드백을 받은 후 자신의 에세이를 수정했다.

revitalize [riváitəlaiz] – revitalize the economy (v.) 경제를 활성화하다　★★★

● re[= again]+vital[= live]+ize(동사 접미어): 다시 살리다 → 활성화하다

The new policy aims to **revitalize** the economy. 새 정책은 경제 활성화를 목표로 한다.

revoke [rivóuk] – revoke a license (v.) 면허를 취소하다/철회하다　★★★

The authorities decided to **revoke** his driving license.
당국은 그의 운전 면허를 취소하기로 결정했다.

ridership [ráidərʃip] – increase bus ridership (n.) 버스 승객 수를 늘리다　★★★

The new routes aim to boost **ridership**. 새로운 노선은 이용객 수를 늘리는 것을 목표로 한다.

rig [rig] – oil rigs (n.) 오일 시추 장비　★★★

The company owns several drilling **rigs**. 그 회사는 여러 개의 시추 장비를 소유하고 있다.

robust [roubʌst] – build a robust framework (a.) 견고한 프레임워크를 구축하다　★★★

● robust = strong이다.

The structure is **robust** enough to withstand extreme weather conditions.
그 구조물은 극한의 날씨 조건을 견딜 만큼 견고하다.

rotate [róuteit] – rotate the staff (v.) 직원을 교대/순환 근무를 시키다　★★★

The nurses **rotate** shifts to ensure that there is always someone available to care for the patients. 간호사들은 환자들을 돌볼 사람이 항상 있도록 교대로 근무한다.

● rotate는 '회전하다'의 의미가 있다.

The planet **rotates** on its axis. 그 행성은 자축을 중심으로 회전한다.

rough [rʌf] – a rough estimate (a.) 대략적인 견적　★★★

The contractor gave us a **rough** estimate of the renovation costs.
계약자는 우리에게 대략적인 리모델링 비용을 제시했다.

● rough는 '(표면이) 거친'의 의미가 있다.

The surface of the rock was **rough** to the touch. 그 바위 표면은 만져 보면 거칠었다.

run into – run into a friend (v.) 친구를 우연히 만나다　★★★

I happened to **run into** an old friend at the mall. 나는 쇼핑몰에서 우연히 옛 친구를 만났다.

run short of (= run out of) – run short of supplies (v.) 물품이 부족하다

We are starting to **run short of** office supplies. 우리는 사무용품이 부족해지기 시작하고 있다.

rush [rʌʃ] – rush to finish (v.) 끝내려고 서두르다/급히 움직이다

They had to **rush** to catch the last train. 그들은 막차를 잡기 위해 서둘러야 했다.

● rush는 동사·명사 동형이다.

There was a **rush** to get the tickets. 티켓을 구하기 위해 서둘렀다.

sabbatical leave [səbǽtikəl liːv] – take a sabbatical leave (n.) 안식 휴가를 보내다

He plans to write a book during his **sabbatical leave**.
그는 안식 휴가 동안 책을 쓸 계획이다.

● <파트 7> 기출 단어이다.

sacrifice [sǽkrəfàis] – sacrifice for the team (v.) 팀을 위해 희생하다

She decided to **sacrifice** her free time to help her friend.
그녀는 자신의 자유 시간을 희생해 친구를 돕기로 결심했다.

● sacrifice는 동사·명사 동형이다.

They made many **sacrifices** to achieve their goals.
그들은 목표를 달성하기 위해 많은 희생을 했다.

safeguard [séifgɑrd] **(= protect, secure)** – safeguard the interests (v.)
이익을 보호하다

Measures were taken to **safeguard** the public. 공공을 보호하기 위한 조치들이 취해졌다.

safety [séifti] **and compliance officer** [kəmpláiəns ɔ́ːfisər] – (n.) 안전 및 규정 준수 책임자

The **safety and compliance officer** ensures all regulations are followed.
안전 및 규정 준수 책임자는 모든 규정이 준수되게 한다.

sample [sǽmpl] – sample the product (v.) 그 제품을 시식하다/맛보다

● sample은 동사로 '샘플로 하다'의미가 아니다. '맛보다'의 의미로 출제되었다.

Customers can **sample** the product before purchasing it.
고객들은 구매 전에 제품을 시식해 볼 수 있다.

sanction [sǽŋkʃən] – impose sanctions (n.) 제재를 부과하다

The UN imposed economic **sanctions** on the country.
유엔은 그 나라에 경제 제재를 부과했다.

● sanction은 동사로 '가하다, 승인하다'의 의미이다. 동의어로 penalize, authorize가 있다.

Who **sanctioned** the sanctions? 누가 그 제재 조치를 승인했는가?

sanitary [sǽnətèri] – sanitary conditions (a.) 위생의/위생적인 상태

The hospital maintains strict **sanitary** conditions to prevent infections.
병원은 감염을 방지하기 위해 엄격한 위생 상태를 유지하고 있다.

● sanitary (위생적인) ↔ unsanitary (비위생적인)

The restaurant was shut down due to **unsanitary** conditions.
그 식당은 비위생적인 상태 때문에 폐쇄되었다.

sanitation [sænitéiʃən] **(= cleanliness, hygiene)** – improve sanitation (n.)
위생을 개선하다

The city is working to improve **sanitation**. 도시는 위생을 개선하기 위해 노력하고 있다.

saturate [sǽtʃərèit] – saturate the market (v.) 시장을 포화시키다

The market was **saturated** with similar products. 시장은 비슷한 제품들로 포화 상태였다.

savvy [sǽvi] – tech-savvy (a.) 기술에 정통한

She is very tech-**savvy** and knows all the latest gadgets.
그녀는 기술에 매우 정통하며 최신 기기들을 모두 알고 있다.

scale [skeil] – on a large scale (n.) 대규모로

● scale은 <파트 1>에서는 '저울'의 의미로 자주 쓰이고, on a large scale(대규모로)에서는 '규모'의 뜻이 있으며,
동사로는 '기어오르다' 의미가 있는 다의어이다.

The company plans to expand its operations on a large **scale** next year.
회사는 내년에 대규모로 운영을 확장할 계획이다.

The project was implemented on a large **scale**. 그 프로젝트는 대규모로 시행되었다.

The octopus **scaled** the wall of the aquarium. 문어가 수족관 벽을 기어올랐다.

scale back – scale back production (v.) 생산을 축소하다

Due to decreased demand, the company decided to **scale back** production.
수요 감소로 인해 그 회사는 생산을 축소하기로 결정했다.

scheme [skiːm] – a new scheme (n.) 새로운 계획

They devised a **scheme** to increase sales. 그들은 판매를 늘리기 위한 계획을 고안해 냈다.

scope [skoup] – wide scope (n.) 넓은 범위

The **scope** of the project is quite large. 그 프로젝트의 범위가 꽤 크다.

score [skɔ:r] – high score (n.) 높은 점수   ★★★

She achieved the highest **score** in the class. 그녀는 반에서 최고 점수를 받았다.

● score는 '20'의 의미가 있다.

The project was completed in a **score** of days. 그 프로젝트는 20일 만에 완료되었다.

She owns five **scores** of rare books in her personal library.
그녀는 자기 개인 도서관에 100권의 희귀 도서를 소유하고 있다.

● score는 '악보'와 '음악 작곡'의 의미도 있다.

He studied the **score** carefully before the performance.
그는 공연 전에 악보를 꼼꼼히 공부했다.

The composer is famous for his **scores** created for films.
그 작곡가는 영화 음악 작곡으로 유명하다.

● score는 동사로는 '(골을) 넣다, 득점을 올리다'의 의미로 쓰인다.

She **scored** the winning goal. 그녀는 승점 골을 넣었다.

scramble [skrǽmbl] **(= rush)** – scramble to finish (v.) 완성하기 위해 급히 서두르다   ★★★

They **scrambled** to finish the project before the deadline.
그들은 마감일 전에 프로젝트를 완성하기 위해 급히 서둘렀다.

screening [skríːnɪŋ] – health screening (n.) 건강 검진   ★★★

Regular health **screening** can help detect diseases early.
정기적인 건강 검진은 질병을 조기에 발견하는 데 도움이 될 수 있다.

scrub [skrʌb] – scrub the floors (v.) 바닥을 닦다/박박 문지르다   ★★★

He **scrubbed** the pots and pans until they were spotless.
그는 냄비와 프라이팬을 박박 문질러서 깨끗이 닦았다.

scrumptious [skrʌmpʃəs] – a scrumptious meal (a.) 아주 맛있는 식사   ★★★

The chef prepared a **scrumptious** meal. 그 셰프는 아주 맛있는 식사를 준비했다.

seamlessly [síːmlɪsli] – integrate seamlessly (adv.) 매끄럽게 통합하다   ★★★

The transition was handled **seamlessly**. 전환이 원활하게 처리되었다.

● 130번 킬러 문제 정답으로 출제되었다.

search [sɔ:rtʃ] – search for information (v.) 정보를 검색하다/찾다   ★★★

She **searched** the room for her missing keys.
그녀는 잃어버린 열쇠를 찾기 위해 방을 뒤졌다.

● search는 동사·명사 동형이다.

They wandered through the forest in **search** of the lost treasure.
그들은 잃어버린 보물을 찾으려 숲을 헤맸다.

The **search** for the missing person continued for days.
실종자를 찾기 위한 수색이 며칠 동안 계속되었다.

☐ **secluded** [siklúːdid] – in a secluded area (a.) 외딴 지역에서 ★★★

● 최신 기출 유형으로, 수험생들이 많이 틀린 문제의 단어이다. 한국, 일본 <파트 5> 기출 정답이기도 하다.

They built a cabin in a **secluded** area to enjoy some peace and quiet.
그들은 평온과 고요를 즐기기 위해 외딴 지역에 오두막을 지었다.

☐ **second-hand** [sǽkəndhǽnd] **(= used)** – a second-hand store (a.) 중고의/중고품의 가게 ★★★

I found a great deal at the **second-hand** store. 나는 그 중고품 가게에서 좋은 물건을 찾아냈다.

☐ **secure** [sikjúər] – secure a bank loan (v.) 은행 대출을 확보하다 ★★★

He managed to **secure** a job at a top tech company.
그는 일류급 기술 회사에 취직하는 데 성공했다. (← 그는 일류 기술 회사에서 일자리를 용케 확보했다.)

● secure a box는 '박스를 터지지 않게 테이프 등으로 붙이다'의 의미로, <파트 1>에서 출제되었다.

He managed to **secure** a box to contain the fragile items.
그는 테이프로 상자를 붙여서 부서지기 쉬운 물품을 담았다.

● secure는 형용사로 '안전한, 위험 없는'의 의미가 있다.

The area was **secure** from intruders. 그 지역은 침입자로부터 안전했다.

☐ **seduce** [sidjúːs] **(= entice)** – seduce someone with charm (v.) ★★★
매력으로 누군가를 유혹하다

He tried to **seduce** her with his charm and wit. 그는 자신의 매력과 재치로 그녀를 유혹하려고 했다.

☐ **seek** [siːk] – seek advice (v.) 조언을 구하다/찾다 ★★★

She **seeks** new opportunities for growth. 그녀는 자신이 성장할 새로운 기회를 찾고 있다.

☐ **select** [silékt] – select the best option (v.) 최고의 옵션을 선택하다 ★★★

She carefully **selected** a gift for her friend's birthday.
그녀는 친구의 생일에 줄 선물을 신중하게 선택했다.

● select는 선수나 후보를 '선발하다'의 뜻도 있다.

He was **selected** for the team. 그는 그 팀에 선발되었다.

self-addressed envelope [self ədrést énvəlòup] **(= pre-addressed envelope)**

– provide a self-addressed envelope (n.) 반신용(주소가 자기 이름으로 된) 봉투를 제공하다

Please include a **self-addressed envelope** with your application.
신청서와 함께 자가 주소가 적힌 봉투를 포함해 주세요.

seniority [si:njɔ́:rəti] – based on seniority (n.) 근속 연수에 따른

Promotions are based on **seniority**. 승진은 근속 연수에 따른다.

sense [sens] – sense of humor (n.) 유머 감각

He has a great **sense** of humor and always makes everyone laugh.
그는 뛰어난 유머 감각으로 항상 모두를 웃게 만든다.

● sense는 동사(감지하다)·명사 동형이다. 형용사형인 sensitive(민감한)와 sensible(분별력 있는)도 알아두자.

He **sensed** that something was wrong. 그는 뭔가 잘못되었다는 것을 감지했다.

be sensitive [sénsətiv] **to (= react strongly to)** – be sensitive to criticism (phr.)
비판에 민감하다

She **is** very **sensitive to** criticism about her work.
그녀는 자신의 일에 대한 비판에 매우 민감하다.

● 헷갈리기 쉬운 sensible(분별력 있는, 상식 있는)도 알아두자!

be sent a book – be sent a book by the publisher (phr.) 출판사로부터 책을 받다

● 중·고등학교 교재 중에 send는 이런 수동태가 안 된다고 말하는 경우가 있는데, 토익에서는 이런 문장이 맞는 문장으로 출제되었다. send는 사람이 주어로 수동태가 될 수 있지만, buy(사다), write(쓰다), make(만들다)는 사람이 주어로 수동태가 될 수 없다.

She **was sent a book** by the publisher to review before its release.
그녀는 출판사로부터 출간 배포 전에 검토할 책을 받았다.

separate [sépərèit] – separate the two issues (v.) 두 가지 문제를 분리하다

The two rooms are **separated** by a wall. 두 방은 벽으로 분리되어 있다.

● separate A from B: A를 B와 분리하다

It is important to **separate** recyclable materials **from** regular trash.
재활용품을 일반 쓰레기와 분리하는 것이 중요하다.

sequel [sí:kwəl] – a sequel to the movie (n.) 영화의 속편

● sequel은 follow(따르다)의 의미로, '순서'로 암기하자! 뒤에 전치사 to와 짝궁으로 같이 쓰인다.

The **sequel to** the popular movie was highly anticipated.
그 인기 영화의 속편이 많은 기대를 받았다.

☐ **serve** [sɔːrv] – serve the customers well (v.) 고객을 잘 응대하다

The waiter will **serve** a customer at the table. 종업원이 테이블에서 손님을 응대할 것이다.

● serve as는 '~으로 근무하다'의 의미로, 토익 시험에 출제되었다. 그래서 '군 복무'를 military service라고 한다.

He **served as** a volunteer for many years. 그는 여러 해 동안 자원봉사자로 일했다.

☐ **set aside** [set əsáid] – set aside money (v.) 돈을 따로 챙겨 두다/마련하다

The committee **set aside** time for public comments.
위원회는 공개 의견 수렴을 위한 시간을 따로 마련했다.

☐ **setback** [sétbæk] – a major setback (n.) 큰 차질/좌절

The project faced a major **setback** due to budget cuts.
프로젝트는 예산 삭감으로 인해 큰 차질에 직면했다.

☐ **settle** [sétl] – settle the dispute (v.) 분쟁을 해결하다

The mediator helped **settle** the dispute between the two parties.
조정자가 두 당사자 간의 분쟁을 해결하는 데 도움을 주었다.

● settle in은 '정착하다, 적응하다'의 의미이다.

They decided to **settle in** a small town. 그들은 작은 마을에 정착하기로 결정했다.

☐ **share** [ʃɛər] – share the information (v.) 정보를 공유하다

● share A with B(A를 B와 공유하다) 구문도 기억하자! 참고로, '시장 점유율'은 market share라고 한다.

She **shared** her notes **with** the class. 그녀는 자기 노트를 반 학생들과 공유했다.

☐ **sharp** [ʃɑːrp] – 11 a.m. sharp (adv.) 오전 11시 정각에

● 숫자를 수식하는 부사들 precisely, promptly, exactly는 숫자 앞에 오고 sharp, on the dot은 숫자 뒤에 온다. 위치에 주의하자!

The meeting starts at 11 a.m. **sharp**. 회의는 오전 11시 정각에 시작된다.

☐ **shred** [ʃred] – shred documents (v.) 문서를 파쇄하다

● 잘게 찢는 것을 의미하며, '파쇄기'는 shredder이다.

It's important to **shred** sensitive documents to protect your privacy.
개인 정보를 보호하기 위해 민감한 문서를 파쇄하는 것이 중요하다.

☐ **shrink** [ʃriŋk] – shrink in size (v.) 크기가 줄어들다

The sweater **shrank** after washing. 스웨터가 세탁 후 줄어들었다.

□ **sign** [sain] – sign the contract (v.) 계약서에 서명하다　★★★

She **signed** the contract without hesitation. 그녀는 망설임 없이 계약서에 서명했다.

● sign은 동사·명사(표지판, 기호) 동형이다.

The **sign** indicated the direction. 표지판이 방향을 나타냈다.

□ **signal** [sígnəl] – signal the start (v.) 시작을 알리다/신호를 보내다　★★★

The captain **signaled** the crew to prepare for departure.
선장은 선원들에게 출항 준비를 하도록 신호했다.

● signal은 동사·명사(신호) 동형이다.

The **signal** was clear. 신호가 분명했다.

□ **significantly better** [signífikəntli bétər] – significantly better than the old one (phr.)　★★★
옛날 것보다 훨씬 나은

● 비교급 강조 부사들: significantly(상당히), even(훨씬), much(훨씬), still(훨씬), far(훨씬), a lot(적잖이), any(전혀, 조금도), considerably(상당히), substantially(실질적으로), slightly(약간) + better

The new policy is **significantly better** for employees. 새 정책이 직원들에게 훨씬 더 낫다.

□ **signify** [sígnəfài] – signify approval (v.) 승인을 의미하다　★★★

The change in policy **signifies** a new direction for the company.
정책의 변화는 회사의 새로운 방향을 의미한다.

□ **simplify** [símpləfài] – simplify the process (v.) 과정을 단순화하다　★★★

We need to **simplify** our procedures. 우리는 절차를 단순화해야 한다.

□ **sit** [sit] **in on** – sit in on a meeting (v.) 회의에 참석하다　★★★

I was invited to **sit in on** the meeting to provide technical support.
나는 기술 지원을 제공할 수 있게 그 회의에 참석하라고 초대받았다.

□ **situation** [sitʃuéiʃən] – handle the situation (n.) 상황을 처리하다　★★★

The **situation** is under control. 상황이 통제되고 있다.

● situated in(~에 위치한)의 의미로도 토익에 자주 나온다.

The hotel is **situated in** the heart of the city, offering easy access to major attractions.
그 호텔은 도시 중심부에 위치해 있어, 주요 명소에 쉽게 접근할 수 있다.

□ **sizable** [sáizəbl] – a sizable amount (a.) 상당한 양　★★★

They donated a **sizable** amount to charity. 그들은 자선 단체에 상당한 양을 기부했다.

☐ **skeptical** [sképtikəl] **(= doubtful, suspicious)** – a skeptical view (a.) 회의적인 시각　★ ★ ★

He is **skeptical** about the new policy. 그는 새 정책에 대해 회의적이다.

☐ **slant** [slænt] – slant the roof (v.) 지붕을 기울게 하다/비스듬하게 하다　★ ★ ★

They decided to **slant** the roof to improve water drainage.
그들은 물 배수를 개선하기 위해 지붕을 기울이기로 결정했다.

☐ **sloppily** [slápili] – sloppily written (adv.) 엉성하게 작성된　★ ★ ★

The report was **sloppily** written and needed a lot of revisions.
그 보고서는 엉성하게 작성되어 많은 수정이 필요했다.

☐ **soar** [sɔːr] – prices soar (v.) 가격이 급등하다　★ ★ ★

● soar는 <파트 5>에서 정답으로 출제되었다.

Housing prices have **soared** in recent years. 주택 가격이 최근 몇 년간 급등했다.

☐ **sober** [sóubər] – sober judgment (a.) 냉철한 판단　★ ★ ★

● sober의 1차적인 의미는 '술 취하지 않은'이다.

He offered a **sober** assessment of the situation. 그는 그 상황에 대해 냉철한 평가를 제시했다.

☐ **soggy** [sági] – soggy pie (a.) 눅눅한 파이　★ ★ ★

● 이 단어는 <파트6> 기출 정답 예문에 답을 결정하는 중요한 의미로 출제되었다.

If you do, the pie crust will be **soggy**, ruining its crisp texture and making the entire dessert less enjoyable to eat.
그렇게 하면, 파이 껍질이 눅눅해져 바삭한 질감을 잃게 되고, 전체 디저트 맛을 떨어뜨릴 것이다.

☐ **solely** [sóulli] – solely responsible (adv.) 단독으로 책임이 있는　★ ★ ★

The decision was made **solely** by the CEO. 그 결정은 CEO에 의해 단독으로 이뤄졌다.

☐ **solve** [salv] – solve the problem (v.) 문제를 해결하다　★ ★ ★

They **solved** the puzzle together. 그들은 퍼즐을 함께 풀었다.

● unsolved(풀리지 않은)와 resolved(용해된, 녹은)를 구분하자!

The **unsolved** problem continues to challenge the researchers.
풀리지 않은 문제는 연구진에게 계속 도전 과제가 되고 있다.

sooner [súːnər] – (adv.) 더 빨리, 더 일찍

● No sooner ~ than …(~하자마자 …하다)의 의미로 자주 쓰인다.

No sooner had she left the house **than** it started raining.
그녀가 집을 나서자마자 비가 내리기 시작했다.

sophisticated [səfístəkèitid] – sophisticated technology (a.) 정교한 기술

The company uses **sophisticated** technology in its products.
그 회사는 자사 제품에 정교한 기술을 사용한다.

sort [sɔːrt] **out** – sort out the issues (v.) 문제를 해결하다

The manager helped **sort out** the issues. 매니저가 문제를 해결하는 데 도움을 주었다.

sort [sɔːrt] **through** – sort through old photographs (v.)

오래된 사진들을 정리하다/분류하다

● 최신 기출 유형이다. <파트 1>에도 들리고, <파트 5>에서도 through가 정답으로 출제되었으며, 이 표현이 들어간 교재는 현재 본서뿐이다.

She spent the afternoon **sorting through** old photographs.
그녀는 오래된 사진들을 정리하느라 오후 시간을 보냈다.

I need to **sort through** these files to find the missing report.
이 파일들을 분류하여 누락된 보고서를 찾아야 한다.

sought-after [sɔːt ǽftər] – highly sought-after (a.) 매우 인기 있는/수요가 많은

This book is highly **sought-after**. 이 책은 매우 인기가 많다.

sparsely populated [spáːrsli pǽpjulèited] – a sparsely populated region (phr.)

인구 밀도가 낮은 지역

The countryside is **sparsely populated**. 그 시골 지역은 인구 밀도가 낮다.

● 반대로 '인구가 밀집한'은 densely populated라고 한다.

spearhead [spírhed] – spearhead the campaign (v.) 캠페인을 주도하다

He was chosen to **spearhead** the new marketing campaign.
그는 새로운 마케팅 캠페인을 주도하도록 선발되었다.

speculate [spékjulèit] – speculate about the future (v.) 미래에 대해 추측하다

They **speculated** on the possible outcomes. 그들은 가능한 결과에 대해 추측했다.

● speculate는 '추측하다'의 의미에서 발전해 '투기하다'의 의미로도 쓰인다.

split [split] – split the bill (v.) 계산서를 나누다/계산서가 나뉘다 ★★★

The group **split** into two teams. 그 그룹은 두 팀으로 나뉘었다.

spontaneously [spantéiniəsli] – spontaneously decided (adv.) 즉흥적으로 결정된 ★★★

They **spontaneously** decided to take a trip. 그들은 즉흥적으로 여행을 가기로 결정했다.

sporadic [spərǽdik] – sporadic rain (a.) 간헐적인/산발적인 비 ★★★

● sporadic의 동의어들은 occasional(가끔의), infrequent(잦지 않는), irregular(불규칙한), intermittent(간헐적인)이다.

There were **sporadic** showers throughout the day. 하루 종일 산발적으로 소나기가 내렸다.

spouse [spaus] – vacation with spouse (n.) 배우자와 휴가를 보내다 ★★★

Employees can include their **spouse** in the company health plan.
직원들은 회사 건강 보험에 배우자를 포함시킬 수 있다.

spread [spred] – spread the news (v.) 소식을 퍼뜨리다/소식이 퍼지다 ★★★

The disease **spread** quickly through the town. 그 병은 마을 전체에 빠르게 퍼졌다.

stage [steidʒ] – stage a play (v.) 연극을 무대에 올리다 ★★★

The theater company will **stage** a production of Shakespeare's *Hamlet* next month.
극단은 다음 달에 셰익스피어의 '햄릿' 작품을 무대에 올릴 예정이다.

● stage는 동사·명사 동형이다.

He performed on **stage**. 그는 무대에서 공연했다.

stand [stænd] **in for** – stand in for a teacher (v.) 교사를 대신하다 ★★★

She will **stand in for** the teacher while he is on leave.
선생님이 휴가 중일 때 그녀가 그 자리를 대신할 것이다.

● <파트 5> 기출 표현이다.

stand [stænd] **up for** – stand up for your rights (v) 당신의 권리를 옹호하다 ★★★

He always **stands up for** what he believes in. 그는 항상 자신이 믿는 것을 옹호한다.

standard [stǽndərd] – meet the standard (n.) 기준/표준을 충족하다 ★★★

The product meets industry **standards**. 그 제품은 업계 기준을 충족한다.

● meet the needs(요구)/standards(기준)/requirements(요구)/deadline(마감일)에서 meet = satisfy의 의미이다.

The company strives to **meet the needs** of its customers.
그 회사는 고객의 요구를 충족시키기 위해 애쓰고 있다.

☐ **staple** [stéipl] – a staple food (a.) 주요한/주된 식품 ★★★

Rice is a **staple** food in many countries. 쌀은 많은 나라에서 주식이다.

☐ **starch** [stɑːrtʃ] – add starch to the laundry (n.) 세탁물에 풀을 먹이다 ★★★

● 최신 일본 토익 기출 단어로, 풀을 쑤는 데 쓰이는 '전분'을 의미하기도 한다.

The housekeeper added **starch** to the laundry to keep the shirts crisp.
가사도우미는 셔츠를 빳빳하게 유지하기 위해 세탁물에 풀을 먹였다.

☐ **state** [steit] – state the objectives (v.) 목표를 언명하다/말하다 ★★

He will **state** his opinion during the meeting. 그는 회의 중에 자신의 의견을 밝힐 것이다.

● state는 명사로 '상태'의 의미이다.

The **state** of the economy is improving. 경제 상태가 개선되고 있다.

☐ **state-of-the-art** [stéitəvðiːɑːrt] – state-of-the-art technology (a.) **최첨단의 기술** ★★★

● 이 단어의 동의어로 cutting-edge(최첨단의), up-to-date(최신의), high-tech(첨단 기술의), innovative(혁신적인), latest(최신식의), contemporary(현대의) 등이 있다.

The laboratory is equipped with **state-of-the-art** technology.
그 실험실은 최첨단 기술을 갖추고 있다.

☐ **station** [stéiʃən] – station a guard (v.) 경비원을 배치하다 ★★★

They **stationed** a guard at the entrance. 그들은 입구에 경비원을 배치했다.

☐ **stationary** [stéiʃənèri] – remain stationary (a.) 움직이지 않는 상태로 있다 ★★★

The car remained **stationary** despite the green light.
차는 초록불인데도 움직이지 않고 그대로 있었다.

☐ **status** [stéitəs] **(= condition, position)** – the project status (n.) 프로젝트 상황 ★★★

What is the **status** of the new project? 새 프로젝트의 상황은 어떻습니까?

☐ **stay** [stei] – stay at a hotel (v.) 호텔에 머무르다 ★★★

They **stayed** at a hotel during their trip. 그들은 여행 중에 호텔에 머물렀다.

● stay on track은 '계획대로 진행하다'의 의미로, 중요한 표현이다.

During the project, it's important to **stay on track** to meet the deadlines.
프로젝트 진행 중에는 마감일을 맞추기 위해 계획에 따라 진행하는 것이 중요하다.

☐ **stay on the line** – Stay on the line, please. (phr.) (통화 중) 끊지 말고 기다려 주세요. ★★★

Please **stay on the line** while I transfer your call. 전화 연결하는 동안 잠시만 기다려 주세요.

steep [stiːp] – a steep hill (a.) 가파른 언덕 　★★★

The path was **steep** and rocky. 그 길은 가파르고 바위가 많았다.

● 앞의 수식 부사어로 rather/very/quite(매우)가 잘 쓰인다.

step down – step down from the position (v.) 직책에서 물러나다 　★★★

The CEO decided to **step down** after 20 years.
CEO는 20년이 지난 후, 물러나기로 결정했다.

step in (= intervene) – step in to help (v.) 돕기 위해 개입하다 　★★★

The manager had to **step in** to resolve the conflict.
매니저는 갈등을 해결하기 위해 개입해야 했다.

stimulate [stímjulèit] – stimulate growth (v.) 성장을 촉진하다/활성화하다 　★★★

The new policy is expected to **stimulate** the economy.
새 정책이 경제를 촉진할 것으로 예상된다.

stint [stint] – a short stint (n.) 짧은 기간 　★★★

● 900점 이상 수험생들도 잘 모르는 단어로, 꼭 암기하자!

He had a brief **stint** as a teacher before becoming a writer.
그는 작가가 되기 전에 짧은 기간 동안 교사로 일했다.

stipend [stáipɛnd] **(= fixed regular payment, allowance)** 　★★★
– a monthly stipend (n.) 월 급여

He receives a monthly **stipend** for his research work.
그는 연구 작업에 대해 매달 급여를 받는다.

stipulate [stípjulèit] – stipulate the conditions (v.) 조건을 명시하다 　★★★

The contract **stipulates** the terms of the agreement.
계약서는 합의 조건을 명시하고 있다.

stopover [stápòuvər] – a brief layover or stopover (n.) 잠시 경유 또는 중간 기착 　★★★

They had a **stopover** in Paris on their way to Tokyo.
그들은 도쿄로 가는 길에 파리에서 중간 기착했다. (24시간 이상 있었다는 의미)

straightforward [streitfɔ́ːrwərd] – straightforward instructions (a.) 간단한/직설적인 설명 　★★★

The manual provided **straightforward** instructions on how to assemble the furniture.
설명서는 가구 조립법에 대해 간단한 지침을 제공했다.

strengthen [stréŋkθ ən] – strengthen the relationship (v.) 관계를 강화하다

● -en이 붙으면 타동사가 된다. broaden(넓히다)/sharpen(날카롭게 하다)/enlarge(확대하다)/encourage(격려하다, 용기를 북돋우다)는 모두 타동사들이다.

Exercise helps to **strengthen** muscles. 운동은 근육을 강화하는 데 도움이 된다.

stress [stres] – stress the importance (v.) 중요성을 강조하다

The teacher **stressed** the importance of completing assignments on time.
그 선생님은 과제를 제때 완료하는 것의 중요성을 강조했다.

● stress는 말 그대로 '스트레스를 받다'의 의미로도 쓰인다.

He tends to **stress** about small details. 그는 사소한 세부적인 것들에 스트레스를 받는 경향이 있다.

● under stress/pressure(스트레스를 받는)도 암기하자!

She is **under** a lot of **stress** at work. 그녀는 직장에서 많은 스트레스를 받고 있다.
She performs well even when she is **under stress**. 그녀는 스트레스를 받을 때도 잘 해낸다.

striking [stráikiŋ] – a striking resemblance (a.) 눈의 띄는/놀라운 유사성

She has a **striking** resemblance to her mother. 그녀는 어머니와 놀라울 정도로 닮았다.

stringent [stríndʒənt] – stringent rules (a.) 엄격한 규칙

The school has **stringent** rules regarding attendance.
그 학교는 출석에 관해 엄격한 규칙이 있다.

striped [straipt] – a striped shirt (a.) 줄무늬가 있는 셔츠

● 미국의 성조기는 별과 줄무늬로 되어 있어서 Stars and Stripes이다. <파트 1, 5> 기출 정답 단어이다.

He wore a blue and white **striped** shirt to the party.
그는 파티에 파란색과 흰색 줄무늬 셔츠를 입고 갔다.

structure [strʌ́ktʃər] – organizational structure (n.) 조직 구조

The building's **structure** is sound. 그 건물의 구조는 견고하다.

stunning [stʌ́niŋ] – a stunning view (a.) 매우 아름다운 전망

● stunning은 특히 영국에서 숨이 멎을 정도로 멋진 풍경을 묘사할 때 쓴다.

The hotel room offered a **stunning** view of the ocean.
그 호텔 방은 너무나 아름다운 바다 전망을 제공했다.

subcontract [sʌbkántrækt] – subcontract the work (v.) 작업을 하청 계약을 주다

They decided to **subcontract** the construction work.
그들은 건설 공사를 하청 주기로 결정했다.

submission [səbmíʃən] – submission of documents (n.) 문서 제출 ***

The deadline for **submission** is next Friday. 제출 기한은 다음 주 금요일이다.

● submission은 '항복'의 의미도 있으며, 동사형은 submit(제출하다, 항복하다)이다.

The general's **submission** ended the conflict. 그 장군의 항복으로 갈등이 끝났다.

submit [səbmít] – submit the report (v.) 보고서를 제출하다 ***

She **submitted** her application last week. 그녀는 지난주에 지원서를 제출했다.

● 「submit(제출하다)/send(보내다)/deliver(배달하다)/complete(완수하다)/finish(끝내다)/be over(끝나다) + by + 시점」을 기억하자!

She promised to **finish** the report **by** Friday.
그녀는 금요일까지 보고서를 완료하기로 약속했다.

subsequent [sʌ́bsiqwənt] **to** – subsequent to the meeting (phr.) 회의 다음에 이어서, 뒤에

Subsequent to the announcement, there was a lot of speculation.
그 발표 이후, 많은 추측이 있었다.

subside [səbsáid] **(= decrease, diminish)** – subside gradually (v.) 서서히 가라앉다

● sub[= under]+side[= sit] → 내려앉다 → 가라앉다

The pain will **subside** gradually. 통증이 점차 가라앉을 것이다.
After the storm, the floodwaters began to **subside**.
폭풍 후에 홍수물이 가라앉기 시작했다.

substantially [səbstǽnʃəli] – substantially increase (adv.) 상당히 증가하다 ***

The company's revenue has **substantially** increased. 그 회사의 수익이 상당히 증가했다.

● 「even(훨씬)/much(훨씬)/still(훨씬)/far(훨씬)/a lot(훨씬)/significantly(상당히)/substantially(상당히)/ considerably(상당히) + 비교급 형용사」를 기억하자!

This car is **even** better than the last one. 이 차는 지난번 것보다 훨씬 더 좋다.
The price is **significantly** higher this year. 올해 가격이 상당히 더 높다.

substitute [sʌ́bstətjùːt] – substitute the old for the new (v.)
낡은 것을 새로운 것으로 대체하다

● substitute는 전치사 for와 잘 어울리며, 동사·명사(대용) 동형이다.

They **substituted** apples **for** oranges in the fruit basket.
그들은 과일 바구니에 오렌지 대신 사과를 넣었다.

You can use honey as a **substitute for** sugar. 설탕 대용으로 꿀을 사용할 수 있다.

successor [səksésər] – a chosen successor (n.) 선택된 후임자 ***

The CEO announced his chosen **successor**. CEO는 선택된 자신의 후임자를 발표했다.

succinct [səksíŋkt] – a succinct summary (a.) 간결한 요약 ★★★

She provided a **succinct** summary of the report.
그녀는 보고서의 간결한 요약 내용을 제공했다.

024

succumb [səkʌm] – succumb to pressure (v.) 압력에 굴복하다 ★★★

He refused to **succumb** to the pressure and continued to stand by his principles.
그는 압력에 굴복하지 않고 자신의 원칙을 계속 고수했다.

He **succumbed** to the disease after a long battle. 그는 오랜 싸움 끝에 그 병에 굴복했다.

such as – such as apples and oranges (phr.) 예를 들어 사과와 오렌지들/사과와 오렌지들 같은 ★★★

She likes fruit **such as** apples and oranges. 그녀는 사과와 오렌지 같은 과일을 좋아한다.

suffer [sʌfər] – suffer from a disease (v.) 질병으로 고통받다 ★★★

● 주로 suffer from의 형태로 많이 쓰인다.

She **suffers from** severe migraines. 그녀는 심한 편두통으로 고통받고 있다.

suit [suːt] – suit the needs of the clients (v.) 고객의 요구에 맞추다 ★★★

● 여기서 suit = meet = satisfy의 의미이다.

We offer services that **suit** the needs of our clients.
우리는 고객의 요구에 맞춘 서비스를 제공한다.

be suitable [súːtəbl] **for** – be suitable for the job (phr.) 그 일에 적합하다 ★★★

● be suitable for와 비슷한 의미의 표현은 be fit for, be appropriate for, be well-suited for, be ideal for이다. 모두 전치사 for와 어울리며 중요하다.

He **is suitable for** the job due to his skills and experience.
그가 가진 기술과 경험 때문에 그는 그 일에 적합하다.

summarize [sʌməràiz] – summarize the points (v.) 요점을 요약하다 ★★★

He **summarized** the article in a few sentences. 그는 몇 문장으로 그 기사를 요약했다.

supervise [súːpərvàiz] – supervise the team (v.) 팀을 감독하다 ★★★

She **supervises** a staff of ten people. 그녀는 10명의 직원을 감독한다.

suppose [səpóuz] – suppose the worst (v.) 최악을 가정하다 ★★★

Suppose you win the lottery—what would you do with the money?
그 복권에 당첨되었다고 상상해 보세요. 그 돈으로 무엇을 하시겠습니까?

● suppose는 '~인 것 같다'의 추측의 의미로도 쓰인다.

I **suppose** you are right. 당신이 맞는 것 같다.

☐ **suppress** [səprés] – suppress one's anger (v.) 분노를 억제하다 | 진압하다   ★★★

The government tried to **suppress** the protest. 정부는 시위를 진압하려고 했다.

☐ **surpass** [sərpǽs] – surpass expectations (v.) 기대를 뛰어넘다/초과하다   ★★★

The new product **surpassed** our expectations. 신제품이 우리의 기대치를 뛰어넘었다.

☐ **surveillance** [sərvéiləns] – a surveillance camera (n.) 감시 카메라   ★★★

The store installed a new **surveillance** camera system.
그 가게는 새로운 감시 카메라 시스템을 설치했다.

☐ **survey** [sə́ːrvei] – conduct a survey (n.) 설문 조사를 실시하다   ★★★

● conduct/do research(조사를 하다), conduct/do a survey(설문 조사를 하다)의 단수 복수 형태에 주의하자.
  research는 셀 수 없는 명사, survey는 셀 수 있는 명사이다.

The research team will conduct a **survey** to gather data on consumer preferences.
연구팀은 소비자 선호도에 관한 데이터를 수집하기 위해 설문 조사를 실시할 것이다.

● survey는 동사·명사 동형이다.

They **surveyed** the area for potential sites. 그들은 후보지를 찾기 위해 그 지역을 조사했다.

☐ **survive** [sərváiv] – survive the crisis (v.) 위기를 견뎌 내다/넘기다   ★★★

● sur[= beyond]+vive[= live]: 살아남다 → 극복하다, 견뎌 내다

Only a few plants **survived** the harsh winter. 몇몇 식물만이 혹독한 겨울을 견뎌 냈다.

☐ **susceptible** [səséptəbl] – susceptible to disease (a.) 질병에 취약한   ★★★

● vulnerable = susceptible

Young children are often more **susceptible** to illnesses.
어린아이들이 질병에 종종 더 취약하다.

☐ **suspend** [səspénd] – suspend the service (v.) 서비스를 중단하다   ★★★

The service was **suspended** due to non-payment. 미납으로 인해 서비스가 중단되었다.

☐ **suspended** [səspénd] **(= temporarily removed)** – suspended from school (a.)   ★★★
정학당한

He was **suspended** from school for breaking the rules. 그 학생은 규칙을 어겨 정학당했다.

☐ **sustain** [səstéin] – sustain growth (v.) 성장을 지속시키다

They have enough resources to **sustain** the project.
그들은 프로젝트를 지속시킬 충분한 자원을 가지고 있다.

● sustainable food: 친환경적인 음식 - sustainable을 '친환경적'으로 번역한 책은 현재 필자가 집필한 책들뿐이다.

The restaurant is committed to serving **sustainable food** sourced from local farms.
그 레스토랑은 지역 농장에서 공급받은 친환경적인 음식을 제공하는 데 전념하고 있다.

☐ **switch** [switʃ] – switch roles (v.) 역할을 바꾸다

She decided to **switch** her major from biology to computer engineering.
그녀는 전공을 생물학에서 컴퓨터 공학으로 바꾸기로 결정했다.

● switch는 '전원 스위치를 누르다'의 의미가 있다.

She **switched** the light off. 그녀는 (전원 스위치를 눌러) 불을 껐다.

☐ **symbolize** [símbəlàiz] – symbolize the values (v.) 가치를 상징하다

● symbolize = stand for(상징하다)

The dove **symbolizes** peace. 비둘기는 평화를 상징한다.

☐ **sympathize** [símpəθàiz] – sympathize with the victims (v.) 피해자들에게 공감하다

We **sympathize** with those affected by the tragedy.
우리는 그 비극으로 피해를 입은 분들께 위로를 전합니다. (= 우리는 그 비극으로 피해를 입은 분들에게 공감한다. *참사를 당한 사람들에게 위로의 말로 쓰임)

☐ **synthesize** [sínθəsàiz] – synthesize information (v.) 정보를 종합하다

The analyst **synthesized** information from various sources to create a comprehensive report. 그 분석가는 다양한 출처에서 나온 정보를 종합하여 포괄적인 보고서를 작성했다.

● synthesize는 '합성하다'의 의미로도 쓰인다.

The chemist **synthesized** a new compound. 그 화학자는 새로운 화합물을 합성했다.

☐ **synthetic** [sinθétik] (= **artificial, man-made**) – synthetic material (a.) 합성의/인조의 소재

The jacket is made from **synthetic** materials. 그 재킷은 합성 소재로 만들어졌다.

☐ **systematic** [sìstəmǽtik] – a systematic approach (a.) 체계적인 접근 방식

They took a **systematic** approach to solve the problem.
그들은 문제를 해결하기 위해 체계적인 접근 방식을 취했다.

☐ **systematize** [sístəmətàiz] – systematize the process (v.) 과정을 체계화하다

They need to **systematize** their workflow. 그들은 업무 과정을 체계화할 필요가 있다.

tackle [tǽkl] – tackle the problem (v.) 문제와 씨름하다/문제를 다루고 처리하다

The team is **tackling** the issue head-on. 팀은 그 문제를 정면으로 맞서 씨름하고 있다.
We need to **tackle** this issue immediately. 우리는 이 문제를 즉시 처리해야 한다.

tactics [tǽktiks] – marketing tactics (n.) 마케팅 전술

The company used aggressive marketing **tactics**. 그 회사는 공격적인 마케팅 전술을 사용했다.

take ~ for granted [grǽntid] **(= assume)** – take safety for granted (v.)
안전을 당연시하다

Many people **take** their health **for granted** until they get sick.
많은 사람들이 아플 때까지 건강하다는 것을 당연시한다.

take into account [əkáunt]**/consideration** [kənsidəréiʃən] – take into account
the weather (v.) 날씨를 고려하다

We need to **take into account/consideration** the traffic conditions.
우리는 교통 상황을 고려해야 한다.

take the place [pleis] **of (= replace)** – take the place of the leader (v.)
리더의 자리를 대신하다

She will **take the place of** the leader during his absence.
그가 없는 동안 그녀가 팀장 자리를 대신할 것이다.

take turns [tɔːrnz] **(= alternate)** – take turns driving (v.) 번갈아 운전하다

They **took turns** driving during the long trip. 그들은 긴 여행 동안 번갈아 운전했다.

tangible [tǽndʒəbl] – tangible results (a.) 구체적이고 분명한 결과

The benefits of the program are **tangible**. 그 프로그램의 혜택은 구체적이고 분명하다.

● tangible은 '실질적인'의 의미도 있다.

The project brought **tangible** benefits to the community, such as improved infrastructure.
이 프로젝트는 개선된 사회 기반 시설 같은 실질적인 혜택을 지역 사회에 제공했다.

● tangible asset(유형 자산) ↔ intangible asset(무형 자산)

tangle [tǽŋgl] **up** – headphones tangle up (v.) 헤드폰 선이 엉키다

The wires got **tangled up** behind the desk. 선들이 책상 뒤에서 엉켰다.

tasteful [téistfl] – a tasteful decor (a.) 세련된 장식

The room had a **tasteful** decor that everyone admired.
그 방은 모두가 감탄하는 세련된 장식이 있었다.

tear [teər] **down** – tear down the old building (v.) 낡은 건물을 철거하다/부수다 ★★★

● tear down = demolish

They decided to **tear down** the old building and construct a new one.
그들은 낡은 건물을 철거하고 새 건물을 짓기로 결정했다.

temporary [témpərèri] – a temporary job (a.) 임시의/일시적인 직업 ★★★

She found a **temporary** job for the summer. 그녀는 여름 동안 할 수 있는 임시 직업을 찾았다.

tentative [téntətiv] **(= temporary, provisional)** – a tentative schedule (a.) ★★★
잠정적인 일정

The dates are **tentative** and may change. 그 날짜는 잠정적이며 변경될 수 있다.

tenuous [ténjuəs] **(= weak)** – a tenuous connection (a.) 미약한 연결 ★★★

The evidence against him was **tenuous** at best. 그에 대한 증거는 기껏해야 미약하기 짝이 없었다.

terminate [tə́ːrmənèit] – terminate the contract (v.) 계약을 종료하다 ★★★

The company decided to **terminate** his employment.
그 회사는 그의 고용을 종료하기로 결정했다.

terrain [təréin] – rough terrain (n.) 거친 지형 ★★★

The vehicle is designed for rough **terrain**. 그 차량은 거친 지형에 맞게 설계되었다.

testify [téstəfài] – testify in court (v.) 법정에서 증언하다 ★★★

She was called to **testify** at the trial. 그녀는 재판에서 증언하도록 소환되었다.

testimonial [tèstəmóuniəl] – a customer testimonial (n.) 고객 추천 글 ★★★

The website features **testimonials** from satisfied customers.
그 웹사이트의 특징은 만족한 고객들의 추천 글들이 실려 있다는 점이다.

testimony [téstəmòuni] – give testimony (n.) 증언을 하다 ★★★

The witness gave **testimony** during the trial. 그 증인은 재판 중에 증언을 했다.

that being said – (phr.) 그럼에도 불구하고 ★★★

● <파트 6>에서 문맥 부사구로 정답이었던 표현이다.

The project was difficult. **That being said**, the team completed it on time.
프로젝트는 어려웠다. 그럼에도 불구하고 그 팀은 제시간에 그것을 완료했다.

theorize [θíːəràiz] – theorize about the cause (v.) 원인에 대해 이론을 세우다 ★★★

Scientists **theorize** about the origins of the universe.
과학자들은 우주의 기원에 대해 이론을 세운다.

thorough [θɔ́ːrou] (= **exhaustive**) – a thorough investigation (a.) 철저한 조사 ★★★

The police conducted a **thorough** investigation. 경찰이 철저한 조사를 실시했다.

thriving [θráiviŋ] – a thriving business (a.) 번창하는 사업 ★★★

The small shop has grown into a **thriving** business.
그 작은 가게가 번창하는 사업으로 성장했다.

tidy [táidi] – a tidy room (a.) 깔끔히 정돈된 방 ★★★

She keeps her room **tidy**. 그녀는 방을 깔끔하게 유지한다.

tighten [táitn] – tighten the security (v.) 보안을 엄격하게 하다 ★★★

● -en, en-이 붙은 단어들은 타동사가 된다. broaden(넓히다), sharpen(날카롭게 하다), enlarge(확대하다), encourage(격려하다) 모두 타동사들이다.

The company decided to **tighten** security measures after the recent data breach.
최근의 데이터 유출 사건 이후, 그 회사는 보안 조치를 강화하기로 결정했다.

● tighten은 '(예산 등을) 조이다'의 의미도 있다.

They need to **tighten** their budget. 그들은 예산을 절감해야 한다.

time difference [taim dífərəns] (= **time zone difference**) ★★★

– calculate the time difference (n.) 시차를 계산하다

We need to calculate the **time difference** for our conference call.
우리는 전화 회의를 위해 (여기와 상대방이 있는 곳의) 시차를 계산해야 한다.

time-consuming [taim kənsúːmiŋ] – time-consuming process (a.) ★★★
시간이 많이 걸리는 과정

The paperwork is very **time-consuming**. 서류 작업은 시간이 매우 많이 걸린다.

tireless [táiərlis] – tireless efforts (a.) 지칠 줄 모르는 노력 ★★★

She is known for her **tireless** efforts to improve education.
그녀는 교육 개선을 위해 지칠 줄 모르고 노력하는 것으로 유명하다.

tolerate [tɑ́lərèit] – tolerate the delay (v.) 지연을 참다 ★★★

He couldn't **tolerate** the noise. 그는 소음을 참을 수가 없었다.

toll-free [toul friː] **(= free)** – toll-free number (a.) 수신자 부담의/무료의 전화번호

You can reach our customer service **toll-free**. 무료 전화로 저희 고객 서비스를 이용하실 수 있습니다.

top-notch [tap natʃ] **(= excellent, first-rate)** – top-notch quality (a.) 최고의 품질

The restaurant is known for its **top-notch** quality food.
그 레스토랑은 최고 품질의 음식으로 유명하다.

total [tóutl] – total amount (a.) 총계의/전부의 양

● total은 '총계의', '총계가 되다'의 의미로, 동사·형용사 동형이다.

The **total** amount due is $100. 총 납부 금액은 100달러이다.
The damages **totaled** over a million dollars. 피해액은 총 백만 달러가 넘었다.

toxic [táksik] – toxic chemicals (a.) 유독성의 화학물질

Exposure to **toxic** chemicals can be harmful. 유독성 화학물질에 노출되면 해로울 수 있다.

● 명사형은 toxication(중독)이다.

train [trein] – train new employees (v.) 신입 직원들을 훈련하다

The company has implemented a new program to **train** its managers in effective leadership skills. 회사는 새로운 프로그램을 도입해 효과적인 리더십 기술로 관리자를 훈련시켰다.

tranquil [trǽŋkwil] – a tranquil setting (a.) 고요한 환경

The garden provides a **tranquil** setting for relaxation.
정원은 휴식을 할 수 있게 고요한 환경을 제공하고 있다.

transaction [trænsǽkʃən] – financial transaction (n.) 금융 거래

The **transaction** was completed successfully. 거래가 성공적으로 완료되었다.

transcript [trǽnskript] – request one's official transcript (n.)
공식 성적 증명서를 요청하다

She submitted her college **transcript** with her job application.
그녀는 입사 지원서와 함께 대학 성적 증명서를 제출했다.

transfer [trænsfɔ́ːr] – be transferred to the London office (v.)
(사람이) 런던 사무소로 전근되다/옮기다

● transfer는 「사람 주어 + 수동태(passive)」 구문으로 자주 쓰인다. 여기서 파생한 transferable(양도할 수 있는)도 <파트5> 기출 정답으로 나왔다.

He was **transferred** to a different department within the company.
그는 회사 내의 다른 부서로 전근되었다.

transform [trænsfɔ́ːrm] – transform the organization (v.) 조직을 변혁하다

The new leader **transformed** the company. 새로운 리더가 회사를 변혁했다.

transition [trænzíʃən] – smooth transition (n.) 순조로운 전환/이행

The **transition** from school to work can be challenging.
학교에서 직장으로 옮겨가는 것이 쉽지 않을 수 있다.

translate [trænsléit] – translate the document (v.) 문서를 번역하다

She **translated** the book into English. 그녀는 그 책을 영어로 번역했다.

transparent [trænspéərənt] – transparent glass (a.) 투명한 유리

● 그래서 '속이 보이는 거짓말'을 transparent lie라고 한다.

The office has **transparent** glass walls. 그 사무실은 투명 유리벽이 있다.

transport [trænspɔ́ːrt] – transport the goods (v.) 상품을 운송하다

The company **transports** goods across the country using its fleet of trucks.
그 회사는 자사의 트럭 편대를 이용해 전국으로 상품을 운송한다.

● transport는 명사(운송 수단)·동사 동형이다.

The **transport** arrived on time. 차량이 제시간에 도착했다.

treat [triːt] (= deal with) – treat the issue with urgency (v.) 긴급히 문제를 처리하다

The manager **treated** the issue with great sensitivity to avoid any misunderstandings.
그 관리자는 오해를 피하기 위해 그 문제를 매우 신중하게 처리했다.

● treat는 '대우하다, 대접하다'의 의미로도 쓰인다.

The doctor **treats** patients with compassion. 그 의사는 환자를 연민을 가지고 대한다.
He **treated** his friend to lunch. 그는 친구에게 점심을 대접했다.

● I will treat.(내가 계산할게.)도 기억하자!

tremendous [triméndəs] – a tremendous effort (a.) 엄청난 노력

It took a **tremendous** effort to complete the project on time.
프로젝트를 제시간에 완료하는 데는 엄청난 노력이 필요했다.

trigger [trígər] – trigger a response (v.) 반응을 유발하다/불러일으키다

The news **triggered** a strong reaction from the public.
그 뉴스는 대중으로부터 강한 반응을 불러일으켰다.

☐ **triple** [trípl] – profits have tripled (v.) 수익이 세 배가 되다 ★★★

The population of the town has **tripled** in the last decade.
그 마을의 인구는 지난 10년 동안 세 배가 되었다.

● three times(세 배) earns three times more 세 배 더 벌다 ★★★

She works **three times** harder than her colleagues.
그녀는 동료들보다 세 배 더 열심히 일한다.

☐ **troupe** [tru:p] – theater troupe (n.) 연극 극단 ★★★

The theater **troupe** performed a new play. 그 연극 극단은 새로운 연극을 공연했다.

☐ **turbulence** [tə́:rbjuləns] – experience turbulence (n.) 난기류를 겪다 ★★★

The plane experienced **turbulence** during the flight. 비행기는 비행 중 난기류를 겪었다.

☐ **turn over a new leaf** – (idiom) 새 사람이 되다 ★★★

After his recovery, he decided to **turn over a new leaf** and live a healthier lifestyle.
회복 후 그는 새 사람이 되어 더 건강한 삶을 살기로 마음먹었다.

● turn은 동사로 '(책장을) 넘기다', 명사로 '차례'라는 의미가 있다.

She **turned** the page. 그녀는 페이지를 넘겼다.
It is your **turn** to deal the cards. 이제 네가 카드를 돌릴 차례야.

☐ **turnaround** [tə́:rnəraund] **(= response, completion)** – a quick turnaround. (n.) ★★★
빠른 처리

● turnaround는 본래 '발주부터 배송까지 걸리는 시간'을 가리키는 단어이다.

The team is known for their quick **turnaround** on projects.
그 팀은 프로젝트의 빠른 처리로 유명하다.

● turnaround에는 '전환'의 의미도 있다.

The company experienced a dramatic **turnaround** in its financial performance.
그 회사는 재무 실적에서 극적인 전환을 겪었다.

☐ **turnout** [tə́:rnaut] – a high voter turnout (n.) 높은 투표자 투표율/참여율 ★★★

The **turnout** for the event was impressive. 그 행사의 참여율이 인상적이었다.

● turnout의 뜻에는 '참가자 수'도 있다.

☐ **turnover rate** [tə́:rnouvər reit] – a high turnover rate (n.) 높은 이직률 ★★★

The company is working to reduce its **turnover rate**.
그 회사는 이직률을 줄이기 위해 노력하고 있다.

ultimate [ʌltəmət] – an ultimate goal (a.) 궁극적인 목표 ★★★

The **ultimate** goal is to achieve sustainability.
궁극적인 목표는 지속 가능성을 달성하는 것이다.

ultimately [ʌltəmətli] – ultimately responsible (adv.) 궁극적으로 책임 있는 ★★★

She is **ultimately** responsible for the project's success.
그녀는 궁극적으로 프로젝트 성공에 대한 책임이 있다.

unanimous [juːnǽnəməs] – a unanimous decision (a.) 만장일치의 결정 ★★★

The decision was **unanimous** among the committee members.
그 결정은 위원회 위원들의 만장일치로 이루어졌다.

unavoidable [ənəvɔ́idəbl] – an unavoidable consequence (a.) ★★★
불가피한/피할 수 없는 결과

The decision led to an **unavoidable** consequence. 그 결정은 불가피한 결과로 이어졌다.

unbiased [ənbáiəst] – an unbiased report (a.) 편견 없는 보고서 ★★★

● unbiased ↔ biased(편견 있는) - biased가 안 좋은 의미의 단어이다.

● impartial(공평한) ↔ partial(편파적인) - partial 역시 안 좋은 의미의 단어이다.

We need an **unbiased** opinion on the matter.
우리는 그 문제에 대해 편견 없는 의견이 필요하다.

The journalist is known for her **unbiased** reporting.
그 기자는 편견 없는 보도를 하는 것으로 알려져 있다.

unclaimed luggage [ənkléimd lʌ́gidʒ] – retrieve unclaimed luggage (n.) ★★★
주인이 없는 수하물을 찾아가다

The airport has a section for **unclaimed luggage**.
그 공항에는 주인이 없는 수하물을 두는 구역이 있다.

unclutter [ʌnklʌ́tər]   unclutter the space (v.) 공간을 정리하다 ★★★

She decided to **unclutter** her office. 그녀는 자신의 사무실을 깔끔히 정리하기로 했다.

unconventional [ənkənvénʃənəl] – an unconventional method (a.) ★★★
비전통적인/색다른 방법

She used an **unconventional** method to solve the problem.
그녀는 문제를 해결하기 위해 기존의 것과 다른 방법을 사용했다.

☐ **under no circumstance** [sə́ːrkəmstæns] – Under no circumstance should you do that. (phr.) 어떠한 경우에도 그것을 하면 안 된다.

● under가 정답으로 출제되었다.

Under no circumstance should you share your password.
어떠한 경우에도 네 비밀번호를 공유해서는 안 된다.

☐ **undergo** [ʌndərgóu] – undergo a transformation (v.) 변화를 겪다
He will **undergo** surgery next week. 그는 다음 주에 수술을 받을 것이다.

☐ **underlie** [ʌndərlái] – underlie the theory (v.) 이론의 기초가 되다
Honesty **underlies** his philosophy. 정직이 그의 철학의 근간을 이룬다.

☐ **undertake** [ʌndərtéik] – undertake the project (v.) 프로젝트를 맡다/착수하다
They **undertook** the task with enthusiasm. 그들은 열정을 가지고 그 일을 맡았다.
They **undertook** the responsibility of organizing the event.
그들은 행사를 조직하는 책임을 맡았다.
He decided to **undertake** the challenging task. 그는 그 도전적인 과제에 착수하기로 결정했다.

☐ **unequivocally** [ʌnikwívəkəli] – unequivocally support (adv.) 명백히 지지하다
The board **unequivocally** supports the new policy. 이사회는 새 정책을 명백히 지지한다.

☐ **unfamiliar** [ʌnfəmíljər] – unfamiliar with the rules (a.) 규칙에 익숙하지 않은
She is **unfamiliar** with the local customs. 그녀는 현지 관습에 익숙하지가 않다.

☐ **unforeseen** [ʌnfɔrsín] – unforeseen circumstances (a.) 예상치 못한 상황
They had to cancel the event due to **unforeseen** circumstances.
그들은 예상치 못한 상황 때문에 행사를 취소해야 했다.

☐ **unify** [júːnəfài] – unify the team (v.) 팀을 통합하다
The leader's goal is to **unify** the divided community.
리더의 목표는 분열된 공동체를 통합하는 것이다.

☐ **uninhabited** [ʌninhǽbitid] – an uninhabited island (a.) 사람이 살지 않는 섬 (= 무인도)

● uninhabited는 un[= not]+in+habit[= live]+ed: (사람이) 들어가 살지 않는 → '무인의'로 이해하면 쉽다. 참고로 '동식물이 사는 서식처, 사는 곳'을 habitat이라고 하며, habit[= live]+at[= place](사는 곳)으로 이해하면 된다.

The explorers discovered an **uninhabited** island in the Pacific Ocean.
탐험가들은 태평양에서 무인도를 발견했다.

uninterrupted [ənìntərʌ́ptid] – uninterrupted service (a.) 끊김 없는 서비스

The company provides **uninterrupted** service to its customers.
그 회사는 고객들에게 끊김 없는 서비스를 제공하고 있다.

unless accompanied [əkʌ́mpənid] **by an adult (= adult supervision required)**

– No entry unless accompanied by an adult (phr.) 성인 동반 없이는 입장 불가

Children are not allowed to enter **unless accompanied by an adult**.
아이들은 성인 동반 없이는 입장할 수 없다.

● accopmanied가 정답으로 <파트 5>에 출제되었다.

unsanitary [ənsǽnətèri] **(= unhygienic)** – unsanitary conditions (a.) 비위생적인 상태

The restaurant was closed due to **unsanitary** conditions.
그 식당은 비위생적인 상태 때문에 폐쇄되었다.

unseasonably [ənsíːzənəbli] **(= not usual for the time of year)** –

unseasonably warm (adv.) 계절에 맞지 않게 따뜻한

● 주로 날씨와 관련된 표현으로, 계절에 맞지 않게 추운/더운 경우에 쓰인다.

It has been **unseasonably** cold this week. 이번 주는 계절에 맞지 않게 추웠다.

unsolicited [ənsəlísitid] – unsolicited advice (a.) 청하지 않은 조언

She received a lot of **unsolicited** advice about her personal life.
그녀는 자신의 사생활에 대해 청하지도 않은 조언을 많이 받았다.

unstick [ʌnstik] – unstick the pages (v.) 페이지를 떼어 내다

● 최신 일본 토익 기출 단어이다.

She used a knife to **unstick** the pages of the old book.
그녀는 칼을 사용해 오래된 책의 페이지를 떼어 냈다.

until [əntil] – until tomorrow (prep.) 내일까지

The office will be closed **until** tomorrow. 사무실은 내일까지 문을 닫을 것이다.

unveil [ənvéil] – unveil the plan (v.) 계획을 발표하다

The company will **unveil** its new product next week.
그 회사는 다음 주에 신제품을 발표할 것이다.

unwind [ənwáind] – unwind after a long day (v.) 힘든 하루 후에 편안하게 쉬다

She likes to **unwind** with a good book. 그녀는 양서를 읽으며 편안하게 쉬는 것을 좋아한다.

up and running – get up and running (idiom) 작동하는/작동 중인 상태가 되게 하다 ★★★

The new system is now **up and running**. 새 시스템이 이제 제대로 작동하고 있다.

up front [frʌnt] – pay up front (phr.) 선불로 지불하다 ★★★

The landlord requires three months' rent paid **up front**.
집주인이 석 달 치 임대료를 선불로 요구하고 있다.

update [ʌpdéit] – a news update (n.) 뉴스 업데이트 ★★★

We received an **update** on the construction project's progress.
우리는 건설 프로젝트 진행 상황에 대한 업데이트를 받았다.

upgrade [ʌpgréid] – upgrade the system (v.) 시스템을 업그레이드하다 ★★★

The company plans to **upgrade** its computer network.
그 회사는 자사 컴퓨터 네트워크를 업그레이드할 계획이다.

They **upgraded** their phones to the latest model. 그들은 최신 모델로 휴대폰을 업그레이드했다.

uphold [ʌphóuld] – uphold the decision (v.) 결정을 유지하다 ★★★

The judge **upheld** the ruling. 판사는 그 판결을 그대로 유지했다.

upholstery [ʌphóulstəri] **(= fabric covering)** – clean the upholstery (n.) ★★★
(소파 등의) 씌우개를 청소하다

We need to clean the **upholstery** on the sofa. 우리는 소파의 씌우개를 청소해야 한다.

upscale [ʌpskéil] – an upscale restaurant (a.) 고급 레스토랑 ★★★

They dined at an **upscale** restaurant. 그들은 한 고급 레스토랑에서 식사했다.

up-to-date [ʌptədéit] – up-to-date information (a.) 최신 정보 ★★★

The website provides **up-to-date** news. 그 웹사이트는 최신 뉴스를 제공한다.

urge [əːrdʒ] – urge someone to finish (v.) ~에게 끝내도록 촉구하다 ★★★

The coach **urged** the team to finish the race strong.
코치는 팀에게 레이스를 힘차게 마무리하도록 촉구했다.

at the urging [əːrdʒiŋ] **of** – at the urging of one's friends (phr.) 친구들의 권유로 ★★★

● urging은 명사로 '권유'의 의미이다. at the urge of는 틀린 표현이다. 1999년 2월 출제 이후 이따금씩 출제되고 있다.

He decided to apply for the job **at the urging of** his friends.
그는 친구들의 권유로 그 일에 지원하기로 결정했다.

utilize [júːtəlàiz] – utilize the resources efficiently (v.) 효율적으로 자원을 활용하다 ★★★

The team **utilized** all available tools. 그 팀은 사용 가능한 모든 도구를 활용했다.

We need to **utilize** our resources more efficiently. 우리는 자원을 더 효율적으로 활용해야 한다.

vacate [véikeit] (= leave, empty) – vacate the premises (v.) 구내를 비우다/떠나다 ★★★

Please **vacate** the room by noon. 정오까지 방을 비워 주세요.

They were asked to **vacate** the building. 그들은 건물을 비워 달라는 요청을 받았다.

valid [vælid] – a valid reason (a.) 타당한 이유 ★★★

Her argument was **valid**, and it convinced everyone in the meeting.
그녀의 주장은 타당했고, 회의에 있는 모든 사람을 설득시켰다.

● valid는 '(기간 등이) 효력이 있는, 유효한'의 의미가 있다.

The ticket is **valid** for one year. 그 티켓은 1년 동안 유효하다.

validate [vælədèit] – validate the findings (v.) 결과를 입증하다 ★★★

The results need to be **validated** by further research.
결과는 추가 연구로 입증되어야 한다.

valuable [væljuəbl] – a valuable asset (a.) 귀중한 자산 ★★★

She received **valuable** advice from her mentor.
그녀는 자신의 멘토에게서 귀중한 조언을 받았다.

variable [véəriəbl] – variable weather (a.) 변덕스러운 날씨 ★★★

The weather in this region is highly **variable**. 이 지역 날씨는 매우 변덕스럽다.

variety [vəráiəti] – variety of music genres (n.) 음악 장르의 다양성/변종 ★★★

The restaurant offers a **variety** of dishes. 그 레스토랑은 다양한 요리를 제공한다.

● variety(변종)와 대조되는 것으로 pure-blood(순수 혈통의)도 함께 알아두자.

The kennel specializes in **pure-blood** breeds. 그 사육장은 순수 혈통 품종을 전문으로 한다.

vary [véəri] – vary the methods (v.) 방법을 달리하다, 달라지다 ★★★

The chef can **vary** the ingredients in the recipe to create different flavors.
그 셰프는 다양한 맛을 내기 위해 레시피의 재료에 변화를 줄 수 있다.

The results may **vary** depending on the conditions. 결과는 조건에 따라 달라질 수 있다.

vast [væst] – vast majority (a.) 대다수 (← 광범위한 다수) ★★★

The **vast** majority of people agreed with the proposal. 대다수 사람들이 그 제안에 동의했다.

□ **vaulted ceiling** [vɔ́ːltid síːliŋ] – a beautiful vaulted ceiling (n.) 아름다운 아치형 천장

The church features beautiful **vaulted ceilings** and stained glass windows.
그 교회는 아름다운 아치형 천장과 스테인드글라스 창문을 특징으로 한다.

□ **vegetarian** [vèdʒətéəriən] – a vegetarian diet (n.) 채식주의자 식단

She follows a **vegetarian** diet for health reasons. 그녀는 건강상의 이유로 채식주의 식단을 따른다.

● 참고로, vegan은 고기뿐 아니라 우유, 치즈, 계란도 안 먹는 '절대 채식주의자'를 의미한다.

He follows a **vegan** diet and avoids all animal products.
그는 비건 식단을 따르며 모든 동물성 제품을 피한다.

□ **vehicle** [víːikl] – a transport vehicle (n.) 운송 차량

● 유모차부터 트럭까지 바퀴 달린 모든 것들은 다 vehicle이다.

They rented a **vehicle** for their trip. 그들은 여행을 위해 차량을 렌트했다.

□ **venue** [vénjuː] – an event venue (n.) 행사 장소

The wedding **venue** was beautifully decorated. 결혼식 장소가 아름답게 장식되었다.

□ **verdict** [vɔ́ːrdikt] **(= judgment, decision)** – a jury verdict (n.) 배심원의 평결

The jury reached a guilty **verdict**. 배심원단은 유죄 평결을 내렸다.

□ **verify** [vérəfài] – verify account details (v.) 계정 세부 정보를 확인하다

Please **verify** your identity before proceeding. 진행하기 전에 본인 확인을 부탁드립니다.

□ **vested interest** [véstid íntərəst] – have a vested interest (n.) 기득권을 가지다

They have a **vested interest** in maintaining the current system.
그들은 현 시스템을 유지하는 데 기득권을 가지고 있다.

● vested가 정답으로 출제되었다.

□ **vetting process** [vetiŋ práses] – go through a vetting process (n.) 심사 과정을 거치다

● vetting process는 본래 사람이나 사물을 철저하게 검토하거나 평가하는 과정(careful review, detailed assessment)을 가리키는 단어이다. <파트 7> 독해에 출제되었는데, vetting process의 의미를 모르면 못 푸는 문제였다. vetting process가 있다는 것은 멤버가 되는데 선별적(selective in admitting members)이라는 의미가 된다.

All members must go through a **vetting process** before being able to view posts or add comments. 모든 회원은 게시물을 보거나 댓글을 달기 전에 심사 과정을 거쳐야 한다.

□ **vibrate** [váibreit] – a phone vibrates (v.) 전화기가 진동하다

My phone **vibrates** when I get a text message. 내 전화기는 문자 메시지가 올 때 진동한다.

vicinity [visínəti] – in the vicinity (n.) 근처에 ★★★

There are several good restaurants in the **vicinity**. 근처에 좋은 식당이 몇 군데 있다.

view [vju:] – view the landscape (v.) 경치를 둘러보다 ★★★

We went to the top of the hill to **view** the landscape.
우리는 경치를 둘러보기 위해 언덕 꼭대기로 갔다.

● with a view to(~할 목적으로)도 기억하자. 이때의 view는 명사이다.

She enrolled in the course **with a view to** improving her language skills.
그녀는 언어 능력을 향상시킬 목적으로 그 과정에 등록했다.

vigilant [vídʒələnt] – remain vigilant (a.) 경계하는/조금도 방심하지 않는 상태를 유지하다 ★★★

The guards remained **vigilant** throughout the night.
경비원들은 밤새 경계를 유지했다.

vigorous [vígərəs] – vigorous exercise (a.) 격렬한 운동 ★★★

● invigorate는 in+vigor[= 힘]+ate: 안에 힘을 넣다 → 활성화하다, 활기차게 하다
● vigor가 들어간 단어에는 '힘, 에너지'의 의미가 있다.

He enjoys **vigorous** exercise every morning. 그는 매일 아침 격렬한 운동을 즐긴다.

violate [váiəlèit] – violate the terms of the agreement (v.) 계약 조건을 위반하다 ★★★

The company was fined for **violating** safety regulations.
그 회사는 안전 규정을 위반하여 벌금을 부과 받았다.

virtual [vɔ́ːrtʃuəl] – a virtual meeting (a.) 가상의 회의 ★★★

● virtual을 '사실상의'의 의미로만 알면 안 된다. 가상 현실에 많이 쓰이는 단어이다.

The team held a **virtual** meeting to discuss the project.
팀은 프로젝트를 논의하기 위해 가상 회의를 개최했다.

virtually [vɔ́ːrtʃuəli] **(= online, remotely)** – attend virtually (adv.) 온라인으로 참석하다 ★★★

● virtually는 '사실상, 거의'라는 의미 외에 '온라인으로, 화상으로'의 의미가 중요하다.

We attended the conference **virtually**. 우리는 온라인으로 회의에 참석했다.
Virtually all the tickets were sold out. 거의 모든 티켓이 매진되었다.

visualize [víʒuəlàiz] – visualize the outcome (v.) 결과를 시각화하다/가시화하다 ★★★

She visualized her success. 그녀는 자신의 성공을 가시화했다.

☐ **vital** [váitl] – a vital role (a.) 중요한/필수적인 역할 ⋆⋆⋆

Proper nutrition is **vital** for good health. 적절한 영양은 건강에 필수적이다.

● 「It is vital/important/imperative/necessary that S + 동사원형」도 기억하자!

It is vital that everyone arrive on time for the meeting.
모두가 회의에 제시간에 도착하는 것이 중요하다.

☐ **vivid** [vívid] – vivid imagination (a.) 생생한 상상력 ⋆⋆⋆

She described the scene in **vivid** detail. 그녀는 그 장면을 생생하게 자세히 묘사했다.

☐ **volatile** [válətil] (= unstable) – a volatile market (a.) 변동성이 큰/불안정한 시장 ⋆⋆⋆

The stock market has been very **volatile** lately. 최근에 주식 시장은 매우 변동성이 크다.

☐ **volunteer** [vάləntíər] – volunteer for the community (v.) 지역 사회를 위해 자원봉사하다 ⋆⋆⋆

She **volunteers** at the local animal shelter. 그녀는 지역 동물 보호소에서 자원봉사를 한다.

☐ **vote** [vout] – vote on the proposal (v.) 제안에 대해 투표하다 ⋆⋆⋆

● vote는 명사·동사 동형이다.

The citizens will **vote** for their new mayor next week.
시민들은 다음 주에 새로운 시장을 뽑는 투표를 할 예정이다.

The **vote** was unanimous. 투표는 만장일치로 통과되었다.

☐ **vulnerable** [vΛlnərəbl] – vulnerable to attack (a.) 공격에 취약한 ⋆⋆⋆

The system is **vulnerable** to cyberattacks. 그 시스템은 사이버 공격에 취약하다.

☐ **warn** [wɔːrn] – warn about the danger (v.) 위험에 대해 경고하다 ⋆⋆⋆

They **warned** us about the potential risks. 그들은 우리에게 잠재적 위험에 대해 경고했다.

● warn against(~에 대해 경고하다)도 기억하자.

The doctor **warned against** eating too much sugar due to its health risks.
의사는 건강상의 위험 때문에 과도한 설탕 섭취에 대해 경고했다.

☐ **warrant** [wɔ́ːrənt] – warrant further investigation (v.) 추가 조사를 정당화하다 ⋆⋆⋆

The situation **warrants** immediate attention.
이 상황은 즉각적인 주의가 필요하다. (← 상황이 즉각적인 주의를 정당화하고 있다.)

● warrant는 '보증하다'의 의미도 있다.

☐ **waste** [weist] – waste resources (v.) 자원을 낭비하다 ⋆⋆⋆

● waste는 동사·명사(쓰레기, 낭비) 동형이다.

Please do not **waste** food; it's important to reduce food **waste**.
음식을 낭비하지 마십시오. 음식 쓰레기를 줄이는 것이 중요합니다.

We need to reduce **waste** in our operations. 우리는 운영에서 낭비를 줄여야 한다.

☐ **wear** [wεər] – wear a uniform (v.) 유니폼을 입다 ★★★

He likes to **wear** comfortable clothes when he's at home.
그는 집에 있을 때는 편안한 옷을 입는 걸 좋아한다.

● wear out은 '낡아서 떨어지다'의 의미이다.

The tires are starting to **wear out**. 타이어가 닳기 시작하고 있다.

☐ **wear and tear** [wεər ən tεər] – normal wear and tear (n.) 정상적인 마모와 파손 ★★★

● wear and tear를 '입다와 눈물'로 번역하지 않도록 한다.

The warranty covers normal **wear and tear**. 보증서는 정상적인 마모와 파손을 포함한다.

☐ **weigh** [wei] – weigh the options (v.) 옵션을 저울질하다/따져 보다 ★★★

They **weighed** the pros and cons before making a decision.
그들은 결정을 내리기 전에 장단점을 저울질했다.

☐ **welcome kit** [wélkəm kit] **(= orientation package, starter pack)** ★★★
– an employee welcome kit. (n.) 직원 환영 키트

● 새로운 직원이나 손님을 환영하기 위해 제공되는 정보나 물품의 패키지를 말하며, 회사나 단체에서 자주 쓰인다. welcome이 정답으로 출제되었고, 다른 보기들인 welcomed, welcoming은 오답이었다.

The new hires received an employee **welcome kit** on their first day.
신입 직원들은 입사 첫날에 직원 환영 키트를 받았다.

☐ **what the future holds for me (= future possibilities)** – wonder what the ★★★
future holds for me (phr.) 미래에 무엇이 기다리고 있을지 궁금해하다

● <파트 5>에 what이 정답으로 출제되었다.

I often wonder **what the future holds for me**.
나는 종종 미래에 무엇이 기다리고 있을지가 궁금하다.

☐ **while on duty** [djú:ti] – while on duty at the hospital (adv.) 병원에서 근무 중에 ★★★

● while이 정답으로 출제되었다. while (you are) on duty 자리에 during이 오답으로 나왔다.

Nurses are not allowed to use their phones **while on duty**.
간호사들은 근무 중에 휴대폰을 사용할 수 없다.

☐ **while supplies last** [səpláiz læst] **(= until out of stock)** – available while

supplies last (phr.) 재고가 남아 있는 동안만 가능한

● while이 <파트 5>의 정답으로 출제되었다.

The offer is available **while supplies last**. 그 제안은 재고가 남아 있는 동안만 가능하다.

☐ **wholesome** [hóulsəm] – wholesome food (a.) 건강에 좋은 음식

She always prepares **wholesome** meals for her family.
그녀는 가족을 위해 항상 건강에 좋은 식사를 준비한다.

☐ **wilderness** [wildərnis] – the camp in the wilderness (n.) 황무지/광야에서의 캠프

They set up camp in the **wilderness**. 그들은 황무지에 캠프를 차렸다.

☐ **willing** [wíliŋ] – willing to help (a.) 기꺼이 돕는

● 「be willing(기꺼이 하는)/likely(~일 가능성이 높은)/ready(~할 준비가 된)/liable(~하기 쉬운) to V」 표현을 덩어리로 암기하자! <파트 5> 기출 정답이었다.

They are always **willing to** help others. 그들은 늘 기꺼이 다른 사람을 돕는다.

☐ **win a contract** [kántrækt] **(= secure a contract)** – win a contract for the project

(v.) 프로젝트 계약을 따내다

The company **won a contract** to build the new bridge.
그 회사는 새로운 다리를 건설하는 계약을 따냈다.

☐ **wire** [waiər] **money to** – wire money to an account (v.) 계좌에 돈을 송금하다

She **wired money to** her son's bank account. 그녀는 아들의 은행 계좌에 돈을 송금했다.

☐ **with care** [kɛər] **(= carefully)** – (phr.) 주의 깊게

Please read the instructions **with care**. 지침을 주의 깊게 읽으세요.

☐ **with no hidden fees** [hídn fiːz] **(= with transparent cost)** – service with no

hidden fees (phr.) 숨은 수수료가 없는 서비스

The service comes **with no hidden fees**, so you know exactly what you're paying for.
그 서비스는 숨은 수수료가 없어서 정확히 무엇에 대해 지불하는지 알 수 있다.

● <파트 7> 광고 문구에 자주 등장하는 표현이다.

☐ **withdraw** [wiðdrɔ́] – withdraw the application (v.) 신청을 철회하다, (돈을) 인출하다

He decided to **withdraw** his application from the job position.
그는 그 일자리에 지원한 것을 철회하기로 결정했다.

● withdraw는 '(돈을) 인출하다'의 뜻도 있다.

She **withdrew** $100 from her account. 그녀는 계좌에서 100달러를 인출했다.

● withdraw의 명사형인 withdrawal(인출)도 암기하자!

☐ **without notice** [nóutis] **(= without warning)** – leave without notice (phr.)
예고 없이 떠나다

He left the company **without notice**. 그는 예고도 없이 회사를 떠났다.

☐ **without a reservation** [rèzərvéiʃən] – go to the restaurant without a reservation
(phr.) 예약 없이 식당에 가다

We decided to try our luck and went to the restaurant **without a reservation**.
우리는 운을 시험해 보기로 하고 예약 없이 식당에 갔다.

☐ **without reservation** [rèzərvéiʃən] – accept without reservation (phr.)
거리낌 없이/주저 없이 받아들이다

She accepted the job offer **without reservation**.
그녀는 주저 없이 일자리 제안을 받아들였다.

● without a reservation과 without reservation 예문에서 보듯이 관사의 유무가 중요하다.

☐ **withstand** [wiðstǽnd] – withstand pressure (v.) 압력을 견디다

The structure can **withstand** strong winds. 그 구조물은 강한 바람을 견딜 수 있다.
The building was designed to **withstand** earthquakes.
그 건물은 지진을 견딜 수 있도록 설계되었다.

● 스펠링이 비슷한 withhold(보류하다), withdraw(인출하다)도 함께 기억해 두자.

The company decided to **withhold** the bonus until the project was completed.
회사는 프로젝트가 완료될 때까지 보너스를 보류하기로 결정했다.

She went to the bank to **withdraw** some money for her trip.
그녀는 여행에 쓸 돈을 인출하러 은행에 갔다.

☐ **witness** [witnis] – witness the event (v.) 사건을 목격하다

She **witnessed** the car accident from across the street.
그녀는 길 건너편에서 차 사고를 목격했다.

● witness는 동사·명사(목격자) 동형이다.

He was a **witness** to the accident. 그는 그 사고의 목격자였다.

work [wɔːrk] **towards** – work towards a greener future. (v.) ★★★

더 친환경적인 미래를 향해 노력하다

The team is **working towards** achieving the company's goals.
그 팀은 회사의 목표 달성을 향해 노력하고 있다.

worry [wɔ́ːri] – worry about the outcome (v.) 결과에 대해 걱정하다 ★★★

There is no need to **worry**. 걱정할 필요가 없다.

would-be doctors [wəd bi dɑ́ktərz] – training for would-be doctors (phr.) ★★★

예비 의사를 위한 훈련

The program offers training for **would-be doctors**.
그 프로그램은 예비 의사를 위한 훈련을 제공한다.

yet [jet] **vs. still** [stil] – (adv.) 아직 vs. 여전히 ★★★

● 부정문과 의문문에서의 yet은 (안 했거나 못 했다는) '아직'의 뜻이다.

I have not seen the movie **yet**. 나는 아직까지 그 영화를 보지 못했다.
They haven't finished their homework **yet**. 그들은 아직도 숙제를 끝내지 않았다.

● still은 기존의 상태를 계속해서 유지하고 있다는 의미로 '여전히 계속'이다.

I am **still** working on the project. 나는 여전히 계속 그 프로젝트를 하고 있다.
She **still** lives in the same house. 그녀는 여전히 계속 같은 집에 산다.

yield [jiːld] – yield results (v.) 결과를 산출하다 ★★★

The experiment **yielded** unexpected results. 그 실험은 예상치 못한 결과를 낳았다.

● yield to(~에 굴복하다, 따르다)도 기억하자.

After a long debate, he decided to **yield to** the majority opinion.
오랜 토론 끝에 그는 다수의 의견에 따르기로 결정했다.

zealous [zéləs] **(= enthusiastic)** – a zealous supporter (a.) 열성적인 지지자 ★★★

He is a **zealous** supporter of environmental causes.
그는 환경 보호 운동의 열성적인 지지자이다.

zero [zíərou] **in on (= focus on)** – zero in on the target (v.) 목표에 집중하다 ★★★

The team **zeroed in on** the most critical issues. 팀은 가장 중요한 문제에 집중했다.

zoom [zuːm] – zoom in on the traffic accident (v.) 교통사고 현장을 확대하다 ★★★

● '확대하다'의 의미일 때 zoom in on의 형태로 많이 쓰인다.

The photographer **zoomed in on** the subject. 사진작가는 피사체를 확대했다.

TOEIC

PART
5/6/7

New Updated List

2회 이상 출제된 단어 리스트

025

abate [əbéit] – abate noise (v.) 소음을 줄이다/완화시키다

The city implemented new regulations to **abate** noise pollution.
도시는 소음 공해를 줄이기 위해 새로운 규정을 시행했다.

026

abbreviation [əbrì:viéiʃən] – a common abbreviation (n.) 일반적인 약어

"Dr." is a common **abbreviation** for "doctor." Dr.는 doctor의 일반적인 약어이다.
TOEIC is the **abbreviation** of Test of English for International Communication.
TOEIC은 Test of English for International Communication의 약어이다.

abnormally [æbnɔ́:rməli] – abnormally high (adv.) 비정상적으로 높은

● 반대말 normally(정상적으로)는 현재시제와 잘 어울린다.

The patient had an **abnormally** high fever. 그 환자는 비정상적으로 고열이 났다.

abrasion [əbréiʒən] – suffer an abrasion (n.) 찰과상을 입다

He suffered an **abrasion** on his knee after falling off his bike.
그는 자전거에서 넘어져 무릎에 찰과상을 입었다.

abreast [əbrést] – keep abreast of (adv.) ~에 뒤처지지 않고 나란히 따라가다

He tries to keep **abreast** of the latest developments.
그는 최신 개발 동향에 뒤지지 않고 나란히 따라가려고 노력한다.

● keep abreast of = be up to date with, be informed about

abridge [əbrídʒ] – abridge a text (v.) 텍스트를 요약하다

The editor **abridged** the text to make it shorter. 편집자는 텍스트를 요약하여 더 짧게 만들었다.

abridged [əbrídʒd] – an abridged version (a.) 축약된 버전

I read the **abridged** version of the novel for the class assignment.
나는 수업 과제로 그 소설의 축약본을 읽었다.

abstract [ǽbstrækt] **(= theoretical, conceptual)** – an abstract concept (a.)
추상적인 개념

The theory is too **abstract** for beginners. 그 이론이 초보자에게는 너무 추상적이다.

accentuate [ækséntʃuèit] – accentuate the positive (v.)
긍정적인 면을 강조하다/두드러지게 하다

She likes to **accentuate** her eyes with makeup.
그녀는 화장으로 눈매를 강조하는 것을 좋아한다.

accolade [ǽkəlèid] – a prestigious accolade (n.) 영예로운 상

The scientist received a prestigious accolade for her research.
그 과학자는 자신의 연구로 영예로운 상을 받았다.

accredited [əkrédidid] **(= authorized, certified)** – an accredited institution (a.)
인정된/공인된 기관

The university is an accredited institution. 그 대학교는 공인 기관이다.

accumulation [əkjùːmjuléiʃən] **(= gathering, amassing)**
– accumulation of wealth (n.) 부의 축적

The accumulation of wealth is not his primary goal. 부의 축적은 그의 주된 목표가 아니다.

accustomed [əkʌ́stəmd] **(= used to, familiar with)** – become accustomed to (a.)
~에 익숙해지다

She became accustomed to the new environment. 그녀는 새로운 환경에 익숙해졌다.

across the board [bɔːrd] **(= all-inclusive)** – change across the board (phr.)
전반에 걸쳐 변화하다

The new policy applies across the board. 새 정책은 전반에 걸쳐 적용된다.

adaptation [ædəptéiʃən] **(= adjustment, conversion)** – film adaptation (n.)
영화로 각색

● 소설 등을 영화에 적합하게(adapt) '적응'시키는 것 → 각색

The book's film adaptation was a great success. 그 책의 영화 각색은 큰 성공을 거두었다.

adjourn [ədʒɔ́ːrn] – adjourn the meeting (v.) 회의를 휴회하다

The meeting was adjourned until further notice.
그 회의는 추가 공지가 있을 때까지 휴회되었다.

admire [ædmáiər] – admire the view (v.) 경치를 감상하다/감탄하며 바라보다

They stopped to admire the sunset. 그들은 일몰을 감상하기 위해 멈췄다.

be advised [ædváizd] **that (= inform)** – (phr.) ~을 알리다

Please be advised that the office will be closed on Friday.
사무실이 금요일에 휴무임을 알려 드립니다.

● advised가 정답일 때 advisable 오답 보기였다.

advisory [ædváizəri] (= **warning, guidance**) – a weather advisory (n.) 기상 주의보

A weather **advisory** was issued for the area. 해당 지역에 기상 주의보가 발령되었다.

● advisory에는 '조언'의 의미도 있어서 advisory committee(자문 위원회)도 자주 쓰이는 표현이다.

advocate [ǽdvəkət] – a human rights advocate (n.) 인권 옹호자/지지자

She is a passionate **advocate** for gender equality.
그녀는 성 평등을 열렬히 옹호하는 사람이다.

● advocate는 명사·동사 동형이다.

He **advocates** for environmental protection. 그는 환경 보호를 옹호한다.

affiliation [əfìliéiʃən] (= **association, connection**) – political affiliation (n.)
정치적 소속/제휴

He has no political **affiliation**. 그는 정치적으로 소속된 곳이 없다.

affix [əfíks] – affix the label (v.) 라벨을 붙이다

● affix의 동의어는 attach, fasten, stick이다.

Please **affix** the stamp to the envelope. 봉투에 우표를 붙여 주세요.
Affix the postage stamp to the top right corner of the envelope.
우표를 봉투의 오른쪽 상단에 붙이세요.

● affix에는 '(서명 등을) 써 넣다'라는 의미도 있다.

Affix your signature at the bottom of the document. 문서 하단에 서명을 해 주세요.

afloat [əflóut] (= **solvent**) – keep afloat (a.) 빚은 안 질 정도의 상태이다

The company managed to stay **afloat** during the recession.
회사는 경기 침체 동안 빚 안 지고 용케 살아남았다.

● afloat의 1차적 의미는 '물에 뜬(buoyant, floating)'이다.

aforementioned [əfɔ́ːrmènʃənd] (= **previously mentioned**)

– aforementioned details (a.) 앞서 언급한 세부 설명

The **aforementioned** details are crucial for the project.
앞서 언급한 세부 사항이 프로젝트에 매우 중요하다.

agrarian [əgréəriən] – an agrarian society (a.) 농업 사회

The region has a largely **agrarian** economy. 그 지역은 주로 농업 경제를 기반으로 한다.

allegedly [əlédʒidli] – allegedly committed a crime (adv.) 범죄를 저질렀다고 추정되어

He **allegedly** committed the crime but has not yet been charged.
그는 범죄를 저질렀다고 추정되지만 아직 기소되지는 않았다.

allure [əlúər] – the allure of the city (n.) 도시의 매력

The **allure** of the city attracted many artists. 그 도시의 매력이 많은 예술가들을 끌어들였다.

alphabetize [ǽlfəbətàiz] – alphabetize the files (v.) 파일을 알파벳 순으로 정렬하다

Please **alphabetize** the list of names. 명단을 알파벳 순으로 정렬해 주세요.

alteration [ɔ̀ːltəréiʃən] **(= change, modification)** – make an alteration (n.) 변경하다

They made some **alterations** to the schedule. 그들은 일정을 몇 가지 변경했다.

altitude [ǽltətjùːd] **(= height, elevation)** – a high altitude (n.) 높은 고도

The climbers reached a high **altitude** on the mountain.
등반가들은 산의 높은 고도에 도달했다.

The plane reached a cruising **altitude** of 30,000 feet.
비행기는 순항 고도 30,000피트에 도달했다.

alumni [əlʌ́mnai] **(= graduates, former students)** – university alumni (n.)
대학 졸업생들

The university has a strong network of **alumni**. 그 대학은 강력한 졸업생 네트워크가 있다.
● alumni는 '졸업생들'이라는 복수형이고, 단수형은 alumnus이다.

ameliorate [əmíːljərèit] – ameliorate the situation (v.) 상황을 개선하다

The new policy is designed to **ameliorate** the living conditions of the poor.
새 정책은 빈곤층의 생활 환경을 개선하기 위해 설계되었다.

amphitheater [ǽmfəθìːətər] – an outdoor amphitheater (n.) 야외 원형 극장

The concert was held in an outdoor **amphitheater**. 콘서트는 야외 원형 극장에서 열렸다.

amplifier [ǽmpləfàiər] **(= amp, booster)** – a guitar amplifier (n.) 기타 증폭기/앰프

He plugged his guitar into the **amplifier**. 그는 자신의 기타를 증폭기(앰프)에 연결했다.

amplify [ǽmpləfài] **(= increase, magnify)** – amplify the sound (v.) 소리를 증폭하다

The speakers **amplify** the sound. 스피커가 소리를 증폭시킨다.

annotate [ǽnətèit] **(= add notes to)** – annotate the text (v.) 텍스트에 주석을 달다

The teacher asked the students to **annotate** the text for better understanding.
교사는 학생들에게 더 잘 이해할 수 있게 텍스트에 주석을 달라고 요청했다.

announce [ənáuns] – publicly announce changes (v.) 공식적으로 변경 사항을 발표하다

The CEO **announced** the new product launch. CEO는 신제품 출시를 발표했다.

antique [æntíːk] **(= old, vintage)** – antique furniture (a.) 골동품 가구

She collects **antique** furniture. 그녀는 골동품 가구를 수집한다.

appetizing [ǽpətàiziŋ] **(= delicious-looking, tempting)** – an appetizing meal (a.)
맛있어 보이는/구미를 동하게 하는 음식

The food looked very **appetizing**. 음식이 매우 맛있어 보였다.

apply the ointment [əplái ði: ɔ́intmənt] – apply the ointment to the affected area (v.)
다친 부위에 연고를 바르다

The doctor advised him to **apply the ointment** after washing the wound.
의사는 상처를 씻은 후 연고를 바르라고 권했다.

appointment book [əpɔ́intmənt buk] **(= planner, diary)**

– schedule in the appointment book (n.) 다이어리에 일정을 기록하다

Please write your next appointment in the **appointment book**.
다음 예약을 다이어리에 적어 주세요.

appraisal [əpréizəl] – a performance appraisal (n.) 성과 평가

Employees receive a performance **appraisal** every year.
직원들은 매년 성과 평가를 받는다.

apprentice [əpréntis] – start as an apprentice (n.) 견습생으로 시작하다

He began his career as an **apprentice** in a carpentry shop.
그는 목공소에서 견습생으로 경력을 시작했다.

● '견습 기간'은 apprenticeship이라고 한다.

apprise [əpráiz] **(= inform)** – apprise someone of changes (v.) ~에게 변동을 알리다

Please **apprise** us of any updates on the project status.
프로젝트 상황에 대한 업데이트가 있으면 알려 주세요.

arable [ǽrəbl] **(= farmable, cultivable)** – arable land (a.) 경작 가능한 땅

The region has a lot of **arable** land. 그 지역에는 경작 가능한 땅이 많다.

arbitrarily [ɑ́ːrbiətrèrəli] – act arbitrarily (adv.) 임의로 행동하다

The rules were enforced **arbitrarily**, causing confusion.
규칙이 임의로 시행되어 혼란을 초래했다.

arbitration [ɑ̀ːrbətréiʃən] – undergo arbitration (n.) 중재를 받다

The dispute was settled through **arbitration**. 분쟁이 중재를 통해 해결되었다.

ardent [ɑ́ːrdnt] – an ardent supporter (a.) 열렬한 지지자

She is an **ardent** supporter of the arts. 그녀는 예술에 대한 열렬한 지지자이다.

arguable [ɑ́ːrgjuəbl] **(= debatable, questionable)** – an arguable point (a.)
논쟁의 소지가 있는 주장

It's an **arguable** point, but I believe it's true.
논쟁의 소지가 있는 주장이기는 하지만, 나는 그것이 사실이라고 생각한다.

argumentative [ɑ̀ːrgjuméntətiv] **(= quarrelsome, contentious)**
– an argumentative person (a.) 따지기 좋아하는/논쟁적인 사람

He is known to be an **argumentative** person who enjoys debating every issue.
그는 모든 문제에 토론하는 것을 즐기는, 따지기 좋아하는 사람으로 알려져 있다.

articulate [aːrtíkjulət] **(= eloquent, clear)** – an articulate speaker (a.)
생각을 잘 표현하는 연설가

She is an **articulate** speaker who captivates her audience.
그녀는 생각을 잘 표현하는 연설가로 청중을 사로잡는다.

● articulate는 형용사·동사(생각을 잘 표현하다) 동형이다.

He was able to **articulate** his ideas clearly. 그는 자신의 아이디어를 명확하게 잘 표현할 수 있었다.

as well as (= and also, in addition to) – A as well as B (phr.) B뿐만 아니라 A도

He speaks French **as well as** English. 그는 영어뿐 아니라 프랑스어도 한다.

aspect [ǽspekt] **(= facet, feature)** – an important aspect (n.) 중요한 측면

One important **aspect** of the job is communication.
업무의 중요한 측면 중 하나가 의사소통이다.

assertion [əsə́ːrʃən] **(= claim, statement)** – make an assertion (n.) 주장하다 　★★

His **assertion** was supported by evidence. 그의 주장은 증거에 의해 뒷받침되었다.

assignment [əsáinmənt] **(= task, duty)** – complete an assignment (n.) 과제를 마치다 　★★

The **assignment** is due next week. 그 과제는 다음 주가 마감이다.

assurance [əʃúərəns] **(= guarantee, promise)** – give assurance (n.) 보장/확인해 주다 　★★

She gave me **assurance** that everything would be fine.
그녀는 모든 것이 괜찮을 것이라고 내게 확인을 해 주었다.

attentive [ətÉntiv] **(= alert, considerate)** – attentive to (a.) 　★★
~에 주의를 기울이는/~을 배려하는

He is very **attentive** to his guests. 그는 자기 손님들을 매우 배려한다.

audit [ɔ́ːdit] – a financial audit (n.) 재무 감사 　★★

The company undergoes a financial **audit** every year. 그 회사는 매년 재무 감사를 받는다.

authentic [ɔːθéntik] **(= genuine, real)** – an authentic experience (a.) 　★★
진정한/진짜의 경험

The restaurant offers an **authentic** dining experience.
그 식당은 진정한 다이닝 경험을 선사한다.

authenticate [ɔːθéntəkèit] – authenticate the painting (v.) 그 그림이 진짜임을 확인하다 　★★

The document was **authenticated** by a notary.
그 문서는 공증인에 의해 진짜인 것이 확인되었다.

automotive [ɔ̀ːtəmóutiv] **(= related to cars)** – automotive industry (a.) 자동차 산업 　★★

The **automotive** industry is facing significant changes.
자동차 산업은 중요한 변화에 직면해 있다.

averse [əvə́ːrs] – averse to change (a.) 변화를 꺼리는/싫어하는 　★★

● 뒤에 전치사 to와 잘 어울린다.

He is not **averse to** trying new things. 그는 새로운 걸 시도하는 것을 꺼리지 않는다.

aviator [éivièitər] – famous aviators (n.) 유명한 조종사들 　★★

The museum has a display dedicated to famous **aviators**.
그 박물관에는 유명 조종사들을 기념하는 전시가 있다.

avionics [èiviániks] – avionics repair (n.) 항공 전자 장비 수리 ★★

The **avionics** system on the aircraft needs an upgrade.
항공기의 항공 전자 장비 시스템은 업그레이드가 필요하다.

backlog [bǽklɔ̀g] (= accumulation, pileup) – a backlog of orders 주문이 밀림 ★★

The company is facing a **backlog** of orders. 회사는 주문이 밀려 있다.

beneficiary [bènəfíʃièri] – a named beneficiary (n.) 지정된 수혜자/수령인 ★★

She was the named **beneficiary** of her uncle's will. 그녀가 삼촌 유언장의 지정 수령인이었다.

barefoot [bέərfut] – walk barefoot (adv.) 맨발로 걷다 ★★

● <파트 1>에도 들리는 단어이다.

She enjoys walking **barefoot** on the beach. 그녀는 해변에서 맨발로 걷는 것을 좋아한다.

based [beist] **in location(장소)** – a company based in Seoul (phr.) 서울에 본사를 둔 회사 ★★

● be based on은 '~을 근거로 하다'의 의미이며, based in Seoul처럼 장소 앞에는 전치사 in이 온다.

The company is **based in** Seoul but operates worldwide.
그 회사는 서울에 본사를 두고 있지만 전 세계에서 사업을 운영하고 있다.

beyond repair [ripέər] – (phr.) 수리가 불가능한 ★★

The damage to the building was **beyond repair**. 건물의 손상은 수리가 불가능했다.

● beyond description(형용할 수 없는)도 암기하자!

The beauty of the sunset was **beyond description**.
일몰의 아름다움은 말로 표현하기가 어려웠다.

big-name [big neim] (= famous, well-known) – a big-name actor (a.) 유명한 배우 ★★

The event attracted several **big-name** celebrities. 그 행사는 몇몇 유명 인사를 끌어 모았다.

blindly [blάindli] (= without seeing, unquestioningly) – follow blindly (adv.) ★★
맹목적으로 따르다

She followed the instructions **blindly**. 그녀는 지침을 맹목적으로 따랐다.

blurry [blə́ːri] (= unclear, fuzzy) – blurry vision (a.) 흐릿한 시야 ★★

His vision became **blurry** after the accident. 그의 시력이 사고 후 흐릿해졌다.

☐ **boon** [buːn] – the government's financial boon (n.) 정부의 재정적 혜택/도움

● 이 단어도 현재 본서와 필자가 집필한 교재에서만 볼 수 있는 토익 기출 단어이다.

The scholarship is a **boon** for students from low-income families.
장학금은 저소득층 가정 학생들에게 큰 도움을 준다.

☐ **brass** [bræs] – made of brass (n.) 놋쇠/황동으로 만든

The door handles were made of polished **brass**, giving the room a classic look.
문손잡이는 광택이 나는 황동으로 만들어져 방을 클래식하게 보이게 했다.

● brass는 '금관 악기'의 의미도 있다.

The band played a song featuring **brass** instruments.
그 밴드는 금관 악기를 특징으로 하는 노래를 연주했다.

☐ **breakthrough** [bréikθru] – a scientific breakthrough (n.) 과학적 돌파구

The researchers made a significant **breakthrough** in cancer treatment.
연구자들은 암 치료에 있어서 중요한 돌파구를 마련했다.

☐ **brevity** [brévəti] **(= conciseness, succinctness)** – brevity of the message (n.)
메시지의 간결함

The **brevity** of the speech was appreciated by everyone.
연설의 간결함이 모두에게 높은 평가를 받았다.

☐ **bribe** [braib] – accept a bribe (n.) 뇌물을 받다

The politician was arrested for accepting a **bribe**. 정치가는 뇌물 수수 혐의로 체포되었다.

☐ **built-in** [biltin] **(= integrated)** – a built-in feature (a.) 내장된 기능

The new software has several **built-in** features for convenience.
새 소프트웨어는 편의를 위한 몇 가지 내장된 기능이 있다.

☐ **bureaucracy** [bjuərákrəsi] **(= administration, red tape)**

– government bureaucracy (n.) 정부 관료주의/관료 (체제)

The process was delayed by government **bureaucracy**.
정부 관료주의로 인해 절차가 지연되었다.

☐ **bypass** [báipæs] **(= avoid, circumvent)** – bypass the problem (v.)
문제를 우회하다/피해 가다

They decided to **bypass** the issue for now. 그들은 지금은 이 문제를 우회하기로 결정했다.

capsize [kǽpsaiz] – capsize the small fishing boat (v.) 작은 낚싯배를 전복시키다

High winds caused the small boat to **capsize**. 강풍으로 작은 배가 전복되었다.

carousel [kærəsél] **(= conveyor)** – baggage carousel (n.) 수하물 컨베이어 벨트

We waited for our luggage at the baggage **carousel**.
우리는 수하물 컨베이어 벨트에서 짐이 나오기를 기다렸다.

● <파트 1, 5, 7> 기출 단어이다.

carpool [kɑ́ːrpuːl] – carpool to work (v.) 직장까지 카풀하다/함께 차를 타다

Carpooling helps reduce traffic and pollution.
카풀은 교통량과 오염을 줄이는 데 도움이 된다.

carport [kɑ́ːrpɔ̀ːrt] **(= shelter, garage)** – build a carport (n.) 간이 차고를 짓다

They built a **carport** next to the house. 그들은 집 옆에 간이 차고를 지었다.

cartography [kɑːrtɑ́grəfi] – study cartography (n.) 지도 제작을 공부하다

He studied **cartography** in college. 그는 대학에서 지도 제작을 공부했다.

● cartography는 <파트 4> 리스닝에 map의 동의어로 들린 단어이다. 기억하자!

catchy [kǽʧi] **(= memorable, appealing)** – a catchy tune (a.)
귀에 쏙쏙 들어오는/기억하기 쉬운 곡조

The song has a very **catchy** tune. 그 노래는 곡조가 아주 귀에 쏙쏙 들어온다.

charter [ʧɑ́ːrtər] **(= rent, hire)** – charter a boat (v.) 보트를 전세 내다/빌리다

They **chartered** a boat for the day. 그들은 그날 하루 동안 배를 전세 냈다.

chiropractor [kɑ́irəpræktər] – see a chiropractor for back pain (n.)
허리가 아파 척추 지압 요법사를 방문하다

My **chiropractor** recommended exercises to improve my posture.
내 척추 지압 요법사는 자세를 개선하도록 운동을 추천했다.

chore [ʧɔːr] – a household chore (n.) 허드렛일, 집안일

Doing the laundry is a common household **chore**. 세탁은 흔한 집안일이다.

choreography [kɔ̀(ː)riɑ́grəfi] **(= dance design, arrangement)**
– dance choreography (n.) 춤 안무

The **choreography** of the dance was beautiful. 그 춤의 안무는 아름다웠다.

chronologically [krὰnəládʒikəli] **(= sequentially, in order)** ⋆⋆

– arrange chronologically (adv.) 연대순으로 정리하다

The events are listed **chronologically** in the book.
그 책에 사건들이 연대순으로 나열되어 있다.

clash [klæʃ] **(= conflict, confrontation)** – a culture clash (n.) 문화 충돌 ⋆⋆

There was a **clash** of opinions during the meeting. 회의 중에 의견 충돌이 있었다.

classified section [klǽsəfàid sékʃən] – the classified section for jobs (n.) ⋆⋆

구인 항목별 광고 섹션

He found a great deal on a used car in the **classified section**.
그는 중고차 광고 섹션에서 괜찮은 거래 조건을 발견했다.

clogged [klagd] **(= blocked, obstructed)** – a clogged drain (a.) 막힌 배수구 ⋆⋆

The sink is **clogged** with food debris. 싱크대가 음식물 찌꺼기로 막혀 있다.

cluttered [klʌ́tərd] – a cluttered desk (a.) 어지럽혀진 책상 ⋆⋆

● 시험에는 be/remain cluttered(흐트러진 상태로 있다)의 형태로 출제되었다.

His desk is always **cluttered** with papers. 그 사람 책상은 항상 서류들로 어지럽혀져 있다.

collate [kəléit] **(= assemble, compare)** – collate information (v.) 정보를 수집·분석하다 ⋆⋆

The data was **collated** from various sources. 그 데이터는 다양한 출처에서 수집·분석되었다.

collateral [kəlǽtərəl] – use as collateral (n.) 담보(물)로 사용하다 ⋆⋆

The house was used as **collateral** for the loan. 그 집은 대출의 담보로 사용되었다.

collectively [kəléktivli] **(= jointly, together)** – collectively decide (adv.) ⋆⋆

함께/집합적으로 결정하다

We will **collectively** decide on the next steps. 다음 단계는 우리가 함께 결정할 것이다.

● <파트 5> 기출 정답 단어이다.

come down with – come down with the flu (v.) 독감에 걸리다 ⋆⋆

● come down with는 병에 걸릴 때 쓰는 표현이다. down 대신 up을 넣은 come up with는 '(아이디어 등을)
생각해 내다'의 뜻이다.

He **came down with** the flu and had to stay home from work.
그는 독감에 걸려서 일을 쉬어야 했다.

☐ **commend** [kəménd] – be commended for bravery (v.) 용기로 칭찬을 받다/용기를 칭찬하다 ★★

The firefighter was **commended** for his bravery.
그 소방관은 그가 보인 용감한 행동으로 칭찬을 받았다.

☐ **commensurate** [kəménsərət] **(= proportionate, equal)** – commensurate with the ★★
results (a.) 결과에 상응하는

Your salary will be **commensurate** with your experience.
급여는 당신의 경력에 상응할 것이다.

☐ **commentator** [káməntèitər] **(= analyst, announcer)** – a sports commentator (n.) ★★
스포츠 해설자/실황 방송 아나운서

The sports **commentator** gave a detailed analysis of the game.
그 스포츠 해설자는 그 경기를 상세히 분석했다.

☐ **communal** [kəmjú:nəl] – a communal living space (a.) 공동의/공용의 생활 공간 ★★

The dormitory has a **communal** kitchen. 기숙사에는 공동 주방이 있다.

☐ **compel** [kəmpél] **(= force, coerce)** – compel compliance (v.) 규정 준수를 강요하다 ★★

The law can **compel** individuals to pay taxes.
법은 개인에게 세금을 납부하도록 강제할 수 있다.

☐ **compliance department** [kəmpláiəns dipá:rtmənt] – The compliance department ★★
handles regulatory adherence. (n.) 규정 준수 체크 부서는 규제 준수를 담당한다.

● 주로 회계 감사부에서 이 일을 맡는다.

The **compliance department** is reviewing the new policy.
규정 준수 체크 부서(회계 감사부)에서 새 정책을 검토 중이다.

☐ **conceit** [kənsí:t] **(= arrogance, vanity)** – full of conceit (n.) 자만심으로 가득한 ★★

His **conceit** made him unpopular with his colleagues.
그의 자만심은 그를 동료들 사이에서 인기 없게 만들었다.

☐ **concession** [kənséʃən] **(= compromise, allowance)** – make a concession (n.) 양보하다 ★★

The union made several **concessions** during the negotiations.
노조는 협상 중에 몇 가지를 양보했다.

He was willing to make a **concession** to reach an agreement.
그는 합의를 위해 양보할 용의가 있었다.

□ **concierge** [kɑ́nsiɛ̀ərʒ] – a hotel concierge (n.) 호텔 안내 직원

The **concierge** helped us with dinner reservations.
안내 직원이 저녁 식사 예약하는 것을 도와주었다.

□ **concurrent** [kənkə́ːrənt] – concurrent sessions (a.) 동시에 진행하는 세션

The conference had several **concurrent** sessions.
그 회의에는 동시에 진행하는 세션이 여러 개 있었다.

□ **condensed** [kəndénst] **(= shortened, abridged)** – a condensed version (a.)
축약한/요약한 버전

This is a **condensed** version of the original report. 이것은 원래 보고서의 축약본이다.

□ **confide** [kənfáid] – confide in me (v.) 나에게 비밀을 털어놓다

He often **confides** in his best friend. 그는 종종 가장 친한 친구에게 비밀을 털어놓는다.

□ **conglomerate** [kənglɑ́mərit] – the largest conglomerates (n.) 가장 큰 대기업 그룹

He works for one of the largest **conglomerates** in the world.
그는 세계에서 가장 큰 대기업 중 한 곳에서 근무한다.

□ **consensus** [kənsénsəs] **(= agreement, accord)** – reach a consensus (n.) 합의에 도달하다

The team reached a **consensus** on the project plan.
팀은 프로젝트 계획에 관한 합의에 도달했다.

The committee reached a **consensus** on the proposal.
위원회는 그 제안에 대해 합의에 도달했다.

□ **consent** [kənsént] **(= permission, agreement)** – give consent (n.) 동의하다

She gave her **consent** for the procedure. 그녀는 그 절차에 동의했다.

□ **conspicuously** [kənspíkjuəsli] – conspicuously visible (adv.) 눈에 띄게 잘 보이는

The sign was **conspicuously** placed at the entrance.
그 표지판은 입구에 눈에 띄게 놓여 있었다.

□ **constituency** [kənstítʃuənsi] **(= electorate, district)** – represent a constituency (n.)
유권자/선거구를 대표하다

The politician represents a large **constituency**. 그 정치인은 큰 선거구를 대표한다.

constituent [kənstítʃuənt] **(= component)** – constituent elements (a.)
구성하는 요소들

Oxygen is a **constituent** element of water. 산소는 물을 구성하는 성분이다.

● constituent는 명사로 '구성 요소, 유권자, 선거구민'의 의미도 있다.

The **constituents** of the mixture must be carefully measured.
혼합물의 구성 요소는 신중하게 측정되어야 한다.

The senator held a town hall meeting to hear the concerns of her **constituents**.
상원의원은 자기 선거구민들의 염려 사항을 듣기 위해 타운홀 미팅을 열었다.

constitute [kánstətjùːt] – constitute a whole (v.) 전체를 구성하다/이루다

The five points **constitute** a strong argument. 그 다섯 가지 요점이 강력한 논거를 구성한다.

consulate [kánsəlit] **(= embassy, diplomatic office)** – visit the consulate (n.)
영사관을 방문하다

We went to the **consulate** to apply for a visa. 우리는 비자를 신청하러 영사관에 갔다.

contain [kəntéin] – contain one's excitement (v.) 흥분을 억누르다/제어하다

He struggled to **contain** his anger during the meeting.
그는 회의 중에 분노를 억누르려고 애썼다.

convict [kənvíkt] – convict a criminal (v.) 범죄자를 유죄 판결하다

He was **convicted** of robbery. 그는 강도죄로 유죄 판결을 받았다.

cordon [kɔ́ːrdn] **off** – cordon off an area (v.) 지역을 차단하다, 사람들의 출입을 통제하다

The police **cordoned off** the area to investigate the crime scene.
경찰은 범죄 현장을 조사하기 위해 지역을 차단 봉쇄했다.

corrosion [kəróuʒən] **(= rust, deterioration)** – metal corrosion (n.) 금속의 부식

The metal showed signs of **corrosion**. 금속은 부식의 징후를 보였다.
The metal is coated to prevent **corrosion**. 부식을 방지하기 위해 금속이 코팅돼 있다.

● 참고로 erosion은 '침식'을 의미한다.

corruption [kərʌ́pʃən] **(= dishonesty, bribery)** – political corruption (n.) 정치적인 부패

The government is cracking down on **corruption**. 정부는 부패를 엄중 단속하고 있다.

courtyard [kɔ́ːrtjàːrd] **(= patio, garden)** – a beautiful courtyard (n.) 아름다운 안뜰

The hotel has a beautiful **courtyard**. 그 호텔에는 아름다운 안뜰이 있다.

□ **credential** [kridénʃəl] **(= certificate, qualification)** – a job credential (n.) ★★
직무 자격 증명서

She has all the necessary **credentials** for the job. 그녀는 그 일에 필요한 모든 자격 증명서가 있다.

□ **cumulative** [kjúːmjulətiv] – cumulative effects (a.) 누적된 효과 ★★

The **cumulative** impact of the changes was significant. 변화의 누적된 영향력은 상당했다.

□ **curtail** [kɔːrtéil] – curtail spending (v.) 지출을 줄이다 ★★

The company decided to **curtail** its spending to save money.
회사는 비용을 절감하기 위해 지출을 줄이기로 결정했다.

□ **custodian** [kʌstóudiən] **(= caretaker, janitor)** – a school custodian (n.) 학교 관리인 ★★

The **custodian** is responsible for maintaining the school.
관리인은 학교 유지 관리를 책임지고 있다.

□ **decay** [dikéi] – begin to decay (v.) 부패하기 시작하다 | 부패시키다, 썩다 ★★

If left untreated, the wood will begin to **decay**.
(방부) 처리하지 않고 놔두면 그 나무는 썩기 시작할 것이다.

● decay는 명사·동사 동형이다.

The smell of **decay** filled the abandoned house. 버려진 집에 부패한 냄새가 가득 찼다.

□ **deception** [disépʃən] – a clever deception (n.) 교묘한 속임수 ★★

The thief's **deception** was eventually uncovered. 도둑의 속임수가 결국 밝혀졌다.

□ **deem** [diːm] – deem necessary (v.) 필요하다고 여기다 ★★

The manager **deemed** it necessary to call a meeting.
매니저는 회의를 소집할 필요가 있다고 여겼다.

□ **default** [difɔ́ːlt] – default on a loan (v.) 대출금을 갚지 않다/대출금 채무를 불이행하다 ★★

They were forced to **default** on their loan due to financial difficulties.
그들은 재정적인 어려움으로 인해 (어쩔 수 없이) 대출금을 갚지 못하게 되었다.

□ **defiance** [difáiəns] **(= rebellion, resistance)** – an act of defiance (n.) 반항 행위 ★★

His actions were an act of **defiance** against the rules. 그의 행동은 규칙에 반하는 반항 행위였다.

□ **deficit** [défəsit] **(= shortfall, loss)** – a budget deficit (n.) 예산 적자 ★★

The company is facing a large budget **deficit**. 그 회사는 큰 예산 적자에 직면해 있다.

☐ **deform** [difɔ́ːrm] **(= distort, warp)** – deform the shape (v.) 모양을 변형시키다   ★★

Heat can **deform** plastic. 열은 플라스틱을 변형시킬 수 있다.

☐ **delegation** [dèligéiʃən] **(= group, committee)** – send a delegation (n.) 대표단을 보내다   ★★

The country sent a **delegation** to the conference. 그 나라는 이번 회의에 대표단을 파견했다.

☐ **delineate** [dilínièit] – clearly delineate the boundaries (v.) 경계를 명확히 하다   ★★

● delineate은 de+line+ate(선을 긋다) → '경계를 명확히 하다'로 이해하면 된다.

The contract **delineates** the responsibilities of each party.
계약은 각 당사자의 책임을 명확히 한다.

☐ **delinquent** [dilíŋkwənt] **(= law-breaking, overdue)** – delinquent behavior (a.)   ★★
비행의/잘못된 행동

The school aims to reduce **delinquent** behavior among students.
학교는 학생들 사이의 비행 행동을 줄이는 것을 목표로 하고 있다.

☐ **a deluge** [déljuːdʒ] **of (= large number of)** – a deluge of complaints (phr.) 수많은 항의   ★★

The company received **a deluge of** complaints after the product recall.
제품 리콜 후 회사는 수많은 항의를 받았다.

☐ **delve** [delv] **(= investigate, explore)** – delve into a topic (v.) 주제를 깊이 조사하다   ★★

She **delved** into the history of the region. 그녀는 그 지역의 역사를 깊이 조사했다.

☐ **demographic** [dèməɡrǽfik] **(= statistical, population-related)**   ★★
– demographic changes (a.) 인구 통계 변화

The report analyzes **demographic** changes in the region.
그 보고서는 그 지역의 인구 통계 변화를 분석한다.

☐ **demonstrate** [démənstrèit] **(= show, exhibit)** – demonstrate a technique (v.)   ★★
기술을 시연하다

The teacher **demonstrated** the new technique. 교사는 새로운 기술을 시연했다.

☐ **denote** [dinóut] – denote an error (v.) 오류를 나타내다   ★★

A checkmark next to the name **denotes** completion. 이름 옆의 체크 표시가 완료를 나타낸다.

depletion [dipliːʃən] **(= exhaustion, reduction)** – resource depletion (n.) 자원 고갈 ★★

The **depletion** of natural resources is a serious concern.
천연자원의 고갈은 심각한 문제이다.

deploy [diplɔ́i] **(= station, position)** – deploy troops (v.) 부대를 배치하다 ★★

The government decided to **deploy** more troops to the area.
정부는 그 지역에 더 많은 병력을 배치하기로 결정했다.

● deploy는 '사용하다'의 의미로도 쓰인다.

The company plans to **deploy** new technology across all departments.
그 회사는 전 부서에 새로운 기술을 사용할 계획이다.

depot [díːpou] – a bus depot (n.) 버스 차고 ★★

The buses are stored at the **depot** overnight. 버스는 밤새 차고에 보관된다.

● depot는 '창고'의 의미로도 쓰이며, t 묵음인 것에 주의하자!

deputy [dépjuti] **(= assistant, second-in-command)** – a deputy director (n.) ★★
부(副) 국장

She is the **deputy** director of the organization. 그녀는 그 조직의 부국장이다.

derision [diríʒən] **(= mockery)** – be met with derision (n.) 조롱을 받다 ★★

His proposal was met with **derision** from his colleagues.
그의 제안은 동료들의 조롱을 받았다.

descent [disént] – make a descent (n.) 하강하다 ★★

The plane began its **descent** into the airport. 비행기가 공항으로 하강을 시작했다.

desist [dizíst] – desist from further action (v.) 추가 조치를 중단하다 ★★

The company was ordered to **desist** from using the copyrighted material.
그 회사는 저작권 있는 자료 사용을 중단하라는 명령을 받았다.

deteriorate [ditíəriərèit] **(= decline, worsen)** – deteriorate rapidly (v.) 급속히 악화되다 ★★
Her health began to **deteriorate** rapidly. 그녀의 건강이 급격히 악화되기 시작했다.

dermatologist [dɔ̀ːrmətálədʒist] – see a dermatologist (n.) 피부과 의사에게 진찰을 받다 ★★

She visited a **dermatologist** for her skin condition.
그녀는 피부 상태 때문에 피부과 의사를 찾아갔다.

devalue [diːvǽljuː] – The currency may devalue. (v.) 통화의 가치가 하락할 수 있다. | 평가절하하다

● de[= down]+value: 가치를 떨어뜨리다, de[= down]+scribe[= write] = write down(설명하다, 묘사하다)

Economic instability can **devalue** the national currency.
경제적 불안정으로 국가 통화 가치가 하락할 수 있다.

diffuse [difjúːz] – begin to diffuse (v.) 퍼지기 시작하다 | 분산되다

The fan helped **diffuse** the heat throughout the room.
선풍기는 방 전체에 열기를 퍼뜨리는 데 도움이 되었다.

digit [dídʒit] – enter a digit (n.) 숫자를 입력하다

● 7-digit number는 7,000,000 같은 '일곱 자리 수'를 의미한다.

Please enter the last four **digits** of your phone number.
전화번호 마지막 네 자리를 입력해 주세요.

dilute [dilúːt] – dilute a solution (v.) 용액을 희석하다

You need to **dilute** the solution with water before using it.
사용하기 전에 용액을 물로 희석해야 한다.

diplomatic [dìpləmǽtik] **(= tactful)** – diplomatic relations (a.) 외교적인 관계

They established **diplomatic** relations with the new country.
그들은 새로운 나라와 외교 관계를 수립했다.

● diplomatic은 일상에서 '수완이 좋은'의 의미로도 쓰인다.

dire [daiər] **(= terrible, severe)** – dire consequences (a.) 심각한 결과

The company is in **dire** financial straits. 그 회사는 심각한 재정 위기에 처해 있다.

discontinue [dìskəntínjuː] **(= stop, cease)** – discontinue a product (v.) 제품 생산을 중단하다

The company decided to **discontinue** the product. 회사는 제품 생산을 중단하기로 결정했다.

discredit [diskrédit] – discredit the politician (v.) 정치가의 신뢰를 떨어뜨리다

False accusations can **discredit** a person's reputation.
허위 고발은 개인의 명성을 실추시킬 수 있다.

discreet [diskríːt] – discreet with personal information (a.) 개인 정보에 신중한/조심스러운

She made a **discreet** inquiry about the job opening.
그녀는 채용 공고에 대해 조심스럽게 문의했다.

- [ ] **discretionary** [diskréʃənèri] (= **optional, voluntary**) – ★★

  discretionary funds (a.) 자유 재량에 의한 자금

  The manager has **discretionary** funds for emergencies.
  매니저는 비상시에 쓸 자유 재량 자금이 있다.

027

- [ ] **distinctive** [distíŋktiv] (= **unique, characteristic**) – distinctive features (a.) ★★

  독특한 특징들

  The building has a **distinctive** architectural style.
  그 건물은 독특한 건축 양식을 가지고 있다.

- [ ] **distort** [distɔ́ːrt] (= **twist, misrepresent**) – distort the truth (v.) 진실을 왜곡하다 ★★

  The report was accused of **distorting** the truth.
  그 보고서는 진실을 왜곡했다는 비난을 받았다.

- [ ] **diverge** [daivə́ːrdʒ] – The two paths diverge here. (v.) 두 길이 여기서 갈라진다/나뉘다 ★★

  Their opinions began to **diverge** on the issue.
  그 문제에 대한 그들의 의견이 갈리기 시작했다.

- [ ] **diversify** [divə́ːrsəfài] (= **expand, vary**) – diversify the portfolio (v.) ★★

  포트폴리오를 다각화하다/다양화하다

  Investors are looking to **diversify** their portfolios.
  투자자들은 포트폴리오 다각화를 모색하고 있다.

- [ ] **do one's utmost** [ʌtmòust] (= **try one's best, do one's best**) – (v.) 최선을 다하다 ★★

  She **did her utmost** to finish the project on time.
  그녀는 제시간에 프로젝트를 완료하기 위해 최선을 다했다.

- [ ] **dock** [dak] – anchor the dock (n.) 부두에 정박하다 ★★

  The cargo ship is being unloaded at the **dock**. 화물선이 부두에서 하역되고 있다.

- [ ] **dominate** [dάmənèit] (= **control, rule**) – dominate the market (v.) 시장을 지배하다 ★★

  The company aims to **dominate** the market. 회사는 시장을 지배하는 것을 목표로 한다.

- [ ] **drain** [drein] (= **empty, remove**) – drain the water (v.) 물을 빼다, 배수하다 ★★

  Please **drain** the water from the tank. 탱크에서 물을 빼 주세요.

drapery [dréipəri] – heavy drapery (n.) 무거운 커튼/휘장　　★★

● 동사형 drape는 '장식하다'의 의미이다.

The room was decorated with heavy **drapery**. 방은 무거운 커튼으로 장식되어 있었다.

drowsy [dráuzi] – feel drowsy (a.) 졸리다　　★★

He felt **drowsy** after taking the medication. 약을 복용하고 나서 그는 졸렸다.

due largely [dju: lá:rdʒli] **to (= mainly because of)** – (prep.) 주로 ~ 때문에　　★★

The delay was **due largely to** bad weather. 지연은 주로 악천후 때문이었다.

dwell [dwel] **on** – dwell on the past (v.) 과거에 집착하다　　★★

It's not healthy to **dwell on** past mistakes. 과거의 실수에 집착하는 것은 바람직하지 않다.

● dwell on은 '곰곰이 생각하다'의 의미도 있다.

dwindle [dwindl] – dwindle in number (v.) 수적으로 줄어들다/감소하다　　★★

The population of the village has **dwindled** over the years.
그 마을의 인구는 수년에 걸쳐 줄어들었다.

earmark [íərmark] **A for B** – earmark funds for education (phr.) 자금을 교육에 배정하다　★★

The government **earmarked** additional funds **for** infrastructure projects.
정부는 사회 간접 자본(인프라) 프로젝트에 추가 자금을 배정했다.

The committee **earmarked** funds **for** the new library.
위원회는 새 도서관에 자금을 배정했다.

electronically [ilektránikəli] **(= digitally)** – electronically sign (adv.)　　★★
인터넷으로/전자적으로 서명하다

The document can be signed **electronically**. 문서는 전자 서명할 수 있다.

eloquence [élɔkwəns] **(= fluency, expressiveness)** – speech with eloquence (n.)　★★
웅변/달변조로 말하다

The politician's speech was full of **eloquence**. 정치인의 연설은 달변으로 가득했다.

● 부사형 eloquently가 <파트 5> 정답으로 출제되었다.

embargo [imbá:rgou] **(= ban, restriction)** – a trade embargo (n.) 무역 금수 조치　★★

The government imposed a trade **embargo**. 정부는 무역 금수 조치를 취했다.

The government imposed an **embargo** on arms shipments.
정부는 무기 선적 금수 조치를 내렸다.

empathic [empǽθik]/**empathetic** [èmpəθétik] – empathic approach (a.)

공감하는/공감적인 접근법

● empathic approach보다 empathetic approach가 일반적으로 더 자주 쓰인다.

The therapist's **empathic** listening made the patient feel understood.
치료사의 공감적 경청 덕분에 환자는 자신이 이해받고 있다고 느꼈다.

empathize [émpəθàiz] – empathize with others (v.) 다른 사람들과 공감하다

● empathize는 '남의 감정을 이해하거나 공유하다(understand and share the feelings of another person)', 즉 '공감한다'는 의미로 스펠링이 비슷한 emphasize(강조하다)와 구분하자! 최근 독해에 empathize = share his feelings로 출제된 단어이다.

She could easily **empathize** with others who had experienced similar hardships.
그녀는 비슷한 어려움을 겪은 다른 사람들과 쉽게 공감할 수 있었다.

emphatic [imfǽtik] (= **forceful, assertive**) – an emphatic denial (a.) 단호한 부인

She gave an **emphatic** denial of the accusations. 그녀는 그 혐의에 대해 단호히 부인했다.

be emphatic [imfǽtik] **about** – (phr.) ~을 강조하다

She **was emphatic about** the importance of education.
그녀는 교육의 중요성을 강조했다.

emporium [impɔ́ːriəm] (= **store, marketplace**) – a large emporium (n.) 큰 상점

They visited a large **emporium** in the city. 그들은 도시에 있는 대형 상점을 방문했다.

enchant [inʧǽnt] (= **charm, captivate**) – enchant the audience (v.) 청중을 매혹하다

The performance **enchanted** the audience. 그 공연은 청중을 매혹시켰다.

enclose [inklóuz] (= **include, insert**) – enclose a document (v.) 문서를 동봉하다

Please **enclose** a copy of your résumé. 이력서 사본을 동봉해 주세요.

● 다음 구문은 자주 등장하니 통암기하자!

Please find **enclosed** a copy of your contract. 계약서 사본을 동봉합니다.

encompass [inkʌ́mpəs] (= **include, cover**) – encompass all areas (v.)

모든 지역을 포함하다/다루다

The course will **encompass** all aspects of the subject.
그 과정은 주제의 모든 측면을 포괄할 것이다.

encyclopedia [insàikləpíːdiə] – read an encyclopedia (n.) 백과사전을 읽다

He enjoyed reading the **encyclopedia** to learn new facts.
그는 새로운 사실을 배우기 위해 백과사전 읽는 것을 즐겼다.

enduringly [indjúəriŋli] **(= permanently, lastingly)** – enduringly popular (adv.)
꾸준히/지속적으로 인기 있는

The book has been **enduringly** popular since its release.
그 책은 출간 이후 지속적으로 인기를 끌고 있다.

enterprising [éntərpràiziŋ] **(= ambitious, entrepreneurial)** – an enterprising
individual (a.) 진취적인/기업가적인 개인

He is an **enterprising** young man with many ideas.
그는 많은 아이디어를 가진 진취적인 젊은이다.

entrée [áːntrei] **(= main dish, main course)** – choose an entrée (n.) 주요리를 택하다

The **entrée** was served with a side salad. 주요리는 곁들여 나오는 샐러드와 함께 제공되었다.

entrepreneur [àːntrəprənɔ́ːr] – become a successful entrepreneur (n.)
성공한 기업가가 되다

● 프랑스어에서 온 단어라 스펠링이 특이하다.

The young **entrepreneur** started her own tech company.
그 젊은 기업가는 자신의 기술 회사를 창업했다.

enumerate [injúːmərèit] **(= list, count)** – enumerate the reasons (v.) 이유를 열거하다

He **enumerated** the reasons for his decision. 그는 자신의 결정에 대한 이유를 열거했다.

erratic [irǽtik] **(= unpredictable)** – erratic behavior (a.) 변덕스러운/불규칙한 행동

His **erratic** behavior made it difficult to work with him.
그의 변덕스러운 행동 때문에 그와 함께 일하는 게 힘들었다.

erupt [irʌ́pt] – a volcano erupts (v.) 화산이 분출하다

The volcano **erupted**, spewing lava and ash into the air.
화산이 분출하여 용암과 재를 공중으로 뿜었다.

exceptional [iksépʃənl] **(= extraordinary, remarkable)** – an exceptional talent (a.)
뛰어난 재능

He has an **exceptional** talent for music. 그는 음악에 뛰어난 재능이 있다.

□ **excursion** [ikskə́ːrʒən] – go on an excursion (n.) 여행/소풍을 가다 ★★

They went on an **excursion** to the mountains. 그들은 산으로 소풍을 갔다.

□ **exemplary** [igzémpləri] **(= commendable, ideal)** – exemplary behavior (a.) ★★
모범적인 행동

She was recognized for her **exemplary** behavior. 그녀는 모범적인 행동으로 인정받았다.

□ **exert** [igzə́ːrt] **(= apply, use)** – exert influence (v.) 영향력을 행사하다 ★★

He **exerted** all his influence to get the job done.
그는 그 일을 끝내기 위해 모든 영향력을 행사했다.

□ **exhaustive** [igzɔ́ːstiv] **(= thorough, comprehensive)** – exhaustive research (a.) ★★
철저한 연구

The report is based on **exhaustive** research. 그 보고서는 철저한 연구를 기반으로 한다.

□ **existing** [igzístiŋ] **(= current, present)** – existing conditions (a.) 기존의 조건 ★★

The **existing** conditions must be improved. 기존 조건이 개선되어야 한다.

□ **exorbitant** [igzɔ́ːrbətənt] **(= excessive, outrageous)** – exorbitant prices (a.) 과도한 가격 ★★
The prices at the hotel were **exorbitant**. 그 호텔 비용은 터무니없이 비쌌다.

□ **expedition** [èkspədíʃən] **(= journey, exploration)** – a scientific expedition (n.) ★★
과학 탐험

They embarked on a scientific **expedition** to the Arctic.
그들은 북극으로 과학 탐험을 떠났다.

□ **explicit** [iksplísit] **(= clear, definite)** – explicit instructions (a.) 명확한 지시 ★★
He gave **explicit** instructions to the team. 그는 팀에게 명확한 지시를 내렸다.

□ **exploit** [iksplɔ́it] **(= take advantage of, utilize)** – exploit resources (v.) ★★
자원을 (부당하게) 이용하다/착취하다

The company was accused of **exploiting** workers.
그 회사는 노동자를 착취했다는 비난을 받았다.

□ **extravaganza** [ikstrævəgǽnzə] – an annual dance extravaganza (n.) ★★
화려한 연례 댄스 쇼/대규모 연례 댄스 공연

The music festival was an **extravaganza** of lights and sounds.
그 음악 축제는 빛과 소리의 화려한 쇼였다.

☐ **fast approaching** [fæst əpróutʃiŋ] – a fast approaching deadline (a.)   ★★
빠르게 다가오는 마감 기한

● approaching이 정답으로 출제되었다.

With the holidays **fast approaching**, many people are busy shopping.
휴일이 성큼 다가옴에 따라 많은 사람들이 쇼핑으로 바쁘다.

☐ **feat** [fiːt] – a remarkable feat (n.) 놀라운 업적   ★★

● 관련해서 laud(칭찬하다)도 암기하자! spelling 이 간단하고 짧지만 고득점자들도 잘 모르는 단어이다.

Climbing Mount Everest is an incredible **feat**. 에베레스트 등반은 놀라운 업적이다.

☐ **fee** [fiː] **(= charge, cost)** – an admission fee (n.) 입장 요금   ★★
The admission **fee** is $10. 입장료는 10달러이다.

☐ **fictitious** [fiktíʃəs] – **(= imaginary, invented)** a fictitious character (a.) 가상의 인물   ★★
The story is about a **fictitious** character. 이 이야기는 가상의 인물에 관한 것이다.

☐ **fill an order** – fill an order for books (v.) 책 주문을 처리하다   ★★
We need to **fill the order** by the end of the week. 우리는 이번 주말까지 주문을 처리해야 한다.

☐ **financial statement** [finǽnʃəl stéitmənt] **(= balance sheet, report)**   ★★
– prepare a financial statement (n.) 재무제표를 작성하다
The accountant prepared the **financial statement** for the year.
회계사는 연간 재무제표를 작성했다.

☐ **fiscal** [fískəl] **(= financial, economic)** – a fiscal policy (a.) 재정의/회계의 정책   ★★
The government announced new **fiscal** policies. 정부는 새로운 재정 정책을 발표했다.

☐ **fleet** [fliːt] **(= group, collection)** – car fleet (n.) 차량 대열   ★★
The company has a **fleet** of delivery trucks. 그 회사는 배달 트럭 대열을 보유하고 있다.

☐ **fleetingly** [flíːtiŋli] **(= briefly, momentarily)** – glance fleetingly (adv.)   ★★
잠깐/빨리 흘긋 보다
He glanced **fleetingly** at the document. 그는 서류를 잠깐 흘긋 보았다.

floorplan [flɔ́ːplæn] **(= layout, blueprint)** – a house floorplan (n.) 주택 평면도

The **floorplan** of the new house is very spacious. 새 집의 평면도는 매우 넓다.

flounder [fláundər] – flounder in the water (v.) 물에서 허우적거리다

The boat **floundered** in the rough sea. 배가 거친 바다에서 허우적거렸다.

follow up on (= address, pursue) – follow up on the request (v.) 요청을 처리하다

I'll **follow up on** the request next week. 나는 다음 주에 그 요청 사항을 처리할 것이다.

forage [fɔ́ːridʒ] **(= search, scavenge)** – forage for food (v.) 먹이를 찾아다니다

Animals **foraged** for food in the forest. 동물들이 숲에서 먹이를 찾아다녔다.

foreman [fɔ́ːmən] **(= supervisor, overseer)** – a construction foreman (n.)
건설 현장 감독

The **foreman** managed the construction site. 현장 감독은 건설 현장을 관리했다.

forerunner [fɔ́rənər] – a forerunner of modern technology (n.) 현대 기술의 선구자

The early computer was a **forerunner** of modern technology.
초기 컴퓨터는 현대 기술의 선구자였다.

● 참고로 '2등, 준우승자'는 runner-up이다.

He became the **runner-up** in the competition. 그는 그 대회에서 준우승을 했다.

forge [fɔ́ːrdʒ] – forge a signature (v.) 서명을 위조하다

He was accused of trying to **forge** a signature on the check.
그는 수표에 서명을 위조하려 했다는 혐의를 받았다.

format [fɔ́ːrmæt] **(= layout, structure)** – a document format (n.) 문서 양식

The **format** of the document needs to be revised. 문서 양식이 수정되어야 한다.

fortnight [fɔ́ːrtnàit] **(= two weeks, two-week period)** – every fortnight (n.) 매 2주마다

They will return in a **fortnight**. 그들은 2주 후에 돌아올 것이다.

foyer [fɔ́iər] **(= entrance hall, lobby)** – a hotel foyer (n.) 호텔 로비

They waited in the hotel **foyer**. 그들은 호텔 로비에서 기다렸다.

garnish [gáːrniʃ] **(= decorate, embellish)** – garnish a dish (v.) 요리를 장식하다

The chef **garnished** the dish with fresh herbs. 셰프는 신선한 허브로 요리를 장식했다.

get in touch [tʌtʃ] **with (= contact)** – (v.) ~와 연락하다

● touch가 정답으로 출제되었다.

I'll **get in touch with** you later. 나중에 연락할게요.

gifted [gíftid] – a gifted musician (a.) 천부적 재능이 있는 음악가

She is a **gifted** musician with a natural talent for the piano.
그녀는 피아노에 타고난 재능이 있는 뛰어난 음악가이다.

glowing [glóuiŋ] **(= enthusiastic, praising)** – glowing reviews (a.) 극찬하는 평들

The restaurant received **glowing** reviews. 그 레스토랑은 극찬을 받았다.

glowingly [glóuiŋli] – a glowingly lit room (adv.) 환하게/밝게 밝힌 방

The candles burned **glowingly** in the dark, creating a warm and inviting atmosphere.
어두운 곳에서 촛불이 환하게 빛나며 따뜻하고 매력적인 분위기를 만들어 냈다.

● 1차적인 의미의 '빛나게'가 발전하여 비유적인 의미로 '열렬히, 극찬하여'의 의미로도 쓰인다.

The manager spoke **glowingly** about the team's recent achievements.
매니저는 팀의 최근 성과에 대해 극찬했다.

The review was **glowingly** positive. 그 리뷰는 매우 긍정적이었다.

gratifying [grǽtəfàiiŋ] – a gratifying result (a.) 만족스러운/뿌듯한 결과

It was **gratifying** to see the students improve. 학생들이 향상되는 것을 보니 뿌듯했다.

grief [griːf] **(= sorrow, sadness)** – deep grief (n.) 깊은 슬픔

She was overcome with **grief** after the loss of her pet.
그녀는 반려동물을 잃은 후 깊은 슬픔에 잠겼다.

grout [graut] – apply the grout (n.) 줄눈을 바르다

● 욕실·부엌 등의 타일 사이에 바르는 회반죽으로, 최신 일본 기출 단어이다.

After laying the tiles, they applied the **grout** to seal the gaps.
타일을 깐 후, 그들은 틈을 메우기 위해 줄눈을 발랐다.

hedge [hedʒ] **(= bush, fence)** – plant a hedge (n.) 울타리를 심다

They planted a **hedge** around their garden. 그들은 정원 주위에 울타리를 심었다.

helpline [hélplain] **(= hotline, support line)** – call the helpline (n.)
전화 상담 서비스에 전화를 걸다

If you need assistance, call the **helpline**. 도움이 필요하면, 전화 상담 서비스로 연락하세요.

high-end [háiend] **(= luxury, premium)** – high-end products (a.) 고급 제품들 ★★

The store sells **high-end** electronics. 그 가게는 고급 전자 제품을 판매한다.

hilarious [hilέəriəs] **(= very funny, amusing)** – a hilarious joke (a.) 아주 우스운 농담 ★★

He told a **hilarious** joke that made everyone laugh.
그는 모두를 웃게 만든 아주 우스운 농담을 했다.

hostile [hástl] **(= unfriendly)** – a hostile environment (a.) 적대적인 환경 ★★

The company faced a **hostile** takeover bid. 그 회사는 적대적 기업 인수에 직면했다.

hover [hΛvər] – hover in place (v.) 제자리에 머물다/맴돌다 ★★

The drone **hovered** above the ground. 드론이 지면 위에 떠 맴돌았다.

hypothesis [haipάθəsis] – formulate a hypothesis (n.) 가설을 세우다 ★★

The scientist tested the **hypothesis** through experiments.
과학자는 실험을 통해 그 가설을 검증했다.

illegible [ilédʒəbl] **(= unreadable, unclear)** – illegible handwriting (a.) ★★
읽기 어려운 필체

His handwriting is nearly **illegible**. 그의 글씨는 거의 읽기가 어렵다.

immense [iméns] **(= huge, enormous)** – an immense sum of money (a.) ★★
막대한/엄청난 돈 액수

The project required an **immense** amount of time. 그 프로젝트는 엄청난 시간이 필요했다.

immune [imjúːn] – immune from prosecution (a.) 기소를 면한 ★★

● 주로 immune from의 형태로 많이 쓰인다.

The diplomat is **immune from** prosecution under international law.
그 외교관은 국제법에 따라 기소를 면한다.

immunize [ímjunàiz] – immunize against disease (v.) 질병에 면역을 갖게 하다 ★★

Children are often **immunized** against measles.
아이들은 종종 (예방 주사를 맞아) 홍역에 면역을 갖게 된다.

impair [impέər] **(= damage, weaken)** – impair vision (v.) 시력을 손상시키다 ★★

The disease can **impair** vision. 그 질병은 시력을 손상시킬 수 있다.

☐ **impound** [impáund] **(= seize, confiscate)** – impound a vehicle (v.) 차량을 압수하다　★★
The police **impounded** his car. 경찰은 그의 차를 압수했다.

☐ **impromptu** [imprámptjuː] – an impromptu speech (a.) 즉흥적인/즉석에서의 연설　★★
He gave an **impromptu** speech at the event. 그는 행사에서 즉흥 연설을 했다.

☐ **in a row** [rou] **(= consecutively)** – (phr.) 연속으로　★★
She won three games **in a row**. 그녀는 연속으로 세 게임을 이겼다.

☐ **in a timely manner** [táimli mǽnər] **(= on time)** – (phr.) 제때에　★★
Please submit your report **in a timely manner**. 제때에 보고서를 제출해 주세요.

☐ **in bulk** [bʌlk] – buy in bulk (phr.) 대량으로 구매하다　★★
They decided to buy supplies **in bulk** to save money.
그들은 비용을 절약하기 위해 물품을 대량으로 구매하기로 했다.

☐ **in conjunction** [kəndʒʌ́ŋkʃən] **with (= along with, together with)** – (phr.) ~와 함께　★★
The event was organized **in conjunction with** the local community.
그 행사는 지역 사회와 함께 조직되었다.

☐ **in its entirety** [intáiərti] – read in its entirety (phr.) 전부/온전히 읽다　★★
The book must be read **in its entirety** to be fully understood.
그 책은 완전히 이해되려면 전부 다 읽어야 한다.

☐ **in line** [lain] **with (= according to)** – (phr.) ~에 따라　★★
The changes are **in line with** the new regulations. 변경 사항은 새 규정에 따른 것이다.

☐ **in no time (= very quickly)** – finish in no time (phr.) 금방/즉시 끝내다　★★
The task was completed **in no time**. 그 작업은 금방 완료되었다.

☐ **in the near/foreseeable** [niər/fɔːrsíːəbl] **future (= soon)** – (phr.) 가까운 미래에　★★
We plan to launch the product **in the near future**.
우리는 가까운 미래에 제품을 출시할 계획이다.
In the foreseeable future, advancements in technology are expected to continue
rapidly. 가까운 미래에 기술 발전이 계속해서 급속히 진행될 것으로 예상된다.

☐ **inceptive stage** [inséptiv steidʒ] – at its inceptive stage (n.) 시작 단계에서

At this **inceptive stage**, we are gathering initial data.
이 시작 단계에서 우리는 초기 데이터를 수집하고 있다.

☐ **inconspicuous** [inkənspíkjuəs] **(= unnoticeable, discreet)**

– an inconspicuous location (a.) 눈에 띄지 않는 장소

The key was hidden in an **inconspicuous** place. 열쇠는 눈에 띄지 않는 곳에 숨겨져 있었다.

☐ **increment** [inkrəmənt] **(= addition, increase)** – a salary increment (n.) 봉급 인상/증가

Employees received an annual salary **increment**. 직원들은 연봉 인상을 받았다.

☐ **in-depth** [indépθ] **(= thorough, detailed)** – an in-depth analysis (a.) 심층적인 분석

The report provides an **in-depth** analysis of the data.
그 보고서는 데이터에 대한 심층 분석을 제공한다.

☐ **indigenous** [indídʒənəs] – indigenous plants (a.) 토착의/고유한 식물

These practices are **indigenous** to the region. 이러한 관습은 그 지역 고유의 것이다.

☐ **infection** [infékʃən] **(= disease, contamination)** – a bacterial infection (n.)
박테리아 감염

He is recovering from a bacterial **infection**. 그는 세균 감염에서 회복 중이다.

☐ **influx** [inflʌks] **(= arrival, flood)** – influx of tourists (n.) 관광객의 유입

The city saw a large **influx** of tourists this summer.
그 도시는 이번 여름에 관광객이 많이 유입되었다.

☐ **informed decision/choice** [infɔ́ːrmd disíʒən/ʧɔis] – make an informed decision (n.)
정보에 근거한 결정/선택을 하다

It's important to make an **informed decision**. 정보에 근거한 결정을 내리는 것이 중요하다.

☐ **ingenious** [indʒíːnjəs] **(= clever, inventive)** – an ingenious solution (a.)
기발한/독창적인 해결책

● in+genious(천재): 천재가 안에 있는 → 독창적인, 기발한

She came up with an **ingenious** solution to the problem.
그녀는 그 문제에 대한 기발한 해결책을 생각해 냈다.

inherently [inhíərəntli] (= **essentially, naturally**) – inherently dangerous (adv.)
본질적으로 위험한

The activity is **inherently** dangerous. 그 활동은 본질적으로 위험하다.

in-house [inháus] – in-house training (a.) 사내의/내부의 교육

The company provides **in-house** training for all new employees.
회사는 모든 신입 직원들에게 사내 교육을 제공한다.

inlay [ínlèi] – a gold inlay (n.) 금 상감/무늬 박이

The table was decorated with a beautiful gold **inlay**.
그 테이블은 아름다운 금박 무늬로 장식되었다.

insistent [insístənt] (= **firm, persistent**) – an insistent demand (a.) 집요한/계속된 요구

She was **insistent** on getting a refund. 그녀는 환불을 받겠다고 집요하게 굴었다.

instinctively [instíŋktivli] (= **automatically, naturally**) – react instinctively (adv.)
본능적으로 반응하다

She reacted **instinctively** to the danger. 그녀는 위험에 본능적으로 반응했다.

instructive [instrʌ́ktiv] (= **educational, informative**) – an instructive example (a.)
교육적인/유익한 사례

The lecture was very **instructive**. 그 강의는 매우 교육적이고 유익했다.

intake [ínteik] – increase intake (n.) 섭취량을 늘리다

The doctor advised her to increase her **intake** of vitamins.
의사는 그녀에게 비타민 섭취량을 늘리라고 조언했다.

interchangeable [ìntərtʃéindʒəbl] (= **replaceable, identical**)
– interchangeable parts (a.) 교환[교체] 가능한 부품

These parts are **interchangeable**. 이 부품들은 교체 가능하다.

interim [íntərəm] – an interim report (a.) 중간의/잠정적인 보고서　★★

● an interim report(중간 보고서)가 토익 시험에 많이 나온다.

The **interim** report was presented at the meeting. 중간 보고서가 회의에서 발표되었다.

The team submitted **an interim report** to update the progress.
팀은 중간 보고서를 제출하여 진행 상황을 업데이트했다.

intermission [ìntərmíʃən] – during intermission (n.) 막간 휴식 시간 동안　★★

They went to get snacks during the **intermission**.
그들은 막간 휴식 시간 동안 간식을 사러 갔다.

intermittently [ìntərmítntli] (= **occasionally, periodically**) – rain intermittently　★★
(adv.) 간헐적으로 비가 오다

It rained **intermittently** throughout the day. 하루 종일 간헐적으로 비가 내렸다.

interpersonal [ìntərpə́ːrsənəl] (= **between people, social**) – interpersonal skills (a.)　★★
대인 관계의 기술

Strong **interpersonal** skills are important in this job.
이 직업에서는 강력한 대인 관계 기술이 중요하다.

intersection [ìntərsékʃn] (= **crossroads, junction**) – a busy intersection (n.)　★★
번잡한 교차로

Be careful when driving through the **intersection**. 교차로를 운전할 때는 조심하세요.

intricacy [íntrikəsi] (= **complexity, detail**) – intricacy of design (n.) 디자인의 복잡함　★★
The **intricacy** of the design is impressive. 그 디자인의 복잡성이 인상적이다.

intrigue [intríːg] (= **fascinate, interest**) – intrigue the audience (v.) 청중의 흥미를 끌다　★★
The mystery novel **intrigued** the audience. 그 추리 소설은 청중의 흥미를 끌었다.

intriguingly [intríːgiŋli] – intriguingly complex (adv.) 흥미롭게/흥미진진하게(도) 복잡한　★★
Intriguingly, the ancient manuscript contained modern references.
흥미롭게도, 그 고대 필사본에는 현대 참조 문헌이 포함되어 있었다.

intuitive [intjúːətiv] (= **instinctive, perceptive**) – an intuitive design (a.)　★★
직관적인/이해하기 쉬운 디자인

The app's **intuitive** design makes it easy to use.
앱의 직관적인 디자인이 앱을 사용하기 쉽게 한다.

irrigate [írəgèit] **(= water, supply)** – irrigate the fields (v.) 들에 관개하다/물을 주다 ★★

Farmers use canals to **irrigate** their fields. 농부들은 운하를 사용해 들에 물을 댄다.

keep ~ posted [póustid] **on (= inform)** – (v.) …에 관해 ~에게 계속 알려 주다 ★★

Please **keep** me **posted on** any updates. 업데이트 사항이 있으면 계속 알려 주세요.

lag [læg] **behind** – lag behind in technology (v.) 기술에 뒤처지다 ★★

The company **lags behind** its competitors in adopting new technology.
그 회사는 경쟁사들보다 신기술 도입에 뒤처져 있다.

lanyard [lǽnjərd] – an ID badge on a lanyard (n.) 목걸이형 줄[끈]에 건 사원증 ★★

Employees are required to wear their ID badges on a **lanyard** at all times in the office. 직원들은 사무실에서 항상 사원증을 목걸이형 줄에 걸고 다녀야 한다.

latent [léitnt] **(= hidden, dormant)** – latent potential (a.) 잠재적인 힘 ★★

He has **latent** talent in music. 그는 음악에 잠재적 재능이 있다.

leaflet [líːflit] – distribute a leaflet (n.) 전단지를 배포하다 ★★

They distributed **leaflets** to promote the event.
그들은 행사를 홍보하기 위해 전단지를 배포했다.

ledger [lédʒər] **(= book, record)** – an accounting ledger (n.) 회계 원장/장부 ★★

The accountant updated the **ledger** with new entries.
회계사는 새로운 항목으로 장부를 업데이트했다.

legible [lédʒəbl] **(= readable, clear)** – legible handwriting (a.) ★★
알아볼 수 있는/또렷한 필체

Please make sure your handwriting is **legible**. 글씨를 알아보기 쉽게 써 주세요.

legislation [lèdʒisléiʃən] **(= law, enactment)** – pass legislation (n.) 법안을 통과시키다 ★★

The government passed new **legislation** to improve road safety.
정부는 도로 안전을 개선하기 위한 새로운 법안을 통과시켰다.

leisurely [líːʒərli] **(= slowly, unhurriedly)** – stroll leisurely (adv.) 한가롭게 산책하다 ★★

They strolled **leisurely** through the park. 그들은 공원을 한가롭게 산책했다.

lessen [lésn] **(= reduce)** – lessen the impact (v.) 영향을 줄이다

● lesson(수업)과 구분하자!

We need to find ways to **lessen** the impact of the new policy.
우리는 새 정책의 영향을 줄일 방법을 찾아야 한다.

levy [lévi] **(= tax, charge)** – impose a levy (n.) 부과금/세금을 부과하다

The government imposed a **levy** on imports. 정부는 수입품에 세금을 부과했다.

levy A on B – levy a tax on imports (v.) 수입품에 세금을 부과하다

The government decided to **levy** a tax **on** luxury goods.
정부는 사치품에 세금을 부과하기로 결정했다.

loot [luːt] – loot a store (v.) 상점을 약탈하다

During the riot, several stores were **looted**. 폭동 중에 여러 상점이 약탈당했다.

lure [luər] **(= attract, entice)** – lure customers (v.) 고객들을 유혹하다

The store used discounts to **lure** customers. 그 가게는 할인을 이용해 고객들을 유혹했다.

mandate [mǽndeit] (= order, directive) – an official mandate (n.) 공식 명령/지시

The agency was given a **mandate** to reduce pollution.
그 기관은 오염을 줄이라는 지시를 받았다.

manuscript [mǽnjuskrìpt] **(= document, script)** – submit a manuscript (n.)
원고를 제출하다

The author submitted her **manuscript** to the publisher. 작가는 자신의 원고를 출판사에 제출했다.

marginal notes [mάːrdʒinl nouts] – write marginal notes (n.)
방주(본문 옆이나 본문의 한 단락이 끝난 뒤에 써 넣는 본문에 대한 주석)를 작성하다

The professor's **marginal notes** were very helpful for studying.
교수님의 방주가 공부하는 데 크게 도움이 되었다.

marginally [mάːrdʒinəli] – increase marginally (adv.) 약간/미미하게 오르다

The test scores improved **marginally** this year. 올해 시험 점수가 약간 올랐다.

markedly [mάːrkidli] **(= noticeably, significantly)** – markedly different (adv.)
현저하게/눈에 띄게 다른

Her performance has improved **markedly**. 그녀의 성적이 현저하게 향상되었다.

mastermind [mǽstərmaind] **(= orchestrate, organize)** – mastermind a plan (v.)
계획을 지휘하다/조종하다

He **masterminded** the whole operation. 그는 전체 작전을 지휘했다.

● mastermind는 명사로 '주도자(planner)'의 의미이다.

The police finally caught the criminal **mastermind** behind the robbery.
경찰은 마침내 그 강도 사건의 주모자를 잡았다.

mechanism [mékənìzm] **(= device)** – safety mechanism in place (n.) 안전 장치 마련

● mechanism은 '(특정 기능이나 목적을 수행하는) 시스템이나 장치'를 의미하고, mechanic은 사람을 가리키
는 명사로 '정비사'를 의미한다.

The safety **mechanism** in the machine prevents accidents.
기계의 안전 장치가 사고를 방지한다.

memoir [mémwɑːr] **(= autobiography, reminiscence)** – write a memoir (n.)
회고록을 쓰다

She wrote a **memoir** about her experiences. 그녀는 자신의 경험에 대한 회고록을 썼다.

memorandum [mèmərǽndəm] – send a memorandum (n.) 공문을 보내다

The manager sent a **memorandum** to all employees about the new policy.
매니저는 새 정책에 대해 전 직원에게 공문을 보냈다.

● memorandum은 <파트 7>의 독해 지문에서 '메모'의 의미로도 자주 나온다.

menace [ménis] – a real menace (n.) 실질적인 위협

The stray dog was a **menace** to the neighborhood. 떠돌이 개는 동네에 위협적인 존재였다.

milestone [máilstoun] **(= significant event, landmark)**
– an important milestone (n.) 중요한 이정표/획기적인 사건

The launch of the new product was a **milestone** for the company.
신제품 출시가 회사의 중요한 이정표였다.

minus [máinəs] – minus the $20 discount (prep.) 20달러 할인을 뺀/제외한

He earned $1,000 **minus** taxes and fees. 그는 세금과 수수료를 제외하고 1,000달러를 벌었다.

miscellaneous [mìsəléiniəs] **(= varied, assorted)** – miscellaneous items (a.)
잡다한/이것저것 다양한 물품

The drawer is full of **miscellaneous** items. 서랍은 잡다한 물건들로 가득 차 있다.

☐ **mishap** [míshæp] **(= accident, misfortune)** – a minor mishap (n.) 경미한 사고 ＊＊

There was minor **mishap** during the event. 행사 중에 경미한 사고가 있었다.

☐ **modest** [mάdist] **(= humble, moderate)** – a modest income (a.) 적당한 수입 ＊＊

He lives on a **modest** income. 그는 적당한 수입으로 생활한다.

● modest는 '겸손한'의 의미도 있다.

☐ **move** [muːv] **up (= advance, be promoted)** – move up the corporate ladder (v.) ＊＊
회사에서 승진하다

She worked hard to **move up** the corporate ladder.
그녀는 회사에서 승진하기 위해 열심히 일했다.

● 조직 위의 단계로 사다리를 밟듯이 올라가는 승진하는 것이라서 move up the corporate ladder가 '승진하다'
의 뜻이 된다.

☐ **mundane** [mʌndéin] – mundane tasks (a.) 일상적인/재미없는 일들 ＊＊

● mundane은 '흥미 없는 일상적인 상황(ordinary, everyday, or lacking excitement)'을 묘사하는 형용사로
2016년 5월 29일 신토익 첫 시험부터 꾸준히 보이는 단어이다.

She finds doing the laundry to be a **mundane** task.
그녀는 빨래하는 것을 일상적인 일로 여긴다.

☐ **municipal** [mjuːnísəpəl] – municipal government (a.) 지방 자치(의)/시(의) 당국 ＊＊

The **municipal** government is responsible for public services.
시 당국이 공공 서비스를 담당한다.

☐ **must-see** [mɔst siː] **(= essential, noteworthy)** – a must-see attraction (a.) ＊＊
꼭 봐야 할 명소

The Eiffel Tower is a **must-see** attraction in Paris. 에펠탑은 파리에서 꼭 봐야 할 명소이다.

☐ **navigate** [nǽvəgèit] **(= find one's way, explore)** – navigate the website (v.) ＊＊
웹사이트를 탐색하다 | 길을 찾다

He found it easy to **navigate** the website. 그에게는 웹사이트를 탐색하는 게 쉬웠다.

☐ **neutrality** [njuːtrǽləti] **(= impartiality, objectivity)** – maintain neutrality (n.) ＊＊
중립을 유지하다

The country maintained its **neutrality** during the conflict.
그 나라는 분쟁 중에 중립을 유지했다.

□ **niche** [niʧ] – a profitable niche (n.) 수익성이 있는 틈새시장 ☆☆

The company found a profitable **niche** in the tech industry.
그 회사는 기술 산업에서 수익성 있는 틈새시장을 발견했다.

□ **not that I know of (= as far as I know)** – (phr.) 내가 아는 한 아니다 ☆☆

Is he coming to the party? **Not that I know of**.
그가 파티에 온다고요? 내가 아는 한 아닌데요.

□ **notion** [nóuʃən] **(= idea, concept)** – a general notion (n.) 일반적인 개념/생각 ☆☆

He had a vague **notion** of what was needed. 그는 무엇이 필요한지 막연한 생각을 가지고 있었다.

□ **nuisance** [njúːsns] **(= annoyance, bother)** – a public nuisance (n.) ☆☆
모두에게 귀찮은 것/골칫거리

The noise from the construction site is a **nuisance**. 건설 현장에서 발생하는 소음은 골칫거리다.

□ **null** [nʌl] **and void** [vɔid] **(= invalid)** – declare null and void (a.) 무효를 선언하다 ☆☆

The contract was declared **null and void**. 그 계약은 무효로 선언되었다.

□ **nutrient** [njúːtriənt] **(= food, nourishment)** – an essential nutrient (n.) 필수 영양소 ☆☆

Vegetables are rich in essential **nutrients**. 채소는 필수 영양소가 풍부하다.

□ **obfuscate** [ábfəskèit] **(= confuse, obscure)** – obfuscate the truth (v.) ☆☆
진실을 흐리다/혼란시키다

The spokesperson tried to **obfuscate** the truth. 대변인이 진실을 흐리려고 했다.

□ **observe** [əbzɔ́ːrv] **one's anniversary** [ænəvɔ́ːrsəri] – (v.) 기념일을 준수하다, 기념하다 ☆☆

The company **observes its anniversary** with a special event each year.
회사는 매년 특별한 행사로 (창립) 기념일을 기념한다.

□ **observe the expiration date** [èkspəréiʃən deit] – (v.) 유효 기한을 준수하다 ☆☆

Please **observe the expiration date** on the food packaging.
식품 포장에 표시된 유통 기한을 준수하세요.

□ **obstacle** [ábstəkl] **(= barrier, hurdle)** – overcome an obstacle (n.) 장애물을 극복하다 ☆☆

They faced many **obstacles** during the project. 그들은 프로젝트 동안 많은 장애물에 직면했다.

028

☐ **obstruct** [əbstrʌ́kt] **(= block)** – obstruct the view (v.) 시야를 막다/방해하다

The tree **obstructs** the view from the window.
그 나무가 창문에서 보이는 전망을 가리고 있다.

☐ **off season** [ɔːf síːzn] – during the off season (n.) 비수기 동안

Hotels are cheaper during the **off season**. 비수기에는 호텔이 더 저렴하다.

☐ **offence** [əféns] **(= crime, violation)** – commit an offence (n.) 범죄/위법 행위를 저지르다

He was charged with a minor **offence**. 그는 경범죄로 기소되었다.

☐ **on a weekly basis** [wíːkli béisis] **(= weekly)** – (phr.) 매주, 주 단위로

The team meets **on a weekly basis**. 그 팀은 매주 만난다.

☐ **on the wane** [wein] – (phr.) 쇠퇴하는 중인, 줄어드는 중인

Interest in the old technology is **on the wane**. 예전 기술에 대한 관심이 줄어들고 있다.

☐ **out of print (= no longer available)** – books out of print (phr.) 절판된 책들

That book has been **out of print** for years. 그 책은 몇 년 동안 절판 상태였다.

☐ **outbreak** [áutbreik] **(= occurrence)** – an outbreak of disease (n.) 병의 발발

There was an **outbreak** of the flu in the school. 학교에서 독감이 발발했다.

☐ **outnumber** [autnʌ́mbər] – outnumber opponents (v.) 상대를 수적으로 압도하다

The fans of the home team far **outnumbered** the visitors.
홈팀 팬들이 원정팀 팬보다 훨씬 더 많았다.

☐ **outpatient** [autpéiʃənt] **(= non-resident patient)** – an outpatient clinic (n.)
외래 환자 진료소

He visited the **outpatient** clinic for a check-up. 그는 검진을 위해 외래 환자 진료소를 방문했다.

☐ **outreach** [áutriːtʃ] **(= service)** – community outreach (n.) 공동체 봉사 활동

The program focuses on community **outreach**.
그 프로그램은 지역 사회 봉사 활동에 중점을 두고 있다.

☐ **outskirts** [áutskəːrts] **(= fringe, edge)** – on the outskirts (n.) 교외/변두리에

They live on the **outskirts** of the city. 그들은 도시 교외에 살고 있다.

outsource [àutsɔ́ːrs] **(= contract out, delegate)** – outsource services (v.)

서비스를 외부에 맡기다

They decided to **outsource** their IT services. 그들은 IT 서비스를 외부에 맡기기로 결정했다.

outspoken [autspóukən] **(= frank, candid)** – an outspoken critic (a.)

거침없이 말하는 비평가

He is an **outspoken** critic of the government. 그는 정부에 대해 거침없이 말하는 비평가이다.

outthink [àutθíŋk] **(= outsmart, outwit)** – outthink the competition (v.)

경쟁자보다 앞서 생각하다/앞지르다

They managed to **outthink** their competition. 그들은 용케 경쟁사를 앞지를 수 있었다.

parameter [pərǽmətər] **(= limit, boundary)** – set parameters (n.) 매개 변수를 설정하다

We need to set clear **parameters** for the project.
우리는 프로젝트에 대한 명확한 매개 변수를 설정해야 한다.

parlor [pάːrlər] **(= shop, salon)** – a beauty parlor (n.) 미용실, 상점

She owns a small beauty **parlor** downtown. 그녀는 시내에 작은 미용실을 갖고 있다.

patronize [péitrənàiz] **(= support)** – patronize a business (v.) 사업체를 후원하다

They **patronize** local businesses whenever possible.
그들은 가능한 한 지역 사업체를 후원한다.

● patronize에는 '애용하다, 단골로 다니다'라는 의미도 있다 이때의 동의어 frequent(자주 드나들다)도 함께
알아두자.

peak season [piːk síːzn] – during the peak season (n.) 성수기 동안

The resort is crowded during the **peak season**. 리조트가 성수기 동안에는 붐빈다.

percussion [pərkʌ́ʃən] – play percussion (n.) 타악기를 연주하다

The **percussion** section added a lively beat to the music.
타악기 섹션이 음악에 활기찬 비트를 더했다.

persuasive [pərswéisiv] **(= convincing, compelling)** – a persuasive argument (a.)

설득력 있는 주장

She made a **persuasive** argument for the new policy.
그녀는 새로운 정책에 대해 설득력 있는 주장을 펼쳤다.

peruse [pərúːz] – peruse a document (v.) 문서를 정독하다 ★★

She **perused** the contract before signing it. 그녀는 계약서를 정독한 후 서명했다.

pervasive [pərvéisiv] (= **prevalent**) – pervasive corruption (a.) 만연한 부패 ★★

The influence of social media is **pervasive** among teenagers.
소셜 미디어의 영향력이 십 대들 사이에 널리 퍼져 있다.

philanthropic [fìlənθrápik] (= **charitable, humanitarian**) ★★

– philanthropic activities (a.) 자선 활동

The foundation is known for its **philanthropic** activities. 그 재단은 자선 활동으로 유명하다.

plaque [plæk] – a commemorative plaque (n.) 기념 명판/기념패 ★★

The **plaque** commemorates the founder of the company.
그 기념패는 회사 창립자를 기념하는 것이다.

plight [plait] (= **hardship, difficulty**) – plight of refugees (n.) 난민들의 곤경 ★★

The **plight** of refugees is a global concern. 난민들의 곤경은 전 세계적인 문제이다.

plot [plat] – plot against the state (v.) 반국가적 음모를 꾸미다 ★★

They **plotted** to overthrow the government, carefully planning every detail.
그들은 정부를 전복하려고 모든 세부 사항을 신중히 계획하며 음모를 꾸몄다.

● plot은 명사로 '(소설, 영화 등의) 줄거리'를 뜻한다.

The **plot** of the movie was intriguing. 그 영화의 줄거리는 흥미로웠다.

pointy [pɔ́inti] – pointy part of the cactus (n.) 선인장의 뾰족한 부분 ★★

Be careful when handling the cactus, as it has **pointy** parts.
선인장을 다룰 때 조심하세요. 뾰족한 잎이 있으니까요.

populate [pápjulèit] – populate the database (v.) 데이터베이스를 채우다 ★★

The researchers **populated** the database with new data.
연구진들은 데이터베이스를 새로운 데이터로 채웠다.

portray [pɔːrtréi] (= **depict, represent**) – portray a character (v.) ★★

등장인물을 묘사하다/연기하다/나타내다

The actor **portrayed** the character brilliantly. 그 배우는 캐릭터를 훌륭하게 묘사했다.
The actor will **portray** a historical figure in the new movie.
그 배우는 새 영화에서 역사적 인물을 연기할 것이다.

postmark [póustmark] **(= stamp, date)** – postmark a letter (v.) 편지에 소인을 찍다 ★★

● postmark는 주로 수동태로 쓰인다.

The letter was **postmarked** yesterday. 편지에 어제 날짜로 소인이 찍혔다.

precedent [présədənt] – set a precedent (n.) 선례를 남기다 ★★

The court's decision set a **precedent** for future cases.
법원의 결정은 향후 사건을 위한 선례를 남겼다.

predicament [pridíkəmənt] – a serious predicament (n.) 심각하게 어려운 상황 ★★

She found herself in a serious **predicament** when she lost her wallet.
그녀는 지갑을 잃어버렸을 때 굉장히 어려운 상황에 처했다.

premature [prìːmətʃúər] **(= early, hasty)** – a premature decision (a.)
조급한/너무 이른 결정 ★★

It is **premature** to make a decision now. 지금 결정을 내리기에는 너무 이르다.

prevalence [prévələns] **(= commonness, widespread)** – prevalence of a disease (n.) ★★
병의 유행/유병률/널리 퍼짐

The **prevalence** of diabetes is increasing. 당뇨병의 유병률이 증가하고 있다.

principal [prínsəpəl] **(= head, chief)** – a school principal (n.) 학교 교장 ★★

The school **principal** addressed the students. 교장 선생님이 학생들에게 연설했다.

● principal은 형용사로 '주요한'의 의미도 있다.

principle [prínsəpl] **(= rule, precept)** – a basic principle (n.) 기본 원칙 ★★

Honesty is a fundamental **principle**. 정직은 기본 원칙이다.

printing [príntiŋ] **and duplication** [djùːplikéiʃən] – offer printing and
duplication services (n.) 인쇄와 복사 서비스를 제공하다 ★★

The office has a machine for **printing and duplication**.
사무실에는 인쇄 및 복사용 기계가 있다.

privilege [prívəlidʒ] **(= advantage, honor)** – a special privilege (n.) 특권, 특전, 영광 ★★

It was a **privilege** to meet the president. 대통령을 만나게 되어 영광이었다.

proficiency [prəlíʃənsi] (= **skill, competence**) – language proficiency (n.) ✳✳
언어의 능숙함

Language **proficiency** is required for this job. 이 직업에는 언어의 능숙함이 필요하다.

profusion [prəfjúːʒən] – profusion of flowers (n.) 풍부한/다량의 꽃들 ✳✳

The garden was a **profusion** of colors in the spring. 정원이 봄에는 다채로운 색으로 가득했다.

projected [prádʒektid] (= **expected, forecasted**) – projected growth (a.) 예상된 성장 ✳✳

The **projected** growth for the company is 10%. 회사의 예상 성장률은 10%이다.

proliferation [prəlìfəréiʃən] (= **spread, increase**) – nuclear proliferation (n.) 핵 확산 ✳✳

● NPT = Nuclear Non-Proliferation Treaty(핵 확산 금지 조약)

There are concerns about nuclear **proliferation**. 핵 확산에 대한 우려가 있다.

prominent [prámənənt] – a prominent scientist (a.) 저명한 과학자 ✳✳

The **prominent** author will be speaking at the event next week.
그 유명한 작가가 다음 주 행사에서 연설할 예정이다.

● prominent는 '눈에 잘 띄는'의 의미로도 쓰인다.

The statue was placed in a **prominent** location. 그 동상은 눈에 잘 띄는 위치에 설치되었다.

proponent [prəpóunənt] – proponents of the bill (n.) 그 법안의 지지자들 ✳✳

Proponents of renewable energy highlight its environmental benefits.
재생 에너지 지지자들은 그것의 환경적 이점을 강조한다.

proportion [prəpóːrʃən] (= **percentage, ratio**) – large proportion (n.) 큰 비율/부분 ✳✳

A large **proportion** of the population is affected. 인구의 큰 비율이 영향을 받고 있다.

proprietor [prəpráiətər] – a proprietor of a local bookstore (n.) 현지 서점 사업주/소유주 ✳✳

The **proprietor** greeted the customers warmly. 사업주는 고객들을 따뜻하게 맞이했다.

proprietary [prəpráiətèri] (= **exclusive, patented**) – proprietary software (a.) ✳✳
독점적인/전매의 소프트웨어

The company uses **proprietary** software. 그 회사는 독점 소프트웨어를 사용한다.

prosperity [praspérəti] (= **wealth, success**) – economic prosperity (n.) 경제적인 번영 ✳✳

The country is experiencing a period of **prosperity**. 그 나라는 번영의 시기를 경험하고 있다.

prosthetics [prasθétiks] – advances in prosthetics (n.) 보철/인공 기관의 발전

She is learning to walk with her new **prosthetics**. 그녀는 새로운 보철로 걷는 법을 배우고 있다.

prudently [prú:dntli] **(= wisely, cautiously)** – act prudently (adv.) 신중하게 행동하다

They acted **prudently** in the face of danger. 그들은 위험에 직면해서 신중하게 행동했다.

publicity [pʌblísəti] **(= advertising, promotion)** – gain publicity (n.)
매스컴의 관심을 얻다

The event gained a lot of **publicity**. 그 행사는 매스컴의 많은 관심을 얻었다.

● 매스컴의 관심을 얻는 것은 곧 홍보가 된다는 것이어서 publicity는 '홍보'의 의미이기도 하다.

pundit [pʌndit] – a political pundit (n.) 정치 전문가

She is a well-known political **pundit** on TV. 그녀는 TV에 나오는 유명한 정치 전문가이다.

purposely [pə́:rpəsli] **(= intentionally, deliberately)** – purposely avoid (adv.)
고의로/일부러 피하다

He **purposely** avoided the question. 그는 고의로 그 질문을 피했다.

purveyor [pərvéiər] – a purveyor of goods (n.) 상품 공급자

The company is a well-known **purveyor** of gourmet foods.
그 회사는 잘 알려진 고급 식료품 공급자이다.

push a lawn mower [lɔ:n móuər] – spend the afternoon pushing a lawn mower
(v.) 잔디 깎는 기계를 밀면서 오후를 보내다

He enjoys **pushing a lawn mower** on weekends.
그는 주말에 잔디 깎는 기계를 미는 것을 즐긴다.

push back (= postpone, delay) – push back the deadline (v.) 마감 기한을 연기하다

They decided to **push back** the deadline by a week.
그들은 마감일을 일주일 연기하기로 결정했다.

put together (= assemble) – put together the model (v.) 모델을 조립하다

It took them a few hours to **put together** the furniture.
그들이 가구를 조립하는 데 몇 시간이 걸렸다.

quarantine [kwɔ́:rəntì:n] **(= isolate, confine)** – quarantine the area (v.) 지역을 격리하다 ★★

They decided to **quarantine** the area to prevent the spread of disease.
그들은 질병 확산을 막기 위해 그 지역을 격리하기로 결정했다.

● quarantine은 동사·명사 동형이다.

The animals were placed in **quarantine** to prevent the spread of disease.
동물들은 질병 확산 예방을 위해 격리되었다.

quirk [kwɔ:rk] – an interesting quirk (n.) 재미있는 별난 점/기벽 ★★

● quirk은 '특별한 습관이나 특징(a peculiar or unusual habit or characteristic)'을 의미한다. 대부분의 수험생들이 잘 모르는 단어로, 특히 토익 독해에서 보이는 단어이다.

One of his **quirks** is that he always wears mismatched socks.
그의 별난 점 중 하나는 항상 짝짝이 양말을 신는 것이다.

radius [réidiəs] **(= distance, range)** – within a radius (n.) 반경 안에서 ★★

The store is located within a 5-mile **radius**. 그 가게는 5마일 반경 내에 위치해 있다.

● radius는 '반지름'의 의미도 있다.

rally [rǽli] **(= gathering, assembly)** – a political rally (n.) 정치 집회 ★★

Thousands of people attended the political **rally**. 수천 명이 정치 집회에 참석했다.

ramp [ræmp] – a wheelchair ramp (n.) 휠체어 경사로 ★★

The building is equipped with a wheelchair **ramp**. 그 건물은 휠체어 경사로를 갖추고 있다.

rapt [ræpt] – rapt attention (a.) 몰입한/몰두한 집중력 ★★

The children listened with **rapt** attention to the storyteller.
아이들은 이야기꾼의 이야기를 넋을 잃고 들었다.

rebate [rí:beit] **(= refund, discount)** – get a rebate (n.) 환급을 받다 ★★

We received a **rebate** on our taxes. 우리는 세금 환급을 받았다.

● rebate는 '할인, 리베이트'의 의미로도 자주 활용된다.

receptionist [risépʃənist] **(= clerk, front desk staff)** – a hotel receptionist (n.) ★★
호텔 접수원

The **receptionist** greeted us warmly. 접수원이 우리를 따뜻하게 맞이했다.

reclaim [rikléim] **(= retrieve, recover)** – reclaim land (v.) 땅을 되찾다 ★★

The company aims to **reclaim** its market position.
회사는 시장 지위를 되찾는 것을 목표로 하고 있다.

recruit [rikrúːt] **(= hire, enlist)** – recruit employees (v.) 직원을 채용하다/모집하다 ★★

The company is **recruiting** new employees. 회사는 신입 직원을 채용하고 있다.

rectangular [rektǽŋgjulər] – a rectangular shape (a.) 직사각형 모양 ★★

The table has a **rectangular** shape, which fits perfectly in the dining room.
테이블은 직사각형 모양으로, 식당에 완벽하게 맞는다.

rectify [réktəfài] – rectify an error (v.) 오류를 바로잡다 ★★

The company promised to **rectify** the error. 회사는 오류를 바로잡겠다고 약속했다.

reel [riːl] **in** – an advertisement to reel in (v.) 관심을 유발하는 광고 | 끌다, 유인하다 ★★

● 이 표현은 reel in the fish(물고기를 낚아 올리다)에서 유래됐다.

The campaign successfully **reeled in** a large number of supporters.
그 캠페인은 성공적으로 상당히 많은 지지자들의 관심을 끌었다.

refute [rifjúːt] **(= disprove)** – refute the argument (v.) 주장을 반박하다/논박하다 ★★

She **refuted** the argument with solid evidence. 그녀는 확실한 증거로 그 주장을 반박했다.

reimburse [rìːimbə́ːrs] **(= repay, refund)** – reimburse expenses (v.) 비용을 환급하다 ★★

The company will **reimburse** your travel expenses.
회사에서 당신의 출장 경비를 환급해 줄 것이다.

reimbursement [rìːimbə́ːrsmənt] **(= repayment, refund)** ★★

– expense reimbursement (n.) 비용 환급/상환

You can apply for **reimbursement** of travel expenses. 출장 경비 환급을 신청할 수 있다.

rein [rein] **(= control, restrain)** – rein in spending (v.) 지출을 통제하다/고삐를 죄다 ★★

The manager decided to **rein** in spending. 매니저는 지출을 통제하기로 마음먹었다.

remainder [riméindər] – remainder of the day (n.) 하루의 남은 시간/나머지 ★★

He spent the **remainder** of the day relaxing. 그는 하루의 남은 시간을 편히 쉬면서 보냈다.

reminiscent [rèmənísnt] **(= suggestive, evocative)** – reminiscent of (a.) ★★

~을 연상시키는/회상하게 하는

The song is **reminiscent** of the 1980s. 그 노래는 80년대를 연상시킨다.

- ☐ **remittance** [rimítəns] – send a remittance (n.) 송금(액)을 보내다

  She sends a **remittance** to her family every month. 그녀는 매달 가족에게 송금액을 보낸다.

- ☐ **remuneration package** [rimjùːnəréiʃən pǽkidʒ] – a competitive remuneration package (n.) (각종 수당을 포함한) 경쟁력 있는 대우

  The company offers a competitive **remuneration package** to attract top talent. 그 회사는 최고의 인재를 유치하기 위해 경쟁력 있는 대우를 제공한다.

- ☐ **renewal** [rinjúːəl] – renewal of contract (n.) 계약 갱신

  The **renewal** of the contract was approved by both parties. 계약 갱신은 양측 모두에 의해 승인되었다.

- ☐ **replica** [réplikə] (= **copy, duplicate**) – an exact replica (n.) 정밀한 복제품

  The museum displayed an exact **replica** of the artifact. 박물관은 유물의 정밀한 복제품을 전시했다.

- ☐ **repository** [ripázətɔ̀ːri] (= **storage, archive**) – a data repository (n.) 데이터 저장소

  The library serves as a **repository** of knowledge. 도서관은 지식의 저장소 역할을 한다.

- ☐ **reprimand** [réprəmænd] – receive a reprimand (n.) 질책/견책을 받다

  He received a **reprimand** for his careless mistake. 그는 자신이 한 부주의한 실수로 질책을 받았다.

- ☐ **reputable** [répjutəbl] (= **respectable, trustworthy**) – a reputable firm (a.) 평판이 좋은 회사

  He works for a **reputable** firm in the industry. 그는 업계에서 평판이 좋은 회사에서 일한다.

- ☐ **respire** [rispáiər] – respire deeply (v.) 심호흡하다
  - ● respire는 re[= back]+spire[= breathe]: 숨을 들이키다 → 호흡하다
  - ● inspire는 in+spire[= breathe]: 불어넣어 주다 → 영감을 주다
  - ● perspire는 per[= through]+spire[= breathe]: → 피부가 숨을 쉬다 → 땀나다

  After the race, he sat down to **respire** deeply. 경주 후, 그는 앉아서 심호흡을 했다.

- ☐ **respondent** [rispándənt] (= **participant, answerer**) – a survey respondent (n.) 설문조사 응답자

  Survey **respondents** were asked about their preferences. 설문 조사 응답자들은 자신들의 선호도에 대해 질문을 받았다.

restriction [ristríkʃən] **(= limitation, constraint)** – impose restrictions (n.)

규제/제한을 부과하다

The government imposed new **restrictions** on travel.
정부는 여행에 새로운 규제를 부과했다.

restructure [rìːstrʌ́ktʃər] **(= reorganize, reshape)** – restructure the company (v.)

회사를 재구성하다/재편하다

The company decided to **restructure** its operations. 회사는 운영을 재편하기로 결정했다.

retention [riténʃən] – employee retention (n.) 직원 유지

● retention rate (직원 유지율) ↔ turnover rate(직원 이직률)

The company has a high employee **retention** rate. 그 회사는 직원 유지율이 높다.

retrospective [rètrəspéktiv] **(= looking back)** – a retrospective exhibition (a.)

회고하는/회상하는 전시 (= 회고전)

The museum is holding a **retrospective** exhibition of the artist's work.
박물관은 그 예술가의 작품 회고전을 열고 있다.

revamp [riváémp] **(= renovate, improve)** – revamp the house (v.) 집을 개조하다

They decided to **revamp** the old house. 그들은 오래된 집을 개조하기로 했다.

revel [révəl] – revel in the celebration (v.) 축하 자리에서 흥청거리며 즐기다

● 최신 일본 토익 기출 단어다.

They **reveled** in the celebration after their victory.
그들은 승리 후 축하 자리에서 흥청거리며 즐겼다.

revert [rivɔ́ːrt] **(= return, go back)** – revert to type (v.) 원래대로 돌아가다

● 전치사 to와 함께 쓰인다.

The system will **revert to** its default settings. 시스템이 기본 설정으로 돌아갈 것이다.

rightly [ráitli] – be rightly proud of achievements (adv.)

성취를 정당하게/당연히 자랑스러워 하다

He was **rightly** praised for his efforts. 그는 그의 노력에 대해 정당하게 칭찬받았다.
She was **rightly** concerned about the issue. 그녀는 그 문제에 대해 당연히 걱정했다.

☐ **ripple** [rípl] – a ripple effect (n.) 파급 효과 ★★

The decision had a **ripple** effect throughout the industry.
그 결정은 산업 전반에 파급 효과를 미쳤다.

● ripple의 원래 의미는 '잔물결, 파문'이다.

☐ **roster** [rɑ́stər] **(= list, register)** – a team roster (n.) 팀 명부/선수 명단 ★★

The coach announced the team **roster** for the game.
코치는 그 시합에 나갈 팀 명단을 발표했다.

☐ **rustic** [rʌ́stik] – a rustic charm (a.) 소박한/시골 특유의 매력 ★★

The cabin has a **rustic** charm that visitors love.
그 오두막은 방문객들이 무척이나 좋아하는 소박한 매력이 있다.

☐ **sag** [sæg] – sag under weight (v.) 무게로 인해 처지다 ★★

The shelf **sagged** under the weight of the books. 선반이 책 무게로 인해 처졌다.

☐ **sailing mast** [séiliŋ mæst] **(= pole, spar)** – a tall sailing mast (n.) 높은 돛대 ★★

The boat's tall **sailing mast** is visible from the shore.
배의 높은 돛대가 해변에서도 보인다.

☐ **sanctuary** [sǽŋktʃuèri] – (n.) a wildlife sanctuary 야생 동물 보호구역 ★★

The wildlife **sanctuary** is home to many endangered species.
야생 동물 보호구역은 멸종 위기에 처한 많은 종들의 안식처이다.

● 이 단어는 비유적인 의미로 '피난처, 안식처(a place of comfort and peace; a safe place)'의 의미로 쓰이고,
실제 시험에 이 뜻으로 출제되었다.

After a long day at work, her home became her **sanctuary** where she could relax and
unwind. 직장에서 힘든 하루를 보내고서, 그녀의 집은 긴장을 풀고 쉴 수 있는 안식처가 되었다.

☐ **sapling** [sǽpliŋ] – plant saplings (n.) 어린 나무/묘목을 심다 ★★

The park was filled with young **saplings**. 그 공원은 어린 묘목들로 가득 차 있었다.

☐ **saturation** [sætʃəréiʃən] – market saturation (n.) 시장 포화 (상태) ★★

The company is facing market **saturation** in its current region.
회사는 현재 지역에서 시장 포화 상태에 직면해 있다.

scaffolding [skǽfɔldiŋ] **(= structure, framework)** – set up scaffolding (n.) ★★
(건물의) 비계를 세우다

● 비계는 건축 용어로 '공사장의 높은 곳에서 공사를 할 수 있도록 임시로 설치한 가설물'을 말한다.
The workers set up **scaffolding** around the building. 작업자들이 건물 주위에 비계를 세웠다.

scam [skæm] **(= fraud, deception)** – an online scam (n.) 온라인 사기 ★★
She fell victim to an online **scam**. 그녀는 온라인 사기의 희생자가 되었다.

scarcity [skέɔrsɔti] **(= shortage, lack)** – scarcity of resources (n.) 자원 부족 ★★
The **scarcity** of water is a major issue. 물 부족이 큰 문제이다.

scrap [skræp] **(= piece, fragment)** – scrap metal (n.) 금속 폐기물/조각 ★★
The car was sold for **scrap**. 그 차는 고철로 팔렸다.

sediment [sédɔmɔnt] **(= deposit, residue)** – river sediment (n.) 강의 침전물 ★★
The river carries a lot of **sediment**. 그 강은 많은 침전물을 운반한다.

sequence [síːkwɔns] **(= order, series)** – DNA sequence (n.) DNA 배열 순서/연속 ★★
The **sequence** of events is crucial to the story. 그 이야기에서 사건의 순서가 중요하다

set up (= assemble, arrange) – set up a tent (v.) 텐트를 설치하다 ★★
We **set up** the tent before nightfall. 우리는 해지고 어두어지기 전에 텐트를 설치했다.

simulate [símjulèit] – simulate the conditions (v.) 조건을 시뮬레이션하다 ★★
The software **simulates** real-life scenarios. 그 소프트웨어는 실제 상황을 시뮬레이션한다.

sluggish [slʌgiʃ] – sluggish economy (a.) 침체된/부진한 경제 ★★
The **sluggish** economy has affected many businesses.
침체된 경제는 많은 사업체에 영향을 미쳤다.

solicit [sɔlísit] – solicit donations (v.) 기부를 요청하다 ★★
The charity is **soliciting** donations for its latest campaign.
그 자선 단체는 최신 캠페인에 쓸 기부를 요청하고 있다.

solitary [sálɔtèri] **(= alone, isolated)** – solitary confinement (a.) 혼자서 있는[하는] 감금 ★★
He enjoys **solitary** walks in the park. 그는 공원에서 혼자서 하는 산책을 즐긴다.

spare [spɛər] **no expense** [ikspéns] **on** – (v.) ~에 아끼지 않고 지출하다

The company **spared no expense on** the new office building.
그 회사는 새 사무실 건물에 드는 비용을 아끼지 않았다.

specialty [spéʃəlti] – the shop's specialty teas (n.) 그 상점의 전문/전문 분야 차

The bakery's **specialty** is chocolate cake. 그 빵집의 전문 분야는 초콜릿 케이크이다.

spoil [spɔil] (= **ruin, damage**) – spoil the surprise party (v.) 서프라이즈 파티를 망치다

Don't **spoil** the surprise party by telling anyone.
누구에게도 말해서 깜짝 파티를 망치지 마세요.

spurious [spjúəriəs] (= **false, fake**) – spurious claims (a.) 허위의/거짓된 주장

The report contained **spurious** claims. 그 보고서에는 허위 주장이 포함되어 있었다.

stabilize [stéibəlàiz] (= **steady, secure**) – stabilize the economy (v.) 경제를 안정시키다

The government took measures to **stabilize** the economy.
정부는 경제를 안정시키기 위한 조치를 취했다.

stagger [stǽgər] – stagger under the weight (v.) 무게로 휘청거리다, 비틀거리다

He **staggered** under the weight of the heavy box. 그는 무거운 상자의 무게로 휘청거렸다.

stagnant [stǽgnənt] (= **still, inactive**) – stagnant economy (a.) 침체된/정체된 경제

The **stagnant** economy needs a boost. 침체된 경제에는 경기 부양책이 필요하다.

stance [stæns] – take a stance (n.) 입장/태도를 취하다

The politician took a strong **stance** on environmental issues.
그 정치가는 환경 문제에 대해 강력한 입장을 취했다.

standstill [stǽndstil] – come to a standstill (n.) 정지 상태/멈춤에 이르다

Traffic came to a **standstill** due to the accident. 사고로 인해 교통이 정지 상태에 이르렀다.

stationery [stéiʃənèri] – buy stationery (n.) 문구류를 사다

She bought some **stationery** for her office. 그녀는 사무실에서 쓸 문구류를 샀다.

sterile [stéril] (= **clean, germ-free**) – sterile environment (a.) 무균의 환경

The surgical instruments must be kept **sterile**. 외과 기구는 무균 상태로 유지되어야 한다.

☐ **stipulation** [stìpjuléiʃən] – important stipulations (n.) 중요한 조항

One of the **stipulations** of the agreement is that the project must be completed by December. 그 계약의 조항 중 하나는 프로젝트가 12월까지 완료되어야만 한다는 것이다.

☐ **strenuous** [strénjuəs] **(= arduous, demanding)** – strenuous exercise (a.) 격렬한/힘든 운동

He avoids **strenuous** exercise due to his heart condition.
그는 심장 질환 때문에 격렬한 운동을 피한다.
The work requires **strenuous** physical activity. 그 일은 격렬한 신체 활동이 필요하다.

☐ **stringently** [stríndʒəntli] **(= strictly, rigorously)** – enforce stringently (adv.)
엄격하게 시행하다

The new rules were **stringently** enforced. 새로운 규칙은 엄격하게 시행되었다.

☐ **subordinate** [səbɔ́ːrdənət] – manage one's subordinates (n.) 부하 직원을 관리하다

He is responsible for managing his **subordinates**. 그는 부하 직원을 관리할 책임이 있다.

☐ **subsidize** [sʌ́bsədàiz] **(= finance, support)** – subsidize housing (v.)
주택 보조금을 지급하다

The government **subsidizes** housing for low-income families.
정부는 저소득 가정을 위해 주택 보조금을 지급한다.

☐ **substance** [sʌ́bstəns] **(= material, matter)** – harmful substance (n.) 해로운 물질

The lab is testing for harmful **substances**. 실험실에서는 유해 물질을 테스트하고 있다.

☐ **substitution** [sʌ̀bstətjúːʃən] **(= replacement, exchange)**

– substitution of ingredients (n.) 재료의 대체/대용품
You can use honey as a **substitution** for sugar. 설탕 대용으로 꿀을 사용할 수 있다.

☐ **subtle** [sʌ́tl] **(= delicate)** – a subtle change (a.) 미묘한 변화

There was a **subtle** change in her attitude. 그녀의 태도에 미묘한 변화가 있었다.

☐ **subtotal** [sʌ̀btóutl] **(= partial sum)** – calculate the subtotal (n.) 소계를 계산하다

The **subtotal** of your purchase is $50. 구매 소계는 50달러이다.

☐ **successive** [səksésiv] **(= consecutive, sequential)** – successive wins (a.) 연속적인 승리

The team has had five **successive** wins. 팀은 5연승을 거두었다.

☐ **succinctly** [səksíŋktli] **(= briefly, concisely)** – explain succinctly (adv.) 간결하게 설명하다 ★★

She explained the rules **succinctly**. 그녀는 규칙을 간결하게 설명했다.

☐ **such that** – arranged such that they look perfect (phr.) 완벽하게 보이도록 정렬된 ★★

The plan was designed **such that** it could be easily implemented.
그 계획은 쉽게 실행될 수 있도록 설계되었다.

☐ **superfluous** [supə́ːrfluəs] – superfluous information (a.) 불필요한 정보 ★★

The report contained a lot of **superfluous** information.
그 보고서에는 불필요한 정보가 많이 포함되어 있었다.

☐ **supersede** [sùːpərsíːd] – supersede the old model (v.) 구형 모델을 대체하다/대신하다 ★★

This document **supersedes** all previous versions. 이 문서가 모든 이전 버전을 대체한다.

☐ **supplement** [sʌ́pləmənt] **(= additive, complement)** – a dietary supplement (n.) ★★
식이 보충제

He takes a dietary **supplement** daily. 그는 매일 식이 보충제를 복용한다.

☐ **surcharge** [sə́ːrtʃɑ̀ːrdʒ] **(= extra charge, fee)** – a surcharge for (n.) ~에 대한 추가 요금 ★★

There is a **surcharge** for overweight luggage. 초과 중량 수하물에는 추가 요금이 부과된다.

☐ **swiftly** [swíftli] **(= quickly, rapidly)** – move swiftly (adv.) 신속하게 이동하다 ★★

The situation was handled **swiftly** and efficiently. 상황은 신속하고 효율적으로 처리되었다.

☐ **symmetrically** [simétrikəli] **(= evenly, proportionally)** – symmetrically arranged ★★
(adv.) 대칭적으로 정렬된

The flowers were **symmetrically** arranged in the vase.
꽃들이 꽃병에 대칭적으로 배열되어 있었다.

☐ **tailor** [téilər] **A to B** – tailor the program to the students' needs (v.) ★★
프로그램을 학생들의 요구에 맞추다

The course is **tailored to** beginners. 그 강좌는 초보자들에게 맞추어져 있다.

☐ **take initiative** [iníʃiətiv] **(= lead, take charge)** – (v.) 주도권을 잡다, 선도하다 ★★

● initiative가 정답으로 출제되었다.

She decided to **take initiative** in the project. 그녀는 프로젝트에서 주도권을 잡기로 결심했다.

takeover [téikouvər] – a company takeover (n.) 회사 인수 ★★

The smaller company is facing a **takeover** by a larger corporation.
작은 회사가 더 큰 기업에 인수될 상황에 직면해 있다.

tax [tæks] **on** – impose a tax on (n.) ~에 세금을 부과하다 ★★

● on이 정답으로 출제되었다.

The government imposed a **tax on** sugary drinks. 정부는 설탕이 든 음료에 세금을 부과했다.

tensely [ténsli] **(= anxiously, nervously)** – wait tensely (adv.) 긴장하며 기다리다 ★★

They waited **tensely** for the test results. 그들은 시험 결과를 긴장하며 기다렸다.

tenure [ténjər] – academic tenure (n.) 교수의 종신 재직권 ★★

He was awarded **tenure** after years of teaching at the university.
그는 대학에서 수년간 강의한 후 종신 재직권을 받았다.

● tenure는 '재임 기간'의 의미도 있다.

terrestrial [təréstriəl] **(= earthly, land-based)** – a terrestrial ecosystem (a.) ★★
지구의 생태계

The **terrestrial** ecosystem is diverse and complex. 지구 생태계는 다양하고 복잡하다.

thermal [θə́ːrməl] **(= heat-related)** – thermal energy (a.) 열(의) 에너지 ★★

The plant generates **thermal** energy. 그 발전소는 열 에너지를 생성한다.

thoroughfare [θə́ːroufɛər] – main thoroughfares (n.) 주요 도로 ★★

Traffic was heavy on the main **thoroughfares** during rush hour.
출퇴근 시간 동안 주요 도로에는 교통이 혼잡했다.

threshold [θréʃhould] **(= limit, boundary)** – pain threshold (n.) 통증 한계점/기준점 ★★

He has a high pain **threshold**. 그는 통증 한계점이 높다. (보통 사람보다 통증을 잘 참는다는 의미)

thrive [θraiv] **(= flourish, prosper)** – thrive in business (v.) 사업 면에서 번성하다 ★★

The company continues to **thrive** despite the challenges.
회사는 어려움에도 불구하고 계속 번성하고 있다.

tip over – The vase tipped over. (v.) 꽃병이 넘어졌다 | 쓰러뜨리다 ★★

Be careful not to **tip over** the glass of water. 물잔을 쓰러뜨리지 않도록 조심하세요.

to the purpose [pɔ́:rpəs] **(= to the point)** – (phr.) 목적에 부합하는

His suggestions were practical and **to the purpose**. 그의 제안은 실용적이고 목적에 부합했다.

● 참고로 to the point(요점에 맞는)도 알아두자!

Her presentation was clear and **to the point**. 그녀의 발표는 명확하고 요점에 맞았다.

be totaled [tóutld] – The car was totaled. (phr.) 그 차는 완전히 망가졌다 | 폐차되다

The insurance company declared the vehicle **totaled**.
보험 회사는 그 차량이 완전히 망가졌다고 밝혔다.

transfer [trænsfɔ́:r] – unlimited transfers between accounts (n.)

계좌 간 무제한 이체/이동/전환

● transfer는 명사와 동사로 쓰이며, 위치나 소유권의 변경을 나타낸다.

You can make unlimited **transfers** between accounts. 계좌 간 무제한 이체를 할 수 있다.

transit [trǽnsit] **(= transportation, passage)** – in transit (n.) 운송/통과 중인

The goods are currently in **transit**. 상품이 현재 운송 중이다.

treasurer [tréʒərər] **(= finance officer, bookkeeper)** – a club treasurer (n.)

클럽 회계 담당자/경리부장

The club **treasurer** is responsible for managing the funds.
클럽 회계 담당자가 자금을 관리하는 책임이 있다.

tribute [tríbjuːt] – pay tribute (n.) 경의를 표하다

The concert was held as a **tribute** to the late musician.
콘서트는 고인이 된 음악가에게 경의를 표하기 위해 열렸다.

● tribute는 '헌사'를 의미하기도 한다.

trivial [tríviəl] **(= unimportant, insignificant)** – a trivial matter (a.) 사소한 문제

He often worries about **trivial** matters. 그는 종종 사소한 문제로 걱정한다.

troubleshoot [trʌ́blʃùːt] **(= diagnose, resolve)** – troubleshoot issues (v.) 문제를 해결하다

The technician is here to **troubleshoot** the issues.
기술자가 문제를 해결하기 위해 여기 와 있다.

tutorial [tjuːtɔ́:riəl] **(= lesson, guide)** – an online tutorial (n.) 온라인 교육 자료/지도서

I watched an online **tutorial** to learn the software.
나는 소프트웨어를 배우기 위해 온라인 튜토리얼을 보았다.

unassuming [ənəsúmiŋ] (= **modest, humble**) – an unassuming demeanor (a.)
겸손한 태도

He has an **unassuming** demeanor despite his fame.
그는 유명세에도 불구하고 겸손한 태도를 지니고 있다.

unclog [ənklɑg] (= **clear, unblock**) – unclog a drain (v.) 배수구 막힌 것을 뚫다

He used a plunger to **unclog** the sink. 그는 플런저를 사용해 싱크대를 뚫었다.

underprivileged [ʌndərprívəlidʒd] (= **disadvantaged, deprived**)
– underprivileged children (a.) 혜택받지 못한 어린이들

The charity supports **underprivileged** children.
그 자선 단체는 혜택받지 못한 아이들을 지원한다.

understandably [ʌndərstǽndəbli] (= **rightly, justifiably**)
– understandably upset (adv.) 당연히 화가 난

She was **understandably** upset about the news. 그녀는 그 소식에 대해 당연히 화가 났었다.

undue [əndú] (= **excessive, unnecessary**) – undue stress (a.) 과도한/부당한 스트레스

He felt **undue** stress at work. 그는 직장에서 과도한 스트레스를 느꼈다.

unmistakable [ənmistéikəbəl] (= **clear, obvious**) – an unmistakable sign (a.)
명백한 징조

There was an **unmistakable** sense of urgency. 명백한 긴박감이 있었다.

unwavering [ʌnwéivəriŋ] (= **steady, resolute**) – unwavering support (a.) 변함없는 지지

She has the **unwavering** support of her family. 그녀는 가족의 변함없는 지원을 받고 있다.

upbeat [ʌpbìːt] (= **optimistic, positive**) – an upbeat attitude (a.) 긍정적인 태도

She always has an **upbeat** attitude. 그녀는 항상 긍정적인 태도를 가지고 있다.

upkeep [ʌpkíp] (= **maintenance, care**) – upkeep of the garden (n.) 정원의 유지 관리

Regular **upkeep** of the garden is necessary. 정기적인 정원 유지 관리가 필요하다.

upright [ʌpràit] (= **vertical, erect**) – stand upright (a.) 똑바른 자세로 서다

The vase stood **upright** on the shelf. 꽃병은 선반에 똑바로 서 있었다.

☐ **utility service** [juːtíləti sə́ːrvis] (= **public service, utility**) – public utility service (n.) ★★
수도 전기 등의 공공 서비스

They provide **utility services** such as water and electricity.
그들은 물, 전기 같은 공공 서비스를 제공한다.

☐ **utilization** [juːtəlizéiʃən] (= **use, employment**) – resource utilization (n.) 자원 활용 ★★
Efficient **utilization** of resources is crucial. 자원의 효율적 활용이 매우 중요하다.

☐ **utterly** [ʌ́tərli] (= **completely, totally**) – utterly disappointed (adv.) 완전히 실망한 ★★
She was **utterly** disappointed by the results. 그녀는 결과에 완전히 실망했다.

☐ **vague** [veig] (= **unclear, indistinct**) – a vague idea (a.) 모호한/막연한 생각 ★★
She had a **vague** idea of what she wanted.
그녀는 자신이 원하는 것이 무엇인지 막연하게 알고 있었다.

☐ **vanish** [vǽniʃ] (= **disappear, evaporate**) – vanish from sight (v.) 시야에서 사라지다 ★★
The magician made the coin **vanish**. 마술사는 동전이 사라지게 만들었다.

☐ **vault** [vɔːlt] – documents in the vault (n.) 금고 안의 문서들 ★★
The jewels are kept in a high-security **vault**. 보석들은 경비가 철저한 금고에 보관되어 있다.

☐ **verifiable** [vérəfàiəbl] – verifiable evidence (a.) 입증 가능한/확인 가능한 증거 ★★
The data provided by the study is **verifiable** through independent sources.
연구에서 제공한 데이터는 독립적인 출처를 통해 확인할 수 있다.

☐ **the very man** – the very man we need (n.) 우리가 필요로 하는 바로 그 사람 ★★
● very는 여기서 형용사로 쓰였다. 참고로 very는 부사이지만, 동사를 수식을 할 수는 없다는 것도 알아두자.
 I very thank you. (X) Thank you very much. (O)
He is **the very man** who solved the problem. 그가 문제를 해결한 바로 그 사람이다.

☐ **vibrant** [váibrənt] (= **lively, energetic**) – a vibrant city (a.) 활기찬 도시 ★★
The city is known for its **vibrant** nightlife. 그 도시는 활기찬 밤 문화로 유명하다.

☐ **violation** [vàiəléiʃən] (= **breach, infringement**) – a traffic violation (n.) 교통 위반 ★★
He was fined for a traffic **violation**. 그는 교통 위반으로 벌금을 물었다.

☐ **void** [vɔid] (= **emptiness, gap**) – create a void (n.) 공백을 만들다 ★★

Her departure left a **void** in the team.
그녀가 떠나서 팀에 공백이 생겼다. (← 그녀가 떠난 것이 팀에 공백을 남겼다.)

- **walk-in** [wɔ́ːkin] **(= without appointment)** – a walk-in clinic (a.) 예약이 필요 없는 병원 ★★

  They visited a **walk-in clinic** for their check-up.
  그들은 검진을 받으러 예약이 필요 없는 워크인 진료소를 방문했다.

- **wary** [wéəri] **(= cautious, suspicious)** – be wary of (a.) ~을 경계하다 | 조심하는 ★★

  She was **wary** of strangers. 그녀는 낯선 사람을 경계했다.

- **way in the back** – sit way in the back (phr.) 맨 뒤에 앉다 ★★

  ● way는 부사로 '아주 멀리(away)'라는 의미이다.

  They chose to sit **way in the back** of the theater. 그들은 극장의 맨 뒤에 앉는 것으로 골랐다.

- **well in advance (= far ahead)** – plan well in advance (phr.) 훨씬 미리 계획하다 ★★

  You should book your tickets **well in advance**. 티켓을 훨씬 미리 예약해야 한다.

- **when it comes to (= regarding)** – (phr.) ~에 관해서는 ★★

  When it comes to cooking, he is an expert. 요리에 관해서는, 그가 전문가이다.

  ● to 다음에는 명사 혹은 동명사형이 온다.

- **windowsill** [wíndousil] **(= window ledge)** – flowers on the windowsill (n.) ★★

  창턱 위의 꽃들

  She placed a pot of flowers on the **windowsill**. 그녀는 창턱에 꽃 화분을 놓았다.

- **with the exception** [iksépʃən] **of (= except for)** – (phr.) ~을 제외하고 ★★

  Everyone is invited **with the exception of** John. 존을 제외하고 모두가 초대받았다.

- **worth** [wəːrθ] **(= valuable, worthwhile)** – worth the effort (a.) 노력할 가치가 있는 ★★

  The project is **worth** the effort. 그 프로젝트는 노력할 가치가 있다.

- **worthwhile** [wərθwáil] **(= valuable, rewarding)** – a worthwhile investment (a.) ★★

  가치 있는 투자

  It's a **worthwhile** investment of your time. 그것은 당신의 시간을 투자할 가치가 있다.

- **worthy** [wə́ːrði] **(= deserving, valuable)** – a worthy cause (a.) 가치 있는 대의명분 ★★

  They are raising money for a **worthy** cause. 그들은 가치 있는 대의를 위해 돈을 모으고 있다.

☐ **yearn** [jəːrn] **(= long for, desire)** – yearn for freedom (v.) 자유를 갈망하다

She **yearned** for a change in her life. 그녀는 삶의 변화를 갈망했다.

TOEIC

PART 5/6/7

New Updated List

1회 이상 출제된 단어 리스트

☐ **aide** [eid] – a personal aide to the CEO (n.) CEO의 개인 보좌관

The governor's **aide** organized the press conference.
주지사의 보좌관이 기자 회견을 준비했다.

029

☐ **avert** [əvə́ːrt] – avert a crisis (v.) 위기를 피하다

The quick action of the firefighters helped **avert** a disaster.
소방관들의 신속한 행동이 재난을 피하도록 도왔다.

☐ **batter** [bǽtər] – batter the coastline (v.) 해안가를 타격하다

The heavy rain and strong winds **battered** the construction site, causing delays in the project timeline.
폭우와 강풍으로 인해 건설 현장이 타격을 입어 프로젝트 일정이 지연되었다.

☐ **blemish** [blémiʃ] – cover the blemish (n.) 티/흠을 가리다

The makeup covered the **blemish** on her skin. 메이크업이 그녀의 피부에 있는 잡티를 가렸다.

☐ **cessation** [seséiʃən] – the cessation of hostilities (n.) 적대 행위의 중단/중지

Both parties agreed to a **cessation** of the fighting. 양측은 싸움을 중단하는 것에 합의했다.

☐ **clout** [klaut] (= **influence**) – political clout (n.) 정치적 영향력

The senator has considerable political **clout** in the government.
그 상원의원은 정부 내에서 상당한 정치적 영향력이 있다.

☐ **consignment** [kənsáinmənt] (= **shipment, delivery**) – a consignment shop (n.)
위탁 판매점

The store sells clothes on **consignment**. 그 가게는 의류를 위탁 판매한다.

☐ **contraction** [kəntrǽkʃən] (= **shrinking, tightening**) – muscle contraction (n.)
근육 수축

The muscle **contraction** caused him pain. 그는 근육 수축이 일어나 고통스러웠다.

☐ **crunch** [krʌnʧ] (= **calculate, analyze**) – crunch numbers (v.)
(계산하고 분석하여) 수치를 처리하다

The accountant had to **crunch** the numbers. 회계사는 수치를 처리해야 했다.

☐ **discrete** [diskríːt] (= **separate, distinct**) – discrete units (a.) 별개의 단위

The course is divided into **discrete** units. 그 과정은 별개의 단위로 나뉘어 있다.

☐ **eventful** [ivéntfəl] **(= busy, momentous)** – an eventful year (a.) 다사다난한 한 해

It has been an **eventful** year for the company. 그 회사에게는 다사다난한 해였다.

☐ **grossly** [gróusli] **(= extremely, excessively)** – grossly inaccurate (adv.)
대단히/극도로 부정확한

The report was **grossly** inaccurate. 그 보고서는 극도로 부정확했다.

☐ **heron** [hérən] – a heron by the lake (n.) 호숫가의 왜가리

● 최신 일본 토익 기출 단어로, 대다수의 수험생들에게 낯설다.

We spotted a **heron** by the lake during our hike.
하이킹 중에 우리는 호숫가에서 왜가리를 한 마리 발견했다.

☐ **hiatus** [haiéitəs] **(= break, pause)** – a temporary hiatus (n.) 일시적 중단

The show is on a temporary **hiatus**. 그 쇼는 일시적으로 중단된 상태이다.

☐ **induct** [indʌkt] **(= admit, install)** – induct into the hall of fame (v.)
명예의 전당에 입성시키다

She was **inducted** into the hall of fame last year. 그녀는 작년에 명예의 전당에 입성했다.

☐ **irritant** [írətənt] **(= annoyance, aggravation)** – a skin irritant (n.) 피부 자극제

The chemical is a known skin **irritant**. 그 화학 물질은 피부 자극제로 알려져 있다.

☐ **janitorial** [dʒænitóːriəl] **(= cleaning, custodial)** - janitorial services (a.)
잡역부의/관리인의 서비스

The school hired a company for **janitorial** services.
학교는 관리 업체를 고용했다.

☐ **jersey** [dʒɔ́ːrzi] **(= shirt, uniform)** – a football jersey (n.) 축구 경기용 셔츠

He bought a new football **jersey**. 그는 축구 경기 때 입는 셔츠를 새로 샀다.

☐ **mainstay** [méinstei] **(= support, foundation)** – economic mainstay (n.)
경제의 토대/중심/대들보

Agriculture is the **mainstay** of the economy. 농업은 경제의 토대이다.

☐ **makeover** [méikòuvər] **(= transformation, renovation)** – a complete makeover (n.)
완전한 변신

She decided to get a complete **makeover**. 그녀는 완전히 변신하기로 결심했다.

□ **nausea** [nɔ́ːzɪə] **(= sickness, queasiness)** – feel nausea (n.) 메스꺼움을 느끼다

The medication can cause **nausea**. 그 약은 메스꺼움을 유발할 수 있다.

□ **precipitous** [prɪsípətəs] **(= steep, sudden)** – a precipitous decline (a.) 급격한/갑작스러운 감소

The company faced a **precipitous** decline in sales. 회사는 급격한 매출 감소에 직면했다.

□ **seemingly** [síːmɪŋli] **(= apparently, outwardly)** – seemingly impossible (adv.)
보아하니/겉보기에 불가능한

It was a **seemingly** impossible task. 그것은 겉보기에는 불가능한 과제였다.

□ **slop** [slap] **over (= spill, overflow)** – (v.) 넘치다, 출렁거리다

Water began to **slop over** the sides of the pot. 물이 냄비 가장자리에서 넘치기 시작했다.

□ **virtue** [vɔ́ːrtʃuː] **(= goodness, morality)** – a virtue of (n.) ~의 미덕

Patience is considered a **virtue**. 인내는 미덕으로 여겨진다.

□ **vociferously** [vousífərəsli] **(= loudly)** – vociferously protest (adv.) 소리 높여 항의하다

The crowd **vociferously** protested against the new law.
군중은 새로운 법에 대해 소리 높여 항의했다.

□ **wreath** [riːθ] – place a wreath (n.) 화환을 놓다

The door was decorated with a festive **wreath** for the holidays.
휴일을 맞아 문은 축제 화환으로 장식되어 있었다.

□ **자주 쓰이는 약어**

PIN	Personal Identification Number 개인 식별 번호	
AKA	Also known As 다른 이름으로는	
ASAP	As Soon As Possible 가능한 한 빨리	
BTW	By The Way 그런데 (화제를 돌릴 때 사용)	
CEO	Chief Executive Officer 최고 경영자	
DIY	Do It Yourself 셀프로 하기 (스타트업들 사이에서 아주 잘 쓰이는 표현)	
FAQ	Frequently Asked Questions 자주 받는 질문들	
HR	Human Resources 인사과, 인력개발부	
PR	Public Relations 홍보 활동, (기관의) 대민 관계	
RSVP	Répondez S'il Vous Plaît. 회신 부탁드립니다. (프랑스어 약어)	
c.c.	carbon copy (이메일에서) 참조	
re	referring to (이메일에서) ~에 관하여, 회신으로	
HVAC	Heating, Ventilating, and Air Conditioning 난방, 환기 및 공기 조절	

Even Homer nods.

다음 문제를 같이 풀어보자!

> Shady Grove shoppers who spend $80 or more will ----- for a 20 percent discount on their next order.
> (A) replace
> (B) account
> (C) qualify
> (D) deliver
>
> 정답: (C)
> 해석: Shady Grove 고객이 $80 이상을 지출하면 다음 주문에 대해 20% 할인을 받을 자격이 주어집니다

필자가 시험을 보다 방심하다가 틀린 문제이다! 'account for + 숫자'가 유명한 표현이어서 '요것 봐라! 이 표현 새로 출제하는구나!' 하면서 웃으면서 그냥 찍고 아무 생각이 없다가 '아차! 실수했구나'를 깨달았다! '~할 자격이 있다'는 의미의 qualify for가 맞는 문맥이었다.

이와는 비교되게 account for는 다음과 같은 문맥에 어울린다!

☐ **account for + number**:~을 차지한다

Tourists account for 35% of the city's total annual revenue.
관광객들은 이 도시의 연간 총수익의 35%를 차지한다.

Online sales account for 25% of the company's total revenue.
온라인 판매는 회사의 총수익의 25%를 차지한다.

Exports account for more than 50% of the nation's economy.
수출은 국가 경제의 50% 이상을 차지한다.

필자가 토익 500회 최다 응시 만점 강사이지만 이런 문제를 틀렸다. 필자도 틀리면 마음이 아프다! 만점을 아무리 많이 받아도 이런 문제를 틀리면 상처가 된다.
이때 또 한 번 외친다!
I never lose! Either I win or learn. 나는 지지 않는다. 이기거나 한 수 배운다!

PART 6
문맥 부사 (conjunctive adverbs) 총정리

<파트 6>는 한 passage에 4문제가 출제되는 빈칸 채우기 문제인데, 이중 한 문제는 문맥에 맞는 문장 넣기이다. 이 앞뒤 문맥을 보여 주는 문맥부사 넣기 문제가 <파트 6>의 핵심이다. 시중에 있는 교재에서 '접속 부사'라는 말을 쓰기도 하는데, 필자의 견해로는 이것은 부적절한 용어이다. 접속사는 문장, 단어, 어구를 연결할 수 있지만, 부사는 그런 능력이 없기 때문이다. 엄밀히 말해 <파트 6>에는 문맥을 보여 주는 부사나 부사구가 출제되며, 이것을 필자는 '문맥부사'라고 정한다.

Contrast/Concession: 대조/양보

030

☐ **However** 그러나

She had always preferred classical music. **However**, after attending a jazz concert, she developed a fondness for it as well.
그녀는 늘 클래식 음악을 선호했다. **그러나** 재즈 콘서트에 다녀온 후에는 재즈 음악에 대한 애정도 갖게 되었다.

☐ **Nonetheless** 그럼에도 불구하고

The journey was fraught with difficulties. **Nonetheless**, they felt it was worth it when they saw the breathtaking view.
그 여정은 어려움으로 가득 차 있었다. **그럼에도 불구하고**, 숨이 멎을 듯 멋진 경치를 보고 그들은 그만한 가치가 있다고 느꼈다.

☐ **On the other hand** 반면에

The first half of the movie was quite slow. **On the other hand**, the second half was full of unexpected twists.
영화 전반부는 꽤 느렸다. **반면에**, 후반부는 예상치 못한 반전들로 가득했다.

□ **Conversely** 반대로

In urban areas, public transport is often the quicker option. **Conversely**, in rural areas, owning a car is usually more convenient.

도시 지역에서는 대중교통이 더 빠른 선택인 경우가 많다. **반대로**, 시골 지역에서는 자동차를 소유하는 것이 일반적으로 더 편리하다.

□ **Instead** 대신

He was supposed to travel by plane. **Instead**, he chose to take the train to enjoy the scenic route.

그는 비행기로 여행하기로 되어 있었다. **대신**, 그는 경치 좋은 길을 즐기기 위해 기차를 타기로 했다.

□ **In contrast** 반대로

Urban areas are bustling with activity. **In contrast**, rural areas are much quieter and serene.

도시 지역은 이런저런 활동으로 북적거린다. **반대로**, 농촌 지역은 훨씬 조용하고 평화롭다.

□ **With that said** (앞서 말한 의견의 강도를 줄이면서) 그렇기는 하지만

The plan is risky and could lead to complications. **With that said**, the potential rewards could be substantial.

이 계획은 위험하며 복잡한 문제를 일으킬 수 있다. **그렇기는 하지만** 잠재적인 보상이 상당할 수 있다.

□ **After all** 결국

The team worked overtime to meet the deadline; **after all**, it was crucial for securing the contract.

팀은 기한을 맞추기 위해 야근을 마다하지 않았고, **결국** 계약을 성사시키는 데 결정적인 역할을 했다.

□ **On the contrary** 반대로

She didn't find the movie boring. **On the contrary**, she thought it was very exciting.

그녀는 그 영화가 지루하다고 생각하지 않았다. **반대로**, 매우 흥미진진하다고 생각했다.

□ **To the contrary** 반대로

He expected the trip to be exhausting. **To the contrary**, it was relaxing and refreshing.

그는 여행이 피곤할 것이라고 예상했다. **반대로**, 여행은 편안하고 상쾌했다.

Nevertheless 그럼에도 불구하고

The weather was not ideal for a picnic. **Nevertheless**, they decided to go ahead with their plans.
날씨가 소풍에는 적합하지 않았다. **그럼에도 불구하고**, 그들은 계획을 강행하기로 결정했다.

Even so 그럼에도 불구하고

She knew it was risky to invest in the startup. **Even so**, she decided to take the plunge.
그녀는 스타트업에 투자하는 것이 위험하다는 것을 알고 있었다. **그럼에도 불구하고**, 그녀는 투자를 단행하기로 했다.

---

②
Addition/Supplementation: 추가/보충

Furthermore 더욱이

The study suggests a significant correlation between diet and health. **Furthermore**, it indicates that regular exercise enhances these benefits.
이 연구는 식이요법과 건강 사이에 상당한 상관관계가 있음을 보여 준다. **더욱이**, 규칙적인 운동이 이러한 이점을 향상시킨다는 것을 나타낸다.

Additionally 추가로

The museum offers guided tours of the exhibits. **Additionally**, special workshops are available for children on weekends.
박물관에서는 전시회 가이드 투어를 제공한다. **추가로**, 주말에는 어린이를 위한 특별 워크숍도 이용 가능하다.

Moreover 게다가

He is an excellent painter. **Moreover**, his skills as a sculptor are equally impressive.
그는 뛰어난 화가이다. **게다가**, 조각가로서의 실력도 그림 실력과 마찬가지로 인상적이다.

In addition 게다가

The software provides robust data analysis tools. **In addition**, it is user-friendly and easy to navigate.
이 소프트웨어는 강력한 데이터 분석 도구를 제공한다. **게다가**, 그것은 사용자 친화적이고, 탐색하기 쉽다.

Besides 게다가

She is a talented singer. **Besides**, she can also play the piano and the violin.
그녀는 재능 있는 가수이다. **게다가**, 피아노와 바이올린도 연주할 수 있다.

Cause/Effect: 원인/결과

Consequently 그 결과

The company failed to adapt to market changes. **Consequently**, it suffered a significant decline in sales.
회사는 시장 변화에 적응하지 못했다. **그 결과**, 상당한 매출 감소를 겪었다.

As a result 그 결과

There was a major power outage in the city. **As a result**, many businesses had to temporarily close.
도시에 대규모 정전이 발생했다. **그 결과**, 많은 사업체들이 일시적으로 문을 닫아야 했다.

Therefore 그러므로

All the evidence points to his innocence. **Therefore**, he should be acquitted of all charges.
모든 증거가 그가 무죄라는 걸 가리킨다. **그러므로**, 그는 모든 혐의에 대해 무죄를 선고받아야 한다.

In fact 실제로

He claimed he could run a mile in under five minutes. **In fact**, he did it in four minutes and thirty seconds.
그는 5분 이내에 1마일을 달릴 수 있다고 주장했다. **실제로**, 그는 4분 30초 만에 그것을 해냈다.

As expected 예상대로

The team worked hard on the project. **As expected**, they completed it on time and within budget.
팀은 프로젝트에 열심히 임했다. **예상대로**, 그들은 제시간에 예산 내에서 프로젝트를 완료했다.

Sequence/Time: 순서/시간

☐ **Afterward** 그리고 난 후에

They went for a long hike. **Afterward**, they relaxed at a nearby café.
그들은 장거리 산행을 갔다. **그러고 난 후에**, 근처 카페에서 휴식을 취했다.

☐ **Then** 그런 다음

First, assemble the frame. **Then**, attach the wheels.
먼저 프레임을 조립하세요. **그런 다음**, 바퀴를 부착하세요.

☐ **Subsequently** 결과적으로 나중에

The novel received critical acclaim upon its release. **Subsequently**, it was adapted into a successful movie.
소설은 출간과 동시에 비평가들의 호평을 받았다. **결과적으로 나중에**, 영화로도 각색되어 성공을 거뒀다.

☐ **In the meantime** 그동안

The main course is still cooking. **In the meantime**, let's prepare the salad.
메인 요리가 아직 요리 중입니다. **그동안**, 샐러드를 준비합시다.

☐ **Meanwhile** 그동안

She started preparing dinner. **Meanwhile**, he set the table.
그녀는 저녁을 준비하기 시작했다. **그동안**, 그는 식탁을 차렸다.

☐ **Before long** 곧, 오래지 않아

The new cafe opened in town. **Before long**, it became very popular with locals and tourists alike. 새 카페가 동네에 문을 열었다. 곧 현지인과 관광객들에게 매우 인기를 끌게 되었다.

Condition/Supposition: 조건/가정

☐ **If not** 그렇지 않으면

Make sure to water the plants daily. **If not**, they may not survive in this hot weather.
매일 식물에게 물을 꼭 주도록 해. **그렇지 않으면**, 이 더운 날씨에 식물이 살아남지 못할 수도 있어.

If so 그렇다면

Did you complete the assignment? **If so**, please submit it before the deadline.
과제를 끝냈니? **그렇다면**, 마감일 이전에 제출하도록 해.

In that case 그럴 경우에는

If the weather turns bad, **in that case**, we'll need to reschedule the event.
만약 날씨가 안 좋아진다면, **그럴 경우에는**, 우리가 행사 일정을 변경해야 할 것이다.

Otherwise 그렇지 않으면

Keep the flowers in sunlight and water them regularly. **Otherwise**, they may not survive.
꽃을 햇빛이 비치는 곳에 두고, 정기적으로 물을 주세요. **그렇지 않으면**, 꽃이 살아남지 못할 수도 있어요.

In any case 어쨌든

We might not finish the project by tomorrow, but **in any case**, we'll do our best.
우리가 내일까지 프로젝트를 완료하지 못할 수도 있지만, **어쨌든** 최선을 다할 것이다.

Alternatively 또는, 그 대신에

You can take the bus to get there. **Alternatively**, you could ride your bike.
그곳에 가려면 버스를 탈 수 있다. **또는** 자전거를 탈 수도 있다.

---

⑥
Comparison/Similarity: 비교/유사성

Similarly 이와 유사하게

Many athletes train rigorously to improve their performance. **Similarly**, students must study diligently to excel in their exams.
많은 운동선수들이 자신의 경기력을 끌어올리기 위해 엄격히 훈련한다. **이와 유사하게**, 학생들은 시험에서 뛰어난 성적을 거두기 위해 부지런히 공부해야 한다.

Likewise 이와 마찬가지로

She is proficient in French. **Likewise**, she speaks Spanish fluently.
그녀는 프랑스어가 유창하다. **이와 마찬가지로**, 스페인어도 유창하게 한다.

Comparatively 비교적

This year's sales figures are **comparatively** higher than last year's, showing a significant growth in the market.
올해 매출 수치는 작년보다 **비교적** 높아서, 시장에서 상당히 성장했음을 보여 준다.

Just as ~하는 것처럼

Just as the sun nourishes plants, positive feedback can motivate people.
태양이 식물에 영양을 공급**하는 것처럼**, 긍정적인 피드백은 사람들에게 동기를 부여할 수 있다.

In the same way 같은 방식으로

A good teacher can inspire a love of learning in students. **In the same way**, a good leader can inspire a team to achieve great things.
훌륭한 선생님은 학생들에게 배움에 대한 사랑을 불러일으킬 수 있다. **같은 방식으로**, 훌륭한 지도자는 팀이 위대한 일을 성취하도록 영감을 줄 수 있다.

Equally 동등하게

He respects all his colleagues and treats them **equally**, regardless of their position.
그는 모든 동료를 존중하고 직책에 상관없이 그들을 동등하게 대우한다.

---

(7)
Conclusion/Summary: 결론/요약

In the end 결국

There were many challenges along the way. **In the end**, the project was a great success.
그 과정에서 많은 어려움이 있었다. **결국**, 프로젝트는 큰 성공을 거두었다.

For instance 예를 들어

There are many ways to reduce our environmental impact. **For instance**, we can start by recycling and conserving water.
환경에 미치는 영향을 줄이는 방법은 많다. **예를 들어**, 물을 재활용하고 아껴 쓰는 것부터 시작할 수 있다.

For example 예를 들면

He has many hobbies, **for example**, hiking, painting, and playing the guitar.
그는 취미가 많은데 예를 들면, 하이킹, 그림 그리기, 기타 연주 등이 있다.

□ **As an example** 예를 들어

To illustrate the importance of teamwork, consider ants. As an example, an ant colony works together seamlessly to achieve common goals.
팀워크의 중요성을 설명하기 위해 개미를 생각해 보세요. **예를 들어**, 개미 군집은 공동의 목표를 달성하기 위해 원활하게 협력합니다.

□ **As mentioned earlier** 앞서 언급했듯이

As mentioned earlier, the meeting has been rescheduled to next Friday.
앞서 언급했듯이, 회의 일정이 다음 주 금요일로 변경되었습니다.

□ **In summary** 요약하면

In summary, the proposed changes aim to improve efficiency and customer satisfaction.
요약하면, 제안된 변경 사항은 효율성과 고객 만족도 향상을 목표로 한다.

□ **In conclusion** 결론적으로

In conclusion, the study confirms the positive impact of exercise on mental health.
결론적으로, 이번 연구는 운동이 정신 건강에 미치는 긍정적인 영향을 확인시켜 준다.

□ **To sum up** 요약하면

To sum up, our strategy should focus on both digital and traditional marketing channels.
요약하면, 우리 전략은 디지털과 전통적 마케팅 채널 모두에 초점을 맞춰야 한다.

□ **All things considered** 모든 것을 고려해 볼 때

All things considered, moving to a new location seems like the best option for our growing business.
모든 것을 고려해 볼 때, 새로운 곳으로 이전하는 것이 성장 중인 우리 사업을 위한 최선의 선택인 것 같다.

□ **Most significantly** 가장 중요하게는

The project led to numerous improvements. Most significantly, it resulted in a 50% increase in overall efficiency.
이 프로젝트를 통해 수많은 개선이 이루어졌다. **가장 중요하게는**, 전체 효율성이 50% 향상되었다는 점이다.

PART 7
빈출 단어 Synonyms List

토익에서는 <파트 5, 6>을 15~20분 안에 풀고 <파트 7>은 147~200번까지 총 54문제를 50~55분 안에 풀어야 한다. 따라서 시간과의 싸움이다. 이 책에 수록된 단어들을 <파트 1>부터 지금까지 공부하신 분들은 크게 힘들지 않을 것이지만, 문제 자체를 풀어 보는 연습을 충분히 해야 좋은 결과를 얻게 된다.

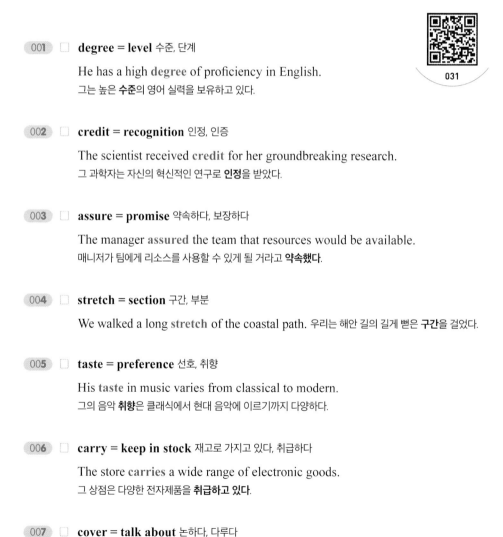

031

001 ☐ **degree = level** 수준, 단계

He has a high **degree** of proficiency in English.
그는 높은 **수준**의 영어 실력을 보유하고 있다.

002 ☐ **credit = recognition** 인정, 인증

The scientist received **credit** for her groundbreaking research.
그 과학자는 자신의 혁신적인 연구로 **인정**을 받았다.

003 ☐ **assure = promise** 약속하다, 보장하다

The manager **assured** the team that resources would be available.
매니저가 팀에게 리소스를 사용할 수 있게 될 거라고 **약속했다**.

004 ☐ **stretch = section** 구간, 부분

We walked a long **stretch** of the coastal path. 우리는 해안 길의 길게 뻗은 **구간**을 걸었다.

005 ☐ **taste = preference** 선호, 취향

His **taste** in music varies from classical to modern.
그의 음악 **취향**은 클래식에서 현대 음악에 이르기까지 다양하다.

006 ☐ **carry = keep in stock** 재고로 가지고 있다, 취급하다

The store **carries** a wide range of electronic goods.
그 상점은 다양한 전자제품을 **취급하고 있다**.

007 ☐ **cover = talk about** 논하다, 다루다

The documentary **covers** the effects of climate change.
그 다큐멘터리는 기후 변화의 영향에 대해 **다룬다**.

008 ☐ **craft = skill** 기술, 솜씨

She admired his **craft** in woodworking. 그녀는 그의 목공예 **기술**에 감탄했다.

009 ☐ **facility = center** 센터, 시설

The new sports **facility** offers various activities.
새로 생긴 스포츠 **시설**에서 다양한 활동을 제공하고 있다.

010 ☐ **fine = skillful** 숙련된, 능숙한

She is a **fine** artist with an eye for detail.
그녀는 디테일에 대한 안목을 지닌 **숙련된** 예술가이다.

011 ☐ **temper = moderate** 완화하다, 조절하다

He had to **temper** his enthusiasm with caution.
그는 자신의 열정을 조심스럽게 **완화**해야 했다.

012 ☐ **assume = undertake** 맡다, 수행하다

She **assumed** the role of project manager. 그녀는 프로젝트 매니저 역할을 **맡았다**.

013 ☐ **association = connection** 연관, 연결

There is a strong **association** between diet and health.
식단과 건강 사이에는 강한 **연관성**이 있다.

014 ☐ **reflect = indicate** 나타내다, 반영하다

The statistics **reflect** the change in consumer behavior.
그 통계가 소비자 행동의 변화를 **나타내고 있다**.

015 ☐ **work out = finalize** 마무리 짓다, 해결하다

They **worked out** the details of the agreement. 그들은 계약의 세부 사항을 **마무리 지었다**.

016 ☐ **available = accessible** 접근 가능한, 이용할 수 있는

The report is **available** online for all employees.
그 보고서는 모든 직원이 온라인에서 **이용할 수 있다**.

017 ☐ **budget = economical** 저렴한, 경제적인, 저가의

We found a **budget** option for our vacation. 우리는 휴가에 맞는 **저렴한** 옵션을 찾았다.

018 ☐ **conclusion = end** 마무리, 종료

The **conclusion** of the film was unexpected. 영화의 **마무리**는 예상치 못한 것이었다.

019 ☐ **appeal to = attract** (주어가) 매력적이다, ~에게 관심을 끌다, 끌다

The new design **appeals to** a younger audience.
새로운 디자인이 젊은 관객들**에게 관심을 끌고 있다.**

020 ☐ **listed = identified** 식별된, 나열된

The ingredients are **listed** on the back of the package.
성분들이 포장 뒷면에 **나열되어** 있다.

021 ☐ **lead = guide** 안내하다, 지도하다

Her experience helps her **lead** the team through complex projects.
그녀의 경험은 그녀가 복잡한 프로젝트에서 팀을 **이끄는 데** 도움이 된다.

022 ☐ **sales figures = sales amounts** 매출액

The company's **sales figures** for the quarter were impressive.
회사의 해당 분기별 **매출액**은 인상적이었다.

023 ☐ **hit the shelves = reach** 도달하다, 시장에 나오다

The new product will **hit the shelves** next month.
신제품이 다음 달에 **시장에 나올** 것이다.

024 ☐ **regarding = concerning** ~에 관련된, ~에 해당하는

He asked a question **regarding** the new policy. 그는 새로운 정책**에 관한** 질문을 했다.

025 ☐ **decent = satisfactory** 만족스러운, 괜찮은

The hotel provided **decent** accommodations at a reasonable price.
그 호텔은 합리적인 가격에 **만족스러운** 숙소를 제공했다.

026 ☐ **gentler = softer** 더 부드러운, 더 온화한

He prefers a **gentler** approach to teaching.
그는 더 **온화한** 방식으로 가르치는 것을 선호한다.

027 ☐ **design = create** 창조하다, 디자인하다

She will **design** the costumes for the theater production.
그녀는 연극 제작에 쓸 의상을 **디자인할** 것이다.

028 ☐ **serious = committed** 진지한, 헌신적인, 열성적인

Only **serious** buyers are interested in high-value real estate investments.
진지한 구매자들만이 고가의 부동산 투자에 관심을 가진다.

029 ☐ **handled = performed** 수행된, 처리된

The tasks were expertly **handled** by the team. 그 작업은 팀에서 전문적으로 **처리했다**.

030 ☐ **charged = energized** 활기찬, 에너지가 충전된

The team felt **charged** after the inspirational talk.
팀은 영감을 주는 강연을 듣고 **충전된** 느낌을 받았다.

031 ☐ **depress = reduce** 줄이다, 감소시키다

High interest rates can **depress** economic growth.
높은 이자율은 경제 성장을 **감소시킬** 수 있다.

032 ☐ **saturated = soaked** 흠뻑 젖은, 포화된

The cloth was **saturated** with water. 천이 물에 **흠뻑 젖었다**.

033 ☐ **vital = essential** 필수적인, 중요한

Regular exercise is **vital** for maintaining good health.
규칙적인 운동은 건강을 유지하는 데 **필수적이다**.

034 ☐ **deal with = address** ~을 다루다, 해결하다

The manager will **deal with** the customer's complaint promptly.
매니저가 고객의 불만 사항을 신속히 **처리할** 것이다.

035 ☐ **steady = regular** 일정한, 꾸준한

She maintained a **steady** work schedule throughout the year.
그녀는 일 년 내내 **꾸준한** 작업 일정을 유지했다.

036 ☐ **momentous = significant** 중요한

The signing of the peace treaty was a **momentous** event in history.
그 평화 조약의 서명은 역사적으로 **중요한** 사건이었다.

037 ☐ **in the wake of = following** 뒤따라, ~에 뒤이어

In the wake of the storm, many houses were damaged.
폭풍이 지나간 **후** 많은 집들이 피해를 입었다.

038 ☐ **play it safe = be cautious** 신중을 기하다

It's better to **play it safe** and double-check the calculations.
신중을 기하고 계산을 다시 확인하는 것이 좋다.

039 ☐ **solidarity = unity** 단결, 단합

The team showed great **solidarity** during the challenging project.
팀은 힘들고 도전적인 프로젝트 동안 크게 **단결된 모습**을 보여 주었다.

040 ☐ **deal in = trade in** ~을 취급하다, 거래하다

The antique shop specializes in **dealing in** rare collectibles.
그 골동품 가게는 희귀 수집품 **거래**를 전문으로 한다.

041 ☐ **come by = obtain** 얻다, 확보하다

She managed to **come by** a ticket to the sold-out concert.
그녀는 매진된 콘서트 티켓을 간신히 **얻었다.**

042 ☐ **instrumental = essential** 중요한

His leadership was **instrumental** in the success of the project.
그의 리더십은 프로젝트의 성공에 **중요한** 역할을 했다.

043 ☐ **represent = speak for** 대표하다

The lawyer will **represent** the client in court.
변호사가 법정에서 의뢰인을 **대표할** 것이다.

044 ☐ **untapped = intact** 아직 손대지 않은, 그대로의

The remote island has many **untapped** natural resources.
그 외딴 섬에는 **손대지 않은** 천연 자원이 많이 있다.

045 ☐ **mundane = ordinary** 평범한, 일상적인

Her daily routine consisted of **mundane** tasks like grocery shopping.
그녀의 일상은 장보기 같은 **평범한** 일들로 이루어져 있었다.

046 ☐ **act = ordinance** 법령

The city council passed a new **act** to regulate parking in the downtown area.
시 의회는 도심 지역의 주차를 규제하는 새로운 **법령**을 통과시켰다.

047 ☐ **thus far = to date / so far / up to now** 지금까지

The company has been very successful **thus far**.
그 회사는 **지금까지** 매우 성공적이었다.

048 ☐ **secure = achieve** 얻다

She worked hard to **secure** a promotion at her job.
그녀는 직장에서 승진을 **얻기** 위해 열심히 일했다.

049 ☐ **contain = hold back** 저지하다, 방지하다

Firefighters worked tirelessly to **contain** the forest fire.
소방관들은 산불을 **저지하기** 위해 지칠 줄 모르고 일했다.

050 ☐ **give way to = yield to** 양보하다, ~로 대체되다

The old building **gave way to** a modern skyscraper.
그 오래된 건물은 현대적인 고층 빌딩**으로 대체되었다.**

051 ☐ **note = state** 특별히 언급하다

I would like to **note** that the project deadline has been extended.
프로젝트 마감 기한이 연장되었음을 특별히 **언급하고** 싶습니다.

052 ☐ **impending = imminent** 곧 닥칠, 임박한

The **impending** storm forced residents to evacuate their homes.
임박한 폭풍으로 인해 주민들은 집에서 대피해야 했다.

053 ☐ **marginal = slight** 미미한

There was only a **marginal** improvement in the company's profits.
회사 수익에 **미미한** 개선만 있을 뿐이었다.

054 ☐ **contrive to do = manage to do** 용케 ~해 내다

He **contrived to** finish the project ahead of schedule.
그는 프로젝트를 **용케** 일정보다 빨리 마쳤다.

055 ☐ **entail = involve** 수반하다

The job **entails** a lot of travel to different locations.
그 일은 여러 지역으로의 출장을 **수반한다.**

056 ☐ **menace = threaten** 위협하다

The aggressive dog began to **menace** the neighborhood.
공격적인 개가 이웃들을 **위협하기** 시작했다.

057 ☐ **relate = recount** 들려주다, 이야기해 주다

She **related** the story of her adventure to her friends.
그녀는 친구들에게 자신의 모험담을 **들려주었다**.

058 ☐ **related to = pertinent to** ~와 관련된

The discussion focused on topics **related to** the project.
토론은 그 프로젝트**와 관련된** 주제에 초점을 맞췄다.

059 ☐ **extent = scope** 범위, 규모

The **extent** of the damage caused by the earthquake was extensive.
지진으로 인한 피해 **범위**는 광범위했다.

060 ☐ **remnant = remains** 남은 부분, 자투리, 잔재

Only a **remnant** of the ancient civilization remains today.
고대 문명의 **잔재**만이 오늘날 남아 있다.

061 ☐ **unmet = unfulfilled** (요구 등이) 채워지지 않은, 충족되지 않은

There are still many **unmet** needs in the community.
그 공동체에는 여전히 **충족되지** 않은 요구들이 많이 있다.

062 ☐ **outgoing = departing** 떠나는

The **outgoing** CEO handed over the company to her successor.
떠나는 CEO가 회사를 자신의 후임자에게 넘겼다.

063 ☐ **stipulations = terms** 계약 조건

The contract includes several **stipulations** regarding payment.
그 계약에는 지불에 관한 여러 **계약 조건들**이 포함되어 있다.

064 ☐ **stipulate = specify** 명시하다

The contract **stipulates** the deadline for project completion.
계약서에 프로젝트 완료 기한이 **명시되어** 있다.

065 ☐ **dismiss = displace** 해고하다

The company had to **dismiss** several employees due to budget cuts.
그 회사는 예산 삭감으로 인해 여러 직원들을 **해고해야** 했다.

066 ☐ **cut the budget = trim the budget** 예산을 삭감하다

The government decided to **cut the budget** for public services.
정부는 공공 서비스에 필요한 **예산을 삭감하기로** 결정했다.

067 ☐ **impose = levy** 부과하다

The government may **impose** taxes on luxury goods.
정부는 사치품에 세금을 **부과할** 수도 있다.

068 ☐ **province = realm** 분야

Her expertise is in the **province** of environmental science.
그녀의 전문 지식은 환경 과학 **분야**에 있다.

069 ☐ **off-site = remote** 원격의, 원격으로

Due to the pandemic, many employees are working **off-site**.
세계적인 전염병으로 인해 많은 직원들이 **원격으로** 일하고 있다.

070 ☐ **momentarily = briefly** 잠깐

I will be away from my desk **momentarily**.
잠깐 자리를 비우겠습니다. (← 잠깐 동안 제 자리에서 벗어나 있겠습니다.)

071 ☐ **break down = analyze** 분석하다

We need to **break down** the data to understand the patterns.
그 패턴을 이해하려면 우리가 데이터를 **분석해야** 한다.

072 ☐ **breakdown = analysis** 분석

The **breakdown** of the report revealed interesting trends.
그 보고서의 **분석** 결과 흥미로운 경향이 밝혀졌다.

073 ☐ **spot = notice** 알아채다, 발견하다

I **spotted** a rare bird in the park this morning.
나는 오늘 아침 공원에서 희귀한 새를 **발견했다.**

074 ☐ **attendance = turnout** 참가자 수

The **attendance** at the conference exceeded our expectations.
회의 **참가자 수**는 우리의 예상을 뛰어넘었다.

075 ☐ **exhaustive = thorough / complete** 철저한, 완벽한

She conducted an **exhaustive** review of the research data.
그녀는 **철저한** 연구 데이터 검토를 수행했다.

076 ☐ **processed foods = packaged foods** 가공 식품

Many **processed foods** contain additives and preservatives.
많은 **가공 식품**이 첨가물과 방부제를 포함하고 있다.

077 ☐ **fledgling = emerging** 신생, 뉴비

The **fledgling** company is still finding its place in the market.
그 **신생** 회사는 여전히 시장에서 자리를 잡아가고 있다.

078 ☐ **beyond question = undoubtedly / out of question** 의심의 여지 없이

Her dedication to the project is **beyond question**.
프로젝트에 그녀가 헌신한 것은 **의심의 여지가 없다**.

079 ☐ **factor in = consider** 고려하다, 감안하다

When planning the budget, it's important to **factor in** unexpected expenses.
예산을 계획할 때, 예상치 못한 비용을 **고려하는** 것이 중요하다.

080 ☐ **groundbreaking = innovative** 혁신적인

Groundbreaking inventions often lead to significant advancements in technology. **혁신적인** 발명품은 종종 기술에서 중요한 발전으로 이어진다.

081 ☐ **operations manual = tutorial** 사용 지침서, 안내 책자

The **operations manual** provides detailed instructions for using the equipment.
사용 지침서는 장비 사용에 대한 자세한 지침을 제공한다.

082 ☐ **premises = building / property** 건물이 딸린 부지, 부동산

The company owns the **premises** where its headquarters are located.
그 회사는 본사가 위치한 **부지**를 소유하고 있다.

083 ☐ **follow = obey / observe** 순종하다, 따르다

Employees must **follow** the company's code of conduct.
직원들은 회사의 행동 강령을 **따라야** 한다.

084 ☐ **engrossing = compelling** 매혹적인

The novel was so **engrossing** that I couldn't put it down.
그 소설이 너무 **매혹적**이어서 나는 내려놓을 수가 없었다.

085 ☐ **of little account = of little importance** 중요하지 않은

His opinion is **of little account** in this decision. 이 결정에서 그의 의견은 **중요하지 않다**.

086 ☐ **feedback = reaction / review / input / evaluations / suggestions**

피드백, 반응, 리뷰, 의견 등의 투입, 평가, 제안

We appreciate your **feedback** on our products.
저희 제품에 대한 고객의 **피드백**에 감사드립니다.

087 ☐ **fraction = part / portion** 일부

Only a **fraction** of the work has been completed. 작업의 **일부**만 완료되었다.

088 ☐ **locations = stores** 지점, 가게

The retailer plans to open more **locations** in the coming year.
그 소매업자는 다가오는 해에 더 많은 **지점**을 열 계획이다.

089 ☐ **confidential = classified / sensitive** 기밀의

The contents of the report are highly **confidential**. 그 보고서의 내용은 **극비이다**.

090 ☐ **makeshift = provisional / improvised / tentative** 임시방편의

They set up a **makeshift** shelter using available materials.
그들은 이용 가능한 재료를 사용하여 **임시** 대피소를 설치했다.

091 ☐ **scrutinize = investigate** 조사하다

The auditor will **scrutinize** the financial records of the company.
회계 감사관은 회사의 재무 기록을 **조사할** 것이다.

092 ☐ **succinct = concise** 간결한

Her presentation was **succinct** and to the point. 그녀의 발표는 **간결하고** 핵심을 찔렀다.

093 ☐ **gratuity = tip** 봉사료, 팁

It's customary to leave a **gratuity** for good service at restaurants.
레스토랑에서 좋은 서비스를 받으면 **봉사료**를 남기는 것이 관례이다.

094 ☐ **remainder = balance** 잔여, 잔고

After paying the bills, she checked the **remainder** in her bank account.
청구서를 지불한 후, 그녀는 은행 계좌의 **잔고**를 확인했다.

095 ☐ **unbeatable = invincible** 무적의, 아무도 꺾을 수 없는

Their team was **unbeatable** throughout the championship.
그들의 팀은 선수권 대회 내내 **무적**이었다.

096 ☐ **compulsory = obligatory / mandatory / required** 의무적인, 필수의

Attendance at the safety training is **compulsory** for all employees.
안전 교육 참석은 모든 직원에게 **의무적**이다.

097 ☐ **sustain damage = suffer damage** 손상을 입다, 손해를 입다

The earthquake caused the building to **sustain** significant **damage**.
지진은 건물에 상당한 **손상을 입혔다**.

098 ☐ **enduring = lasting** 오래가는, 지속적인

Their **enduring** friendship has lasted for decades.
그들의 **오랜** 우정은 수십 년 동안 지속되었다.

099 ☐ **lax = lenient** 느슨한

The teacher was criticized for being too **lax** with discipline.
그 교사는 훈육이 너무 **느슨하다**는 비판을 받았다.

100 ☐ **subcontract = outsource** 외주를 주다, 하청하다

The company decided to **subcontract** the production of certain components.
그 회사는 특정 부품의 생산은 **외주를 주기로** 결정했다.

101 ☐ **depend on = rely on / hinge on** ~에 의존하다

The success of the project will **depend on** effective teamwork.
프로젝트의 성공은 효과적인 팀워크**에 달려 있게** 될 것이다.

102 ☐ **hinder = intervene in / interfere** 방해하다, 간섭하다

Please don't **hinder** the progress of the construction work.
건설 작업의 진행을 **방해하지** 말아 주세요.

103 ☐ **supply = furnish with / dispense** 공급하다

The vending machine can **supply** snacks and beverages.
자판기에서 스낵과 음료를 **공급할** 수 있다.

104 ☐ **phenomenally = exceedingly / exceptionally / extraordinarily** 놀랍게도

The company's profits have grown **phenomenally** in the last year.
그 회사의 이익은 지난 일 년 동안 **놀랄 정도로** 성장했다.

105 ☐ **mistakenly = inadvertently / unintentionally / involuntarily** 실수로

He **mistakenly** deleted the important email from his inbox.
그는 **실수로** 받은 편지함에서 중요한 이메일을 삭제했다.

106 ☐ **sturdy = durable / rugged** 튼튼한

The hiking boots are made to be **sturdy** and withstand rough terrain.
하이킹 부츠는 **튼튼하게** 만들어져 험한 지형을 견딜 수 있다.

107 ☐ **ignore = disregard / pay no attention to / overlook** 무시하다

It's important not to **ignore** safety warnings. 안전 경고를 **무시하지** 않는 것이 중요하다.

108 ☐ **equipment = gear / device / apparatus** 장비

The laboratory is equipped with state-of-the-art research **equipment**.
그 실험실은 최첨단 연구 **장비**를 갖추고 있다.

109 ☐ **feasible = achievable / attainable / doable** 실현 가능한

The proposed project is **feasible** within our budget constraints.
제안된 프로젝트는 우리의 예산 제약 내에서 **실현 가능**하다.

110 ☐ **delay = defer / postpone / put off** 연기하다

They had to **delay** the meeting due to unexpected circumstances.
그들은 예상치 못한 상황 때문에 회의를 **연기**해야 했다.

111 ☐ **belongings = possessions / effects / personal items** 소지품

He packed his **belongings** before moving to a new apartment.
그는 새 아파트로 이사하기 전에 자기 **짐**을 쌌다.

112 ☐ **projection = prediction / estimation / forecast** 예상, 추정

The financial **projection** for the next quarter looks promising.
다음 분기의 재정 **전망**이 유망해 보인다.

113 ☐ **effort = exertion / endeavor / attempt** 노력

Their collective **effort** led to the successful completion of the project.
그들의 공동 **노력**은 프로젝트의 성공적인 완료로 이어졌다.

114 ☐ **oversee = supervise / manage / administer** 관리하다

She was promoted to **oversee** the entire department.
그녀는 전체 부서를 **관리하는** 직책으로 승진했다.

115 ☐ **promote = advertise / endorse / publicize** 홍보하다

The company plans to **promote** their new product through various marketing strategies. 그 회사는 다양한 마케팅 전략을 통해 자사 신제품을 **홍보할** 계획이다.

116 ☐ **review = examination / critique / assessment** 검토

The supervisor conducted a thorough **review** of the project's progress.
감독관은 프로젝트 진행 상황에 대해 철저한 **검토**를 실시했다.

117 ☐ **confiscate = seize / forfeit / impound** 압수하다

The authorities may **confiscate** illegal items found during inspections.
당국은 검사 중 발견된 불법 품목을 **압수할** 수도 있다.

118 ☐ **resident = occupant / inhabitant / dweller** 거주자

The **resident** of the apartment next door is very friendly.
옆 아파트의 **주민**은 매우 친절하다.

119 ☐ **restructure = reorganize / overhaul / revamp** 재조직하다

The company decided to **restructure** its management team.
그 회사는 경영진을 **재조직하기로** 결정했다.

120 ☐ **feasibility = possibility / practicality / viability** 실현 가능성

The **feasibility** study will determine if the project can be executed.
실현 가능성 연구를 통해 프로젝트 실행 가능 여부가 결정될 것이다.

121 ☐ **sophisticated = refined / advanced / elegant** 세련된

The design of the new building is **sophisticated** and modern.
새 건물의 디자인은 **세련되고** 현대적이다.

122 ☐ **carry out = execute / implement / perform** 실행하다

They plan to **carry out** the project according to the established timeline.
그들은 정해진 일정에 따라 프로젝트를 **실행할** 계획이다.

123 ☐ **opportunity = chance / possibility / prospect** 기회

She saw the job opening as an excellent career **opportunity**.
그녀는 그 채용 공고를 훌륭한 경력 **기회**로 보았다.

124 ☐ **shortcomings = defects / drawbacks / flaws** 단점

The product has a few **shortcomings** that need improvement.
그 제품은 개선이 필요한 몇 가지 **단점**이 있다.

125 ☐ **revision = modification / amendment / adjustment** 수정

The **revision** of the document is almost complete. 문서 **수정**이 거의 완료되었다.

126 ☐ **speculation = conjecture / guesswork / surmise** 추측

There is a lot of **speculation** about the outcome of the election.
선거 결과에 대해 많은 **추측**이 있다.

127 ☐ **complimentary = free / gratis / on the house** 무료의, 무료로

They offered **complimentary** tickets to the event.
그들은 이벤트 **무료** 티켓을 제공했다.

128 ☐ **expense = cost / expenditure / outlay** 비용

We need to keep track of our **expenses** to stay within budget.
우리는 예산에서 벗어나지 않게 **비용**을 추적해야 한다.

129 ☐ **price reduction = discount / markdown / cut / deal** 할인

The store is offering a special **price reduction** on selected items.
그 상점은 선택 품목에 대해 특별 **할인**을 제공하고 있다.

130 ☐ **be slated to = be scheduled to** ~할 예정이다

The new movie **is slated to** be released next month.
새 영화는 다음 달에 개봉**될 예정이다**.

131 ☐ **virtual = online** 온라인의

The conference will be held in a **virtual** format this year.
회의는 올해 **온라인** 형식으로 개최될 것이다.

132 ☐ **$10/hour = hourly wage of $10** 시급 10달러

Entry-level workers receive a starting rate of pay of **$10 per hour**.
초급 직원들은 **시간당 10달러**의 시작 급여를 받는다.

133 ☐ **a dramatic increase in demand = a sudden increase in business**
갑작스러운 수요 증가

The shop experienced a **dramatic increase in demand** during the holiday
season. 그 상점은 휴가철 동안 **갑작스러운 수요 증가**를 경험했다.

134 ☐ **new course content = new curriculum** 새로운 교육 과정

The committee will meet next week to plan **new course content** for the fall semester. 위원회는 가을 학기에 실행할 **새로운 교육 과정**을 계획하기 위해 다음 주에 모일 것이다.

135 ☐ **review contact information = confirm personal data** 연락처 정보를 확인하다

It's important to **review contact information** at the beginning of each school year. 매 학년 초에 **연락처 정보를 확인하는** 것이 중요하다.

136 ☐ **respond to questions = handle inquiries** 문의를 처리하다

The customer service department is trained to efficiently **respond to questions**. 고객 서비스 부서는 효율적으로 **문의를 처리하도록** 훈련되어 있다.

137 ☐ **founder = establisher** 설립자

The **founder** of the company was involved in its operations for over 50 years. 그 회사의 **설립자**는 50년 넘게 운영에 관여했었다.

138 ☐ **transfer = move** 이동하다, 전근 가다

She will **transfer** to the company's branch in another city. 그녀는 다른 도시에 있는 회사의 지사로 **전근할** 것이다.

139 ☐ **on the horizon = in the near future / upcoming / forthcoming** 곧 다가올

Several new projects are **on the horizon** for the next fiscal year. 여러 새로운 프로젝트가 다음 회계 연도에 **예정되어 있을** 것이다.

140 ☐ **accessible = understandable** 이해하기 쉬운

The teacher explained the complex theory in an **accessible** manner. 그 교사는 복잡한 이론을 **이해하기 쉬운** 방식으로 설명했다.

141 ☐ **situated = positioned** 위치한

The hotel is **situated** in a quiet area just outside the city center. 그 호텔은 도심 외곽의 조용한 지역에 **위치해** 있다.

142 ☐ **utilize = take advantage of / use / employ** 사용하다

We need to **utilize** all available resources to complete the project on time. 우리는 프로젝트를 제시간에 완료하기 위해 이용 가능한 모든 자원을 **사용해야** 한다.

143 ☐ **custom = tailored / customized / personalized** 맞춤형의, 주문 제작한

She prefers **custom** garments that fit her unique style.
그녀는 자신의 독특한 스타일에 맞는 **맞춤형** 의류를 선호한다.

144 ☐ **facilitator = instructor** 진행자, 강사

The **facilitator** guided the group through the workshop effectively.
진행자는 워크숍 내내 그 그룹을 효과적으로 이끌었다.

145 ☐ **informative = instructive** 유익한

The documentary was both **informative** and entertaining.
그 다큐멘터리는 **유익하고** 재미있었다.

146 ☐ **evolve = develop** 발전하다

Over the years, his music style has continued to **evolve**.
여러 해 동안 그의 음악 스타일은 계속 **발전해** 왔다.

147 ☐ **evolution = development** 발전

The **evolution** of technology has transformed how we communicate.
기술의 **발전**은 우리가 소통하는 방식을 변화시켰다.

148 ☐ **progressive = gradual** 점진적인

The **progressive** changes in the company policy have been well received by employees. 회사 정책의 **점진적인** 변화는 직원들에게 잘 받아들여져 호평을 받았다.

149 ☐ **refine = improve** 개선하다

She took the feedback to **refine** her presentation skills.
그녀는 피드백을 받아 발표 기술을 **개선했다**.

150 ☐ **sense = perceive** 느끼다

He could **sense** the tension in the room as soon as he entered.
그는 들어오자마자 방 안의 긴장감을 **느낄** 수 있었다.

151 ☐ **have something to do with = be concerned about** ~와 관련이 있다

Her research **has something to do with** climate change.
그녀의 연구는 기후 변화와 **관련이 있다**.

152 ☐ **suggest = put forward** 제안하다

He **suggested** a new approach to increase productivity.
그는 생산성을 높이기 위한 새로운 접근 방식을 **제안했다**.

153 ☐ **produce = bring forth** 생산하다, 내놓다

The team worked hard to **produce** results within the deadline.
팀은 마감 기한 내에 결과를 **내놓기** 위해 열심히 일했다.

154 ☐ **contingent = dependent** ~에 의존하는, ~의 여부에 따라

His approval is **contingent** on the final report. 그의 승인은 최종 보고서**에 달려 있다.**

155 ☐ **commission = order** 의뢰, 주문

He received a **commission** to paint a mural for the new library.
그는 새 도서관에 쓸 벽화를 그려 달라는 **의뢰**를 받았다.

156 ☐ **correspondence = communication** 서신 교환, 서신

She found a stack of old **correspondence** in the attic.
그녀는 다락방에서 오래된 **서신** 더미를 발견했다.

157 ☐ **captivating = enchanting** 매혹적인

The novel was so **captivating** that I read it in one sitting.
그 소설은 너무 **매혹적**이어서 나는 앉은 자리에서 한 번에 다 읽었다.

158 ☐ **implicit = implied** 암시된, 내포된

There was an **implicit** understanding between them that they would not discuss the matter. 그들 사이에는 그 문제를 논의하지 않기로 **암묵적인** 이해가 있었다.

159 ☐ **extensive = widespread** 광범위한

The researcher had **extensive** knowledge on ancient Roman history.
그 연구자는 고대 로마 역사에 대해 **광범위한** 지식이 있었다.

160 ☐ **verify = confirm** 사실 여부를 확인하다

Please **verify** your email address to complete the registration.
등록을 완료하려면 귀하의 이메일 주소를 **확인하십시오.**

161 ☐ **capacity = role** 역할, 자격

In his **capacity** as chairman, he called the meeting to order.
의장 **자격**으로 그는 회의를 시작했다.

162 ☐ **commentary = narration** 해설

He provided live **commentary** during the football match.
그는 축구 경기 중 실시간 **해설**을 제공했다.

163 ☐ **contend with = face** 직면하다

She had to **contend with** severe weather conditions during her hike.
그녀는 하이킹 중에 심각한 기상 상황에 **직면해**야 했다.

164 ☐ **convene = gather** 모이다

The committee will **convene** next Thursday to discuss the proposal.
위원회는 그 제안을 논의하기 위해 다음 주 목요일에 **모일** 것이다.

165 ☐ **debit = deduct** 차감하다

The amount was **debited** from my account this morning.
그 금액이 오늘 아침 내 계좌에서 **차감되었다**.

166 ☐ **gadget = device** 장치, 도구

He loves collecting **gadgets** that make everyday tasks easier.
그는 일상적인 작업을 더 쉽게 해 주는 **장치** 수집을 아주 좋아한다.

167 ☐ **apparently = seemingly** 듣자 하니, 보아 하니

Apparently, the meeting has been postponed to next week.
듣자 하니 회의가 다음 주로 연기되었다.

168 ☐ **deteriorate = worsen** 악화되다

The patient's health began to **deteriorate** rapidly.
환자의 건강이 빠르게 **악화되기** 시작했다.

169 ☐ **excerpt = portion** 발췌

The teacher read an **excerpt** from the novel to the class.
교사는 소설에서 **발췌한 부분**을 학생들에게 읽어 주었다.

170 ☐ **subsidy = grant** 보조금

The government offers a **subsidy** for solar panel installations.
정부는 태양광 패널 설치에 **보조금**을 제공하고 있다.

171 ☐ **honoree = awardee** 수상자

The **honoree** at the ceremony was a renowned philanthropist.
이번 시상식의 **수상자**는 유명한 자선 사업가였다.

172 ☐ **errand = task** 심부름

Could you run an **errand** for me and pick up some groceries?
나 대신 **심부름** 좀 해서 식료품 좀 사다 줄래요?

173 ☐ **before long = soon** 곧

She should be arriving **before long**. 그녀가 **곧** 도착할 것이다.

174 ☐ **later this week = by the end of the week / soon** 이번 주 후반에/곧

We need to finalize the project **later this week**.
우리는 **이번 주 후반에** 프로젝트를 마무리해야 한다.

175 ☐ **command = order** 명령하다

The general **commanded** that the troops should be ready by dawn.
장군은 병력이 새벽까지 준비되어 있어야 한다고 **명령했다.**

176 ☐ **imperative = crucial** 중요한

It is **imperative** that we address this issue immediately.
이 문제를 즉시 해결하는 것이 **중요하다.**

177 ☐ **county = district** 군(郡)

They live in the largest **county** in the state. 그들은 그 주에서 가장 큰 **군**에 살고 있다.

178 ☐ **temperately = moderately** 자제하여

He always argues his point **temperately**, without losing his cool.
그는 흥분하지 않고 항상 **자제하여** 자신의 주장을 펼친다.

179 ☐ **increasingly = progressively** 점점 더

The city has become an **increasingly** famous tourist destination.
그 도시는 **점점 더** 유명한 관광지가 되었다.

180 ☐ **turn to = rely on** ~에 의지하다

When times get tough, she knows she can always **turn to** her family for
support. 힘든 시기가 오면, 그녀는 항상 가족**에게 의지할** 수 있다는 것을 알고 있다.

181 ☐ **render = make** 만들다

The news **rendered** him speechless.
그 소식에 그는 할 말을 잃었다. (← 그 소식은 그를 말문이 막히게 **만들었다.**)

182 ☐ **impacted = affected** 영향받은

The **impacted** wisdom tooth must be extracted.
영향받은(매복된) 사랑니는 발치해야 한다.

● 정확하게 impacted는 '(다른 치아에 덮여 자리지 못하고) 이 틀에 박혀 있는' 즉, '매복된'의 의미이다. affected가 '균이 침범한, 병이 난'의 의미라서 동의어로 쓰일 수 있다.

183 ☐ **secure a bank loan = obtain financing** 은행 대출을 받다

They managed to **secure a bank loan** to start their business.
그들은 사업을 시작할 수 있게 **은행 대출을 받는** 데 용케 성공했다.

184 ☐ **temp agency = employment agency** 임시직 취업 알선소

She found temporary work through a **temp agency**.
그녀는 **임시직 취업 알선소**를 통해 임시직 일을 찾았다.

185 ☐ **original = first** 원래의, 처음의

The **original** manuscript is stored in the national archives.
원본 원고는 국가 기록 보관소에 보관되어 있다.

186 ☐ **initiative = project** 계획, 프로젝트

She launched an **initiative** to improve local healthcare services.
그녀는 지역 의료 서비스를 개선하기 위한 **프로젝트 계획**을 시작했다.

187 ☐ **function = gathering** 모임, 행사

Our events coordinator will assist you in planning a memorable wedding or corporate **function**. 우리의 행사 조정자가 귀하의 결혼식이나 기업 **행사**를 기억에 남도록 계획하는 데 도움을 줄 것이다.

188 ☐ **ordinarily = typically** 일반적으로

Ordinarily, the trains run on time without any delays.
일반적으로, 기차는 지연 없이 제시간에 운행된다.

189 ☐ **just = exactly** 정확히

He arrived **just** as the meeting was about to start.
그는 회의가 막 시작하려는 순간에 **정확히** 도착했다.

190 ☐ **engage = involve** 참여시키다, 관여하다

The program aims to **engage** young people in community service.
그 프로그램은 젊은 사람들을 커뮤니티 서비스에 **참여시키는** 것을 목표로 한다.

191 ☐ **be backed = be supported** 지지를 받다, 후원을 받다

The proposal **was backed** by several prominent members of the board.
그 제안은 여러 저명한 이사회 위원들의 **지지를 받았다**.

192 ☐ **meet = achieve** 달성하다

The team **met** their sales targets ahead of schedule.
팀은 예정보다 빨리 매출 목표를 **달성했다**.

193 ☐ **charge = require** 요구하다, 청구하다

The event will **charge** an entry fee of $10 per person.
그 행사는 1인당 10달러의 입장료를 **청구할** 것이다.

194 ☐ **secure = obtain** 확보하다

They managed to **secure** funding for the new development project.
그들은 새로운 개발 프로젝트에 쓸 자금을 용케 **확보했다**.

195 ☐ **capture = represent** 표현하다

The painting perfectly **captures** the beauty of the sunset.
그 그림은 일몰의 아름다움을 완벽하게 **표현하고 있다**.

196 ☐ **facilitate = assist** 도와주다, 용이하게 하다

The manager's role is to **facilitate** communication between the departments.
매니저의 역할은 부서 간의 소통을 **도와주는** 것이다.

197 ☐ **highlight = emphasize** 강조하다

The report **highlights** the key findings from the research.
그 보고서는 연구의 주요 결과를 **강조하고 있다**.

198 ☐ **illustrate = demonstrate / show** 보여 주다

The professor used a diagram to **illustrate** the concept.
교수는 그 개념을 **보여 주기** 위해 다이어그램을 사용했다.

199 ☐ **modify = alter** 수정하다

The engineer had to **modify** the design to improve efficiency.
그 엔지니어는 효율성을 높이기 위해 디자인을 **수정해야** 했다.

200 ☐ **signify = indicate** 나타내다

The red light **signifies** that the machine is in use.
빨간불은 기계가 사용 중임을 **나타낸다.**

201 ☐ **undergo = experience** 겪다, 받다

The patient will **undergo** surgery tomorrow morning.
그 환자는 내일 아침에 수술을 **받을** 것이다.

202 ☐ **justify = explain** 정당화하다, 자기 입장을 설명하다

He tried to **justify** his actions to his parents.
그는 부모님께 자신의 행동을 **정당화하려고** 했다.

203 ☐ **window = period** 기간

● window는 '창문'의 뜻 외에 '기간'이 중요하다. 이것을 다룬 건 필자가 집필한 책뿐이다.

The application **window** for the scholarship closes next week.
장학금 신청 **기간**이 다음 주에 마감된다.

204 ☐ **ready = prepared** 준비된

She is **ready** to start her new job.
그녀는 새 일을 시작할 **준비가 되어** 있다.

205 ☐ **run = lead** 이끌다, 운영하다

He **runs** a successful business.
그는 성공적인 사업을 **운영하고 있다.**

206 ☐ **properties = assets** 자산

The company owns several **properties** in the city.
그 회사는 도시에 여러 **자산**을 소유하고 있다.

207 ☐ **match = coordinate with** ~와 일치하다, 조정하다

Her skills **match** the job requirements perfectly.
그녀의 기술은 직무 요구 사항과 완벽하게 **일치한다.**

208 ☐ **turn = gain** (이익 등을) 얻다, 내다

The company managed to **turn** a profit in its first year of operation.
그 회사는 용케 운영 첫 해에 **이익을 냈다.**

209 ☐ **measures = procedures** 조치, 절차

The government implemented new safety **measures** to protect citizens.
정부는 시민들을 보호하기 위해 새로운 안전 **조치**를 시행했다.

● measures는 문제를 해결하거나 목표를 달성하기 위한 행동이나 계획, 조치를 의미하며, procedures와 동의어로 쓰인다.

210 ☐ **appropriate = suited** 적합한, 적절한

She wore **appropriate** clothing for the formal event.
그녀는 공식 행사에 **적합한** 의상을 입었다.

211 ☐ **issues = problems** 문제

● issues는 '논의하거나 해결해야 할 문제나 주제'를 의미하며, problems와 동의어로 쓰인다.

The team addressed several key **issues** during the meeting.
그 팀은 회의 중에 여러 가지 주요 **문제**를 다루었다.

212 ☐ **accommodate = satisfy** 수용하다, 만족시키다

● accommodate는 '수용하다'가 기본 의미로, 요구나 필요를 만족시키거나 편의를 제공하는 것을 의미하며, satisfy와 동의어로 쓰인다.

We strive to **accommodate** our customers' preferences in every aspect of our service. 우리는 서비스의 모든 측면에서 고객의 선호도를 **수용하기** 위해 노력한다.

● adapt는 '맞추다, 조정하다'의 의미로 동의어 같지만 자동사로서 동사 패턴이 다르다.

We strive to **adapt** our services to our customers' preferences.
우리는 고객의 선호도에 맞춰 서비스를 **조정하기** 위해 노력한다.

213 ☐ **manage = lead** 이끌다, 관리하다

● manage는 조직이나 사람을 효율적으로 통제하고 이끄는 것을 의미하며, lead와 동의어로 쓰인다.

She **manages** a team of 20 people at her company.
그녀는 회사에서 20명으로 구성된 팀을 **관리한다**.

214 ☐ **volume = number** 양, 수량

The **volume** of sales increased significantly last quarter.
지난 분기에 판매**량**이 크게 증가했다.

215 ☐ **discipline = field** 학문 분야, 학과

She has a background in the **discipline** of psychology.
그녀는 심리학 **분야**의 배경 지식이 있다.

216 ☐ **support = take care of** 지원하다, 돌보다

She works hard to **support** her family. 그녀는 가족을 **돌보기** 위해 열심히 일한다.

217 ☐ **interest = curiosity** 관심, 호기심

The documentary sparked an **interest** in environmental issues.
그 다큐멘터리는 환경 문제에 대한 **관심**을 촉발했다.

218 ☐ **open = start** 시작하다, 개시하다

They will **open** the meeting with a brief introduction.
그들은 간단한 소개로 회의를 **시작할** 것이다.

219 ☐ **prominent = noticeable** 눈에 띄는, 두드러진

Her artwork has become more **prominent** in recent exhibitions.
그녀의 작품은 최근 전시회에서 더욱 **눈에 띄게** 되었다.

220 ☐ **course = progression** 과정, 진행

The **course** of the project has been smooth so far.
프로젝트 **진행**은 지금까지 순조로웠다.

221 ☐ **impression = belief** 인상, 믿음

I had the **impression** that he was not interested in the job.
나는 그가 그 일에 관심이 없다는 **인상**을 받았다.

222 ☐ **flat = unchanging** 평평한, 변하지 않는

The sales figures remained **flat** over the last quarter.
지난 분기 동안 판매 수치는 **변하지 않았다**.

223 ☐ **engage = hire** 고용하다, 채용하다

The company plans to **engage** new staff for the upcoming project.
회사는 곧 있을 프로젝트를 위해 새 직원을 **고용할** 계획이다.

224 ☐ **impact = effect** 영향, 효과

The new policy had a significant **impact** on employee productivity.
새 정책은 직원 생산성에 상당한 **영향**을 미쳤다.

225 ☐ **unique = unequaled** 독특한, 유일한

Her **unique** style of painting has gained her many admirers.
그녀는 **독특한** 회화 스타일로 많은 팬들을 얻었다.

226 ☐ **mild = gentle** 온화한, 부드러운

The weather was **mild**, perfect for a walk in the park.
날씨가 **온화하여** 공원에서 산책하기에 완벽했다.

227 ☐ **input = advice** 조언, 의견

We value your **input** on how to improve our services.
저희는 서비스 개선 방법에 대한 귀하의 **의견**을 소중히 여깁니다.

228 ☐ **establish = start** 설립하다, 시작하다

The company was **established** in 1995. 그 회사는 1995년에 **설립되었다**.

229 ☐ **process = complete** 처리하다, 완료하다

The application will be **processed** within three business days.
신청서는 영업일 기준 3일 이내에 **처리될** 것이다.

230 ☐ **pick up = obtain** 얻다, 습득하다

She **picked up** some valuable skills during her internship.
그녀는 인턴십 기간 동안 귀중한 기술을 **습득했다**.

231 ☐ **accommodate = provide space for** 수용하다, ~을 위한 공간을 제공하다

The hotel can **accommodate** up to 300 guests.
그 호텔은 투숙객을 최대 300명까지 **수용할** 수 있다.

232 ☐ **equivalent = same** 동등한, 같은

One Euro is **equivalent** to about 1 dollar and 18 cents.
1유로는 약 1달러 18센트와 **같다**.

233 ☐ **be held = be presented** 열리다, 개최되다

The conference will **be held** next week in New York.
회의는 다음 주에 뉴욕에서 **열릴** 것이다.

234 ☐ **complex = building** 건물, 단지

● '잠실 종합경기장'을 영어로 Jamsil Sports Complex로 쓴다. complex는 '여러 건물들로 이루어진 큰 건물이나 단지'를 의미하며, building의 동의어로 쓰일 수 있다.

The shopping **complex** offers a variety of stores and restaurants.
그 쇼핑 **단지**는 다양한 상점과 식당을 제공한다.

토익 기출
be 형용사/과거분사 for 관용 표현 총정리

032

☐ **be appropriate for** ~에 적합하다

This outfit **is appropriate for** the occasion. 이 옷은 그 행사에 적합하다.

☐ **be necessary for** ~에 필수적이다

Water **is necessary for** life. 물은 생명에 필수적이다.

☐ **be ready for** ~할 준비가 되다

She **is ready for** the interview. 그녀는 인터뷰할 준비가 되어 있다.

☐ **be essential for** ~에 필수적이다

Vitamins **are essential for** good health. 비타민은 건강에 필수적이다.

☐ **be perfect for** ~에게 완벽하다

This book **is perfect for** young readers. 이 책은 어린 독자들에게 완벽하다.

☐ **be sufficient for** ~에 충분하다

The funds **are sufficient for** the project. 그 자금은 프로젝트에 충분하다.

☐ **be eligible for** ~의 자격이 있다

He **is eligible for** the scholarship. 그는 장학금을 받을 자격이 있다.

☐ **be suitable for** ~에 적합하다

This job **is suitable for** someone with your skills.
이 일은 당신 같은 재능이 있는 사람에게 적합하다.

be grateful for ~에 감사하다

She **is grateful for** your help. 그녀는 당신의 도움에 고마워하고 있다.

be prepared for ~할 준비를 하다

The team **is prepared for** the competition. 그 팀은 대회를 준비하고 있다.

be qualified for ~할 자격이 있다

He **is qualified for** the position. 그는 그 직책을 맡을 자격이 있다.

be known for ~로 유명하다

This restaurant **is known for** its excellent service. 이 레스토랑은 훌륭한 서비스로 유명하다.

be responsible for ~에 책임이 있다

She **is responsible for** managing the team. 그녀는 팀을 관리할 책임이 있다.

be recognized for ~로 인정받다

The artist **is recognized for** her unique style.
그 예술가는 자기만의 독특한 스타일로 인정받고 있다.

be available for ~할 수 있다

The software **is available for** download. 그 소프트웨어는 다운로드할 수 있다.

be compensated for ~에 대한 보상을 받다

Workers **are compensated for** overtime. 근로자들은 초과 근무에 대한 보상을 받는다.

be renowned for ~로 유명하다

The city **is renowned for** its historical landmarks. 그 도시는 역사적 명소들로 유명하다.

be useful for ~에 유용하다

This tool **is useful for** fixing small appliances. 이 도구는 작은 가전제품을 수리하는 데 유용하다.

be famous for ~로 유명하다

The town **is famous for** its annual festival. 그 도시는 연례 축제로 유명하다.

be ideal for ~에 이상적이다

This location **is ideal for** a family vacation. 이 장소가 가족 휴가를 보내기에 이상적이다.

How + 형용사/부사 + 주어 + 동사 구문 총정리

일명 '형부'가 '주동'했다로 암기하면 좋다.

033

☐ How beautiful the sunset is!
해가 지는 모습이 얼마나 아름다운지!

☐ How quickly he finished the work!
그가 일을 얼마나 빨리 끝냈는지!

☐ How happy they were to see each other again!
그들이 다시 만났을 때 얼마나 행복했는지!

☐ How amazing this discovery is!
이 발견이 얼마나 놀라운지!

☐ How carefully she planned the event!
그녀가 행사를 얼마나 신중하게 계획했는지!

☐ How proud we are of you!
우리가 당신을 얼마나 자랑스러워하는지!

☐ How quiet the room became after the announcement!
발표 후 방이 얼마나 조용해졌는지!

☐ How delicious the cake tastes!
그 케이크가 얼마나 맛있는지!

☐ How hard he tried to solve the problem!
그가 문제를 해결하려고 얼마나 열심히 노력했는지!

☐ How surprised she was by the news!
그녀가 그 소식에 얼마나 놀랐는지!

마무리하며

How hard Darren worked to write this TOEIC vocabulary book!

To all of you studying with this book: I hope you graduate from TOEIC quickly and go on to live a happier and more successful life!

(Darren(필자의 영어 이름)이 이 TOEIC 어휘 책을 쓰기 위해 얼마나 열심히 노력했는지!

본서로 공부하는 여러분! 토익 빨리 졸업하시고 더 행복하게 성공하며 살길 바랍니다!

INDEX

F

H

I

U